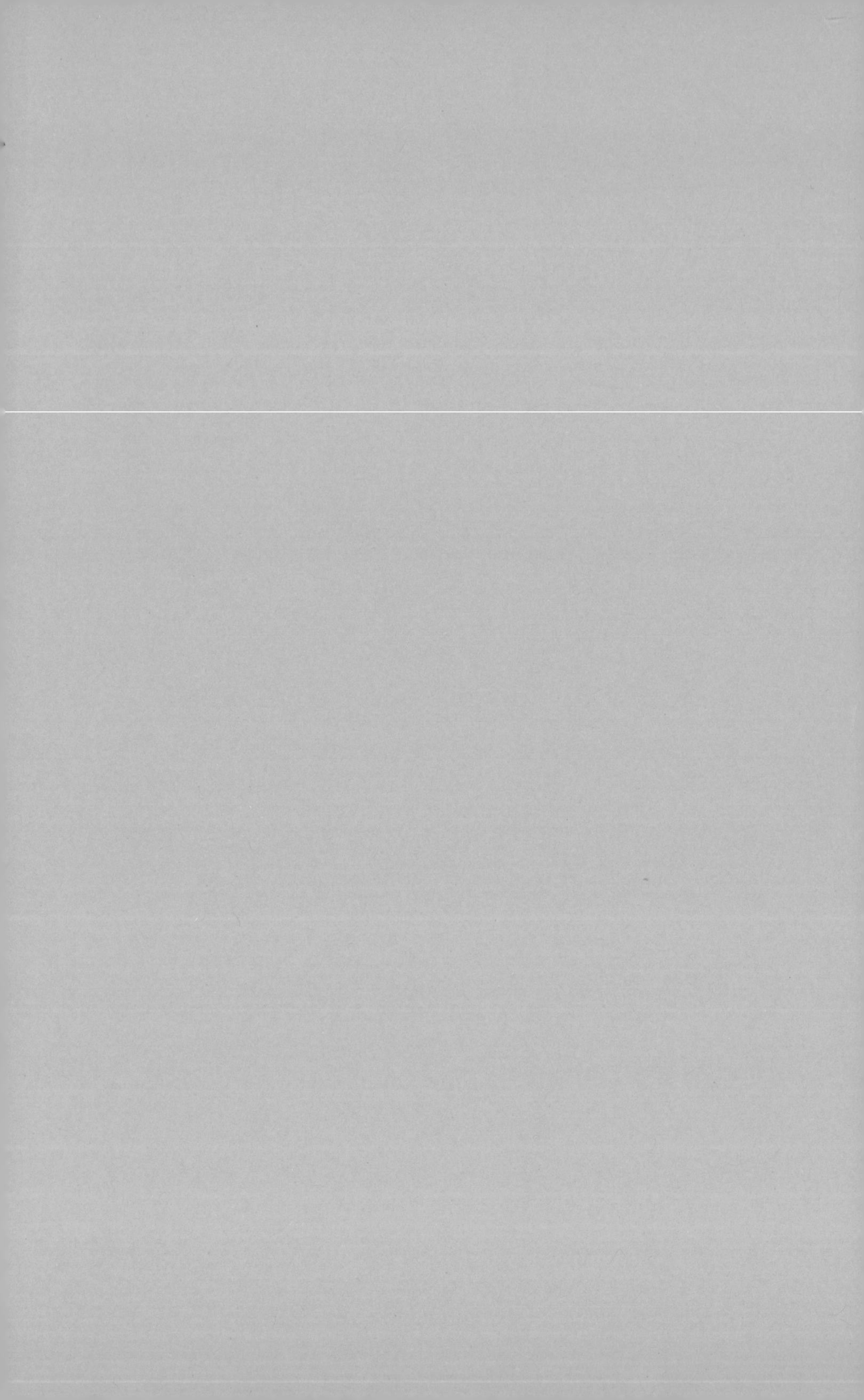

인간존엄성의 철학

- 종교 간의 대화에 기초한 인간학 정초

김용해

1986년 한국예수회에 입회하여 1996년 사제서품을 받고 2006년에 최종서원을 한 예수회 신부이다. 전남대학교에서 법학사(1986), 서강대학교에서 철학석사(1990), 오스트리아 인스브룩대학에서 신학석사(1996), 독일 뮌헨 예수회철학대학에서 철학박사(2002) 학위를 취득하였으며, 현재 서강대학교에서 인권과 인간존엄성에 관심을 갖고 연구하면서 사회철학, 윤리학, 인간학 등을 가르치고 있다.

저서로 *Zur Begruendung der Menschenwuerde und Menschenrechte auf einer interreligionen Metaebene*(IKO-Verlag, 2005), 『젊은이의 행복학』(서광사, 2011), 역서로 『일반윤리학』(Friedo Ricken 저, 서광사, 2006), 『알프레드 델프』(시와진실, 2011) 등이 있다. 논문으로 「Die philosophischen Grundlagen der Menschenrechtsidee in Asien」, 「Die Tonghak-Vision, Ein kreatives Beispiel fuer das interreligioese Gespraech」, 「인간존엄성의 근거: 종교적 실존」, 「현대 영성의 초월철학적 이해」, 「이타적 자살과 이중효과의 원칙」, 「죽음의 철학적 함의와 죽음교육의 필요성」 등이 있다.

서강학술총서

072

김용해 지음

서강대학교출판부

서강학술총서 072

인간존엄성의 철학
- 종교 간의 대화에 기초한 인간학 정초

초판 발행 | 2015년 3월 31일
지 은 이 | 김용해
발 행 인 | 유기풍
편 집 인 | 우찬제
발 행 처 | 서강대학교출판부
등록번호 | 1978년 9월 28일 제313-2002-170호

주 소 | 서울특별시 마포구 백범로 35번지
전 화 | (02) 705-8212
팩 스 | (02) 705-8612

ISBN 978-89-7273-256-3 94100
ISBN 978-89-7273-139-9(세트)

값 20,000원

* '서강학술총서'는 SK SUPEX 기금의 후원으로 제작됩니다.

책머리에

1980년 5월 18일 새벽 한 시 반쯤이었을 게다. 나는 전남대학교 법대 독서실 내에 있는 2층 침상 위층에 누워 잠에 빠져들고 있었다. 갑자기 쾅 하는 문소리와 함께 옥신각신 싸우는 소리가 잠을 깨웠다. 우리 중에서 제일 나이가 많은 천모라는 형하고 누가 싸우고 있는 거였다. 자세히 보니 아니 철모와 군복 복장에 군장을 메고, 착검한 총을 든 군인들이 독서실에 들어와 있는 것이 아닌가. 방 안의 모든 사람은 빨리 손을 들고 바깥으로 나오라고 명령했던 것 같다. 그 형은 당황스런 나머지 "당신들은 누구냐, 뭣 때문에 왔느냐"고 물었지만 '잔말 말고 따라와!'라는 고함뿐이었다. 결국 여태 공부하고 있는 사람들이나 잠자던 사람들이나 다들 공포에 떨면서 손을 들고 바깥으로 쫓겨 나왔는데, 캠퍼스의 공기는 싸늘했다. 안개 낀 새벽의 찬 공기와 어두움, 대운동장 저쪽에서 들리는 군용 트럭과 장갑차 등의 시동 소리, 멀리 군인들이 내리고 있는 상황들이 인지되었다. 우리를 향한 군인들의 욕설과 고함 소리 - 빨갱이 새끼들 다 죽여 버려! - 에 눌려 아무런 대꾸도 못하고 숨죽인 채 운동장으로 끌려갔고, 곧이어 다른 군인들에 의해 학교 본부 건물로 인도되었다. 그곳 시멘트 바닥에 무릎

꿇리고 고개 숙인 채, 뜬눈으로 '주일' 아침을 맞이하였다. 용기를 내어 허락을 맡고 간 화장실 창 너머로 보이는 도서관 앞 광장 - 5 · 18 광장이라 후에 붙여졌다 - 은, 사람 하나 없는 텅 빈 공간이었다. 푸른 잔디와 연두색 신록은 바야흐로 햇빛을 받아 눈부신데 정적만이 감돌고 있어 묘한 느낌과 함께 두려움이 엄습한 순간을 잊을 수 없다. 이렇게 나는 80년 5 · 18 광주민중항쟁의 서막을 경험하고 있었다. 불행 중 다행이라 할까 시민과 공수부대가 충돌하고 마침내 시민군이 무장하여 도청을 탈환하기까지의 기간 동안, 상무대 헌병대 영창으로 후송되어 조사를 받고 있어서 목숨 하나는 구했다. 풀려 나온 후 22일에 도청 앞 상무관에 놓인 관들, 곳곳의 차량에 총을 든 시민군, 시민군을 도우려 큰 거리마다 나와 있던 시민들…. 이러한 모습이 35년이 지난 지금도 나의 뇌리에 생생하다.

돌이켜 보건대 내가 인권과 인간존엄성에 대해 막연하나마 주목하기 시작한 것은 바로 광주항쟁부터이다. 역사는 민중이 바라는 것처럼 순리대로 발전하는 것이 아니었다. '역사의 심판에 맡기라'고 이야기하지만 역사는 각성한 민중들의 투쟁 속에서 서술된다. 민주주의가 제도화되기 전 그 시절엔 피를 흘리지 않고는 사악한 권력을 지켜 내기가 여간 쉽지 않았다. 천부인권이라 하지만 누가 이를 지켜 준단 말인가. 국가권력과 싸웠던 역사가 곧 인권사라는 것을 우리는 안다. 독일에 유학하는 중에 뮌헨 근처의 다카우 강제노동수용소 터를 방문하고 국가권력과 인권 이념 간의 싸움은 보편적이라는 것을 깨닫게 되었다. 다카우 박물관에서 본 히틀러의 군화가 80년 광주를 피로 물들게 한 공수부대의 군화와 다른 것이 아니었다. 최근 한일 신학자 포럼에서 해군기지 반대 이슈를 다루면서 주민이 반대하고 있는 제주 강정의 해군기지 건설 농성 현장을 보여 주었더니 그 다음 해 일본신학자들은 오키나와 헤노코 미군기지를 보여 주었다. 제주도와 오키나와, 강정의 남방큰돌고래와 헤노코의

듀공의 운명은 역시 닮아 있었다. 폐쇄된 미국의 관타나모 포로수용소와 히틀러의 아우슈비츠수용소는 시공을 넘어 반인권이라는 측면에서 그대로 닮은꼴이다. 인권이 단지 근대헌법이나 유엔인권선언헌장의 정치적 선언에 그치지 않고 인간의 자기존엄성의 자각에서 연유된 것이라면 우리는 인권을 서로 존중하고 보호해야 하는 실존적 의무를 가지고 있는 것이 아닐까.

인권의 보편성이 철학적으로 성낭화되려면, 인권은 실재Realitaet, 즉 인간이 인식할 수 있는 전 사실alle Wirklichkeiten의 모든 자연적 성질들, 인간이 스스로 소유하는 것뿐만 아니라 인간과 환경 간의 관계의 지평에서 근거 지어져야 한다. 이 실재는 종교와 문화 간의 민주적이고 정당화된 담론을 통하여 발견되어지고, 가능한 한 보편적으로 서술되어야 한다. 인간이 그의 존엄성과 인격성을 거기에 상응하는 실존적 의무의 이행을 통해 견지하고 실현한다면, 인권은 필요불가결한 사회적 · 규범적 전제로서 요구되어진다. 인간존엄성은 인권의 근거가 되고 인간존엄성의 가치와 내용은 인류의 오랜 지혜인 종교 간의 대화를 통해 인식될 수 있다는 것이 본 저술의 핵심 주장이다. 철학은 법학이나 정치학이 인권과 인간존엄성을 규정하고 선언하는 것에 그치는 것과는 달리 그 이념의 근거가 어디에 있는지를 탐구하는 것이다. 독자는 종교 간의 대화를 통한 인간존엄성의 근거는 무엇인지, 인간존엄성과 인권 이념은 어떤 관계에 있는지, 그리고 인권의 내용이 종교 문화에 따라 다소 다른 양상을 드러낼 수 있음에도 불구하고 왜 인권 이념은 근거 지어질 수 있는지를 이해하게 될 것이다. 종교 간의 대화를 통해 인간존엄성을 근거 짓는다는 것은 합리적이고, 따라서 호소력 있는 명제를 만든다는 것을 의미하는데, 이것은 종교 간의 개방적 담론을 통해 계속해서 재구성해 나가는 방식을 취할 수밖에 없다.

이 개방적 담론에서는 실체적 개념들을 단순 비교하려는 것이 아니고, 신(절대지평), 인간, 자연이라는 관계의 맥락 안에서 각각의 인간관을 이해하고 이를 바탕으로 존엄성을 근거 짓는 것이 가능하게 된다. 여기에 대한 해명은 제1장 인간존엄성과 인권에서 인권의 근거 짓기에 대한 그동안의 한계를 이해함으로써 충분하다. 여기서는 존엄성의 현대적 의의와 존엄성 개념의 변천사, 인권보편성에 대한 논쟁, 그리고 존엄성의 근거 짓기의 가능성을 묻고 새로운 연구방법을 모색할 것이다. 그 다음 종교간의 개방적 담론이라는 방법론을 가지고 유일신 종교를 대표하는 그리스도교의 인간존엄성을 연구한다(2장). 이후 종교 문화를 비교하기 위해 선택한 또 다른 두 개의 종교, 즉 신 관념이 없는 종교를 대표로 하는 불교(3장)와 동양의 전통적인 유불선 세 종교를 융합시켜 신, 인간, 자연을 전일적全一的으로 파악하는 한국의 동학 천도교(4장)를 연구한다. 마지막 결론이라 할 수 있는 5장에서는 종교의 전통에서 인간성의 공통적인 요소를 추상화하여 인간존엄성의 근거를 규정한다. '관계적 실존'을 인간존엄성의 근거로, 다시 인간존엄성은 인권의 근거로 기초하는 논리 구상을 가지고 전개할 것이다.

본 저술의 내용은 독일에서 발표한 필자의 박사 학위논문(뮌헨 2002), Zur Begruendung der Menschenwuerde und der Menschenrechte auf einer interreligioes-kulturellen Metaebene – Ein Vergleich zwischen dem Christentum und dem Tonghak als Beispiel der Ostasiatischen Vorstellungen(종교문화의 초월지평에서 인간존엄성과 인권을 근거 지음 – 그리스도교와 동아시아 사상의 예로서 동학과의 비교–)에서 비롯된다. 독일어 독자에게만 소통 가능했던 위의 박사 학위논문에서 기본 아이디어와 사상을 가져왔지만 본

저술의 그리스도교와 동학 부분은 지난 10여 년 동안 인권과 인간존엄성에 관한 한국 논문들을 발표하면서 한국 또는 동아시아의 학술적 성과를 보충하거나 새롭게 이해한 것을 바탕으로 보완한 내용이다. 또한 본 저술에는 신 관념이 없는 종교인 불교를 새로이 연구하여 종교와 종교 문화 너머의 인간성 안에 '관계적 실존'이 보편적으로 내재되어 있음을 밝히고 있다. 불교의 인간존엄성 연구가 가장 어려웠고 긴 시간이 필요했다. 경전과 부파의 다양성과 방대함 때문이기도 하지만 불교 내부에서는 인권이니 인간존엄성에 대한 연구, 또는 인간학 연구가 발전되지 못했기 때문이었다. 또한 전통경전을 어떻게 이해해야 할 것인지에 대해서 학문방법론이나 해석학을 결합하지 않고 법통 전수를 통한 수행을 중시하는 불교의 특성 때문에 접근이 어려웠다. 그러나 일관되게 절대지평(열반), 인간, 자연(중생일반)의 맥락에서 인간성을 파악하려 시도했다. 본 연구의 성과라면 신(절대지평), 인간, 자연의 관계지평에서 종교 간 대화가 효율적으로 진행할 수 있다는 점을 실제적으로 보여 준 점이라 할 수 있다. 또한 본 저서에서 연구한 인권 및 인간존엄성의 근거에 관한 그리스도교, 불교, 동학 천도교의 기본원리는 인간학이나, 법철학 또는 사회철학을 위한 기초자료로 활용할 수 있을 것이다. 마지막으로 본 저술에서는 세 종교에서 추상한 것이지만 더 나아가 종교 일반에서 주장하는 핵심적인 인간상을 서술하고 여기서 공통된 인간 영성을 도출할 가능성을 보여 주고 있다.

이 기회를 빌려 출판을 허락한 서강총서 편집위원회에도 고마움을 표한다. 동학 천도교를 이해하는 데 도움을 주신 윤석산 교수님, 불교를 새로운 학문방법론으로 비판적 시도에 자극을 주신 조성택 교수님, 불교 원고를 읽고 교정에 도움을 준 유지원 박사 등 이웃 종교를 이해하는

데 도움을 주신 분들이 많았다. 이 저술이 인권과 인간존엄성의 근거를 놓기 위한 종교 간 대화를 여는 계기가 되었으면 하는 바람을 갖는다.

2015년

김용해

* 본 저서는 2010년 정부의 재원으로 한국연구재단의 지원을 받아 수행된 연구임(NRP-2010-812-B00061).

목차

제2장 그리스도교의 인간존엄성

제3장 불교의 인간존엄성

제4장 천도교의 인간존엄성

제5장 관계적 실존: 인간존엄성의 근거

제1장

인간존엄성과 인권

제1장
인간존엄성과 인권

1. 인간존엄성의 현대적 용법[1]

우선 '인간존엄성'의 본질적인 의미가 무엇이고 한 인간의 존엄성 침해 가능성에 대해 논의함으로써 현대세계가 인간의 존엄을 어떻게 이해하고 있는지 살펴보고자 한다.

"존엄성"(라틴어 dignitas, 희랍어 ἀξία 혹은 ἀξίωμα)은 유럽의 전통 안에서 볼 때 위계질서 안에서 높은 지위의 존귀함을 뜻한다. 어떤 사회 안에서 한 사람의 특별한 지위를 지칭하거나, 한 국가의 시민이 타 국가 시민보다 더 우월하다고 표현할 때, 또는 자연 안에서 다른 생물과 비교할 때 인간의 특징이나 능력 때문에 인간이 특별한 지위를 갖는다고 표현할 때 존엄하다고 한다.[2]

---

1 졸고, 「인간존엄성과 인권을 근거 짓는 작업의 문제들」, 『사회와 철학』 6호, 2003년 10월, 2-4쪽을 정리함.

2 W. Huber, "Menschenrechte/Menschenwuerde", in: *Theologische Realenzyklopaedie*, 1992, Bd. 12, 578쪽.

그러나 보편적 의미로 인간의 존엄성을 이야기할 때, 존엄성은 '권력Macht'이나 '가치Wert'의 개념과는 차이가 있다. 물론 존엄성이 권력과 관련되는 경우가 많겠지만 권력의 특성이 복종을 강요하는 반면 한 인간의 존엄(위엄)은 타인이 자유로이, 즉 기꺼운 마음으로 예를 갖추거나 갖추어야 하는 그 무엇이라는 점에서 존엄성은 본질적으로 권력과 다르다.[3] 독일어에서 어원학적으로 'Wuerde(존엄)'가 'Wert(가치)'와 같은 어원을 가지로 있다는 점을 착안하여 칸트는 인간의 존엄성은 스스로 가치를 가지고 있다는 의미로 'Selbstwert(자기가치)'로 표현했다.[4] 그러나 가치는 어떤 대체물로 갈음할 수 있지만 존엄성은 그 어떤 것으로도 대신할 수 없다는 점에서 가치와 존엄성은 구별된다. 존엄성이라는 말은 오늘날 일반적으로 두 가지의 용례로 쓰이고 있는데, 그 하나는 보편적 인간에 대한 용례로 인간이 인격인 한, 모든 사람에게 해당되는 것으로서 법률적이고 평등권적인 의미에서이고, 다른 하나는 개별적 인간에 대한 용례로 존엄성이 각각의 인격에 따라서 상이하게 현실화 혹은 계발되었다고 보는, 윤리적이며 차별적인 의미에서이다.[5]

인간존엄성을 일상생활 속에서 관찰해 보면, 사회기능의 영역에서든 윤리영역에서든 존엄성 정도의 차이는 개별 인간 사이에 존재한다. 하나의 사회 또는 사회적 관계 안에서 각각의 기능에 따라, 예컨대 왕으로서, 교사로서, 부모로서의 기능에 따라 역할 수행자의 존엄성도 다르다. 관할권능의 경우와는 달리 역할 수행자는 만일 그의 행위가 사회의 윤리적 기대에 상응하지 않으면 이 존엄을 잃고 만다. 그밖에도 인간존엄성의

3 G. Haeffner, "Die Wuerde einer Person", in: P. Ehlen (Hg.), *Der Mensch und seine Frage nach dem Absoluten*, 83쪽.

4 I. Kant, *Grundlegung zur Metaphysik der Sitten* (1785), A77.

5 M. Forschner, "Marktpreis und Wuerde", in: H. Kessler (Hg.), *Die Wuerde des Menschen*, 34쪽 이하.

불평등은 윤리적 관점에서도 존재한다. 이 불평등성은 인간의 서로 다른 정도의 윤리적 완전성에 기인한다.[6]

"모든 국민은 인간으로서 존엄과 가치를 가지며, 행복을 추구할 권리를 가진다."(대한민국 헌법 10조). "인간의 존엄성은 침해될 수 없다."(독일 기본법 1조 1항). 대한민국 헌법 10조와 독일 기본법 1조 1항의 예에서 보듯 현대 각국의 헌법의 기본조항에서 선언된 인간존엄성은 일반사람들에게 모두 동등한 것으로 이해된다. 이 개념은 보편적이며 초월적이다. 스패만Robert Spaemann이 설명하듯이 이 문장은 한편으로 인간존엄성은 결코 침해되어질 수 없다는 존재적 의미로 해석되고, 다른 한편 그것이 결코 침해되어서는 안 된다는 당위적 의미로도 해석된다.[7] 따라서 한 인간이 인간으로서 존재하는 한, 선으로 향하는 그의 자유의 결단을 우리가 기대할 수 있다는 의미에서 인간존엄성은 잃으려야 잃을 수 없는 최소한의 존재적 가치라고 말할 수 있다. 여기서 우리는 이 불양도적인 존엄에 참여하기 위한 조건으로 선에 동의할 능력, 말하자면 이성과 자유의 능력을 어떻게 보유하고 있어야 할지, 다시 말하자면 현실적으로, 잠재적으로 혹은 본성상 소유하고 있어야 하는지의 질문을 제기할 수 있다. 여기에 관한 논변은 후에 다시 다룰 것이다.

위에서 논의한 보편과 개별적 의미로 사용하는 인간존엄성 개념은 오늘날 인간존엄성 이념에 비추어 볼 때 다음과 같이 요약할 수 있다.

첫째로 인간은 '대자적 자기목적Selbstzweck fuer sich'일 뿐 아니라 '즉자적 자기목적Selbstzweck an sich'이다.[8] 자기목적임을 스스로 주장하거

---

6 R. Spaemann, *Das Natuerliche und das Vernuenftige*, 1987, 92쪽.

7 같은 곳.

8 위의 책, 86쪽 이하.

나, 자기와 연고가 있는 사람이 청구할 수 있는 존엄이라는 측면(대자적 자기목적)에서 뿐 아니라 스스로 또는 연고자가 주장할 수 없거나 주장하지 않는다고 하더라도 인간은 자기목적성(즉자적 자기목적)을 갖는다는 말이다. 인간존엄성은 성스러운 어떤 것, 근본적으로 종교적이고 형이상학적인 어떤 것이며 그래서 '즉자적 자기목적'으로 여겨져야 한다.[9] 즉 인간은 그 자체로 존중되어야 하고 존엄하게 대해져야 한다.

둘째로 인간은 존엄성에 관한한 인종, 피부색깔, 성, 언어, 종교, 정치적 혹은 그 밖의 신념, 국가적 사회적 출신, 재산 혹은 그 밖의 조건들의 차이성에 따라 그 어떤 차별이 있을 수 없다. 즉 모든 인간은 존엄에 있어서 평등하다.[10] 위에서 보았듯이 사회 안에서의 역할과 인격의 완성도에 따라 존엄성의 차이가 있는 것이 사실이지만 본래적 의미의 인간존엄성은 인간에 따라서 그 어떤 차이도 없다.

셋째로 인간존엄성의 존중은 윤리적 선을 추구하기 위해서 필요한 규정근거이지만 충분한 규정근거이지는 않다.[11] 인간은 윤리적 행위에 있어서 자유로운 자기규정과 책임성 때문에 존엄성을 지닌다. 이런 의미로 인간존엄성은 행위 이전에 이미 소유한 것으로, 동시에 행위를 통해 완성시켜 가는 의무로 윤리적 선과 관련되어 있다. 따라서 우리는 인간존엄성을 선과 악의 규준자로, 전통적 의미로 보자면 마치 인간본성natura humana 혹은 올바른 이성recta ratio처럼 간주할 수 있겠다.[12]

9 위의 책, 88쪽.

10 유엔 인권 선언문 2항; B. Schueler, "Die Personwuerde des Menschen als Beweisgrund in der normativen Ethik", in: *ThPh*. 53 Jg. 1979, 539쪽 이하.

11 Schueler, 같은 책, 548쪽 이하.

12 위의 책, 549쪽.

이처럼 존재론적으로 주어진 자기가치로서의 존엄성은 국가, 사회 공동체 또는 타인에 의해 직접 침해당할 수 있을까? 이 물음은 정치적인 기관들이 인간존엄성을 위해 얼마나 광범위하게 법적 책임을 져야 하는지에 대한 물음과 직결된다. 정치체가 법률로 "인간의 존엄성은 신성불가침적이다."라고 선언하고 있기 때문이다. 이 질문에 대해서는 논란이 많다. 최대 침해론과 최소 침해론 두 논거가 대립되어 있다. 마이호퍼의 최대 침해론은 인간존엄성이 타인의 행위나 묵인에 의해서뿐 아니라 심지어 인간 이외의 영향력이나 사물법칙들에 의해서도 침해될 수 있다는 관점을 전개한다.[13] 그에 반해 최소 침해론자인 슐러는 인간존엄성은 자기 양심에 반하여 행위하도록 하는 타인의 공갈, 위협, 폭력 사용에 의해서만 침해될 수 있다고 말한다.[14] 그는 "인격의 존엄성 때문에 모든 사람에게 양심과 신앙의 자유가 주어져야 한다."[15]고 주장한다. 최대, 최소 침해론 양자 관점의 중간 입장을 취하는 이는 스패만인데, 우선 그는 인간존엄성은 윤리적 개념이며, 그것이 법적 평등성과 제소가능성과 관련해서는 단지 최소 개념이라는 관점에서 슐러와 일치한다. 다른 한편 어떤 선의 경중 식별도 허용하지 않고 인간존엄을 침해하는 그 자체로 악인 특정한 행위들, 예컨대 고문, 익명의 관음증을 위한 성의 노출, 시험관 아기의 생산들이 있는데 이들은 언제 어디서나 침해된 것이라 주장한다.[16] 또한 스패만은 "인간의 존엄성은 밖으로부터 빼앗길 수 없다는 의미에서 불가침적이다."고 말한다. 국가나 타인에 의한 공격은 인간의 존엄에 손상을 끼칠 수는 있지만 근본적으로 말살할 수는 없다는 의미이다. 사람이

13 Spaemann, 1987, 96; W. Maihofer, *Die Wuerde des Menschen*, 40쪽.

14 Spaemann, 위의 책, 95쪽; B. Schueler, 550쪽.

15 Schueler, 550쪽.

16 Spaemann, 1987, 96쪽.

자기 양심에 반해 행위를 하는 경우에는 상황에 따라서 비록 일시적이고 한정적이라 하더라도 이 행위를 통해서 자기의 존엄성을 잃을 수 있다. 존엄성이 국가나 타인에 의해 침해 받고 있다면 회복을 청구할 수 있다. 그러나 존엄성이 자기 양심에 반한 행동에 의해 잃어버린 상태라면 스스로 다시 회복해야 한다. 양심에 반해 혼탁해진 존엄성이라도 타인은 이 더럽혀진 양심의 주인이 될 수 있는 것은 불가능하기 때문에 이에 대해 어떤 제한이나 비난을 가할 수 없고 존중해야 함이 마땅하다.

2. 서양에서의 존엄성 개념의 변천사

인간에게 귀속시키는 '존엄성dignitas' 개념과 이것이 지시하는 비전은 인류의 긴 문화교류사 속에서 자각되고 발전되어 왔다. 근대주의 찬양론자들은 존엄성과 인권 개념이 근대이성의 발명으로 생각하지만, 실은 이미 고대 그리스와 로마에서 발생하여 스토아철학과 중세 그리스도교 전통에서 심도 있게 논의되어 왔다. 중세에는 인간의 존엄성이 신의 모상성imago dei과 원죄peccatum originale설과 관련해서 모순되지 않도록 설명해야 했고, 육화Incarnatio와 의화Justificatio론을 통해서 더욱 심화되었다. 인간의 이성성과 의지의 자유에 대한 자각과 심화가 중세기에 일어났다면, 근대에 와서는 인간존엄성은 종교적 차원을 벗어나 윤리적, 기본법적, 국제법적 영역으로 확장되고 구체화되었다.

본 장에서는 서양 근대 철학사 안에서 존엄성dignitas 개념이 어떤 경로로 출발하여 정립되었고, 이어서 중세 그리스도교 전통, 르네상스와 종교개혁 시대, 근대의 신스토아의 부흥기, 칸트, 헤겔이 이끈 계몽시대와 최근세의 실존주의 철학을 일별하면서, '존엄성' 이념의 다양한 관점을 정리해 보기로 한다.

2.1. 서양고대철학에서의 존엄성 개념

고대 그리스어에는 라틴어 'dignitas(존엄성)'에 해당하는 단어가 존재하지 않았다. '존엄성', '존귀함'이라는 의미의 'aksia, aksioma'는 더 오래된 문서에 가끔 나타나고, 후기의 언어 용례에서는 오히려 라틴어의 'dignitas'의 영향을 받았다. 그 이유는 양국의 상이한 정치제도에 기인하는데, 로마에서는 존엄성의 전제조건인 정치적 위업이 찬양되는 문화가 있었기 때문이다.[17] 존엄성에 관한 첫 번째 철학적 용례는 고대 그리스 도시국가의 엘리트 귀족과 시민의 윤리에서 찾아 볼 수 있다.[18] "긍지를 지닌 사람이란 자기 자신을 큰일에 위엄(가치) 있다고 생각하며, 또 사실 그러한 사람이다."라고 아리스토텔레스는 말한다.[19] 그는 위임(존엄)을 긍지 있는 사람의 특징으로 보았다. 이 존엄성의 개념은 그리스의 정치적 자립이 무너지고 헬레니즘의 시대가 왔을 때, 스토아철학에 의해 보편화되고 내면화되어, "인간은 신의 자손들이며 그의 이성적 능력 때문에 존엄성을 지닌다."는 서술이 발견될 정도로 발전되었다.[20] 스토아철학은 이 개념을 소크라테스의 전통의 이성 능력과 아리스토텔레스에 따른 언어 능력[21]에 연결시켰다. 인간은 언어 능력을 통해 유익함과 유해함, 그리고 정의와 불의를

---

17 V. Pöschl, "Würde im antiken Rom", in: *Geschichtliche Grundbegriffe*, Bd. 7, 637쪽 이하.

18 M. Forschner, 35쪽; V. Pöschl, 640쪽.

19 니코마코스, 윤리학 4권 1123b.

20 Forschner, 35쪽.

21 아리스토텔레스, 정치학 1253a 9 이하.

표현할 수 있는데, 다시 말해 의미와 가치 관념을 발전시킬 수 있다. 인간은 이성과 언어 능력을 가지고 자기 자신을 비판적으로 성찰할 수 있으며 어떤 것을 이해시키기 위해 발설한 모든 것을 긍정할 수도 부정할 수도 있다. 인간 자유의 본질은 따라서 이성과 언어 능력에 있다. 스토아철학에 따르면 인간존엄성은 바로 이 자유에, 즉 "자유로운 투신과 거절, 선택과 거부의 신적인 능력, 한마디로 표현하면 관념의 자유로운 활용 능력"[22]에 근거한다. 후기 전체 스토아철학에서처럼 에픽테트에게서도 인간의 존엄성은 자유로운 정신의 무한한 자기소유의 가능성에 그 근거를 둔다.[23] 이 정신은 자신을 수양하여, 자신의 손으로는 절대적으로 해 볼 수 없는 모든 것에 대해 자신을 전적으로 맡기는 인격성phrosophon으로 성장한다.[24] 고대 그리스의 역사에서 우리는 존엄성의 개념의 발전을 관찰할 수 있다. 우선 그것은 인간의 사회적 모습에서 시작하여 점차로 내화되고 마지막에는 인간의 인격성에 적용되었다.

키케로(B.C.106-43) 이전, 고대 로마에서의 존엄성 개념은 플라우투스Plautus와 테렌쯔Terenz의 전승에서 발견된다. 이 개념은 우선 형용사로 어떤 사물에 합당한 성질이나 상태라는 의미로 사용되고,[25] 그러고 나서는 명사로서 절대적 가치라는 뜻으로 발전한다.[26] 이를 통해 '무엇으로

---

22 Epiktet, *Diatribai* I, 1.12.

23 Forschner, 46쪽 이하.

24 같은 곳.

25 Vgl. W. Dürig, "Dignitas", in: *Reallexikon für Antike und Christentum*, Bd.3, 1025쪽. 예컨대 Plaut. Bacch. 131에는 "오로지 그 한 가지가 지금 나의 가슴 속에 남아 있다. 그리고 그곳에 이 안주를 합당하게 준비한 솜씨 좋은 요리사가 있다."라고 기록한다.

26 W. Dürig, 1025쪽; 예컨대 Terenz의 유일한 한 곳에서(haut. 576) "자기 친구에게 내재되어 있는 고귀함, 그를 돋보이게 하는 품위와 예절에 대한 감성은 친구 앞에서 자기의 비밀을 포기하는 것을 막는다."고 서술하고 있다. W. Dürig의 독일어 번역에서 재번역함.

장식된'이라는 뜻의 형용사 'dignus'가 좋은 의미에서 '어떤 사안에 맞갖은'으로, 그리고 마침내 'dignus'의 성질, 혹은 특정한 사안에 적합한 주체의 성질을 가리키는 명사 'dignitas'로 발전했음을 어원학적으로 추정할 수 있다.[27]

'존엄성'은 로마 공화정 시절에는 정치적 업적으로 인해 시민으로부터 인정받고 존경받는 인사의 개인적 덕성으로서 파악되는 정치적 개념이었다. 그 후 '존엄성'은 로마인들에게 공공의 행위에 있어 가장 높은 가치가 된다.[28] 로마인은 자신의 공적을 타인에 의해 더 많이 인정받으면 받을수록, 그의 존엄성은 더욱 고귀하고 사회에 대한 그의 의무감은 더욱 커진다. 현대에 항상 불평등을 동반할 수밖에 없는 타인에게서 오는 인정recognition이라는 의미가 '존엄성' 이념에서 중요하지 않게 평가되고 있다는 점은 고대와 사뭇 다르다 할 것이다. 타인으로부터 받는 인정과 존경이라는 개념으로 고대의 존엄성은 지위 높은 정치인들에게만 유보되었다고 할 수 있다.

키케로는 고대 로마의 존엄성 개념의 연장선에서 존엄성을 정치 세계에서 공적 업적에 대한 보상을 가리키기 위해서 뿐 아니라 철학적 존엄성[29]과 예술의 존엄성[30]에도 확대 적용하였다. 키케로는 인생 목적이 이성적 인식과 윤리적 행위 안에서 절대적으로 유효한 것들을 실현하는 데에 있다고 확신했다. 그에 따르면 사람이 윤리보다 편안함을 더 높이 평가하거나 정신의 위대함과 항구함보다 육체의 쾌락을 더 높이 평가하는 것은 인간존엄성에 적절하지 않다.[31]

27 W. Dürig, 1024쪽 이하.

28 Ebd. 1026쪽.

29 Dignitas sapientis, De off. I, 67; de fin. I, 11.

30 Dignitas artium, Pro Mur. 33.

인간 본성에 어떤 수월성과 존엄성이 있는지 숙고한다면 사치스럽고 게으르게 살고 동시에 환락의 바다에서 헤엄치는 것이 얼마나 부끄러운지, 이와는 반대로 검소하고 신중하며 진지하고 성실한 삶을 영위하는 것이 얼마나 명예스러운지 분명히 인식할 수 있다.[32] 그리스어의 '덕arete' 개념은 여기서 로마인의 삶의 개념 '존엄dignitas'으로 대체되는 듯이 보인다. 키케로는 본성이 인간에게 두 가지 특성의 얼굴을 부여하고 있음을 이미 관찰하였다. 하나는 모든 인간이 이성을 가지고 있는 한 동일한 방식으로 특징지어진 것이고, 다른 하나는 육체적 측면에서든 정신적 측면에서든 개별적이고, 개인들 간에 매우 상이한 것이다.[33] 인간 또는 인간 본성의 존엄성은 따라서 이성에 참여하는 데에 있다고 할 수 있다. 그는 더 나아가 법론에서 모든 인간은 근본적으로 모든 이를 연결하는 하나의 이성인 자연법의 지배를 받는 법률 파트너가 된다고 주장한다. 그에게 있어서 자연법이란 "유일하고 영원하며 불변하는 법"으로써 "자연과 일치하고 모든 것 안에 주입되어 있으며 스스로 모순 없는 올바른 이성"이다.[34] 이런 사상이 키케로로 하여금 변호사와 정치가로 일하게 한 동력이 되었다. 그는 사회적으로 미천한 이들과 실제로 법의 보호를 박탈당한 이들을 위해 정의를 행사하려 했다.[35] 키케로의 법론의 등장은 "역사상 처음으로 이곳에서 인간존엄성과 자연법이 상호 근거기능을 하고 있다는 사실을 인식하고 있음"[36]을 뜻한다. 여기서 존엄성은 인간 본성의 범주적

---

31 De finibus bonorum et malorum, Lat./dt. uebers. v. K. Buechner, Stuttgart 1979, III, 1.1.

32 De officiis. Lat./det., uebers. v. H. Gunermann, Stuttgart 1984, I, 106쪽.

33 위의 곳, I, 107쪽.

34 Cicero, *De rep.* III, 22(33) 참고.

35 De fin., III, 20,65. M. Forschner, *Marktpreis*, 51, 참조.

36 J. P. Wils, 'Zur Typologie und Verwendung der Kategorie 'Menschenwürde' ", in: Ders.(Hg.), *Ethik ohne Chance?*, 139.

규정이고 자연법은 선과 악에 대한 일반 표상을 표현한다. 결정적으로 새로운 것은 "이제부터 근본적으로 모든 인간이, 그들이 단지 인간이기 때문에 존엄성을 소유한다."는 점이다.[37] 여기에서 비로소 현대적 개념인 '인간존엄성'의 뿌리를 발견할 수 있다. 키케로의 기여는 인간의 본성과 목적에 관한 스토아철학적인 규정과 존엄성dignitas이라는 엘리트 개념을 떼려야 뗄 수 없는 관계로 결합시켰다는 데에 있다.

고대 철학사를 통해서 일부 근대주의 찬양자들의 견해와는 달리, 우리는 현대적 의미로 인간존엄성 개념이 고대 그리스 후기와 고대 로마 시기에 이미 인정되었다는 사실을 인식하였다. 그 이유로는 인간이 에픽테트가 주장하듯 자유로운 정신의 능력을 가지고 있다거나, 키케로가 생각하듯 불변하는 이성에 참여하기 때문이다.[38]

2.2. 르네상스 시대까지의 중세 그리스도교 전통

벌써 초기 그리스도교 전통에서 모든 인간에게 공통된 인간존엄성에 대한 신념은 성서의 창조 이야기(창세기 1, 26절 이하)를 근거로 하여 널리 퍼져 있었다. 인간과 모든 다른 창조된 존재들과 구별 짓는 신의 모상성은 인간존엄성을 위한 근거이다.

니싸의 그레고르Gregor von Nissa(331-394)는 "인간 의무론De hominis opificio"이라는 글에서 인간 창조에 관한 보도와 관련하여 "영혼은 비천

37 V. Pöschl, 643; Vgl. Cicero, *De off.* 1,105f.

38 여기서 우리는 푀쉴Victor Poeschl의 인간존엄성에 대한 현대적 개념의 결정적 뿌리는 키케로에 있다는 테제를 확인할 수 있다. 그와 반대로 코부쉬Theo Kobusch는 『인격의 발견』이라는 저서에서 주장하기를 모든 고대 철학자들, 그리스도교의 고대 학자들도 존엄성을 갖춘 인격이라는 개념을 아직 모르고 있다고 한다. M. Forschner, *Marktpreis*, 33f, 참조.

함과 구별되는 왕답고 고귀한 자신의 본질을 독립적이고 자립적이며 자신의 결정에 따라 자율적으로 영위하는 것으로 이미 지시하고 있다."[39]고 말한다. 아마 교황 레오Leo der Grosse(440-461)로부터 시작하여 오늘날에도 여전히 사용하는 가톨릭교회의 미사예식의 봉헌기도는 "하느님, 당신은 인간을 존엄을 갖도록 놀랍게 창조하시고 새롭게 하셨으니, 이 물과 술의 신비로 우리로 하여금 우리 인간의 본성을 취하신 당신의 아들, 우리 주 예수 그리스도의 신성에 참여하게 하소서…."라고 이어진다.[40] 레오 교황의 강론에도 계속해서 인간존엄성의 의미로 'dignitas'가 나타난다. "오 인간이여, 깨어나서 너의 자연적 존엄성을 인식하라. 너는 신의 모상으로 창조되었음을 기억하라. 이 모상이 아담에서 빼앗겼음에도 불구하고 그리스도 안에서 다시 세워졌음을 기억하라."[41]

중세기의 신학에서는 존엄성의 개념이 한편으로는 신의 모상설에 의해 지지되는 양상이었지만 다른 한편 원죄설에 의해 의심스럽게 되었다. 그륀들J. Gruendel과 후버W. Huber와 같은 이들은 중세부터 근대까지는 인간존엄성 이념의 발전이 원죄설에 의해 방해받았다고 주장한다.[42] 그리고 이런 이유로 평등사상이 발전할 수 없게 된 배경으로서 "그리스도교인,

---

39 Gregor von Nyssa, *De hominis opificio 7.* Migne, PG., t. 44 (1863), 144쪽.

40 Missale Romanum,1950[18], 255쪽 이하. "Deus, qui humanae substantiae dignitatem mirabiliter condidisti, et mirabilius reformasti: da nobis per hujus aquae et vini mysterium, ejusdivinitatis esse consortes, qui humanitatis nostrae fieri dignatus est particeps, Jesus Christus, Filius tuus, Dominus noster..."

41 Leo der Große, Sermo 27 (in nativitate Domini 7), c. 6. Migne, PL, t. 54 (1865), 220 B. 참조: "Expergiscere, o homo, et dignitatem tuae cognosce naturae. Recordare te factum ad imaginem Dei; quae, etsi in Adam corrupta, in Christo tamen est reformata."

42 J. Gründel, "Christliche Moral und Menschenrecht", in: Walter Odersky (Hg.) *Die Menschenrechte*, 1994, 106쪽 이하 참조; Wolfgang Huber, "Menschenrechte/Menschenwürde", in: *Theologische Realenzyklopädie*, Band XXII, 1992, 578쪽 이하 참조.

이단자 그리고 비그리스도교인들(유대인과 이방인) 간의 차별성이 생겼다."고 덧붙인다.[43]

그러나 인간의 양면, 즉 신의 모상과 인간의 죄성을 인간존엄성 개념 안에서 신학적으로 결합시키려 노력했던 중세기의 많은 저자들도 있다. 콘딜리스P. Kondylis는 왜 교회가 인간의 신모상과 죄성을 동시에 배제할 수 없었는지에 대한 이유를 다음과 같이 해석한다. "신의 모상설은 미래적 인간 구원을 위해 보증하는 것이라면 죄성에 관한 강조는 현세를 살면서 필수적인 다소간의 고행적 규율을 근거 짓는 데 활용했있다. 이 규율은… 최종적으로 오로지 구원에 대한 희망 속에서 빛을 받는 의화를 만나야만 했다. 구원은 은총의 작용 덕분뿐 아니라 거기에다가 신의 모상으로서의 인간이 존재론적으로 자신 안에서 그 배아를 지녀야 가능한 것으로 보였다."[44]

파울루스 디아코누스Paulus Diaconus(720/724-799)는 인간존엄성 이념에서 의무를 유효하게 만들었다. 즉 다른 피조물을 지배하도록 보장하는 존엄성은 역시 신으로부터 주어진 신에 대한 인간의 의무 이행에도 동시에 봉사하도록 존재한다는 것이다.[45]

요한네스 스코투스 에리우게나Johannes Scotus Eriugena(810-880)는 처음으로 원죄 전과 후 사이의 인간본성 상태를 구별하였다. 그에 따르면 원죄 전에 형성된 인간의 참된 본성은 타락한 인간의 본성에서는 다시

---

43 Gründel, ebd. 107쪽.

44 Panajotis Kondylis, "Würde", in: *Geschichtliche Grundbegriffe - Historisches Lexikon zur politisch-sozialen Sprache in Deutschland*, Bd. 7. 1992, 645쪽.

45 Paulus Diaconus, Homilia 15. Migne, PL, t. 158 (1853), 1205쪽 이하; Kondylis, 위의 책, 646쪽 참조.

찾아 볼 수 없는 것이었다. 이는 "인간의 본성과 존엄성은 모든 죄성을 넘어서 있고, 다시 말하자면 단지 성령 안에 뿌리를 내리고 존재한다."는 것을 의미한다.[46] 이 사상에 이어서 캔터베리의 안셀무스Anselm von Canterbury(1033-1109)는 스콜라 신학의 전환점에서 인간은 원죄에도 불구하고 인간의 조건conditio humana으로서의 존엄성을 결코 완전히 잃지 않았다(타락한 인간은 이제 피조물의 왕은 더 이상 아닐지라도 준 규율자이다.[47])고 분명히 제시했다. 존엄성은 특히 이성과 자유의지에 근거하고 이들과 함께 유지되었으며, 인간은 특정한 기다림의 시간 이후에 그리스도의 희생봉헌으로 인하여 존엄성을 완전히 부여 받았기 때문이다.[48] 그에게 인간이 신을 닮았다는 것은 정신적 행위를 가능하게 하는 지성적 본성을 지니고 있음을 말한다. 신이 자신을 기억하고, 자신을 생각하고, 자신을 사랑하는 것처럼(신의 세 가지 정신적 활동) 인간도 유비적으로 신모상설에 근거하여 신을 기억하고, 생각하고 사랑하는 것이다.[49] 또한 도이쯔Rupertus von Deutz(1075/80-1129/30)는 인간의 이성성을 말하는 '모상 관계imago-Verhältnis'와 인간의 선과 정의에 대한 욕구인 '닮음 관계similitudo-Verhältnis'를 구별하였다. 그에 따르면 "원죄의 효과 때문에 선과 정의에 대한 욕구가 다소 떨어질 때라도 인간의 본성을 특징짓는 이성에 의해서 이 욕구는 진행되고 원기를 회복한다."[50]

이 구별과 관련지어 베르나드 클레보Bernhard von Clairvaux(1091-1153)는 모상 관계는 원죄를 통해 파괴될 수 없는 것으로, 그러나 닮음

46 Kondylis, 같은 책, 646쪽.

47 Paulus Diaconus, Homilia 14, 664쪽.

48 Anselm von Canterbury, Cur Deus homo 1, 5. Opera omnia, t. 2, 52.

49 Ders. Liber meditationum et orationum 1. Migne, PL, t. 158, 710쪽 이하.

50 Kondylis, 647쪽; Rupert von Deutz, In genesim 2, 2f. Migne, PL, t. 167 (1854), 248쪽.

관계는 잃어버린 것으로 보았다. 그는 전자를 의지의 자유와 같은 실천이성의 능력에, 닮음 관계는 여러 덕의 실천에서 작용해야 하는 것으로 관련시켰다. 인간존엄성은 의지의 자유에 근거를 짓지만 자신을 실현하기 위해서는 지혜scientia와 실천적 덕virtus과 함께 작용한다.[51] 따라서 모상관계는 그리스도의 죽음과 부활을 통해서 다시 세워진 닮음 관계의 기초라 할 수 있다. 이러한 예들을 통해서 인간의 양면, 즉 신모상과 죄성이 인간존엄성과 관련하여 어떻게 조화될 수 있을지 설명된다. 인간은 하느님 또는 교회의 거룩한 가르침을 향한 정향을 통해서 존엄성을 실현한다. 이 예들은 존엄성이 인간의 조건conditio humana으로 신의 모상에, 다시 말해 이성, 특히 의지의 자유에 근거하고, 더 나아가 감성과 실천의 능력, 즉 닮음의 관계를 통해서 신의 존엄에 참여하고 완성한다는 것을 매우 분명하게 보여 주고 있다.

중세 전성기(11-13세기)에는 근대의 보편적 인간존엄성 토론에 직접 영향을 끼친 인격 개념과 연결된 존엄성이 13세기의 그리스도론을 통해 발전하였다.[52] 알베르투스Albertus Magnus는 존엄성의 근거를 이성에서 찾았다. "존엄성은 이성 이외에서 있을 수 없다. 그것은 신의 모상성에 속하는, 영혼의 이성적 영역에 놓여 있다."[53] 여기서 의지의 자유가 모상 관계의 가장 중요한 징표로 유효하다.[54]

---

51 Kondylis 647쪽 이하; Bernhard von Clairvaux, In festo annuntiationis beatae virginis sermo 1, 7. Migne, 앞의 책, t. 183, 386 참조; 그에 의하면 지혜scientia는 우리가 존엄성을 지니고 있다는 것에 대한 앎과 동시에 이 존엄성이 우리에게서 연원하지 않다는 것을 앎을 의미한다. 그리고 덕virtus은 창조주와 함께 닮음을 실현하기 위한 중단 없는 노력을 의미할 뿐 아니라 이 노력의 목표에 항구하는 것을 뜻한다. Kondylis, 648쪽 참조.

52 T. Kobusch, *Die Entdeckung der Person*, 1993, 11쪽 참조.

53 Albertus Magnus, S. th. 2, 12, 68 ad 1. 3. und 2, 13, 82.

54 위의 책, 2, 14, 91.

보나벤뚜라Bonaventura(1221-1274)는 존엄성 개념을 인격person 개념과 함께 연결하는 시도를 한다. "인격이란 존엄성 영역이 속하는 특성에 의해 타자와 구별되는 이성성에 근거하고 있는 기체(실체)를 의미한다."[55] 인격 개념에는 존엄성뿐 아니라, 존재의 저작자로서의 물질과 본질의 저작자로서의 형상이 참여하고 있는 개별화의 결과로서 있는 개체성도 담지한다. 여기서 물질materia은 단지 개별화의 필연적 근거만을 만들 뿐 모든 근거를 형성하지는 않는다. 인격의 근거, 즉 존엄성의 근거는 형상에 있기 때문이다.[56] 인격과 존엄성을 물질에서 분리시키는 것은 그것들의 자명하게 여기는 이성 및 이성성과의 연관성을 강조하고 있음을 볼 수 있다.[57] 보나벤뚜라에 따르면 인간 이성성과 존엄성의 핵심은 의지의 자유에 놓여 있다.[58]

토마스 아퀴나스의 존엄성 철학은 다음 장에서 상세히 다루겠지만 여기서 한마디로 요약한다면 인간존엄성을 이성 및 의지의 자유에서 찾는다. 왜냐하면 그는 인간 정신을 신 모상성의 담지자로 보기 때문이다.[59]

2.3. 르네상스와 종교개혁 시대(대략 15-16세기)의 새로운 차원

이 시기에 신모상에 근거를 둔 인간존엄성은 세 가지 흐름으로 계속 발전했다. 이탈리아의 르네상스 인문주의, 스페인의 후기 스콜라 철학 그

55 Bonaventura, In I sententiarum 23, 1, 1, concl.: "Persona de sui ratione dicit suppositum distinctum proprietate ad dignitatem pertinente."

56 위의 책, In II sententiarum 3, 1, 2, 3, concl.

57 Kondylis, 649; Bonaventura, In III sententiarum 2, 1, 1, resp 참조.

58 Bonaventura, In I sententiarum 25, 1, 2, concl.

59 Thomas A., *S.th.* 1, 93, 6 ad 1.: "homo dicitur imago dei non quia ipse essentialiter sit imago, sed quia in eo est Dei imago impressa secundum mentem."

리고 독일의 종교개혁의 흐름이 그것이다.

2.3.1. 이탈리아의 문예부흥 인문주의

이탈리아의 인문주의는 존엄성을 당시의 고행과 감각세계의 배제로부터 결별하는 것으로부터 시작한다.[60] 르네상스의 인간존엄성에 관한 새로운 이 사조는 이 세계와 인간 본성의 아름다움을 찬미하고 또한 이를 전통적인 신의 모상, 영혼불멸, 그리고 하느님 아들의 육화 사상과 연결 짓고 있다는 점이 눈 여겨 볼 부분이다.[61] 따라서 우리는 이 인문주의의 입상을 처음뿐 아니라 나중에도 신학적 입장에 대해 의식적으로 논쟁을 일삼은 것으로 이해하기보다는 오히려 신학적 입장의 다른 해석 또는 세속적 동기로 인해 신학이 무게중심을 이동한 것으로 해석해야 한다.[62] 세속적 시각을 강조하고 그 사이 다시 등장한 은둔생활 전통이 풍부하게 살아나서 전통 신학의 관점은 급속히 실천적 의미를 잃어버렸다. 그 대신 15세기 이탈리아에서는 '인간은 제2의 신 혹은 소우주이다'는 사상이 퍼져나갔다.

마네띠Manetti는 1452년 「인간의 존엄성과 탁월성De dignitate et excellentia hominis」이라는 글에서 신 모상과 불멸하는 영혼과 관련하여 소우주 테제 혹은 우주에서 중심 위치를 차지하는 인간에 대해 적고 있다.[63] 신이 인간을 위해 세계를 창조하셨다는 사실에서 그는 이 창조된

---

60 Kondylis, 위의 책, 658쪽 참조.

61 새로운 이 인문주의적 입장은 페트라카Petrarca가 대표적인데 인간존엄성은 원죄로 인해 손상되지 않는다고 한다. Petrarca, *De remediis utriusque fortunae* 2, 93 참조.

62 Kondylis, 658쪽 이하.

63 Giannozzo Manetti, *De dignitate et excellentia hominis* 2. 13, ed. Elizabeth R. Leonhard(Padua 1975), 36쪽 이하; Kondylis, 659쪽 이하.

세계 또는 자연은 인간의 노동에 필요한 공간과 천연자료로서 사용되고 변형된다는 사실을 도출한다. 집에서 식물, 동물 그리고 하늘의 별에 이르기까지 모든 것은 우리의 것이다.[64] 그에 따르면 인간은 천사보다 우위에 있고 단지 신 아래에 있으므로 지구상의 모든 생명체를 맞갖게 그리고 의롭게 돌보기 위한 의무를 성취하기 위해 신께 순종해야 한다.[65] 그는 이 세상에서, 그리고 현실 생명에서 올바른 의무이행을 사명으로 생각하기 때문에 의식적으로 고행에 반대하고 인노센트 3세 교황의 인간학적 비관주의에 반대하며 삶에 대한 욕구와 인간 육체의 아름다움과 목적지향성을 찬양한다.[66] 그는 하느님이 그렇게 하도록 명령하신 인간의 활동으로 이루어지는 결과인 문화적 업적을 인간이 존엄한 까닭의 근거로 삼는다.

피치노Ficino는 이와는 달리 다시 신플라톤적인 전통에 따라 인간으로 하여금 이성적이고 불멸의 존재로 만들며, 자신이 지니고 있는 육체와 신 중간 단계에서 발견되는 영혼이 인간을 존엄하게 만드는 근거라고 말한다. 영혼의 규준자로서의 기능 때문에 인간은 더 낮은 단계로 떨어질 수 있지만 거기서 머무르지 않고 다시 본래 자신의 원천, 순수 정신 혹은 하느님께 상승한다.[67]

그는 신이 고삐가 아니라 격려의 기준으로 작용한다고 보기 때문에 인간은 영혼 덕분에 모든 것이 될 수 있고, 모든 것을 행할 수 있으며, 모든

---

64 Manetti, 같은 책, 3, 5, 67쪽 이하.

65 같은 책, 3, 51, 94쪽 이하.

66 같은 책, 4, 44 이하. (127쪽 이하); Manetti의 저작 *De dignitate et excellentia hominis 인간의 존엄성과 탁월성(1451)*은 교황 이노센트Papst Innozenz III의 "비참한 인간의 조건De miseria humanae conditionis"에 반박하는 목적으로 쓰였다.

67 M. Ficino, Theologia Platonica 3, 2, ed. R. Marcel, 1 (Paris 1964), 137; Kondylis, 위의 책, 660쪽.

것을 지배할 수 있고 어디든지 언제든지 존재할 수 있다.[68] 우리는 여기서 인간의 만용에 대한 어떤 중세적 두려움도 더 이상 발견할 수 없다.

삐꼬 델라 미란돌라Giovanni Pico della Mirandola(1463-1494)는 피치노의 사상을 이어받으면서도 인간을 피조물 사이의 중간 운반자, 즉 존재론으로 특정한 위계로 규정하는 사상에는 만족하지 않았다.[69] 그는 인간 영혼의 특성을 적응능력에서 파악한 피치노의 생각을 더욱 극단적으로 밀고 나가, 인간은 자유 때문에 가장 숭고한 자이든 가장 비참한 자이든 자신이 되고자 하는 존재가 될 수 있는 혼합적 존재라고 주장한다. "너는 내가 위임한 너의 판단에 따라 어떤 제한도 한계도 없이 너 자신에게 스스로를 규정해야 한다."[70] 삐꼬 사상은 결국 신의 모상을 신비적으로 지시하게 된다. "그가 이제 피조물의 운명에 만족하지 않고 자신의 일자의 중심으로 물러가 있으면, 신과 하나의 정신의 되어 모든 것 위에 계신 아버지의 고독한 어두움 속에서 모든 것을 초월하게 된다."[71] 삐꼬는 후기 논문 Heptaplus(7편의 논문집, 1488)에서 인간은 신에 상응하는 소우주라고 서술하는데 세계의 모든 본성이 그 안에 있기 때문이다.[72] 인간존엄성은 이 가능성 사이에서 자유롭게 선택할 수 있다는 데에 근거 지은 것으로 보인다. 인간의 본성과 특성은 그에 따르면 고정된 본성과 전체에서의 고정된 지위를 가지는 데에 있지 않고 자유로운 자기 선택과 자기 결정 안에서 부여되는 것에 있기 때문이다.[73] 그에게서는 인간이 이미 고대와 중세의

68 Ficino, 같은 책, 14, 3ff. T. 2(1964), 356쪽 이하; Kondylis, 위의 책, 660쪽 이하.

69 G. Pico della Mirandola, Oratio [인간존엄성론De hominis dignitate] (1486), Übers. von Norbert Baumgarten, 1990, 5쪽.

70 Pico, Oratio, 위의 책, 7쪽.

71 같은 곳.

72 G. Pico della Mirandola, Heptaplus (1488), Scritti vari, ed. E. Garin (Florenz 1942), 302쪽 이하.

우주적 질서를 벗어나고 있다. 그러나 논문집(Heptaplus)에서는 계속해서 그는 인간이 원죄와 그 결과를 기억해야 한다고 주장하면서 이 자유를 올바른 길 위에서 행사하려 시도한다.[74] 인간존엄성은 이제 더 이상 자유 그 자체에 있지 않고 무죄 또는 신 모상 상태를 보존하기 위한 결단에 달려 있다.[75]

2.3.2. 스페인의 후기 스콜라 철학

16세기의 스페인 후기 스콜라 철학은 신대륙의 발견과 15, 6세기 유럽의 팽창과 무관하지 않는 성찰 없는 인간과 자연에 대한 식민지 수탈, 그리고 서구 사회의 파견에 대한 자의식으로부터 유래한 선교라는 현실을 신학적으로, 자연법리적으로 성찰하고 비판적으로 판단하는 데에 자신의 과제가 놓여 있다고 보았다.

16세기 초, 왕의 위임으로 또는 서둘러 왕에 순종적으로 일을 한 도미니꼬 회원 마티아스 데 파츠Matias de Paz, 궁중법률가 후안 로페츠 데 팔라시오스 로비오스Juan Lopez de Palacios Robios, 그리고 마틴 페르난데츠 데 엔치소Martin Fernandez de Enciso와 같은 궁중법률가와 어용신학자들은, 악질스런 미신 숭배자, 식인자, 수간자들이고 거기에다 서로 살인하는 신대륙의 인디언들이 신앙을 수용하도록 유도하는 한편 그리스도교의 지배하에 예속되도록 요구해야 하며, 이를 거부할 경우 선한 양심에 따라 폭력으로 복종시키는 것이 허용되어 있다는 견해를 이구동성으로

73 베이컨F. Bacon은 학문적 세계 묘사와 기술적 세계 장악의 지평을 따르고 있다. "국가영토의 확장은 제한된 가치를 갖지만 발명은 더 큰 행운과 구원을 가져온다…."고 그는 말한다. (Novum Organum I, nr. 129).

74 Pico, Heptaplus, 위의 책, 304쪽 이하, 그리고 284쪽 참조.

75 Kondylis, 위의 책, 661쪽 이하.

피력하였다. 이에 대한 근거는 고대 이스라엘이 가나안 땅을 수용한 역사를 배경으로 전쟁과 분쟁의 규칙에 관해 서술된 신명기 20장 10절에서 18절이다. 여기에 더하여 어떤 이들은 봉사로 어떤 이들은 지배하는 일로 태어났다는 아리스토텔레스의 자연적 인간 불평등 이론을 원용하였다.[76] 이 그룹의 대표자인 세풀베다(1490-1573)는 그의 논문 "Democrates segundo - De las justas causas de la guerra contra los Indios(인디오와의 전쟁이 갖는 정당한 원인들에 관하여)"(1544/1545)에서 16세기 초에 시작된 그리스도교국의 약탈전쟁을 성낭화하는 사상적 방향을 근거 지었는데 이는 유럽의 민족국가를 성립시키는 범례가 된다. 그는 침략전쟁을 지지하는 근거를 첫째 구약의 출애굽기적 모델 지향적인 근본주의적 그리스도교의 파견 의식으로부터, 둘째 "Requeriniento"(requirement: 후안 로페츠의 요청)의 자연법과 신법으로부터, 즉 식인문화 미신숭배 인간제물, 그리고 수간 등의 폐지에 대한 권리와 의무로부터, 셋째, 신명기 20장 10절에서 18절까지에서 말한 소유권 확보를 위해 교황이 관면해 준 권한과 의무에 헌신해야 하는 것으로부터, 넷째 인간 불평등에 대한 아리스토텔레스 이론으로부터 가져왔다.[77]

역사적 방향의 요청에서 성서의 오역과 과도한 애국주의적 합리화는 인디언들을 항복시키고 그들의 땅을 차지하는 데는 성공했지만 이에 반대한 당대의 진실한 그리스도적 양심을 굴복시키지는 못했다.

근대 국제법의 창시자 프란치스코 데 비토리아(1492-1546, 도미니꼬 회원)는 그의 저서 『Relectio de Indis - o libertad de los Indios』에서 세속적 지배에 대한 교황의 권력 요구, 구약의 탈출기 패러다임, 그리고 인디언들

76 M. Delgado, "Kolonialismus und Menschenwürde" in: Thomas Brose u.a. (Hg.), *Umstrittene Menschenwürde*, 35-44쪽.

77 같은 곳, 44쪽 이하.

에 대한 신의 저주는 거짓되고 매우 위험하다고 주장했다. 이런 주장들은 "보편적인 이성에 반할 뿐 아니라 성서 해석의 기본적 규칙들에도 충돌하며 어떤 징표로도 확증되지 않았기" 때문이다.[78] 그는 신대륙에서 스페인이 현존하는 것은 중세의 그리스도교 영역의 정신에서는 안 되고 모든 영역, 즉 종교적 신념으로부터 독립적으로 세워져야 할[79] 국제법의 일반적 관계 위에 근거 지어야 한다고 주장했다.[80]

그의 논변은 "모든 재화가 모든 이에게 공유로 있었던 세상의 시작에는 모든 이가 어디든지 갈 수 있고 어디든지 정착하는 것이 허락되어 있었고, 그 이후 전 인류가 하나의 소통공동체요, 동시에 보편적 국가공화국을 세웠다"[81]는 전제에서 출발한다. 국가와 민족들이 이방인이든, 비신앙인이든, 혹은 야만인이든 그들이 이성을 사용하고 있다는 것이 타인들에게

---

78 Vitoria, Relectio de Indis, Madrid 1967, I 2, 24, 74쪽 이하; Delgado, 위의 책 48쪽. Vitoria, Vorlesungen (U. Horst m.a. eds.), Stuttgart u.a. 1995 참조.

79 이 국제법은 종교들이 초자연적 질서로부터 분리되어 있다거나 복음 선포에 대한 권리를 어떻게 인정하고(Texte, Nr. LVIII-LX von Antonio Truyol) 세속적인 힘 위에 교회의 수단적 힘이 증명되는지(Texte CXIX-CXXIII)에 아무 관심이 없다는 것을 이야기하는 것이 결코 아니다. 이 국제법을 기초로 하여 비토리아는 원주민이 이를 통해 불이익을 당하지 않는 한도 내에서 스페인들에게 허용된, 네 가지 일반 이주 기본법, 즉 이민과 정착법, 무역법, 이익법 그리고 시민법을 발전시켰다. Antonio Truyol, *Die Grundsätze des Staats - und Völkerrechts bei Francisco de Vitoria, Deutsche Übers. von Carl J. Keller-Senn*, 1947, 51쪽 이하와 61-65쪽 참조.

80 그는 국제법을 "모든 민족들에 자연적 이성을 부여하는 것"(De Ind., de tit. Leg., 2. Texte Nr. XXXIV.)이라고 정의한다. 비토리아식 만민법은 민족 그룹들로부터 독립된 법질서이고 자연적 이성에 근거를 두는 반면, 로마식 만민법은 공동의 실정법으로서 그 기본법은 비로마 국가의 법률과의 관련을 규율하고 그리하여 이성적 인간 본성의 일치를 배려하는 것이 중요하다. 이런 점에서 그는 이를 통해 국제법의 근대 개념을 최종적으로 완성했다. 비토리아가 자연 만민법과 계약 만민법 사이에서 발견한 차이는 후에 특별히 수아레즈와 그로티우스에 의해 발전된다. Truyol, 앞의 책, 49-51쪽 참조.

81 Delgado, 앞의 책, 49쪽; Vitoria, *Relectio*, I 3, 1, 77쪽 참조.

명백하는 한 그들은 국제법의 주체로서 본질적으로 평등하다.[82] 그들이 거래에 있어 특정한 질서를 지키고 있다는 것은 이성성의 분명한 증거이다. 그들은 질서가 지배하는 도시를 세워 혼인, 토지대장, 소유권, 법률, 수공업자 그리고 시장 제도를 가지고 있기 때문이다.[83] 세풀베다의 견해에 반대하여 비토리아는 인디언들을 이성적인 사람으로 여겼다. 그는 "그들(그 야만인들)은 사실상 비이성적이지 않고 그들의 방식으로 이성을 사용한다."[84]고 말하고 따라서 그들 영토의 진정한 소유자일 수 있다고 주장한다.[85]

비토리아 외에 도미니꼬 회원이자 선교사요 인디언들의 친구였던 바르톨레메Bartolome de Las Casas(1474-1566)도 강론과 저술을 통해 식민주의자들에 대항하여 일생 동안 싸웠다. 그는 모든 민족들은 이성 때문에 참된 종교로 불림을 받았다고 주장하였고(1526), 레크베리미엔토Requerimiento 신학에 대해 법률 및 신학적 비판을 가했고(1559), 인디언들은 복음을 받아들일 능력이 있다고 주장했을 뿐 아니라(1559), 그들을 가난한 그리스도의 현현으로 간주했다(1559).[86] 그는 비토리아에 대해서도 반대 입장이었는데 인디언들에 대한 모든 종류의 개입과 신탁통치를 강력히 비난했다. 이미 1537년 교황 칙령「높으신 하느님Sublimis Deus」은 다름 아닌 인간의 본성이 이를 가능하게 하기 때문에 인디언들에게서

---

82 Truyol, 앞의 책, 55쪽; Texte Nr. XXXIX - XLII 참조.

83 Truyol, Texte Nr. XLIII 참조.

84 같은 곳.

85 비토리아는 특정한 '야만인'들의 무능함이 원인이 된 개입과 신탁통치로서 식민화를 인정하고 있다. 그런데 그 조건은 야만인들이 아주 미미한 정도로 이성적이고, 식민화 정책이 스페인에게가 아니라 그들에게 장점이 된다는 것이 증명될 수 있어야 한다. Truyol, 66쪽(Texte Nr. LXII).

86 M. Delgado, *Gott in Lateinamerika*, 1991, 114쪽 이하; 74-77쪽, 159-162쪽 참조.

가톨릭교회의 신앙과 성사를 받을 능력이 있는 "진정한 인간"이라고 주장했다.[87]

영원한 기본법인 복음과 인간의 평등성에 대한 스토아철학, 그리스도교의 기본법에 따른 양심론을 통해서 스페인의 후기 스콜라 철학은 그때까지 인정된 보편적이고 확고한 중세 그리스도교 세계의 이론들을,[88] 즉 교황의 세속지배, 미신숭배에 반대하기 위한 전쟁, 자연법을 어긴 죄에 대한 재판소, 야만족의 자연적 노예제도, 그리고 이와 유사한 것들을 극복하고 인간의 존엄성을 근대 국제법의 영역으로 가져왔다고 평가할 수 있다.

2.3.3. 독일의 종교개혁

루터와 캘빈 등 독일의 종교개혁 세력은 논쟁뿐 아니라 개혁적 신학의 입장으로 인간존엄성이 이성과 자유의지에 근거한다는 당시 지배적인 가톨릭의 인간학도, 이제 막 독일로 몰려든 휴머니즘, 즉 불멸의 영혼, 신의 모상 그리고 육체의 미와 세속적 삶을 찬양했던 흐름도 적으로 간주하고 싸웠다. 이 그룹에 의하면 인간은 단지 죄인이지만 신의 은총에 의해 의화된 피조물이었다. 루터Martin Luther(1483-1546)는 창조 설화에서의 신모상론이란 인간을 찬양하는 데에 두기보다는 신이 자비로이 자신의 아들을 인간이 되게 하여 인간의 구원을 돌보게 했다는 자신의 인간학을 위한 전제로 해석하였다.[89] 그는 인간의 존엄성을 인간 자신에게가 아니라 신과의 관계, 즉 신의 은총을 통한 의화에서 찾으려 한다. 우리는 다음 장

---

87 위의 책, 151-152쪽.

88 J. Höffner, *Christentum und Menschenwürde*, 1947, 15-66쪽 참조.

89 Luther, "Genesisvorlesung", WA Bd. 42, 51.

그리스도교의 인간존엄성에서 루터의 개혁신학적 인간학을 상세히 다루기로 한다.

2.4. 후기 휴머니즘의 신스토아 철학적 경향

신스토아주의는 가톨릭교와 신교 간의 전쟁 이후 내적 안정과 정신적 물질적 안전성에 대한 욕구가 컸던 16세기 말, 17세기 초에 네덜란드와 프랑스의 후기 휴머니즘 사상에서 고대 스토아철학을 다시 일깨우면서 나타났다. 네덜란드 예수회원인 립시우스Justus Lipsius(1547-1606)는 당시 정치 역사 철학적 문제들을 해결하기 위해서 유행했던 고대 스토아철학의 교설적인 논쟁에서 벗어나 특히 세네카와 에픽테트에 근간을 둔 하나의 철학적 윤리학을 발전시키려 시도하였다. 그는 무엇보다 『불변성에 관하여De Constantia, 1584』, 『스토아철학 입문Manuductio ad Stoicam philosophiam, 1604』, 『스토아 자연학Physiologia Stoicorum, 1604』 등의 여러 저술에서 신학적 권위로부터는 아니지만 스토아와 그리스도교 철학의 조화를 논증하기 위해 계속해서 노력하는 가운데 윤리학을 전개하였다.90

립시우스에 따르면 인간은 특별한 방식으로 "모순적 일치"로 결합되어 있는 영혼과 육체의 합성체이다.91 이 양자는 지속적으로 인간의 감정, 생각과 행위를 지배하려고 서로 다툰다. 그러나 그는 육체는 플라톤의 파이돈에서처럼 땅에서 비롯된 것으로, 영혼은 하늘, 즉 신적인 불로부터

---

90 K. A. Blüher, "Neustoizismus", in: J. Ritter (Hg.), *Historisches Wörterbuch der Philosophie*, Bd. 6 (1984), 777쪽 이하.

91 J. Lipsius, *De constantia libri duo, Frankfurt* (1591[4]), 1.5.24; K. Beuth, *Weisheit und Geistesstärke*, 1990, 50쪽 이하.

유래한 것으로 보았기 때문에 인간의 육체적 요소를 분명히 평가절하하였다.[92] 근본적으로 신에게서 연원하는 하나의 힘, 이성ratio은 영혼에게 그리고 영혼 안에서 작용하는 반면 다른 힘, 억견opinio은 육체에서 발생하고 따라서 세속적인 것에 강제적으로 구속되어 있다.[93] 이성은 인간 안에 있는 힘으로서 그로 하여금 옳은 것을 그른 것으로부터, 좋은 것을 나쁜 것으로부터 구별할 수 있다는 것은 중요하다. 따라서 립시우스는 이로부터 인간이 덕virtus을 닦고 인간이 이성과 신께 주저함이 없이 순종하는 항구함constantia을 길러야 한다는 점을 강조한다.[94] 따라서 립시우스가 인간의 존엄성을 이성에 순종하는 것에 근거 짓고 있다고 말할 수 있다. 그의 이성은 인간에게만 한정된 것이 아니라 전 우주로 확산되어 있는 것으로 이해해야 한다고 말하는 스토아철학 전통에 있고, 따라서 그에게는 인간의 존엄성이 중심 테마가 아니었다고 말할 수 있다. 그 밖에 립시우스는 당시 네덜란드에서 자주 민족국가적으로 사용되었던 'pietas'와 'patria'의 개념을 바로잡았는데 'pietas'는 조국애로서라기보다 순수한 덕으로서 종교에 관련된 성격상의 탁월함으로 해석하였고, 관례적인 'patria'개념(국가) 외에 다른 두 관념, 즉 지구와 하늘나라를 설정하기도 하였다.[95] 이런 개념으로 신스토아 철학은 절대국가와 싸웠고 유럽에서 범세계적 자연법의 만개를 준비하였다.

---

92 *Constantia*, 위의 곳; Phaidon, 79e9-80a2; 키케로 역시 후기의 립시우스처럼 "영혼은 육체보다 더 뛰어나다"(praestabilior est animus corpore)고 말했다. Cicero, de rep. 4.1. 참조.

93 *Constantia*, 1.5.24 그리고 25; Beuth, 앞의 책, 52쪽.

94 *Constantia*, 1,5,25; Beuth, 52-54쪽.

95 *Constantia*, 1, 11, 34-36; Beuth, 69-75쪽.

2.5. 근대의 윤리 및 법적 인간존엄성 개념

새로운 정신 운동, 즉 계몽운동은 휴머니즘과 네덜란드와 프랑스의 신스토아주의의 영향을 받아 17, 18세기 영국에서 시작하여 프랑스와 독일을 거쳐 전 유럽에서 발전하게 된다. 인간존엄성에 대한 새로운 성찰이 초기 계몽시대에는 그리스도교의 뿌리에 기대고 있었지만 이제는 교회의 영역에서 독립되어 발전한다. 계몽주의자들은 낙관적으로 인간의 존엄성과 능력을 생각하여 원죄설을 상대화시키고 인간존엄성을 더 이상 신모상설에 근거 짓지 않고 단지 이성에 근거 짓기 시작하였다.[96]

파스칼B. Pascal(1623-1662)은 존엄성 개념에서 이성의 강조를 새롭게 했다. "인간은 명백히 생각하는 능력을 가지고 있다. 이것이 그의 존엄성과 장점의 전부이다."[97]

푸펜도르프Samuel von Pufendorf(1632-1694)는 인간의 존엄성을 영혼의 불멸성과 보편적 이성에 근거 짓는다.[98] 그는 이 존엄성에 근거하여 모든 인간의 자연적 평등성을 법제화해야 한다고 주장했다. 또한 그는 존 와이스에 영향을 미쳐 1776년 미국의 인권선언이 탄생하도록 돕는다.[99] 인간의 자연 상태를 만민에 대한 만민의 전쟁으로 묘사한 홉스와는 대립적으로 푸펜도르프는 자연 상태를 서술한다.[100] 즉, 인간은 한편으로

---

96 Wolfgang Huber, "Menschenrechte/Menschenwürde", in: TRE, Bd. XXII, 1992, 580쪽 이하.

97 B. Pascal, Pensées. ed. Brunschvicg, Frg. 146: "L'homme est visiblement fait pour penser; c'est toute sa dignité tout son mérite."

98 Pufendorf, *De iure naturae et gentium*, 1672, dt. 1706, II, I, §5.

99 Huber, 앞의 책, 580쪽.

100 그의 자연 상태는 네 부분으로 나뉘어지는데, "그 자연 자체인 상태Status Naturalis in se" (JNG 2,2,§2; Off.2,1,§4; Statu §§4,5 참조), "타인들과의 질서에서의 자연 상태Status naturalis in ordine ad alios homines"(JNG 2,2,§1; Off 2,1,§5; Statu §7 참조), "사물로부터 유래한 자연 상태Status Naturalis qui revera existit" (JNG 2,2,§4; Off 2,1,§§6,7; Statu §7 참조) und "창조주

지상에 홀로 투기된 개인으로서 약하고 가련하며 따라서 필연적으로 동료인간들의 도움에 의존되어 있고, 다른 한편 인간 본성의 단순한 유사성에서 혹은 신에 의해 운명 지어진 것으로부터 공동체와 법률관계가 직접 발생한다. 그의 사유에 의하면 이 자연 상태로부터 인간이 스스로 유지하고 스스로 규정하도록 노력할 수 있는 특징적 권리들이 도출된다.[101] 자연적(in se)이고 사회적인(in ordine ad alios homines) 자연 상태status naturalis를 넘어 푸펜도르프는 본질적인 인간의 자연, 인간성humanitas, 즉 탁월한 피조성의 상태(status naturalis in ordine ad Deum Creatorem)를 또한 소개한다. 이것은 다른 피조물과 구별되는 것인데 "이성과 자유의지 그리고 여기서 기원하는 윤리적 행위의 능력과 의무"이다.[102] 신의 창조적 은총에 기반한 이 사유 방식은 이후에 미 대륙에 강하게 작용한 반면 극단적으로 인간학적 전환으로 돌아선 유럽에서는 여기서 자율적 윤리가 계수되었다.

전형적인 인간학적 전환의 예는 특히 칸트에게서 찾아볼 수 있다. 칸트Immanuel Kant(1724-1804)는 인간존엄성을 인간의 인생운용과 자기결정으로의 자유, 즉 이성적 존재인 인간의 자율성에 근거 지운다. 존엄성 개념은 그의 윤리학에 있어 주요 개념이다. 그에 따르면 존엄성은 "모든 가치보다 더 탁월한 것으로 어떤 동가적인 것으로 대체될 수 없는"[103]

신과의 질서에서의 자연 상태Status Naturalis in ordine ad Deum Creatorem" (JNG 2,1,§5; Off 2,1,§3 참조)이다. Thomas Behme, *Samuel von Pufendorf: Naturrecht und Staat*, 1995, 57-73쪽 참조..

101 Behme, 앞의 책, 62쪽 이하.

102 JNG 1,6,§8; Behme 72쪽.

103 I. Kant, Grundlegung zur Metaphysik der Sitten, 1785, GMS II, 434. Hamburg (1965), 58쪽; 칸트는 그가 목적 왕국에 관해 말하는 모든 곳에서 가치와 존엄성의 개념을 사용한다. 이 개념쌍은 세네카의 가치와 존엄성(pretium und dignitas)을 수용한 것이다. Ep. 71, 33: 'his

것이다. 비교할 수 없고 동가적 대체를 허용하지 않는 존엄성은 어떤 경우에도 다른 목적을 위한 수단으로 이용될 수 없고 목적 자체로 인정되어야 한다.[104] 그 자체로 목적인 것의 조건은 윤리성이다. "따라서 윤리성과 인간성은 이들이 같은 것에 대한 능력인 한에서 유일한 존엄성을 갖는 것이다."[105] 윤리성은 자신을 자유에 의해 법칙을 줄 수 있는 능력, 즉 자신의 격률을 자연법칙의 보편성에 따르게 하는 능력이 인간에게 전제되어 있을 때에야 보증된다.[106] 자기규정 또는 자율성은 "인간과 모든 이성적 본성이 존엄한 근거"[107]이다. 칸트는 그러나 자율성으로 존엄성을 규정하는 것으로 만족하지 않았다. 왜냐하면 자율성은 모든 이성적 본성을 지닌 존재의 능력으로서 단지 보편적이고 형식적 규정(정언명법)일 뿐이기 때문이다. 그는 정언명법의 제3형식에서 내용적으로 확정하려 했다. "네가 인간성을 너의 인격에서든지 모든 다른 인격에서든지 항상 한결같이 목적으로 대하고 결코 수단으로 대해서는 안 된다."[108] 인간존엄성에 관해 말하자면 칸트에 동의하여, 인간의 도덕능력에 관한 형식적 진술을 통해 일반적으로 말할 수 있겠고, 또한 윤리적으로 올바르게 행위하라는 요청을 위한 등가물이 곧 인간존엄성이라고 내세울 수 있겠다.[109] 칸트가 존엄성의 개념을 자율적 주체로서의 인간만을 고려해 사용한다는 점에서

(corporum bonis) pretium erit aliquod, ceterum dignitas non erit(이 가치는 다른 것에 있을 것이지만, 다른 하나, 즉 존엄성은 있을 수 없다)". Forschner, "Marktpreis und Würde", in: H. Kössler (Hg.), *Die Würde des Menschen*, 1998. 37쪽에서 재인용.

104 GMS II, 429 und 435.

105 GMS II, 435.

106 Kant, KpV, 49, Darmstadt (1929^9), 31쪽.

107 위의 책, 436쪽.

108 GMS II, 429.

109 J. P. Wils, 앞의 책, 147쪽.

그의 윤리학은 인간중심적으로 특징지어져 있고, 따라서 인간학적 변이의 최고점이라 표현할 수 있을 것이다.[110]

2.6. 헤겔의 관념주의와 인간존엄성

헤겔Hegel(1770-1831)은 인간존엄성을 인간의 자유능력과 정신성에서 근거를 찾는다. 그는 1795년 쉘링에게 보낸 편지에서 "인간의 존엄성을 더 높이 선언하고, 모든 정신과 동일한 위계에 인간을 세우는 자유의 능력을 인정하는 것이 왜 이리 오래 걸렸을까?"라고 질문한다.[111] 이로써 그는 이미 후기 정신철학 및 자유와 정신의 관계의 구상을 피력하고 있는 셈이다. 인간의 본질은 사유하는 이성이다. 이를 통해 인간은 다른 동물과 구별된다. "인간은 그 자체로 사유이다… 그러나 사유 역시 그에게 존재한다: 인간은 그 자체로 사유이고 그는 사유하는 자로서 현존한다."[112] 인간이 즉자적으로 이성적이라는 사실 때문에 모든 인간의 권리가 평등하다는 가능성이 있다.[113]

헤겔은 그의 정신철학에서, 철학사에서 존재론적으로 서로 다른 주체들로 분리하여 관찰한 세 가지 계기들, 즉 인간, 신, 그리고 인간 이외의 자연으로서의 세계를 변증법적 긴장에 놓여 있는 하나의 지평으로 가져오고 이로써 육체와 영혼 분리 이원론을 단념하기를 시도한다. 주관적 정신의 개별적 생명은 법률, 사회, 그리고 역사적 세계라는 객관적 정신을

110 Huber, 581쪽; 칸트는 무생물과 생물 안에 있는 순수 본성을 인간의 그것처럼 가치 있고 존엄한 것으로 인정하지 않았다. Forschner, 앞의 책, 38쪽.

111 Hegel an Schelling, 16.4.1795, Br. v.u. an Hegel, hg. v. Johannes Hoffmeister, Bd. 1 (Hamburg 1952), 24쪽.

112 Hegel, *Sämtliche Werke* (Stuttgart 1938), Wissenschaft der Logik, Bd. 4, 140쪽.

113 위의 책, *System der Philosophie* III, Bd. 10, 71쪽.

넘어 예술, 종교, 그리고 철학 안에서 실현하는 절대 정신으로 발전한다. 이를 우리는 객관적 관념주의라 부른다.[114] 그의 정신현상학에 따르면 인간 영혼은 정신의 연결지체로서 의식으로 살아난다. 인간은 더 이상 즉자적이지 않고 대자적이 된다. 즉 주체와 객체의 대립은 이제 규정된다.[115] 그러나 이 의식은 동시에 보편 정신으로부터의 단절이다.[116] 주체와 객체, 그리고 보편적 정신과 개별정신의 대립은 즉자대자적 혹은 절대 정신에서 지양된다. 헤겔은 이 의식 변증법의 원형을 그리스도교의 삼위일체론과 육화론에서 발견하고 "인간과 신의 합일은 그리스도교에서 설정된다."[117]고 말한다. 인간은 이런 이유로 존엄하고 자기 목적적이며 "자신이 유한자로 스스로 바라보면서 동시에 자기 자신 안에 신의 모상과 무제한의 원천이 있기 때문에"[118] 자신 안에 무한한 가치를 갖는다.

그에 따르면 자유는 "제한적인 것에 있는 것이 아니라 대자적 존재 안에 있는" 것이고,[119] 주체성이 자신 안에서 무한성의 의식으로 살이 있는 상태로,[120] "타자에 의존되어 있지 않음"이다.[121] 절대적 자유는 의지가 보편과 개별 의지의 대립을 자신과 함께 균형을 만드는 것 안에 있다.[122] 즉 의지가 어떤 제한된 것을 대립자로 가지고 있지 않고 단지 자기 자신만 가지고 있는 상태를 말한다.[123] 자유는 칸트의 정언명법에서처럼 무규정

114 J. Schmidt (m.a.), *Philosophie des 19. Jahrhunderts*, 1989[2], 82쪽.

115 위의 책, 82쪽 이하.

116 Hegel, *Sämtliche Werke, Philosophie der Geschichte*, Bd. 11, 413쪽.

117 같은 책, 416; 421쪽.

118 같은 책, 427쪽.

119 *Sämtliche Werke, Geschichte der Philosophie* I, Bd. 17, 130쪽.

120 *Philosophie der Religion* I, Bd. 15, 252쪽 이하.

121 *System der Philosophie* III, Bd. 10, 31쪽.

122 *Phänomenologie des Geistes*, Bd. 2, 459쪽.

성에도 있지 않고, 규정성에도 있지 않으며, 양자 안에 있다. "자유는 규정된 어떤 것을 원하고 그러나 이 규정성 안에서 자신으로 있고 다시 보편자로 돌아오고자 한다."[124] 더 나아가 그는 법철학에서 칸트의 형식적 윤리성에 대한 대립으로 실체적 윤리성을 발전시킨다. "자유의 이념은 국가로서만 진실이다."[125] 그에 따르면 윤리성은 이제 자유의 이념으로서 단지 국가 안에서 성취된다.[126] 윤리성의 이행과 법률적 삶에의 참여를 통해서 인간은 구체적 자유를 얻을 수 있고, 추상적 자유 안에서는 윤리성을 포기하는데 이때 그는 개인으로서 자신의 주관성으로 기어들어간다.[127]

헤겔이 윤리성을 입헌국가적으로 성문화하려하고 이행으로 이끌려고 하듯이 그는 또한 인간존엄성도 내용적으로 실현되어야 한다고 주장한다. 인간은 직접적 의지이기 때문에 존엄한 것이 아니라, 그가 즉자대자적 존재와 실체를 알고 이 자연적 그의 의지에 순종하고 그에 따라 사는 것을 통해서 존엄하다. 즉자적으로 존재하는 자유의 의식은 본질적으로 존엄성의 실현에 속한다.[128]

2.7. 실존주의 철학의 인간존엄성 이해의 단초

실존주의는 20세기의 집단적 야만행위를 배경으로 본질주의와 합리주의에 반대하여 발생했다. 실존주의는 인간의 피할 수 없는 운명, 즉 무상성, 한계상황, 두려움과 죽음에서 출발하여 실존, 즉 인간의 경험 가능한

---

123 *Philosophische Propädeutik*, Bd. 3, 48쪽.

124 *Philosophie des Rechts*, Bd. 7, 60쪽.

125 같은 책, 112쪽.

126 같은 책, 226쪽.

127 *Geschichte der Philosophie II*, Bd. 18, 164쪽.

128 *Philosophie der Religion* I, Bd. 15, 257쪽.

현상 이면에 숨기고 있지만 결코 대상적으로 주어지지 않는 인간 존재에 대한 질문을 제기한다.[129]

마르셀G. Marcel(1889-1973)은 인간존엄성의 가능적 기초를 찾기 위해서 이성성 혹은 인간의 신모상성에서 시작하지 않고 인간의 운명적인 무상성에서 시작한다. 그는 전 철학적 작업에서 굽히지 않고 자신이 스스로 표현한 바대로 "추상의 정신"에 대항하여 싸우는 데 노력을 아끼지 않았다.[130] 그는 프랑스 혁명과 세계전쟁을 바라보며 추상의 만행과 집단적 폭력행위 사이에 인식 가능한 관련성이 있다고 완전히 확신하였다. 추상의 이 정신은, 그것이 맑스적인 형태이든, 자본주의적 형태이든, 개별적 본질의 자리에 특정한 이념을 세우고, 개인을 성취를 위한 기능으로 다루며 마침내 인격으로 대하는 것을 중지하는 데서 성립한다.[131] 이 정신은 "대중", "존엄을 배제하는 기술" 그리고 "기능적으로 정돈한 인간학"으로 특징지어진다. 여기서 인간은 대체 가능하고, 그의 존엄성은 비용과 기회 계산에 따라 순수한 시장가치로 전락한다.[132]

마르셀은 추상의 정신에 대한 근거를 결론적으로 인간의 죽음에서 발견한다. "인간은 개별체로서 그 자체로 주목할 만한 가치가 전혀 없고 자신을 존엄하지 않다고 간주하는 특징으로 인해 집단에게 혹은 공동체에 자신을 의존하게 할 수 있다."[133] 그러나 마르셀은 바로 이 인간의 무상성에서 역설적이게도 인간존엄성의 원칙을 발견한다. "인간은 자신이 죽

---

129 Austeda, "Existentialismus", in: *Lexikon der Philosophie*(1989), 104쪽.

130 G. Marcel, *Die Erniedrigung des Menschen*, Frankfurt a. M.(1957), 9쪽.

131 G. Marcel, *Die Menschenwürde und ihr existenzieller Grund*, Frankfurt a. M.(1965), 148, 196, 198쪽.

132 *Erniedrigung*, 위의 책, 52쪽 이하, 78쪽 이하.

133 G. Marcel(1965), 위의 책, 163쪽.

는다는 것을 아는 유일한 자라고 알려진 존재라는 사실에서만 출발해야 한다."[134] 이 사실은, 사회는 자신의 운명을 의식하지도 인식하지도 못하며 해결할 능력이 없기 때문에 인간이 사회보다 더 우선함을 보도록 한다. 이 실존적 사실에서부터 마르셀은 인간을 삶의 지혜 또는 구원으로 이끌려고 노력한다.

스스로 죽는다는 것을 안다는 사실이 왜 인간을 가치 있는 존재로 만들 수 있을까? 이 다중적 의미의 운명에서 벗어나게 하기 위해서 인간은 자신을 에고의 한계에서 해방시켜야 한다.[135] 나(에고)는 그의 경험과 숙고에 따르자면 "진정으로 창조적인 원리라기보다는 장애 장치"로 드러난다.[136] 그는 근대 관념주의 특히 피히테에 의해 고무되어, 창조적 발전을 위해 "나를 초월하는, 일치시키고 모든 것을 포용하는 원칙을 통해서 경험적 나를 대체할" 필연성을 강조한다.[137] 나의 초월은 고유한 균형을 찾는 형이상학적 불안에 의해 지지된다. "하나의 불안은 나의 에고로부터 분리될 수 없고 이 나(에고)를 제거할 수 없다는 사실에 관련하면 할수록 불안은 더욱 형이상학적이 된다."[138] "내가 타인에게 자백하지 않으려는 실존을 내 자신에게 접목시킬 수 있다"는 것은 "나에게 불가능"하다.[139] 실존의 "예언자"로서 그는 깊이 사유하면서 "타인들이 존재하지 않는다면 나 역시 존재하지 않는다"는 것을 침묵할 수 없었다. 이로써 사르트르와는 확연히 구별되는데, 사르트르는 "나는 나 자신으로 충분하기 때문에

134 같은 곳.
135 같은 곳.
136 같은 곳, 125쪽.
137 같은 곳.
138 같은 곳, 30쪽.
139 같은 곳.

나의 통합을 위협하는 것"으로 타인을 생각하기 때문이다.[140] 마르셀은 반대로 타인을 내 경험의 필연적 통합 부분으로 생각한다. 타인은 "지속적인 조화에 도달하기엔 우리에게 어려움으로 오지만", "우리는 모든 이 안에서 모두가 되기 때문에" 마침내 우리 안에서 "진정한 하나"가 생성되기 때문이다.[141] "나와 너의 양자가 우리 안에서 생명 넘치는 합일이 되도록 하는" 실존적 초월은 마르셀에게 있어서 바로 사랑이다.[142] 진정한 사랑은 이성과 대립하지 않는다. 그러나 그 사랑은 또한 이성과 동일하지 않다. "한편으로 사랑이, 다른 한편으로 이성이 자신들의 최고의 표현으로 고양된 곳에서 그들은 조건 없이 서로 만난다."[143] 사랑과 이성 사이에 어떤 불화도 없는 이 만남에서 "보편 정신"이 사는데 마르셀은 이를 "추상과 대중의 정신"과 반대 개념으로 사용한다.[144] 따라서 마르셀에게 인간존엄성은 보편의 정신에 놓여 있고, 이 정신은 에고를 초월하고 항상 더 큰 우리를 창조하는 것이다.

야스퍼스K. Jaspers(1883-1969)는 역시 인간의 자기실현과 위대함을 연구하기 위하여 인간의 무상성과 죽음에서 출발한다. 그의 인간학에서는 인간이 불가피하게 근본상황에 놓여 있다는 것이 중요하다. "근본상황은 인간의 무상성, 즉 고통, 현존과의 투쟁, 죄와 죽음이다. 인간이 자신에게 생명을 영위하도록 하지 못하고 이 근본상황을 의식적으로 응시하고 체험하면 이 근본상황은 한계상황으로 바뀐다.[145] 인간은 이 근본상황을 "극

140 같은 곳, 169쪽.

141 같은 곳.

142 A. Stosiek, *Menschliche Würde und ihr transzendenter Grund*, 1993, 58쪽 이하.

143 *Erniedrigung*, 위의 책, 18쪽.

144 같은 곳.

145 Stosiek, 63쪽.

복할 수 없고", 다만 "그것에 의해 크게 동요된다." 그러나 "이 경험이 우리를 가능한 실존으로 우리 자신들에게 데려온다."[146] 인간이 이 실존이 무너지는 듯한 파탄에도 불구하고 여전히 사랑과 이성 안에 실존하게 되면 "우리가 여전히 이 파탄 중에도 속하는, 시간에서 해방된 영원성이 나타난다."[147] 이 근본적인 초월은 인식에 있지 않고, 하나의 선물로 주어지는 실존적 경험에 있다.[148] "무엇보다 실존에게", 즉 한계상황의 경험에게 "초월은 모든 현상에서는 사라지지만, 자신에게는 결코 사라지지 않는, 본질적으로 내가 그로부터 해방되는 것으로 있는 실재이다."[149] 야스퍼스에 의하면 인간은 모든 세계존재와 자기 자신의 현존으로부터 독립에 도달할 때, 다른 말로 표현하자면 그가 본래 존재자로서 초월 앞에 설 때에 자유롭다.[150] 죽음은 가장 큰 좌초, 인간에게 최후의 한계상황이다. 그리하여 야스퍼스는 "인간의 존엄성은 인간이 감정에 의한 슬픔 없이 자신을 신뢰하면서 분명하고 순수한 결단에 의해 생명을 거두는 데에 있다… 자살에의 기꺼운 준비성이 자유롭게 만든다."고 말한다.[151]

---

146 K. Jaspers, *Der philosophische Glaube angesichts der Offenbarung*, 1962, 318쪽 이하.

147 같은 책, 473쪽.

148 Jaspers, *Von der Wahrheit*, 1947, 109쪽.

149 같은 책, 110쪽.

150 같은 곳; 야스퍼스에 의하면 세계란 "우리에게 현존, 의식 일반 그리고 정신으로 있는 존재를 말하고, 초월은 우리에게 실존인 존재이다." 같은 곳에서 인용.

151 Jaspers, *Glaube*, 474쪽. 이로부터 흔히 윤리학에서 허용되지 않는 것으로 판단하는 자살을 야스퍼스는 실존적 파탄을 피하는 행위로 이해한다고 해석할 수 없다. 나는 그와 반대로 생각한다. 그가 실존적 파탄을 말할 때 첫째로 인간은 그것을 사랑과 이성 안에서 감내해야 하고, 둘째로 파탄은 인간에게 하나의 선물이라는 것을 강조하고 있고, 셋째 그는 그것을 모델로 예수의 죽음과 비교하고 있기 때문이다. Glaube, 473-475쪽 참조.

3. 인권의 보편성에 관한 논쟁과 인간존엄성[152]

일반적으로 인권과 인간존엄성을 상이한 역사적 탄생과 발전의 궤적을 지닌 이념으로 보지 않고 동일한 내포의 개념으로 혼동하고 있다. 위에서 본 바와 같이 인간존엄성에 대한 이념은 고대 그리스 로마시대로부터 시작하여 현대에 이르렀다면, 인권 이념은 17세기 존 로크John Locke의 불양도적인 자연권으로 구성되어 프랑스 혁명과 미국의 인권 선언이 이어지는 서양의 근대화 과정에서 각국의 헌법과 기본법 체제 안에 법제화되면서 문화화되었다. 다시 말해서 인권 이념은 다른 문명권에서 제기하고 있는 것처럼 서구 사회의 근대화 역사를 배경으로 하고 있다. 이와는 달리 이슬람이나 유교 그리고 아프리카 등 인권 이념을 자기 이념으로 전적으로 동의하지 않으려는 문명권이라도 인간존엄성에 대한 이념은 보편적 가치로 정당화하고 있다. 이 장은 인권과 인간존엄성 이념 간의 관계를 밝히는 데 할애하고자 한다. 우선 인권의 보편성에 대한 찬반 논변을 동아시아의 최근 담론을 중심으로 정리하고 평가한다. 다음으로 인권의 보편성이 모든 문화권에 자명한 사실이 아니고, 그럼에도 넓은 의미로 인권을 지향하는 이념은 오늘날 인류문제를 해결하는 데 중요한 가치를 지니므로 '인간존엄성'이라는 담론의 장에서 보편적 합의를 도출할 수 있음을 밝힐 것이다.

3.1. 인권의 보편성은 자명한가?

인권은 유엔의 헌장과 각국의 헌법에서 명문화하고 있고, 인류의 갈등

---

152 졸고 「동아시아에서의 인권의 보편성 논쟁과 인간존엄성」, 『신학전망』 145호, 광주가톨릭대학교출판부, 2004의 내용을 간추려 기본 자료로 삼았다.

과 이해는 대립이 존재하는 지구촌 어디서도 사용하고 있는 개념이어서 보편타당한 이념으로 받아들이는 것처럼 보인다. 그러나 현실정치뿐 아니라 갈등과 긴장이 있는 어느 곳에서도 각기 다른 입장에서 인권을 주장하기 때문에 실제로는 그 내용이 통일되지 않은 수식어 내지 공언처럼 들리기도 한다. 오늘의 국제정치적 이해관계 안에서도 자기식대로 인권의 보편타당성을 주장하는 것은 어렵게 되었다. 아랍의 이슬람 문화와 동아시아의 유교 문화의 자기주장이 서구적 인권 사상에 대하여 나름대로의 이론적인 공감뿐만 아니라 국제정치외교의 무대에서 날로 힘을 더 얻어가고 있는 것도 사실이다. 근대화와 함께 인권을 신장시킨 서구 강대국들이 후발적 독재 정권이나 폐쇄적 신권 국가의 주권을 무력화하는 시도로 인권 정치를 운운하는 경우는 없는가? 세계인권선언이 유엔 총회에서 체결이 되고 민족자결과 인권에 대한 국제법이 통과되어 70년의 역사가 지났는데도 제1세계와 제3세계 간의 빈곤의 격차가 개선되지 않고 아프리카 대륙의 빈곤과 질병의 문제는 점점 더 심화되어 가고 있는 상황에서 선진국들이 주장하는 인권정책이란 어떤 의미를 지니는가?

오늘날 인권문화의 진정한 위협은 테러와 전쟁이라는 무력행사와 빈곤의 현상 그 자체에 있기보다는 더 근원적인 도전에서 비롯된 것은 아닌지 살펴야 한다. 인권국가로 자처한 선진국 문화의 내부에 그 원인이 더 있는 듯이 보이기 때문이다. 즉 생태계 파괴를 가속화하는, 한계를 모르는 발전지상주의, 세계화를 주도하는 신자유주의적 경제체제에 숨겨져 있는 자본가들의 정의롭지 못한 탐욕, 그리고 윤리와 인간의 존엄성을 고려하지 않으려는 생명공학을 비롯한 과학기술의 오만함 등이 그것이다. 결국 우리에게 다가오는 세계는 무한생산, 무한욕구, 무한경쟁 체제로 점점 더 빠져들고 있고, 따라서 여기서는 환경 파괴, 자원 고갈, 생명과 종의 소멸뿐 아니라 승리자와 패배자를 극명하게 운명지우는 위험이 도사리고 있기 때문에 모든 인간의 존엄과 가치를 고양하고 지속적으로 가능하도록 모색되어야 할 인권의 보편성 주장은 퇴색되고 의문에 처해질 수밖에 없는 상황이다. 인권의 이념은 부자국가가 원하는 모든 것을 자유로이 얻을 수 있는 '요술방망이'어서는 안 되고, 주권도 문화적 전통도 빼앗긴 폐허된 나라 국민의 비참한 운명에 대한 허무한 대가도 될 수 없다. 인간 존엄성과 인권은 존재의 법칙일 뿐만 아니라 구체적인 상황에서 인간들에게 끊임없이 영감을 주는 규범적 당위의 법칙이 되어야 하는 근거는 무엇인가?

3.2. 서구적 인권 이념에 대응하는 아시아의 논의들

1990년대 중반부터 약 10여 년 동안 활발했던 인권의 보편성에 대한 동아시아의 논변들은 '상대주의', '절대주의', '합의주의'로 분류할 수 있다. '상대주의적 입장'이란 서구의 인권 이념을 '하나의 서구적 문화'로 파악하고 아시아의 근대화에도 어느 정도 긍정적으로 영향을 미친 만큼 그 의의를 인정하지만 아시아라는 맥락에서는 전통적 '아시아적 가치'로 보충하여 발전되어야 한다고 생각한다. 이에 대해 '절대주의'는 서구의 인권 이념은 서구에서 시작되었지만 '서구적'이 아니고 보편성을 갖춘 것이며, 문화다원주의는 이 보편성의 전제로 가능한 결과이며 각 문화의 맥락을 가지고 인권을 정당화 또는 현실화시킬 수 있다고 주장하는 입장이다. 마지막으로 '합의주의'는 전통적 근본주의와 보편주의를 동시에 비판하고, 인권 이념의 역사성과 문화성을 강조하면서 인권 개념을 위해 문화 간의 대화로 접근하여 합의해 내려 한다.

3.2.1. 인권 이념의 상대주의적 이해

상대주의적으로 인권을 이해하는 방식에는 '문화적 민족주의'와 '진정한 아시아적 가치론' 두 가지로 나누어 설명할 수 있다. '문화적 민족주의'가 우파적 상대주의라고 한다면 '진정한 의미의 아시아적 가치론'은 좌파적 상대주의라고 말할 수 있다.

첫째 문화적 민족주의 입장은 문화 전통을 윤리적으로 옳고 그름의 판단 이전의 선한 것으로 주어져 있고 쉽게 변하지 않는 것으로 이해하는 전통 상대주의에서 출발한다. 전통과 근대화의 갈등이 여전히 존재하는 제삼세계에서 서구 사회에서 발생한 근대의 영향에 대한 반발로 전통문화를 강조하게 된다. 싱가포르의 전 수상이었던 이광요는 미국 내지 서구적 개인주의에 따른 권리개념과 권리실천이 발생한 역사적 · 지정학적 배경은 가족과 공동체 중심으로 개인의 의무를 우선적으로 생각하는 동양인의 그것과는 다르기 때문에 서구적 인권 개념을 동양에 바로 적용하는 것은 부정적 결과를 초래한다고 말한다.[153] 유교 민주주의론을 주창하는 함재봉에 따르면[154] 유교는 서구 인권 문화보다 더 우월한 인권 사상을 담고 있다. 개인의 자유, 발전, 평등이 서구적 인권 이념이라면 유교적 이념은 자유와 질서, 자유와 도덕, 개인과 공동체, 발전과 안정이 조화되어 나타나 있다고 그는 본다. 이러한 전통 상대주의적 민족주의는 결국 국제적으로는 문화 상대주의로 가도록 부추기며 냉전시대 이후의 국제정치를 새롭게 해석하려는 틀로 제시된 헌팅턴의 '문명의 충돌론'[155]과 맥을

---

153 Fareed Zakaria, "Culture is Destiny - A Conversation with Lee Kuan Yew", in: *Foreign Affairs*, Vol. 73 No.2(1994), 109-126.

154 함재봉, 「아시아적 가치와 민주주의: 유교 민주주의는 가능한가?」, 『철학연구』 제44집, 1999년 봄, 17-33쪽.

155 Samuel Huntinton, *The clash of civilizations and the remaking of world order*, New York 1996.

같이 한다고 볼 수 있다.

둘째 진정한 아시아적 가치론의 주창자로 이승환을 들 수 있는데[156] 그는 현대의 아시아인으로서 문화적 정체성을 수립하려는 의도를 가지고 한편으로 서구적 민주, 인권을 수용하고, 다른 한편 경험과 전통을 성찰하면서 예컨대 지역적 · 문화적 맥락인 유교에서 진보적 전통을 재발견하여 창조적으로 결합하고자 한다. 이고격금以古格今(옛 것을 가지고 새로운 문제를 해결함)의 정신으로 서구적 인권이 포괄하지 못한 점들을 발전시킬 수 있다고 한다. 인권은 일회적으로 완결된 것이 아니고 그 발전은 문화성과 역사성의 맥락 속에서 진행되며 현대 서구적 인권은 인간과 자연의 관계 문제, 소수자 권리와 소수 민족의 문화적 권리 등에 대해 더 보충되어야 할 여지가 있다고 본다. 스웨덴의 인권운동가 요한 갈퉁Johan Galtung이 인권을 '제3세계'와 '1989년 이후'라는 변수와 함께 분석하여 '세계화된 인권'global human rights이라는 지평을 제시하려는 시도[157]가 이러한 진보적 상대주의를 자극한다고 할 수 있다.

3.2.2. 인권 이념의 절대주의적 이해

절대주의 입장에서 인권 이념을 이해하는 그룹은 인권과 문화를 보편 대 특수로 보고 인권과 문화가 서로 지지한다는 '상호지지주의'와 인권을 문화와는 중립적으로, 즉 형식적 보편성(칸트) 혹은 절차적 보편성(하버마스)으로 이해하여 문화와 갈등을 피할 수 있다고 보는 '가치중립적 보편주의'로 나뉜다.

---

156 이승환, 「'아시아적 가치'의 담론학적 분석'」, 『열린지성』 제4호, 1998; 이승환, 「누가 감히 전통을 욕되게 하는가」, 『전통과 현대』, 창간호, 1997 여름호, 176-197쪽을 참고 바람.

157 요한 갈퉁, 「인권: 보편적인가 서구적인가」, 한국사회학 편, 『세계화 시대의 인권과 사회운동』, 나남, 1998, 21-36쪽.

첫째, 인권과 문화가 상호 지지한다는 입장은 전통적 인권의 이념이 이미 보편성을 확보하고 있음을 전제하고 문화다원주의로 표현되는 여러 특수적 전통들이 오히려 보편성을 지지하고 있기 때문에 전혀 인권과 문화의 다양성은 모순되지 않는다고 생각한다. 인권 이념은 철학적 논의나 집단의 합의에 의해 형성되는 것이 아니라 비극적 체험의 소산임을 강조하는 임홍빈은 인류 공동의 도덕적 자산인 인권 이념이 다만 문화, 전통에 따라 상이하게 경험될 수 있다고 보기 때문에 인권 이념의 철학적 정당화 작업은 필요하며 이를 통해 보편주의적 인권담론의 가능성이 더 커 간다고 생각한다.[158] 인권의 3세대에 걸친 역사, 즉 로크Locke와 밀Mill 등의 주관적 자유주의(제일세대), 사회 경제적 평등주의(제이세대), 국제기구들에 대한 도덕적 요구 및 자원의 평등한 분배주의(제삼세대)가 말해 주듯 인권 이념은 인류의 공동가치를 포괄하기 때문에 인권이 자유 편향적이다거나 개인권리 중심이라는 공동체주의자들의 비판은 근거가 없다고 그는 지적한다. 다니엘 벨Daniel Bell도 인권 이념을 유엔의 세계 인권선언이나 유엔자료 등 서구적 인권체제[159]에 국한하지 않고 더 넓은 범주에서 이해하면서 다른 문화적 전통에서도 이를 찾을 수 있다고 생각하고 또한 타 문화에서 인권 이념을 정당화할 여러 실천적 형태를 언급하고 있다.[160]

---

158 임홍빈, 「인권 개념의 철학적 정당화와 문화다원주의」, 『철학연구』 제54집, 2001년 가을, 333-349.

159 Daniel Bell은 세계 인권 선언이나 유엔 자료에 서구 이외의 나라들은 실용적이고 정치적 이유 때문에, 서명을 했다 하더라도 이것은 그들이 이 인권 규범에 헌신했기 때문이 아니라고 주장하면서 따라서 규범적 힘과 정치적 적합성이 미비하다고 한다. Daniel Bell, "The East Asian Challenge to Human Rights: Reflections on an East West Dialogue", in: Human Rights Quarterly, 18 (Johns Hopkins Univ. Press, 1996): 한글번역 심영희, 「서구적 인권체제에 대한 동아시아의 도전」, 『계간 사상』, 1996 겨울호, 46-74쪽.

160 예컨대 인권 이념은 서구에서는 개인의 자율적 삶으로, 동양에서는 공공의 선 혹은 국가건설

인권 이념을 여러 문화와 국가 형태에 있는 인간존엄성 구현과 같은 넓은 맥락에서 이해하는 입장과는 반대로 잭 도널리Jack Donnelly는 중국 사상에 인간의 존엄성이나 기회의 향유 등 개인의 권리는 있을지 몰라도 그것이 인권은 아니라고 한다. 그것은 예컨대 하늘의 명령으로 주어진 것일 뿐, 인간이 인간이라는 사실 때문에 그 권리가 내재적으로 주어진다는 인권의 정신은 아니라고 한다. 인권은 정치형태에 관해 중립적이지 않고 민주주의적, 자유주의적 복지국가를 본질적으로 요구한다고 주장하는 그는 인권과 문화가 충돌할 수밖에 없다고 한다.[161]

둘째로 가치중립적 보편주의 입장은 인권 이념의 보편성을 탈형이상학적, 문화중립적으로 정초하려는 시도로서 '절차적 보편성', '목적의 보편성', 혹은 '범위의 보편성'으로 표현하면서 그것의 지향이 보편적임을 강조한다. 이러한 제안은 철학적으로 칸트의 정언명법적 보편주의, 하버마스의 담론 윤리에서 이야기하는 절차적 보편주의에 의지하고 있다. 한국의 대표적 주창자로 장은주를 들 수 있는데 그는 인권 이념의 지향이 보편성을 얻도록 하기 위해서 마이클 월처M. Walzer(1994)의 개념을 이용하여 인권은 '도덕적 최소'로서 '전통' 또는 '문화적 두꺼움'이라는 '도덕적 최대'의 근거위에서 사회 역사적으로 관철되고 제도화될 수 있다고 한다.[162] 따라서 그는 인권의 보편주의적 지향과 인권의 발생과 실현과정에서 나타나는 역사적 특수주의가 만들어 내는 긴장을 인정하고 오히려 이 긴장은, 예컨대 인권 이념이 비서구 사회에서 '문화적 차이'에 의해 '불의不義'를 일으키는 것 같은 긴장도 인권의 보편성을 전제로 문제가 제기되고

을 위해 정당화될 수 있다고 한다. Daniel Bell의 앞의 글 참고.

161 Jack Donnelly, "Human Rights and Asian Value": 한글번역 이용주, 「인권 개념의 보편성과 아시아적 가치」, 『계간사상』, 1996 겨울호, 28-43쪽 참조.

162 장은주, 「문화적 차이와 인권-동아시아의 맥락에서-」, 『철학연구』, 49집, 2000 여름, 155-178, 특히 170-178쪽 참조.

감지될 수 있다고 한다. 인권의 제국주의는 바로 인권 이념의 수행적 자기 모순일 뿐이다.[163] 그러나 인권의 핵심적 내용이 보편성에 의해 정초되지 않으면 어떻게 인권 이념의 형식적 지향이 여러 문화들 안에 내재되어 있는 상호충돌을 규제할 것이며, 왜 인권 이념이 도덕의 최종적 목적이 되는지에 대한 더 근원적인 질문은 그에게서 발견할 수 없다.

3.2.3. 합의주의

이동희는 인권 이념을 역사성과 문화성을 띤 서구의 제도로 보고 이것은 어느 시점에 일회적으로 완결된 것이 아니라며 문화의 전통적 근본주의와 가치중립적 보편주의를 모두 비판한다.[164] 세 세대에 거친 인권 이념사가 보여 주듯 인권 내용도 시대에 따라, 문화 간의 긴장에 의해 변화해 간다. 따라서 그는 문화와 전통의 역사성을 인정하고 따라서 문화 차이와 다양성을 전제로 하여 모든 문화와 문명권을 동등하고 균형적인 대화를 통해 새로운 윤리를 모색하려 한다. 그는 인권의 보편성을 선험적, 절차적 보편주의로 해석하는 입장과 동시에 '아시아적 가치'나 '유교적 민족주의'로 대변되는 유교의 재해석을 통한 상대주의 입장에 대해서는 비판적으로 본다. 인권 개념에 대한 상호 문화적 접근을 제안하고 문화의 차이 속에서 인권 개념의 발전에 대한 과정 및 다양한 구체적 경험에 귀 기울이며 한국적 맥락에서 한국의 인권의 경험에 대해 이야기할 것을 제안한다. 그러나 그의 주장대로 인권 이념 자체가 역사성과 문화성을 띠며 서구에서 발생, 발전한 하나의 새로운 문화일 뿐 보편성을 획득한 것이 아니라고

---

163 위의 글, 176쪽 이하.

164 이동희, 「동아시아적 컨텍스트와 인권 그리고 보편윤리」, 사회와 철학 연구회 편, 『동아시아 사상과 민주주의』, 2003년, 63-94쪽.

한다면 왜 인권 개념이 공동과제로 다른 문화에서도 고민하고 문제가 되어야 하는지, 전 인류적 합의로 나아가는 것이 당위가 되어야 하는지에 대해서 말하고 있지 않다. 최소한의 합의를 도출하기 위해 서구의 인권 이념과 동아시아 유교의 민본사상, 조화사상 그리고 통일사상이 대화에 나서려면 그 대화의 지평은 서구적 인권 이념보다 더 높은 차원, 예컨대 인간의 존엄성 담론과 같은 장에서 이루어져야 하는 것이 아닐까?

3.2.4. 소결론

인권 개념의 보편성에 반대하는 주요 논점(위의 문화적 민족주의와 진정한 아시아적 가치론)은 인권의 내용이 어떤 특정한 인간상, 즉 서구 문화의 극도의 개인주의적 인간상에서 출발하고 있음을 근거로 하고 있다. 무엇보다 유교적 의무 윤리를 반영하여 동아시아적 인권해석을 시도하거나 이슬람의 전체주의적 법률 전통에 기반을 두어 이슬람세계가 서구적 자유 개념을 배척하는 것들은 인권 개념의 보편타당성을 의심케 하기에 충분하다.

그러나 우리는 인간상이 다르다는 이유를 근거로 내세우는 인권상대주의자들의 주장에 대해서 다음과 같이 반론을 제기할 수 있다.

첫째, 인권 이념은 최소한의 윤리적 요구에 근거를 두고, 그것이 기초를 놓고 있는 인간상은 우선적으로 자기 자신을 위해 행동하지만 다른 이의 권리에 반하지 않도록 행동하는 개인을 전제로 하고 있다. 따라서 인권 이념의 인간상이 극도로 개인주의적이라고 의심하고 비판하는 것은 적절하지 않다. 인권의 인간상이 제2세대 인권, 즉 사회경제적 인권에서는 공동체 안에서 정의와 연대를 고려해야 하는 것으로 발전되었다. 이 인간상에 따른 개인은 소위 씨족공동체의 개인에게도 적용될 수 있다. 왜냐하면 아시아와 아프리카에서도 이미 커다란 의미로 경험한 바 있지만, 지배자

의 전권 앞에 개인과 개인들의 집단들을 보호해야 할 필요성이 있기 때문이다.165

둘째, 발달심리학적 관점에서 볼 때, 전체주의적 문화에서 살고 있는 개인 역시 생애 동안에 점차적으로 개인의 자유와 자의식을 통해서 자신의 인격을 발전시킨다. 그는 자기 자신과 공동체 사이에 내재되어 있는 긴장 속에서 산다. 이는 그 역시 집단과 사회의 자의적인 권력에 대해 인권의 보호가 필요하다는 것을 뜻한다. 제3세계 국가에서 개인에 대해, 서구 사상의 유산으로 알려진 포괄적인 지배력을 요구하는 국가권력이 강하면 강할수록 인권을 위한 보호 장치의 필요성이 그만큼 더 크다. 1948년 유엔의 세계 인권 선언의 내용이 구속력 있는 계약에 의해 관철된, 1966년의 시민 및 정치 권리에 관한 국제규범은 바로 이런 목적을 추구한다.

셋째, 전통적이고 전승되어 온 것이 항상 윤리적이고 정의롭다고 할 수는 없다. 사회 안에서의 여성의 지위, 여성할례, 그리고 양 당사자의 자유로운 동의에서의 혼례 등은 문화 간에 여전히 논란이 분분하다. 이러한 풍습이 오래되고 전통적이라는 사실과 상관없이 윤리적 기본규범에 상응한지 심사해야 한다.

넷째, 우리가 역사를 통해서 경험한 것이지만 독재자들은 인권이 자기들의 문화적 전통과 인간이해에 상응하지 않다고 핑계를 둘러대며 인권을 유린한다. 인권은 한 개인이 특정한 사회 또는 특정한 국가의 구성원이기 때문에 그에게 주어진 것이 아니라 그가 단지 인간이기 때문에 주어진다. 이런 의미로 모든 사람은 그가 전체주의적 혹은 개인주의적 사회에서

165 Tonndorf, "Menschenrechte in Afrika", in: H. Weber (Hg.), *Die Menschenrechte Unsere Verantwortung, Katholischer Akademischer Auslaender-Dienst*, Bonn 1991, 64쪽.

사는가와 상관없이 불양도적 권리이자 국가 존재보다 앞서 주어진 권리로서 지배자의 권력에 대한 방어권을 갖는 것이 필요하다. 인권은 인간존엄성의 불가침에 대한 신념에 그 뿌리를 가지고 있고 자기규정에 대한 인간의 주장을 요청한다.

우리는 또한 인권의 이념이 보편성을 이미 확보했다고 주장하는, 위에서 본 상호지지주의와 절차적 보편주의에 대해서도 비판의 여지를 발견한다. 모든 진리는 대화를 통해 변증법적으로 발전한다는 것을 인정해야 한다. 서구모델의 인권 이념이 가장 보편적이라고 주장하고 이를 다른 문화에 의무 부과하듯이 하는 절대주의의 입장은 지나치게 순박하다. 과학 이론에 의하면 모든 추정되는 진리는 오류가능성에 개방되어 있고 검증받아야 함을 보여 준다. 서양의 인권의 정치화가 어떤 궤적을 이루며 이미 이루어졌다고 하더라도 동양의 인권에 대한 자각과 발전이 그대로의 궤적을 그리며 발전되어야 할 이유는 없는 것이다. 서양의 경험에서 나타나는 긍정, 부정적 효과를 동양은 배워 더 나은 것을 자기 문화전통에 알맞게 수용할 수 있겠기 때문이다. 따라서 인권이 모든 문화와 이념세계를 위해 하나의 유효한 정언명법으로서 기능하도록 하기 위해서는 인권이 근거 지어지는 작업이 선행되어야 한다. 이것은 오늘날 실정법으로 규정된 인권의 배경이라 할 수 있는 역사적 문서들을 연구하여 법조인 혹은 입법자의 의도를 찾는 것뿐만 아니라 그보다도 훨씬 더 오늘 세계의 상황 하에서 도대체 인권을 어떻게 이해하고 근거 지울 수 있는지, 그리고 어떤 내용으로 인권운동을 발전시킬 수 있는지를 연구해야 한다. 현재의 보편적 인권의 유효성 위기에 직면하여 근거 짓는 시도를 위한 중요한 조건들과 출발점을 다음과 같이 도출할 수 있다.

첫째, 인권을 근거 짓는 시도의 결과는 세계화의 시대에서는 단지 각각의 자기 국가 권력에 대한 주장에만 미치는 것이 아니라 외국 혹은 국제적 권력과 기구들, 다국적 자본 혹은 국제적 지하조직 그리고 테러조직들의 세력에도 미친다는 사실을 인정해야 한다. 즉 보편성을 지향하는 담론이 되어야 한다.

둘째, 이 근거 지음은 여러 문화와 종교, 최소한 여러 상이한 인간상과 인간이해를 고려하여 개방적 담론에서 인권 이념의 공통분모를 찾는 작업으로 진행되어야 한다.

셋째, 우리는 인권의 근거를 사회와 세계의 변화된 환경에 따라 인권의 내용과 형식을 항상 새로이 검토하고 개혁할 수 있는 시금석으로 이해해야 한다.

넷째, 우리는 인권을 정의 내리고 근거 짓기 위해서 인권 그 자체만 대상으로 할 것이 아니라 더 높은 혹은 같은 차원에 놓여 있는 다른 가치와 진리들을 대상으로 고려해야 한다.

위의 인권 이념의 상대주의와 절대주의에 대한 각각의 우리의 비판은 다음과 같은 결론에 이른다. 즉 합의주의적 입장을 발전적이고 심화시키되 인권 이념을 인간존엄성 담론의 지평으로 확장시켜 그 근거를 모색하는 것이 가장 실용적이고 설득력을 얻을 것이다. 인권 이념은 최소한의 윤리적 가치를 전제로 하여 출발하지만 인간존엄성을 지향하는 개방적 태도로 다른 문화와 새로운 세계의 도전들과 대화해 가야 한다. 무엇보다 인간존엄성에 인권의 형식적 근거를 정초하고, 각 문화의 전통 안에서 인간존엄성의 정당한 근거를 찾는다면 각 문화가 자기 정체성을 지키면서 강제 없는 방식으로 인권의 보편성을 합의해 나갈 가능성은 커져 갈 것이다. 도넬리Donnelly처럼 인권 이념을 서구의 특수적 맥락과 과정에서 발전된 협의의 인권 내용으로 한정짓는다면 다른 문화권의 자기주장들과 대립되고 전략적으로 보편성을 확보하기가 매우 어려워진다. 서구의 인권 이념은 국가의 시민에 대한 의무와 제한을 중심으로 발전되었는데, 이제 국가와 민족이라는 보호막이 더 이상 절대적 영향력을 갖지 못하는 세계화의 시대에는 새로운 형태로 발전되어야 한다. 인권의 이념이 보편성을 이미 확보하고 있다고 인정하는 입장들은 대개 협의의 자유주의적 인권이 그렇다기보다는 인권이 지향하는 바, 즉 인간존엄성을 옹호하기 위한 목적으로 정립된 인권의 내용이 보편화되었다는 것을 의미한다. 따라서 인권의 보편성 합의 도출을 위해서 인간존엄성 담론에서 문화 간의 대화가 아무런 전제 없이 이루어지는 것이 위의 상대주의와 절대주의의 차이를 줄이는 길이 된다.

3.3. 인권의 근거: 인간존엄성

대한민국 헌법166과 독일 기본법167뿐만 아니라 유엔의 세계인권선언문의 전문168 그리고 각국의 기본법은 대체로 인권의 본질이 인간의 존엄성과 밀접한 관계가 있음을 천명하고 있다. 인권의 발전사를 성찰해 보면 인간의 존엄성이 주요 인권 내용의 모체요 근거임을 추정할 수 있다. 테일러Charles Taylor가 분석하듯이169 인간의 생명권을 예로 든다면, 우선 사람들은 일반적으로 사람을 죽이는 것은 나쁘다는 것을 경험을 통해 안다

---

166 "모든 국민은 인간으로서 존엄과 가치를 가지며, 행복을 추구할 권리를 가진다.", 대한민국 헌법 10조 참조.

167 "인간의 존엄성은 침해될 수 없다.", 독일 기본법 1조 1항 참조.

168 세계인권선언문 전문은 "인류 가족 모든 구성원의 타고난 존엄성과 평등하고도 양도할 수 없는 권리를 인정하는 것이…"로 시작된다.

169 Charles Taylor, "Conditions of an unforced consensus of Human Rights", transl. in Korean: 「인권에 대한 비강제적 합의」, 『계간사상』, 1996 겨울호, 57-74쪽.

(1). 여기서 '타인이 나를 죽이는 것은 나쁘다'는 주관적인 당위가 도출된다(2). 그 다음으로 '나는 생명권을 갖는다.'는 정식으로 주관적 권리가 선언된다. 이것은 내가 단지 인간이라는 이유로 얻게 되는, 즉 자연법적으로 주어지는 자연권이며 이는 사회계약에 의해 도출되는 것이 아니다(3). 그 다음 단계에서 서구의 역사에서는 주관적 권리인 생명권은 어느 누구에게도 양도할 수 없는 것으로 선언된다(4: 존 로크). 내가 온전히 통제권을 가지며, 제한적으로만 나의 자유에 의해 포기할 수 있는, 생명에 관한 불양도적 권한이라는 표현은 로크 이전에는 알지 못하였다. 왜냐하면 자연권 상태의 생명권은 아직 나에게 귀속한 권리행사로 보기 이전이었기 때문이다. 이런 인권의 형성사를 분석해 보면 주요 인권이 인간의 존엄과 가치라는 다소 포괄적이고, 종교적이며 도덕적인 자연법적 규범에서 유래하였고 근거 지어졌다는 것을 알 수 있다. 그리하여 현대의 인권에 관한 실정법에도 인간의 존엄과 가치가 언급되는 관행이 있음을 알 수 있다. 동아시아에서 서구적 인권 이념을 자기 역사 안에서 완전히 체화하지 못하여 자기의 것이라고 생각하지 않는 것은 위에서 언급한 인간의 존엄이나 자연법적인 생명권 단계의 이념(1-3의 단계)인 것이 아니라 오로지 개인에게 불양도적인 주관적 권리로 발전된 단계(4)라고 생각한다. 동양 문화와 서구의 일부 공동체주의자들은 이러한 인권의 주관적 권리 측면을 문제로 삼는 것이 아니라, 다만 주관적 인권주의가 공동체나 국가가 가지고 있는 신뢰를 손상하고 그들의 적극적이고 긍정적인 역할을 무시하고 있다는 점을 지적하고 있는 것이다. 이것은 개인보다 공동체 또는 전체를 우선시하는 전통과 사고방식이 배경이 되고 있다. 이런 이유로 나는 인권의 근거는 인간존엄성이고, 따라서 인간존엄성의 담론장에서 상이한 문화주체들이 인권 이념에 관한 대화를 진행하면 인권의 보편성이 합의될 수 있을 것이라고 생각하는 것이다. 테일러Taylor는 인권 이념의 정당화가

서구에서는 인간존엄성 또는 휴머니즘에 기댈 수 있겠지만 동양에서는, 예컨대 태국의 불교 운동을 관찰하면서 자신의 계몽에 대한 자기 책임과 비폭력 원칙에 의해 이루어질 수 있다고 생각한다. 즉 정당화의 방법은 다르지만 인권 규범의 합의 도출은 가능하다고 생각한다.[170] 그러나 나는 인권 규범을 오히려 인간존엄성보다 더 근원적 범주로 생각하고 있는 그가 범주적 오류를 범하고 있다고 생각한다. 태국 불교에서 말하는 자신의 계몽에 대한 자기의무와 비폭력의 원칙은 바로 불교적 인간존엄성의 이해의 다름 아니다. 무짜파Chandra Muzaffar는 보편적인 인간존엄성으로 서구적 인권 이념의 지평을 넓혀가자고 제안한다.[171] 그에 따르면 서구 인권이 인류 문명에 많은 영향을 끼친 것은 인정되지만 그것이 그대로 정치적으로 선언되어서는 안 되고 현대에는 '인간존엄성'이라는 더 광범위한 목표로 나아가 세계의 문제들을 해소해야 한다고 주장한다. 그가 말하는 인간존엄성은 종교 문화가 추구하고 보존하고 있는 가치로서 개인과 사회를 조화로운 방식으로 볼 수 있게 하여 현대의 자본주의와 민주주의에 의해 조장된 지독한 개인주의와 자기중심주의를 수정할 수 있는 안목을 제시할 수 있을 것으로 본다.[172] 이에 대해서 많은 서구인들 중에는 도넬리Donnelly처럼 인간존엄성 담론으로의 지향은 '종교와 정치의 연결이라는 악명 높은 문제점을 유토피아적으로 부정하는 것'이 아닌가 하고 반대할 수도 있다.[173] 그러나 인권의 이념이 인간의 존엄성에 대한 자

170 위의 책, 65-67쪽.

171 Chandra Muzaffar, "From Human Rights to Human Dignity"(Paper presented at JUST International Conference, '*Rethinking Human Rights*', Kuala Lumpur, 1994).

172 Chandra Muzaffar, "Asian Economics: Development, Democracy and Human Rights"(Paper presented at a conference on '*Development and Democracy*' at the Southeast Asia Center, Bochum, Germany, 1994).

173 Donnelly, 위의 책, 42쪽.

각과 인간의 종교적 실존과 무관하게 최종적으로 근거 짓는 것은 불가능할 뿐만 아니라 엄밀하게 말해서 서구에서 진행된 정교분리 원칙은 성속양 권력의 구별과 이를 통한 상호 견제로서 인권의 최종 근거 문제와는 전혀 별개의 것이다. 설령 종교와 무관하게 인권의 규범을 정치적으로 정당화할 수 있다고 하더라도 이는 단자론적 개인주의와 이원론적 세속주의로 흐른 서구의 경험일 뿐 이슬람과 유교 문화권, 그리고 서구에서도 종교적 전통을 계승하려는 이들에게까지 보편적 의미를 완성된 형태로 주는 것은 아니다. 인권의 이념이 인간의 존엄성 담론에서 풍부히 종교와 문화 간의 대화를 통해 그 보편성이 획득되어 가는 것은 전략적으로, 그리고 실천적으로 매우 중요하다.

인간의 존엄성을 각 종교와 문화 안에서 그 근거를 찾아 그것이 인권과 필연적으로 관련되어 있음을 다음 장에서 파악하기로 하고, 우선 여기서는 인권의 근거를 왜 인간존엄성에서 찾는 것이 유리한지를 위에서 언급한 것들을 요약한다면 다음과 같다.

첫째, 성문화된 인권선언과 기본법에서 인권과 존엄성과의 관계는 밀접하다. 인권의 형성사를 고려하면 인간존엄에서 자연권, 그리고 인권의 내용으로 발전된 것을 확인할 수 있다.

둘째, 인간존엄성의 이념에는 종교 문화 전통의 배경이 풍부하게 있다. 인간존엄성은 모든 종교와 모든 문화가 보편적으로 추구하는 이념이다. 불교나 자연종교에서 인간중심주의적 관점보다는 생명, 혹은 모든 존재를 평등하게 보려는 관점이 강한데, 그럼에도 인간이 모든 존재자들 중 특별한 지위를 가지고 그들과 관계를 맺고 있다는 점은 동의한다. 이 지위 위에 곧 인간의 존엄성이 놓여 있다.

셋째, 인간존엄성이 더 포괄적이고, 적합한 윤리 범주 및 가치를 포함하고 있어 인권의 이념과 관련한 현대의 문제, 세계화의 문제, 환경파괴와

종의 소멸 문제, '인간'을 정의하는 문제, 과학과 윤리의 긴장 문제, 공동체와 개인 간의 조화 문제 등을 논의하는 데에 적합한 공론장이 된다.

넷째, 인간의 존엄성의 지평에서는 인권뿐만 아니라 인간의 실존적 의무도 이야기할 수 있어 인간의 권리와 인간의 실존의무라는 개념 쌍으로 균형 있게 논의할 수 있고 인권이 인간의 완성에 있어 어떤 것인지 더 분명해진다.

다섯째, 인간존엄성 관점에서 보면 인권이 도덕적 규범의 최소한이라는 것이 드러난다. 인간 완성의 필요조건일 뿐 충분조건은 아니라는 것을 존엄성 지평에서 확인할 수 있다.

4. 인간존엄성의 근거 짓기는 가능한가?[174]

4.1. 인간존엄성을 근거 짓는 작업의 의의

앞에서도 언급하였듯이 인간존엄성 규정의 특별하고도 예외적인 지위에 관해서, 근대 헌법질서가 시작된 이래로, 적어도 그 근본 취지에 있어서만큼은 각국의 기본법뿐만 아니라 인권의 차원에서 논쟁의 여지가 없다. 다만 논쟁의 여지가 있는 곳은 바로 이 규정의 구체적 적용이다. 수정이 지나 태아로 성장할 줄기세포를 유전자연구의 목적, 즉 혹시 미래에 가능하게 될 다른 인간의 치료를 목적으로 연구하기 위해 사용하는 것이 인권과 인간존엄성을 해치는 일이 아닌가? 공동체의 질서와 안녕을 위한

174 졸고 「인간존엄성과 인권을 근거 짓는 작업에서의 문제들」, 『사회와 철학』 6호, 사회와 철학 연구회, 2003에서 주요 아이디어와 내용을 정리함.

다고 하지만 인간의 생명을 빼앗는 사형제도는 천부인권인 생명권을 해쳐 인간존엄성에 반하는 것이 아닌가? 외국인 노동자들의 차별적 대우는? 코소보, 아프가니스탄, 이라크의 경우와 같이 주권보다도 인권이 우선한다고 주장하면서 정치적 독재자를 이웃국가들이 개입하여 축출하는 것은 어느 정도까지가 인간존엄성 이념에 합당한가? 각 문화 종교 전통에 따라 인권과 인간존엄성, 그리고 궁극적으로는 인간 이해에 관해 서로 공통적인 부분이 있음에도 불구하고 제도화가 달리 이루어졌기 때문에, 환경보호, 세계화 그리고 민주주의에 관해서 인간존엄성이 적용되어야 하는 곳에서는 어디에서든지 의견이 서로 다르고 상충될 수 있다.

인권이 그 어떤 것보다 우선적으로 사회와 정치체계의 목적이자 방향타여야 하는가? 국가 내부뿐만 아니라 국제관계의 실제에서 인권이 정치행위를 위한 확고한 방향틀로서 어느 정도로 실행되어야 할까? 인권의 보편성이 어느 정도로 인정될 수 있으며, 어느 정도를 넘어서면 그렇지 않은가? 이러한 질문이야말로 사회, 정치, 그리고 법철학에서 다루어지는 현대의 중요한 주제들이라고 말할 수 있다.

전통사회에서 오랫동안 자명한 진리로 여겨 그 근거를 묻지도 않았던 것이, 오늘날 다문화 다원주의의 도전에 직면하여 그 근거가 의문시되고 있다. 인권의 보편성은 결코 자명한 것이 아니고 인간존엄의 불가침성도 비록 헌법과 국제법에 규정되어 있다 하더라도 실제 적용은 상황에 따라 유동적이고 불안정한 상태에 놓이게 된다.

이런 이유로 인권과 인간존엄성의 근거를 찾는 일은 사회의 일치를 확보하기 위한 최소한의 공통분모의 파악일 뿐만 아니라 그 적용을 위한 규준을 찾는 데에도 필수적인 도움이 될 것이다. 근거 지음의 위기는 인간존엄성 가치의 무관심으로, 자기 당파적 이데올로기를 위한 도구화로, 더 나아가 유효성의 상실로 이어질 수 있다. 따라서 우리는 어떻게 인간존엄성을 이해하는지, 달리 표현하면 인간존엄성을 어디에 근거 지워야 하는지의 물음 제기는 매우 긴요하다고 말할 수 있다.

4.2. 현대 서구사회에서의 인간존엄성의 근거에 관한 논의들

인간존엄성에 관한 유럽 전통에서 볼 때, 인간존재Menschsein는 의심할 나위 없이, 동시에 인격존재Personsein이다. 인간이 인격이라 함은 이성적 본성을 지닌 개별적 존재로서 자립적이고 불가분적이며 자신의 존엄과 인권을 타인에게 양도할 수 없는 특성을 지니며, 따라서 "어떤 것 etwas"이 아니고, "어떤 분jemand"이다.[175] 인격은 모든 자기언명의 주체요, 자기 특질의 담지자로 드러난다. 본질적으로 인격에 속하는 것이라 함은 정신적 자아의식능력과 자유로운 자발능력을 의미한다. 이 전통은, '어떤 사람이라도 인간의 생물학적 종에 속하기만 하면, 정신적 능력이 현실화되어 있는지 혹은 현실화될 가능성이 있는지와 상관없이 인격이다'는 것을 의심하지 않는다. 그러나 모든 인간은 인격이라는 이러한 전통적 인간이해는 실용주의와 기능주의라 일컬을 수 있는 최근의 도전에 의해 더 이상 당연하지 않게 되었다. 실용주의의 대표 주자인 싱어P. Singer는 '모든 사람이 인격의 존엄성을 갖는 것이 아니다'고 주장한다. 정신의 능력이 현실화되어 있는 사람만 인격이고 인격의 존엄성을 갖는다.[176] 루만N. Luhmann은 인격을 더 이상 실체나 자립적 주체로 보지 않고, 인간이 의사소통 안에서 스스로 연출하는 것을 통해 '구성되어진 것'으로 간주한다. 의사소통과정에 들어올 수 없는 사람은 이런 의미에서 인격도, 존엄성도 없다.

---

175 W. Brugger, *Philosophisches Woerterbuch*, Art. "Person".

176 P. Singer, *Practical Ethic*, Cambridge 1979.

이 논의의 요점은 '우리는 인간의 존엄성을 어디에 근거 지울 수 있는지, 즉 왜 인간의 존엄성은 불가침해적이어야 하는지'에 관한 것이다.

4.2.1. 실체주의의 입장

전통적인 존재론, 즉 아리스토텔레스 - 토마스로 이어지는 스콜라 전통의 실체주의에 따르면 존재자의 모든 경험적 특질들은 있는 그대로 스스로를 드러내지 않는 실체Substanz의 외적 현상들에 불과하다. 인간의 실체는 우유적 규정들의 담지자로서 내적 행위원리 혹은 모든 인간종die menschliche Spezies에게 유효한 본성이다. 이 원리, 즉 인간의 이성과 자유에서 연역되어지는 인격성Personalitaet의 원리는 인간종에게 본질적이기 때문이다. 따라서 인간존엄성은 우연적 특성을 명백히 소유하지 못한 사람들, 태아, 유아, 식물인간 그리고 중한 정신질환자들에게까지도 유효하다.[177] 그러나 이는 12세기 로스첼리누스로부터 시작하여 오캄으로 이어지는 유명주의의 도전에 의해 실체 내지는 보편자의 실재성이 의심받게 되었다. 그들은 스스로를 드러내지 않는 실체적 본성, 인격성을 인정하지 않기 때문에 실체주의의 입장을 거부한다.[178]

4.2.2. 스패만R. Spaemann의 초월적 인격주의

인간은 스스로 자신을 거둘 수 있는, 스스로 상대화시킬 수 있는 존재이다. 그에 대한 전제 조건은 인간이 자기 자신에 대해 '관계'를 가질 수 있는가이다. 인간은 자기 자신의 현존재에 대해 내적 거리감을 갖는다. 이 자기관계 안에서 인간은 자신을 대상화하고, 그러고 나서 자신의 상대

177 R. Spaemann, *Das Natuerliche und das Vernuenftige*, Muenchen 1987, 93쪽.

178 같은 곳.

성을 인식한다. 상대성의 인정은 자기 자신을 상대화하고 자기 자신으로부터 탈출하는 것을 의미한다.[179] "도덕성은 자기를 대상화하고 상대화하는 이 능력에서 가능하다."[180] 인간이 이런 상대화 과정에서 절대적 차원으로 지향하게 되면, 이 상대성을 지양하고 절대자의 대리자가 된다.[181] 이런 가능성 때문에 인간은 윤리가 가능한 존재로서 "절대적 자기 목적"이 된다.[182] 우리는 절대적 자기목적이라는 특수한 지위를 생각하여 인간을 "인격"이라고 부른다. 여기서 인격 존재는 스스로 자신을 이탈하고 타자에게, 더 나아가 절대적 존재에게 정향시킬 수 있는 특징을 띤다. 인간 인격은 자기 자신에 매이지 않고 초월하여 타자를 지향한다는 의미로 그의 인격론을 '초월적 인격주의'라 부른다. 다른 한편 인격들은 서로 비교가 불가능하다는 의미에서 개별자들이다. 스패만에 따르면 인격으로서의 지위는 "특정한 종적 특성의 개별적 양상에서가 아니고, 종에의 귀속에서 비롯된다."[183]

호모 사피엔스Homo sapiens라는 종에의 생물학적 소속이기만 하면 인격 존재로서의 지위를 갖게 되고 이러한 사실인정이 인간존엄성의 근거가 된다.[184] 이에 대해 피터 싱어는 이런 주장을 인종주의의 논조와 다를 바가 없다고 비판한다. 한 존재가 인간 종에 소속되어 있다는 이유만으로 보호받아야 하고 다른 종에 속한 동물들은 달리 취급될 수밖에 없다고 보는 인간우월주의적 발상이라고 한다.

---

179 R. Spaemann, *Personen,* Stuttgart 1996, 23쪽.

180 같은 곳.

181 R. Spaemann, *Glueck und Wohlwollen*, 1989, 151쪽.

182 Spaemann, 1987, 90쪽.

183 Spaemann, 1996, 11쪽.

184 Spaemann, 1987, 94쪽.

4.2.3. 싱어P. Singer의 실용주의

위에서 언급했듯이 싱어는 '인간존엄성'이라는 개념을 거부하고 '인격존엄성' 혹은 '인격의 가치'에 관해 언급하는 이론을 전개한다. 그에 의하면 인격이 아닌 인간이 있고, 인간의 종에 속하지는 않으면서 인격인 경우를 배제할 수 없다고 한다. 그의 인격개념은 특별한 성질을 구비한 인간으로부터 연역된다. 인간적 인격은 진정한 인간존재로서 인간실존의 특정한 지표들을 소유해야 하는데, 즉 "자의식, 자기통제, 미래에 대한 의미, 과거에 대한 의미, 타인을 돌보기 위해 타인과의 관계를 맺을 수 있는 능력, 의사소통, 그리고 호기심"185 등이 그것이다. 따라서 이성성, 자의식, 의사소통 능력이 생물학적 호모사피엔스와 인격을 구별하는 기준이 된다. 그에 의하면 태아는 자의식과는 많은 차이가 있는 능력밖에 갖지 않으므로 인격은 아니며, 단지 인격 후보로 간주하여야 한다. 태아의 생명은 이성성과 자의식에 있어 비슷한 단계의 인간 아닌 생명체보다 더 큰 가치를 누릴 수 없다고 한다.186 중추신경이 제대로 발육되지 않고 혹은 발육에 장애가 와서 결국 자의식, 자기통제를 위한 기능적 기초가 마련되지 못하고 따라서 정상적인 능력에 이를 수 있는 잠재적 가능성마저 갖지 못한 사람들은 인간이라는 생물학적 종에 소속되어 있지만 인격으로 인정될 수 없게 된다. 싱어는 자신의 윤리학을, 종교에서 완전히 독립하려는 의도에서 발전시킨 실용주의 윤리학이라고 자리매김한다. 그의 관점은 신 또는 초월자와의 관계로 특징된 유다 - 그리스도교적 서구문화의 전통과 윤리적 신념에 배치되지만 우리는 최근의 담론의 장에서, 예컨대 낙태, 인간 배

---

185 P. Singer, *Practical Ethics*(1993²), 120쪽.

186 같은 책 196쪽 이하; 그는 송아지, 돼지 그리고 자주 조롱받는 장닭이 이성성이나 자의식, 의식 그리고 쾌감이나 고통감수성에서 태아보다도 더 월등하다고 주장한다.

아 줄기세포연구, 동물보호 혹은 안락사와 관련된 토론을 보면 이 실용주의가 얼마나 많은 영향을 끼치고 있는지 알게 되고 이 입장을 간과할 수 없게 되었다. 해프너G. Haeffner는 싱어의 윤리학은 적어도 서구 전통문화와 서구인들의 윤리적 정서에 맞지 않다고 반박하고 있다.

4.2.4. 해프너G. Haeffner의 존재론적 관념주의

해프너G. Haeffner는 인간의 존엄성의 근거를 업적이나 직접적 혹은 잠재적 능력에가 아니라, 관념(Idee: 플라톤과 칸트적인 의미)을 통해 규정된 존재양태에 근거 짓는다.[187] 여기서 말하는 존재란, "우선 성취되어야 하고 한 번도 완전히 성취될 수 없는 당위적 지위 하에 있는 상황이고, 따라서 실재와 관념의 차이가 특성인 그런 존재일 뿐 아니라, 오히려 도달해야 하고, 제공되고, 희망되어야 하는 것에 대한 가능성의 조건으로 관념성과 실재성의 특정한 형태의 일치 안에 있는 상황을 의미한다."[188] 나의 존재는 관념의 빛 속에서 자신을 우연적인 것으로 드러내지만 나는 이 존재를 불가피하게 나의 유일한 가능성으로 가지고 있다. 인격체로서 의심의 여지가 없이 유효한 사람들에게 있어서 인간존엄성은 그들의 존재 때문에 근거 지워진다. 즉 "그들은 본질상 관념(Idee)들에 의해 주장되어지기 때문에 근거 지어진다."[189] 해프너에게 있어서는 따라서 싱어가 주장했던 인격 존재와 인간 존재 사이에 어떤 균열도 존재하지 않다. 그에 따르면 "인격성의 완성은 한 남성과 여성의 생식세포의 수정으로부터 시작되는 (불연속적인) 과정의 일반적 목표점이다."[190]는 것이 훨씬 설득력

187 G. Haeffner, "Die Wuerde einer Person", in: P. Ehlen (Hrg.) *Der Mensch und seine Frage nach dem Absoluten*, 100쪽 이하.

188 같은 책, 100쪽.

189 같은 책, 104.

이 있다고 한다. 해프너의 존재 관념론적 근거는 생물학적 종차별주의(스패만의 경우)와 계급 내지 인격차별주의(싱어의 경우) 사이의 양자택일의 난점을 피할 수 있는 장점을 가지고 있다. 한 인간은 이상적 관념에 따르면 턱없이 부족하고 결핍되어 있는 현존재의 실재를 경험하지만, 다른 한편 그의 가능성으로 관념과 관계를 맺고 있는 한 그는 어떤 상태에 있어서도 존엄한 인격인 것이다. 모든 사람은, 설령 어떤 사람이 본질상태의 계발이 우연적으로 장애를 받고 있거나, 본성에 따라 주어지는 능력이 효과적으로 현실화될 조건들을 증명해 보이지 못한다고 하더라도, 관념에 대한 그의 존재적 관계 때문에 인격으로서 간주되어야 한다.[191] 그러나 해프너는 인간 이외의 다른 존재자도 관념에 대한 그의 존재적 관계 때문에 존엄성을 역시 갖는지 그리고 관념들은 종단위로 혹은 개별적으로 현존재와 관계를 갖는지에 대해서는 언급을 하고 있지 않다. 관념들이 현존재에 대해 개별적으로 관계 맺는다고 한다면 바로 이 관계에 의해 발생하는 존엄성은 사람마다 차이가 있을 것이다. 또한 아리스토텔레스의 플라톤의 이데아론 비판처럼 관념의 세계는 결국 현존재 세계의 이상적 투사가 아닌지 문제 제기를 할 수 있다.

4.2.5. 루만N. Luhmann의 기능주의

루만은 인간에게 기능 개념Funktionsbegriff을 적용하는데, 이 적용은 인간이해를 "실체 개념의 사유적 전제로부터 전환함"[192]을 함축한다. 그는 작금의 헌법체계의 도그마가 존엄성과 인격성 개념들을 근대 경험과

---

190 같은 책, 107.

191 같은 곳.

192 N. Luhmann, *Grundrechte als Institution*, 60쪽.

학을 고려하지 않는 채, 여전히 실체 중심으로 해석하고 있다고 비난한다.[193] 그는 기능적 관찰방법론에 따라 인간의 자아정체성을 "사회적 관계 안에서 자신을 완성하는 과정으로서 이해하는데, 따라서 누구나 의식적이든 무의식적이든 자신에 관한 표현을 모든 인식 가능한 생활외형과 연결시킨다는 것을 알고 있다."[194] 제일원리, 즉 인격을 구성하는 것은 여기서는 실체나 자립적 주체가 아니라, 인간의 성공적인 자기소개이다. 또한 인간이 개별적 인격성으로서 자기소개를 성공하기 위한 기본조건은 자유와 존엄성이다.[195] 역할행위를 통한 자기소개를 수행할 수 있기 위해서 인간은 개인적 계발에로의 자유공간이 필요하다. 이 자유공간을 사회는 자유의 가치를 제도화시킴으로써 개인들에게 개방한다. 존엄성은 소망개념으로서 성공적 자기소개를 나타낸다.[196] 자유와 존엄성이 따라서 의사소통의 과정에서 기능화되고, 이들이 "외적, 내적 자기소개의 전제를 의사소통 과정에서 개별적인 인격성으로 만든다."[197] 인간의 존엄성은 자연이 제공한 것도, "인간이 특정한 천혜 때문에 가지거나 그 안에 담지하고 있는 가치도 아니다… 존엄성은 구성되어져야 한다."[198] 그의 주장대로라면 스스로 의사소통 과정에 참여할 수 없는 삶은 인격이 아니며 존엄성도 가지고 있지 않다. 인격존재의 질과 인간의 존엄성은 자기소개에 있어 성공의 정도에 따라 달라진다. 인격은 결코 칸트적 의미에서 도덕적 주체도 고유한 개별자도 아니며 다만 의사소통으로 구성된 한 체계의 부분일 뿐이다.[199]

193 같은 책, 57쪽 이하.

194 같은 책, 60.

195 같은 책, 61.

196 같은 책, 68.

197 같은 책, 70.

198 같은 책, 68.

4.2.6. 몰트만J. Moltmann의 신의 모상

몰트만은 인간의 신의 모상성Gottebenbildlichkeit을 철학적으로가 아니라 성서신학적으로 그리스도교 신앙에 입각하여 새로이 해석하려 한다. 신학자인 그에 따르면 인간존엄성의 근거는 "인간이 신, 즉 그의 창조자이시고 구원자인 그분께 맞갖게 살기 위해 그분을 자기 현존재의 근원으로 찾아야 한다는 데에 있다."[200]고 한다. 칼 바르트와 마찬가지로, "신의 모상이라는 상징은 신을 찾는 인간, 신에 맞갖은 인간을 의미한다."고 그는 생각한다.[201] 인간은 현재에 신을 찾는 존재로서 역사의 종말에 세상과 함께, 그의 목적지, 즉 신에 맞갖은 인간으로 될 것이다. 신을 찾고, 신에 맞갖은 인간은 무엇인지는 성서적 희망의 역사에서 찾아야 한다.

"신의 모상은 창조기사에 따르면 인간의 모든 생활관계에 있는 전인적 인간을 말한다."[202] 신의 모성성은 인간의 영혼, 혹은 마음에 국한되어서는 안 된다. 즉 인간은 온전히, 어디서나 신에 맞갖을 수 있고, 맞갖아야만 하는, 온전히 어디서나 인격인 존재이다.[203] 인간이 신에 대해 인격이라면, 그는 생산물 혹은 사회적 관계에서의 기능 그 이상이다. "신의 현존이 인간을 인격으로부터 떼어놓을 수 없게 만든다."[204] 제도는 그렇기 때문에 인간을 "인격으로, 신비로, 성사로" 존중해야만 한다. 그렇지 않는다면 제도는 스스로를 부정하게 되고 자기의 정당성을 잃게 된다. 신의 모상에 대한 신앙에서 파생하는 사상이 모든 지배의 원리여야 한다.[205] 바로 여기

---

199 A. Stoisik, *Menschliche Wuerde und ihr transzendenter Grund,* Koblenz 1993, 81쪽.

200 J. Moltmann, *Menschenwuerde, Rechte und Freiheit,* 1979, 19쪽.

201 같은 곳.

202 같은 책, 20.

203 같은 곳.

204 같은 곳.

에 근거하여 몰트만은 저항권과 저항의 의무를 연역한다: "폭군에 대한 저항은 신에 대한 순명이다."[206] 그는 인간의 신 모상 개념에 따라 남녀의 차별성 문제, 인간의 자연과의 생태학적 문제, 현세대와 다음 세대 간의 문제들도 창조자 신을 찾아 나가는 정신으로 신에 맞갖게 풀어갈 수 있다고 생각한다.

4.2.7. 소결론

위에서 간략하게 소개한 인간존엄성 근거에 관한 담론을 통해, 전통 안에서 논쟁하지 않는 것은 아니지만 원리적으로는 대체로 받아들인 이성 중심적인 인간학이 이제 더 이상 당연시 될 수 없다는 것을 인식할 수 있다. 위에서 전개된 논변들이 서로 다른 담론의 장과 서로 상이한 관심과 입장에서 연역되어 있다는 점을 고려하지 않는 채, 인간존엄성의 배경에 대한 문제 제기 없는 특정한 관점에서 다른 관점들을 단순히 비판하는 것은 의미가 없어 보인다.

나는 여기서 각각의 입장들을 비교하고 특정한 관점에서 하나하나 차례로 평가하기보다는 각각의 입장들이 어떤 전제에서 출발하였는지를 지적해 보겠다.

싱어와 루만은 그들의 출발점을 스스로 다음과 같이 설명하고 있다. 싱어는, 윤리학은 어떤 이상적(관념적) 체계가 아니고, 실천적 체계로서 유용해야 하기 때문에 종교와 무관하고, 따라서 상대적이고 주관적이어야 한다는 점에서 출발한다.[207] 루만의 기능이론Funktionstheorie은 인간의

205 같은 책, 20 이하.

206 같은 책, 22.

207 Singer, 위의 책 15-19.

이성을 "(기존의 것과) 다르게 있을 수 있는 것"208에 방향을 돌리기 위해서 실체 개념적 사유의 전제에서부터 전환하는 것으로 시작한다. 이 두 철학자는 근본적으로 유명론Nominalismus 또는 경험론의 후계자라고 말할 수 있다. 그들은 인격을 인간의 실체로 보지 않고, 특정한 능력들을 포괄하는 담지자의 특정 단계 혹은 의사소통 과정에서 지속적으로 구성되어가는 체계로 보기 때문이다. 이에 반해 스패만과 해프너는 그들이 인간존엄성의 근거를 절대성으로 부르든, 관념(이상)으로 부르든 인간이 그것들과의 존재론적 관계를 맺고 있는 하나의 실체 또는 주체, 즉 존엄성의 모든 가능한 속성들의 담지자로서 전제하고 있는 한, 실체주의자로 불리어질 수 있다. 여기서는 인간이 자기 존엄성의 실체적 원천을 생물학적 바탕에 지니고 있든지(스패만), 혹은 자기 밖, 즉 관념의 세계에 의존되어있든지(해프너) 크게 문제가 되지는 않는다.

우리가 동일한 전제, 즉 모든 이론들에 의해 공동으로 수용된 기준에서 있다면, 비로소 모든 이론들에 대한 입장 표명을 할 수 있음은 당연하다. 이런 의미에서 해프너가 그의 이론을 적어도 자신의 서구 문화 안에서 윤리적 신념에 상응하는 범위로 제한하고 있는 것은 현명해 보인다. 그는 "그 답변(싱어의 계층차별적 존엄성의 인정)은 적어도 우리 문화에서의 윤리적 신념과 충돌한다."209고 말한다. 또한 몰트만은, 자기 입장의 한계 범위가 그리스도교의 신앙이라고 주저 없이 밝히고 있다. "그리스도교 신앙은 모든 사람들이 자기의 인간상에 동의할 것이라고 기대할 수 없다. 그리스도교적 절대주의는 없다. 그럼에도 불구하고 모든 사람들은, 그리스도인들이 인간의 인간됨을 향하여 무엇을 이바지할 것인지 말하고, 무

208 Luhmann, 위의 책 60.

209 Haeffner, "Die Wuerde einer Person", 104.

엇을 보여 주는가를 기대할 수 있다."[210]

현재의 인간존엄성에 대한 담론이 어려운 것은 바로 서로 상이한 출발점에서 각각의 입장들이 전개되었다는 점이다. 단지 유형학적으로 말하자면 이 담론 안에는 초험적, 혹은 형이상학적 방법론과 경험적 방법론, 실체적 관계와 기능중심적 관계, 그리고 인간 중심적 관점과 신 중심적 관점 사이에 있는 해결할 수 없는 철학적 대립이 존재한다. 서로 다른 전제 조건들과 출발점을 혼동하면 마치 미로에서처럼 상이한 이론들 사이에서 이리저리 망설이면서 결국 자기 세계관 안에 자신을 제한하면서 문제를 해결하는 것으로 착각할 수 있다. 따라서 서로 간의 담론은 무의미해 보이기도 하다. 에밀 브룬너가 말하고 있듯이, "인간존엄성을 단지 믿거나 혹은 부인하거나 해야 하는"[211] 것일 수 있다. 혹은 한스 우르스 폰 발타살이 "그것은 철학적으로 근거 지울 수 없다."[212]고 잘라 말했듯이 그렇게 보일지도 모른다. 그러나 인간의 이성은 우리를 그렇게 하여 만족하도록 놓아두질 않는다. 일반적인 의사소통이론에 따르면, 논쟁적 담론Argumentatives Diskurs 이외에도 경계 담론Grenzdiskurs과 개방적 담론Erschliessungsdiskurs의 차원이 더 있다. 개방적 담론이란 하나의 체계가 자기 밖의 다른 체계(환경세계)를 인정하고 상호관계와 상호작용의 실존적 실용적 필요성 때문에 자신의 동일성을 유지하지만 개방적으로 다른 체계를 그의 논리에 따라 이해하고, 자신의 체계도 이해시키려는 의사소통의 장을 말한다.

인간조건으로서 불가피한, 상이하면서도 공통적인 기본조건과 전제들 때문에 우리는 인간존엄성의 근거에 관한 물음에 관해 서로 의사소통을

210 Moltmann, 위의 책, 18.

211 E. Brunner, "Das Menschenbild und die Menschenrechte", in: *Universitas 2*, 1(1947), 269쪽.

212 H. U. von Balthasar, "Gott begegnen in der hetigen Welt", in: 같은 저자, *Sporitus creator*, 1967, 274쪽.

진행하고 싶은 욕구가 있다. 인류의 공동성원으로서 함께 풀어나가야만 하는 문제가 산적해 있기 때문이다. 세계화와 복합문화화의 시대임을 감안하여 인간존엄성 근거문제는 이제 문화 간의 대화에서 다루어져야 한다고 생각한다. 구체적이고 개방적인 문화와 종교 간의 대화와 비교를 통해서 좀 더 넓은 지평에서 인간을 이해하고 인간존엄성을 근거 지울 수 있는 계기가 마련되지 않을까? 인간존엄성과 인권이 보편적 가치를 지니기 위해서는 이런 지평에서 끊임없이 성실하고 진실한 대화를 해야 한다. 근거를 물어가는 대화 자체가 곧 언어를 통해 소통하고 진리를 찾아가는 인간의 존엄성을 표현하는 것이요, 또한 존엄성을 추구하는 길이기도 하다.

5. 연구 방법론[213]

현대의 다원주의, 다종교주의로부터 야기된 합리성의 위기는 의사소통의 위기로 이어진다. 의사소통의 위기는 결국 인간존엄성의 보편성 위기와 인권 유린으로 치닫게 할 수 있다. 앞에서 보았듯이 특정한 전제, 특정한 입장 혹은 관점에서 시작하는 합리성 주장의 문제를 해결하고 인간존엄성을 근거 짓기 위해서는 따라서 종교, 문화 간의 대화가 관건이 된다. 여기서 나는 세계에서의 의사소통과 의미체계인 종교와의 내적 관계를 이해하고, 올바른 종교 간의 대화 방법을 찾기 위해서 우선 체계이론에서 말하는 기본 개념, 즉 체계, 코드 그리고 의사소통이 무엇인지 알아보는

213 졸고 「인간존엄성과 인권을 근거 짓는 작업에서의 문제들」, 『사회와 철학』 6호, 사회와 철학 연구회, 2003에서 주요 아이디어와 내용을 정리함.

것으로 시작하여 종교를 체계의 기초코드로 이해하고 그 운용을 살피어, 종교 간의 대화의 방법론을 도출하려 한다.

5.1. 체계이론에서의 "체계", "코드" 그리고 "의사소통"

어떤 구별이 존재하지 않으면 어떤 것도 존재하지 않는다. 태초에 아무것도 없었다. 원질료가 아직 분화되지 않았고 아직 형성되지 않았기 때문이다. 모든 요소가 동일한 원질료에서 어떤 것이 창조되어야 한다면 반드시 원질은 구별되고, 나누어져야 한다. 여러 요소들이 어떤 특정한 방식으로 구성되는 곳에 하나의 체계가 나타난다. 체계란 하나의, 어떤 식으로든지 질서 지워진 것, 즉 특별한 관계로 서로서로 자리 잡고 있는 요소들로 구성된 것이다. 이 관계들이 하나의 체계에서 통제라는 개념 하에서 특정한 운용과 과정들을 가능하게 한다.

체계의 질서는 세 가지 차원의 질서가 있는데 '선택selection', '관계 맺기relating', '제어control'의 과정이 그것이다. 이 세 가지 차원의 질서가 어떤 원리로 운용되느냐에 따라서 체계들은 기계, 유기체 혹은 의미체계(인간의 사회 혹은 문화)로 나뉜다. 모든 체계 차원은 하나의 다른, 포괄적이고 복합적인 질서 혹은 구성 원리에 놓여 있는데, 이 구성 원리를 코드code라 부르며, 이는 체계 안에서 동시에 선택하고, 관계를 맺고 통제하는 기능을 갖는다. 기계는 기계적으로 연결되었고(물리적 코드), 유기체는 유전적 혹은 생물학적으로 연결되었고(유전적 코드) 그리고 의미체계는 의미론적으로 연결되었다(의미론적 코드).[214] 다시 말하자면 각각의 코드는 각각의 방식에 따라 하나의 체계를 구성한다. 하나의 의미체계는 의미론적인 코드의 계속되는 운용에 의해 구성되어 간다. 체계이론에서 의미란

---

214 D. J. Krieger, / C. J. Jaeggi, *Natur und Kulturprodukt*, 1997, 30쪽 이하.

주체의 생산물, 즉 일상에서 대부분 직관적으로 얻는 것, 능동적인 인식작용으로 이해되어지는 것이 아니라, 체계/환경의 차별화를 수단으로 하여 복잡성을 줄이는 방식으로 기능적으로 이해되어야 한다.

의미론적인 연결 짓기가 없으면 어떤 의미도 없다. 이 말은 의미는 상징, 언어, 의사소통 그리고 이해에 관계 짓지 않으면 어떤 의미도 적절하게 표현될 수 없다는 것이다. 이런 주장은 대부분의 의미론적 이론들(예컨대 Sausure와 Peirce)에 따르고 있는 바, 기호 또는 상징이 없으면 의미가 있을 수 없다는 한에서 의미와 상징을 동일시하는 의미론에 의해 지지된다. 의사소통은 의미의 전제로서 이해되어야 하며 모든 의미체계의 운용들은, 즉 모든 의미 있는 구별들은 결국 의사소통이라는 점에 주의를 기울여야 한다.[215] 의미체계가 스스로 자신의 기초코드의 운행을 통해 구성하는 기호화된 질서, 즉 세계의 해석은 결국 의사소통을 거쳐 이루어진다. 의사소통이 없이는 어떤 의미론적 구성도 어떤 의미도 존재하지 않는다. 의사소통은 전적으로 사적일 수 없기 때문에, 결국 의미체계, 즉 인간 사회와 문화는 항상 의사소통 체계이면서 동시에 사회적 체계이다.[216]

5.2. 종교: 전체 의미체계에서 기초코드로서의 자기조회

하나의 코드는 절대적 우연성과 관계할 때, 코드 저편(자기 코드 밖)에는 다만 무의미, 불가능성 그리고 연결되지 않는 것들이 놓여 있다는 점에서 전체 체계의 경계로서의 의미가 두드러진다. 다른 한편 이 코드는 하부체계 혹은 간체계적인 환경세계들과 관계할 때는, 하부체계들 사이에서 생태적인 의사소통을 가능하게 하고 기능한다는 점이 중요하다. 전통적으

215 Krieger, *Einfuehrung in die allgemeine Systemtheorie, Muenchen*, 1998^2, 76쪽 이하.

216 위의 책, 61.

로 사회 안에서 이런 코드의 두 가지 기능과 의미를 수행하는 것은 논란의 여지없이 종교이며, 현대에도 역시 많은 문화와 사회에서 그렇다. 왜냐면 종교는 전통적 이해에 따르면, 근본적이며 최상의(혹은 절대적인) 의미 정보를 제공하기 때문이다. 종교는 질서 있고 의미 있는 하나의 세계를 무질서하고 의미 없는 세계와 구분하고, 즉 인간의 영역을 신적인 것과 구별하거나 또는 세속적 영역을 성스런 것과 구별하고 그리고 나서 인간이 신(성스러운 존재) 혹은 절대자와 다시 일치하도록(재일치라는 뜻의 re-ligare에서 종교religion가 파생되었다는 설을 상기하라!) 하기 위해, 인간적이고 세속적 가치들을 신적이고 거룩한 가치로 질서지우는 데 그들의 과제가 있다.

루만Luhmann은 의사소통의 세분화 모델에 따라 포스트모더니즘적인 문화에서는 어떤 종교도 혹은 어떤 사회 전체적인 의사소통도, 다른 말로 표현하자면 어떤 생태학적인 의사소통도 더 이상 존재하지 않다고 주장한다. 그러나 그는 의미론적 용인의 테두리, 즉 이미 구성된 관념의 형태로서 전사회적 의사소통에 놓여 있는 문화에 관해 이야기한다. 결론적으로 그에 의하면 합리성(Rationalitaet)이 전사회적 의사소통의 가능성을 위한 암호가 된다.[217] 여기에 반해서 크리거Krieger는 전사회적인 코드의 결핍에 직면하여 종교의 역할은 무규정적인 것을 규정된 복합체로 환원시키고 따라서 전체 체계의 의미한계를 분명히 하는 것을 통해서 전체 체계를 연결시키는 것이라고 본다.[218] 이런 경계담론은 여러 이유들에 의해 "종교적"이라 표현된다. 첫째로 이 담론은 무규정적인 우유성을 규정적인 것으로 인도하고 이를 통해 의사소통 체계를 만들며, 둘째로 이 담론은

217 Luhmann, *Soziale Systeme, Grundriss einer allgemeinen Theorie*, 1984, 638쪽.

218 Krieger, 1998^{2}, 121쪽.

이 기능을 단순한 부분 체계로 보는 것을 금지하기 때문이다. 이 담론은 이중적인 우유성의 모든 상황에서 형식 실용주의적으로 기능을 한다.[219] 종교들, 즉 기초코드의 구성체들은 의사소통 가능성의 일반적 조건이며 따라서 또한 구별 행위의 조건이다. 따라서 종교는 하나의 의사소통체계 안에서 기초코드의 자기 관계로서 정의된다.[220] 따라서 한 사회 안에서 그리고 사회들, 즉 문화들 사이에서 의사소통의 위기가 발생하는 것은 종교의 위기 때문이다. 이 위기는 곧 다원화된 현대 사회에서 하나의 종교는 단지 하나의 하부체계로 간주되어야만 하고 전체 사회의 의사소통 가능성을 위한 조건이 되지 못한다는 사실에서 발생한다. 반면에 인간존엄성은 인권의 개념과 함께 법적 · 사회적 · 정치적 실천과 이론에서뿐만 아니라 문화와 종교적 영역에서 조차 어떤 면에서 전통적 종교의 기능을 대체하고 있다. 바로 이런 이유로 나는 초월 지평에서 행해지는 여러 모델 종교 간의 대화를 통해서 인간존엄성의 본래적 의미와 근거를 정초하려는 것이다. 왜냐하면 우선 전통적으로 한 사회 체계에서 기초코드로 기능한 종교는 인간에 대한 근본 가르침을 보유하고 있기 때문에 세속화된 사회 안에서도 인간존엄성과 인권을 근거 짓는 데에 영감과 단초들을 제공한다. 다른 한편 종교들은 자신의 진리 선포라는 정체성에 기인하고 있는 자신들의 종교적 권위를 통해 인간존엄성과 인권의 근거를 지지한다.

그 밖에도 나는 인간존엄성을 특별히 종교 문화적 맥락에서 근거 짓기를 해야 한다고 주장하는 이유는 다음과 같다.

첫째, 인간존엄성과 인권의 개념적 발전 그리고 역사 안에서의 선포는,

---

219 위의 책, 137.

220 Krieger, *Natur als Kulturprodukt. Kulturoekologie und Umweltethik,* Basel 1997, 31쪽.

내용적으로 볼 때, 계시종교이든 자연종교이든 종교적 가르침에, 특히 서구사회에 있어서는 그리스도교에 영향을 받았음을 부인할 수 없는 사실이다. 설령 역사적으로 볼 때 그것들이 제도화된 종교와 종종 싸우면서 진행되었다는 것이 사실임을 인정한다 하더라도 그러하다.

둘째, 인간존엄성은 인간의 특별한 어느 능력에서가 아니라, 하나의 통합된 세계관, 즉 신(혹은 절대지평), 인간, 자연의 관계 안에서 발견되어야 한다. 종교는 인간이 어떻게 자기 삶의 목적을 달성할 수 있는지, 달성해야 하는지, 즉 자기의 한계를 넘어 절대적 지평에 향할 수 있는지에 관해 이론과 실천을 제공한다. 이런 면에서 종교는 인간존엄성에 기여할 수 있다. 모든 종교가 같은 방식으로, 혹은 각 종교에 따라 독특한 강조점들과 우선순위를 가지고 기여할 수 있다고 본다.

셋째, 종교는 여전히 인간들과 인권 문화에 커다란 영향력을 행사하고 있다는 사실이다. 종교가 예컨대 평화운동, 환경보호 그리고 정의와 같은 영역에서 긍정적으로 영향을 끼치든, 아니면 '성전聖戰'이라는 영역에서 부정적으로 영향을 행사하든지 그 영향은 매우 크다. 따라서 인간은 자기 자신의 종교뿐 아니라 다른 종교들에 대한 이해를 훨씬 더 가질 필요가 있다.

요컨대 인간존엄성과 인권은 전체적 사실, 즉 인간의 전 본성에서, 대자적 본성뿐 아니라 인간의 절대자와 환경에 대한 관계로까지 확장된 지평에서 근거 지어져야 한다는 것은 타당해 보인다. 우리 시대에 인간존엄성의 침해는 자주 세계적이기 때문에(초국가적일 뿐 아니라 포괄적이라는 의미에서), 인간존엄성은 종교문화 간 대화를 통해 근거 지어지도록 시도할 필요도 증대된다.

5.3. 기초코드의 운용에 대한 실용적 분석

기초코드로서의 종교는 의사소통이론에 의하면 어떤 특별한 신학적 담론이 아니고, 하나의 의사소통으로서 의사소통들의 기본조건이다.[221] 종교에서는 특정한 문화 정보들, 특정한 복음, 상징, 행위 들이 중요한 것이 아니라, 세상의 모든 사태에 관해 의사소통하려는 특정한 방식과 태도(의사소통 체계)가 중요하다. 기초코드의 실용적 운용에는 세 가지의 의미를 창출하는 담론지평들이 있다.[222]

첫째, 기초코드에는 우선 자기 고유한 체계와 관련해서, 즉 공통적으로 수용한 기준과 관련해서 어떤 주장이나 유효성 요구가 제안되는 논쟁담론의 지평이 있다. 논쟁담론은 그 상대자들이 동일한 의미체계와 그 체계가 수용하고 있는 공통적 기준 안에서 이루어지지 않으면 의사소통의 의미가 없게 된다. 한 종교가 자기 신념 체계와 신념을 담고 있는 기본적 상징, 개념의 틀 안에서 운용을 해 나갈 때 어떤 것이 그 체계에 유의미한지에 대한 주장이나 논쟁들이 가능하다(학문, 종교 안에서 교설에 관한 논쟁).

둘째, 기초코드에는 또한 자기 체계의 경계를 긋는 경계 담론의 지평이 있다. 이 지평에서는 자기 체계의 유효성의 기준들, 체계에 생명을 주는 의미지평, 의사소통 공동체에 있어서 기본이 되는 규준이 제시되고 가능적으로 있는 환경세계와의 경계와 지평이 그어진다. 자기 문화와 종교 밖의 세계는 일단 이방인, 무의미, 무질서, 난센스의 세계로 놓이게 된다

---

221 Krieger, 1998[2](1996), 위의 책, 35쪽; 여기에 대하여 사회학은 종교를 제도화된 틀 혹은 제도화된 특정한 내용을 통해서 이해하려는 경향이 있다. 루만에게 있어서 종교는 전체 체계의 기초코드가 아니고, 분과체계이다. 전체 체계에서 실행되어야 할 기능은 나름대로 그것을 위해 분화된 분과 체계에서, 즉 기초코드에 기준을 주는 해석에로 고양시키는 사회학에서 그 방향성을 찾는다. Krieger의 같은 책, 각주 16 참고.

222 위의 책, 36쪽 이하.

(좁은 의미의 종교, 기초신학).

셋째, 기초코드에는 논쟁담론, 경계담론뿐만 아니라 실용적인 측면에서 개방담론의 지평에도 직면하게 된다. 이 지평은 모든 체계 내의 코드와 기준들을 넘어서서 다른 체계, 즉 자기 체계 경계 밖에 놓여 있는 환경세계와 연대를 시도한다(예술, 신비학과 지혜). 인류의 윤리를 찾고 보편타당한 인권의 근거를 찾기 위한 모든 종교, 문화 간의 대화가 이 지평에 속한다. 개방적 담론은 체계의 침해를 목적으로 하는 것이 아니고 전체 체계 지평에서 변용과 변화, 그리고 의미의 개방성을 목적으로 한다. 역사적으로 세계 종교들은 각 시대의 환경적 도전, 타 종교, 문화 사상들과 이런 개방담론을 통해 자신의 코드를 더 세분화시키고, 재해석하고, 새로운 개념으로 단장해 오고 있다.

이러한 기초코드의 실용적 분석을 통해서 우리는 다음과 같은 사실을 말할 수 있다. "기초코드가 동시에 세 번째 담론(개방담론)에서 의사소통되지 않으면, 체계의 자기와의 관계, 세계관, 종교는 단지 이데올로기일 뿐이다."223

5.4. 인간존엄성의 근거를 세우기 위한 종교 간의 대화의 방법론

앞에서 인간존엄성의 근거를 모색하기 위해 체계이론, 종교 그리고 기초코드의 관계들을 살폈고, 이제 종교 간의 대화의 방법론을 구체화시켜 본 연구방법의 규준을 마련하고자 한다.

이 규준이란 세 가지, 즉 절대자, 인간, 자연의 관계 안에서 종교 분석, 개방적 담론장, 메타 차원의 재구성의 과정을 지향하는 것이다.

---

223 Krieger, 1997, 36쪽.

5.4.1. 절대자(혹은 절대지평), 인간, 자연의 관계 안에서의 연구

한 문화 사회의 기초코드인 종교를 상호 비교함에 있어서 그 종교가 말하는 개념이나 요소를 단순 비교할 것이 아니라 각 종교체계의 기초적인 구조와 요소 간의 관계를 비교해야 한다는 것은 중요하다. 따라서 여기서 시도하는 종교 간 대화의 방법은 절대자, 인간, 자연(세계)을 체계적 통일systematische Einheit로 보지 않고 세 개의 독립된 실체로 파악하는 전통적 형이상학의 입장을 버리고, '기초코드'라는 관점에서 펼치려 한다. 기초코드란 의사소통체계를 구성하고, 이 안에서 인간, 절대자 그리고 자연이 비로소 드러나며 특정한 관계 안에서 서로를 향해 다가오게 한다. 따라서 비교되는 모델의 종교는 절대자, 인간, 자연의 관계와 맥락을 염두에 두고 소개되어야 하고, 이 관계를 통해서 인간에 대한 상像이 이해되고 마침내 이런 관련성 안에서 인간존엄성이 근거 지워진다. 이때에 절대자, 인간, 자연이라는 관계쌍에 대한 정의가 필요할 것이다. 특히 자연이란 무엇을 의미하며, 절대자란 무엇을 뜻하는가? 인간이 자연과 절대자와의 관계 안에서 고유한 정체성이 서술되고 특징지어진다면 인간존엄성도 여기서 드러날 것이다.

5.4.2. 개방적 담론

위의 기초코드 운용에 관한 실용적 분석에서 보았듯이 인간존엄성의 근거를 짓는 작업에서도 개방적 담론의 지평에서 종교와 문화 간의 대화가 필수적이다. 오늘날의 한 사회와 세계는 자체로 다원화되어 있기 때문에 우리는 이제 하나의 특정한 문화와 종교 코드를 가지고 사회와 세계의 새로운 문제들을 해결할 수 없음이 점점 더 명백해지고 있다. 오늘날의 개방적 담론에서는 더 이상 하나의 종교가 유일한 가능성으로 간주될 수 없다.

5.4.3. 메타 차원의 재구성 시도

위에서 말한 개방적 담론을 통해 각 종교를 절대자, 인간, 자연이라는 기초코드 맥락에서 비교, 보충, 재해석을 한다면 인간에 대한 이해를 더 깊이 더 넓게 할 수 있을 것이고 마침내 인간존엄성과 인권을 상승된 메타 차원에서 근거 지을 수 있는 단서를 발견할 것이다. 그러나 현실적으로 모든 문화, 종교를 동시에 개방적 담론에 참여시켜 분석하기란 불가능하다. 따라서 그 뿌리가 확연히 다른 전형적인 세 종교 모델들, 신 중심 종교로서 그리스도교를, 신 관념을 배제하는 종교로서 불교를 그리고 신, 인간, 자연은 일체라고 주장하는 종교로서 동학 천도교를 분석하고 이를 바탕으로 점점 대화의 지평을 넓혀 근거의 재구성을 시도하는 것이 현실적이고 실용적인 방식이 다. 대화를 통한 재구성 시도 안에서는 한편으로 경험론적 방법이 매개되는데, 즉 각 종교에서의 존엄성 근거들을 절대지평(신), 인간, 자연의 관계 하에서 비교 분석하여 세 종교 상호 간의 의사소통의 전제로서 최소한의 공통적 요소를 찾아낸다. 다른 한편 변증법적 방법이 매개되어 인간존엄성의 보편적 성격을 확보하기 위해서 다른 종교들을 염두에 두고(가능하다면 여러 작업을 통해 개방적 담론에서 분석해야 하겠지만), 종교들의 초월적 지평위에 인간존엄성을 근거 짓는 것을 시도한다. 우선 이 방법론에 따른 결과를 예측해 본다면, 종교들의 초월적 지평에서 모든 종교와 비 종교인이 함께 인간의 '관계적 실존'224에 존엄성의 근거를 찾을 수 있다고 생각한다. 인간의 '관계적 실존'은 인간존엄성의 성격이 한편으로 인간 누구에게나 부과된 실존적 의무라는 측면과

224 여기서 '관계적 실존'이란, 어떤 종파나 종교에 귀의한 사람들에게만 해당되는 실존이 아니라, 인간이 자기 실존의 극단적 한계를 깨닫고 자신과 '본래적 현실'과 일치함으로써 그것을 극복할 수 있다는 것을 인식하며 타인과 함께 이 간극을 극복하기 위해 노력하는, 하나의 전체적인 의미체계 안에서의 실존을 의미한다.

다른 한편으로 인권이라는 측면을 해명하게 될 것이다. 그리하여 인권은, 인간존엄성의 근저에 깔린 인간 실존의 의무를 실현하는 전제조건으로서 근거 지을 수 있게 된다.

제2장

그리스도교의 인간존엄성

제2장
그리스도교의 인간존엄성

1. 경전에서의 신, 인간, 자연의 관계

우리는 여기서 창조자인 신, 피조물로서의 인간 그리고 그 밖의 다른 피조물(자연)과의 기본적인 관계를 창조설화 안에서 살펴보고 신과 인간의 관계를 계명과 죄와 관련시켜 숙고하려 한다. 다음으로 그리스도교의 근본 텍스트로서 신약성서의 입장에서 신, 인간, 자연의 관계를 커다란 틀에서 개괄하기 위하여, 그리스도를 통한 창조자와 피조물의 화해, 그리스도 안에서의 신의 자녀 성격 그리고 그리스도 후예의 성격에 관해 성찰하려 한다.

1.1. 신의 모상으로의 창조: 신의 상대자로서의 인간

인간의 창조는 다른 피조물, 즉 하늘과 땅의 피조물, 물고기, 조류 그리고 다른 동물들의 창조와 전혀 다른 방식으로 진행된다. 다른 피조물의 창조는 단지 하느님의 말씀(명령)을 통하여 이루어지지만(창세기 1, 3 이하 참고), 인간의 창조는 '우리로 표현하는 대화'로부터 시작한다. 이런 대화체 형식으로뿐만 아니라 내용적으로 하느님을 닮게, 신의 상(imago dei)에 따라, 즉 하느님 모상으로 인간은 창조된다.

종교사에서 창세기 1장 26절 이하[225]에 관한 신학적 주제는 많은 문헌에서 단지 인간의 본성, 즉 인간이 무엇인지에 대한 물음에만 관심이 집중되었다. 그러나 인간에 대한 이 진술이 구약성서에서 거의 유일하게 존재하고, 인간의 특질 자체에 대해서라기보다 인간의 창조에 대해 서술하고 있다는 점을 염두에 둔다면 이 진술은 하느님과 인간의 특별한 관계를 설명하기 위한 것으로 이해해야 한다.[226]

하느님의 모상에 따른 창조행위와 하느님의 결단(...하자.)의 관련은 창조신의 의도를 인식하는 데 중요한 열쇠가 된다. 이 양자의 특징적 연결은 "창조주가 자기 자신과 함께 해야만 하는 그 어떤, 창조되어야 할 것을 결정하고 있다는" 것을 암시하고 있다.[227] 인간창조에 대한 말씀(창세기 1, 26f)은 본질적으로 세계창조(창세기 1, 1-25)와 독립되어 있고 이것보다 더 오래된 문헌이며[228] 따라서 하나의 독립된 의미를, 즉 하느님과 인간 사이의 발생, 문헌비교 방법론에서 볼 때 바빌론의 문헌이 보여 주듯이,

---

225 "[26] 그리고 하느님이 말씀하시기를: 우리와 닮은, 우리의 모상으로 인간을 만들자. 그들은 바다의 물고기와 하늘의 새와 짐승과 모든 땅과 땅위에 사는 모든 기어 다니는 동물들을 다스릴 것이다.[27] 그리고 나서 하느님은 그의 모상대로 인간을 창조했다. 하느님이 인간을 남자와 여자로 창조할 때, 그는 하느님의 모상에 따라 인간을 창조했다."(창세기 1, 26-27)

226 C. Westermann, *Biblischer Kommentar*, Genesis 1-11, Bd. 1(1966-74), 203-222쪽. 그럼에도 불구하고 이 부분에서 신의 모상(Imago Dei)의 본질을 설명하고자 하는 갈망이 있다면, 구약성서는 그의 인간에 대한 진술에서 육체와 정신의 분리를 전혀 알고 있지 못한다는 것을 고려해야 한다. 따라서 창세기 1장 26절 이하의 신의모상은 인간의 육체 혹은 정신적인 특질에만 국한된 것이 아니고, 전인적인 인간에 해당된다고 봐야 한다. 전인적인 인간의 신모상성은 대단히 중요한 의미를 갖는데, 신을 단지 정신을 통해서뿐만 아니라 육체적인 감각을 통해서도 체험되는 것을 가능케 하기 때문이다. C. Westermann, 앞의 책, 207쪽 참조.

227 Westermann, 앞의 책, 215쪽.

228 같은 책, 31-34; 216쪽.

'인간은 신을 섬기기 위해서 창조된다'는 의미를 갖고 있음이 분명하다.[229] 따라서 창세기 2장의 인간 창조 이야기는 1장 26절 이하 부분과 분리되어 있지 않고, 신과 인간 사이에 무엇이 벌어지는지에 관한 설명적 진술, 즉 어떻게 인간이 신의 상대자로 창조되었는지를 의미한다.[230] 이러한 형식사적인 연구를 통해, 이미 리델W. Riedel(1902), 바르트K. Barth(1945), 호르스트F. Horst(1950) 등이 제안했던 해석이 지지된다: "창조자가 자신에게 상응하고, 자신과 이야기를 건네고 자신의 말을 듣는 피조물을 창조했다."[231] 인간 측에서 볼 때, 인간은 창조자 신에게 상응하는, 즉 그와 함께 대화하고, 그의 말을 알아듣고 그에게 응답할 수 있는 피조물로서 창조되었다. 신의 모상이란 따라서 창조자와 피조물, 신과 인간 사이에 일어날 어떤 '발생'의 가능성을 의미한다.

인간이 신의 모상에 따라서, 즉 신의 상대자로서 신의 의지를 이해하고 그와 의사소통을 하도록 창조되었다는 사실뿐만이 아니라 다음과 같은 사실이 성서에 뒤따른다. 즉 인간은, 신을 찾으면서 신과의 관계에서 발생하는 사명에 맞갖게 다른 피조물을 다스려야 하는, 신의 위임을 실행할 수 있으며 실행해야 한다. "야훼 하느님은 사람을 에덴동산에 데려가 정원을 가꾸고 지키도록 했다(창세기 2, 15)… 야훼 하느님은 흙으로 들의 모든 짐승과 하늘의 모든 새를 만들고 인간에게 데리고 와서 그가 그들을 어떻게 부르는지를 보았다. 인간이 그들을 부르는 대로 그들의 이름이 되었다(창세기 2, 19)." 하느님은 모든 다른 피조물을 인간에게 데리고 와서 그들이 인간에 의해 이름 붙여지도록 했다. 즉 하느님은 인간에게 각

229 같은 책, 216; V. Maag, "Sumerische und babylonische Mythen von der Erschaffung der Menschen", in: *AsSt* 8(1954), 97쪽.

230 Westermann, 217쪽.

231 같은 곳.

피조물들에게 자기 고유의 본질, 다시 말하면, 질서와 역할을 부여하는 능력과 권능을 인간에게 주신다. 그들을 다스리도록 하신다. 인간이 자연을 다스리는 권한에 대한 이 해석은 시편 작가들에 의해서도 지지된다: "당신은 인간에게 당신 손수 지으신 피조물을 다스리게 하시고, 모든 것을 그의 발아래 놓았습니다."(Psalm 8, 7)

위에서 살펴 본 인간의 신의 모상으로 표현된 신과 인간의 관계를 통해서 다음과 같이 이야기 할 수 있다. 인간존엄성은 단지 자연을 지배함에 있지 않고, 인간이 신의 상대자로 존재하고 그와 함께 의사소통을 하며 그의 의지를 인식하여 자연 안에서 그리고 자연과 더불어 신의 명령을 실현할 능력에 있다고 말할 수 있다.

1.2. 죄: 창조질서의 배반

신과 인간의 관계를 이해하기 위해서 우리는 창조뿐만 아니라 죄의 본질도 탐구해야 한다. 죄에 대한 사유 없이는 인간의 신에 의한 구원, 즉 그리스도교에 있어서 가장 중요한 목표인 인간의 완성을 설명할 수 없다. 죄는 창조주가 인간에게 준 계명의 파기와 관련되어 있다. 창세기에서 죄의 기원을 인간이 선악과를 따먹지 말라는 하느님의 계명을 어긴 사건에서 찾는다.[232] 하느님이 인간에게 금지의 계명을 주기 전에 먼저 광범위의 허락을 주었다: "정원의 모든 나무에서 열매를 따 먹어도 좋다." 인간은 식량과 필수품에 있어 어떤 부족으로 인해 고통을 받을 필요가 없다. 음식물이 충분히 주어지지 않았다면 그에 대한 계명은 어떤 의미도 가질

---

232 창세기 2, 16-17: "그리고 주님이신 하느님이 인간에게 명령하면서 말씀하시기를 정원의 모든 나무에서 열매를 따 먹어도 좋다; 그러나 선악 인식 나무로부터는 어떤 것도 먹어서는 안 된다. 네가 그것을 먹는 날 너는 죽어야 한다."

수 없다. 계명은 하느님과 인간을 더 가깝고 친밀하게 하는 연결고리이다. 야휘스트계 편집자들의 의도를 보면 계명의 기능이 더 분명하다. 계명을 통해 인간의 하느님에 대한 관계가 세워진다. 계명은 인간이 처음부터 그의 존재를 규정하는 요소 중 하나로서 창조된 존재, 즉 피조성을 내포하고 있다. 근원적이고 아직 세분화되지 않은 계명의 이 형태는 인간사회가 그런 형태의 경계선 없이는 결코 존재할 수 없고, 그런 한도 없이는 하느님과의 관계도 있을 수 없음을 암시한다. 계명은 신앙 공동체의 정체성을 확보하기 위한 자유공간이자 동시에 한계선을 창출한다.

계명의 기능은 터부시했던 나무의 이름, 즉 선악 인식 나무와 어떤 관련이 있을까? 더 오래된 원죄에 대한 이야기를 기록하는 엘로히스트계의 문헌(창세기 3장)은 동산 중앙에 있었던 금지된 이 나무의 이름을 아직 알지 못한다. 이 나무의 이름은 아마도 계명을 어기는 체험을 하고 나서 생겼을 것이다: "…하느님처럼 선과 악을 알게 될 줄을 하느님이 아시고 그렇게 말하신 것이다."(창세기 3, 5) 여기서 선과 악이라는 것은 그 자체로 선과 악이라는 의미보다는 인간에게 있어 좋은 것과 나쁜 것, 도움이 되는 것과 피해를 당하는 것으로 이해해야 한다. 따라서 선악 인식이란 존재의 식별 능력, 자율적인 결정능력을 말한다. 인간이 이 나무의 열매를 먹을 때, 즉 인간이 홀로 독립적으로, 자유의 한도 없이 자의적으로 살면 그는 죽는다, 즉 하느님이 그와의 소통을 통해 주게 되는 생명을 잃게 된다.

인간이 계명을 지키는 한, 인간은 계명을 주시는 분, 즉 생명을 주시는 하느님과 자신과의 관계를 유지할 가능성이 열려 있다. 그러나 그가 계명에 반하여 완전히 풀어지고 자의적으로 살면 하느님과의 관계를 더 이상 유지하지 못한다, 즉 죽게 된다. 창세기 3장 4절 이하에서 소개하고 있는 원죄 설화에서의 죽음은 여자와 뱀의 대화에서 의미했던 물리적인 죽음이 아니고 영적인 죽음, 즉 하느님과의 관계의 단절을 의미하고 있다고 보아야 한다. 인간이 스스로 선악을 인식할 수 있는 능력을 갖게 되었다는 말은 자기의 운명을 스스로 결정하고 처리할 수 있는 능력을 얻게 됨과 동시에 하느님이 벌로 주었듯이(3, 14-19) 그것을 의무로 해야만 한다. 인간은 그전에 하느님이 구해 주었던 것을 이제 스스로 수고롭게 일을 하여 얻어야만 한다. 뱀이 꾀었듯이 인간이 정말로 신과 동등하게 되었는지는 이 텍스트에서는 분명하지 않다. 창세기 전체를 보면 한편으로 사람은 눈이 열려 그의 나체 상태 때문에 하느님 면전에서 두려워했고, 그가 이 의식한 나체 상태를 무화과 잎으로 가리고 하느님의 면전을 피해 숨었던 것으로 봐서는 한편으로 신과 같이 되었다. 즉 그에게 무엇이 올바르고, 올바르지 않는지를 인식하고 거기에다가 필요한 도움이 될 만한 것을 스스로 만들 수 있다. 그러나 다른 한편 그의 부끄러움이 하느님과 연결되어 있고, 하느님 면전에서 그의 나체성, 그의 발가벗음을 자신의 행위를 통해 결코 숨길 수 없다는 것을 보여 주고 있어서 그가 결코 신처럼 되지 못했음을 뜻한다. 요약해 보면 인간은 원죄 사건을 통해서 전보다 자신에게 무엇이 옳고 그른지를 더 잘 알게 되었지만 자신의 생존을 위해 수고로이 일해야 하고 스스로의 능력만으로는 결코 얻을 수 없는 것을 추구하고 있음을 알 수 있다.

또 다른 죄의 기원을 창세기의 카인의 행동에서 찾을 수 있다. 인간이 사회 안에서 자기의 능력과 노력에 따라 성과물을 내야 하는 영역에서는 어디서든지 인간들은 자기들의 업적과 공적을 비교하게 되고 질투와 불의한 마음으로 경쟁하고, 투쟁과 살인으로 나아갈 수 있다. 카인과 아벨의 이야기(창세기 4, 4b-8)는 바로 이런 인간 투쟁 심리를 나타내고 있는 데, 이는 일상적인 인간들의 이야기이다. 이 이야기의 핵심은 개인 윤리 혹은 신심을 말하고 있기보다는 사회 안에서의 갈등을 말하고 있다. 저자는 왜 하느님이 그들의 제물을 각기 달리 차별적으로 받아들였는지에 대해서 말하지 않는다. 인간이 모여 사는 곳에는 반드시 어떤 이는 더 인정받고, 어떤 이는 덜 인정받는 상황이 발생하고, 그로 인해 위험한 경쟁이 생기고 시기심이 유발되며 살인이 생긴다. 죄로의 타락은 모든 인간에게 해당된다: "죄를 짓지 않는 사람은 아무도 없다."(1코린토 8, 46; 욥 15, 14; 잠언 20, 9; 코헬렛 7, 20; I 요한 1, 10)

인간의 죄는 사회 안에서 타인과의 관계만 악화시키는 것이 아니라 자연과의 관계도 파괴한다. 노아의 홍수 이야기는 인간의 타락으로 하느님이 전 자연에 벌을 주었으며, 한 의인을 통해 다른 피조물들이 생명을 보존한 사건을 들려준다(창세기 6장 참조). 전체 피조물들의 운명은 인간이 죄로 떨어지지 않고 하느님에 맞갖게 세상을 다스릴 수 있는가에 달려 있다.

인간에게 이 죄의 상태에서 해방될 희망이 과연 있을까? 죄로 인해 낙원에서 쫓겨난 인간이 다시 영원한 생명을 얻을 가능성이 있을까?

1.3. 죄로부터 구원: 창조주와 피조물의 화해로서의 그리스도

유대교와는 달리 그리스도교는 구약 경전뿐만 아니라, 신약이라는 새로운 경전을 가지고 있으며, 신약의 핵심은 나자렛 사람 예수가 그리스도, 메시아이며 이 분의 죽음과 부활을 통해서 온 인류가 구원을 받았다는 기쁜 소식이다. 예수(Jesus: hebr. Jeschua)는 'Jehoschua'에서 나온 이름으로 'Jahwe는 구원이다'라는 뜻을 지닌다. 마태오 복음 1장 21절 이하에서 예수의 이름에 대한 복음사가의 해설이 나온다. "마리아가 아들을 낳을 터이니 그 이름을 예수라 하여라. 예수는 자기 백성을 죄에서 구원할 것이다."(마태오 1, 21) 여기서는 예수라는 단어의 뜻을 풀이하고 있다고 하기보다는 그 이름의 구원사적인 의미, 즉 자기 백성을 죄에서 구원한 그리스도임을 선포하고 있다. 즉, 같은 복음 1장 1절의 '예수 그리스도'(Jesus Christus: Messias)라는 인물 소개는 곧 앞으로 소개할 그의 탄생, 성장, 공생활, 죽음과 부활을 통해서 가장 핵심적 신앙고백으로 결론되어질 이름이다.

마태오 복음사가는 천사가 요셉에게 나타나, 앞에서 인용한 말을 전한 것으로 소개하면서 이를 통해 하느님께서 예언자 이사야를 시켜 "동정녀가 잉태하여 아들을 낳으리니 그 이름을 임마누엘이라 하리라."(1, 23)하신 말씀이 그대로 이루어졌다고 선포하고 있다. 역사 비평학은 마태오 복음이 기원 후 70-90년에 구약 성서를 잘 아는 유대 그리스도 신앙인들을 위해 쓰였다고 추정한다. 예언자 이사야의 임마누엘 예언은 당시의 시대 상황으로 볼 때 다윗 계약과 관련 되어 있으며, 아하즈 왕이 인간적 동맹관계에 의존하기보다는 하느님과의 계약에 충실해야 한다는 예언으로 보아야 한다. 그런데 마태오 복음사가는 왜 이사야의 이 예언을 예수에게 적용시킬 수 있었을까? 유대교의 경전과 경전 이후 랍비문학의 전통에 의하면 메시아에 대한 많은 열망이 있었음에도 불구하고 사람이 된 하느님, 메시아를 완결된 형태로 받아들이지 않았다. 이런 상황을 감안하면 임마누엘의 예언의 본질적인 정신(하느님이 우리와 함께 계심)이 바로 예수를 통해서 완전히 실현되었다고 해석한 것은 창조적인 새로운 재해석, 즉 유대 - 그리스도교 전통 안에서의 발전적 재해석으로 이해할 수 있다. 이로써 그들은 새로운 계약의 시대, 그리스도교를 연 것이다. 그리스도교의 신약 성서는 임마누엘의 예언이 무엇보다도 예수의 의로운 죽음과 영광스런 부활에 의해 확신하게 되었음을 알 수 있다.

마태오 복음사가가 예수를 메시아로 보는 것은 그가 무엇보다도 백성을 죄에서 구원하였기 때문에 그러하다. 앞에서 원죄 설화를 보았듯이 죄란 근본적으로 하느님과의 관계를 그만둔 상태, 하느님으로부터 스스로를 소외하고 하느님을 회피하는 의지 상태를 의미한다. 죄로 떨어질 가능성은 따라서 인간의 자유와 본질적으로 함께 한다. 신약성서에서는 인간은 자기 스스로를 자기 힘으로 구원할 능력이 없음을 고백한다. 죄란 하느님에 대해 반항한 것이므로 용서와 구원은 단지 하느님께로부터 오고, 인간에게서 오는 것이 아니다. 죄의 용서로서 죄로부터의 구원은 예수의 죽음을 통해서 비로소 이루어졌다: "이는 죄를 용서하려고 많은 사람들을 위해 내가 흘리는 계약의 피다."(마태오 26, 28)

"우리 죄 많은 사람들이 절망에 빠져 있을 때에 그리스도께서는 당신의 때가 이르러 우리를 구원하시려고 죽으셨습니다."(로마 5, 6-8)

인간의 악과 신적 사랑 사이에서 극단적 대조가 드러난, 의인 예수의 죽음사건에서 비로소 인간은 진정한 사랑을 인식하고 새로운 삶의 가능성, 즉 하느님과 영원히 함께 하는 새로운 지평을 열었다. 로마 백인대장은 십자가에서 죽은 예수를 보고 외친다: "진정으로 이분이야말로 하느님의 아들이구나!" 이 고백이 부활 체험을 거치면서 '예수가 그리스도'라는 신앙정식으로 점점 심화되어 간다. 인간 아담의 불순명이 세상에 죄를 가져온 것처럼, 죽음에 이르기까지 하느님께 자신을 바친 인간 예수 그리스도의 순종이 하느님의 은총을 가져오게 했다.(로마 5, 12-21 참조) 이 예수의 순종은 하느님과 인간을 화해시킨 것뿐만 아니라 땅위와 하늘에 있는 모든 것들과 화해시켰다. "그리스도를 내세워 하늘과 땅의 만물을 당신과 화해시켜 주셨습니다. 곧 십자가에서 흘리신 예수의 피로써 평화를 이룩하셨습니다."(콜로새 1, 20)

1.4. 하느님의 자녀이자 구원의 동반자: 만민평등사상과 제자직분

그리스도교 신앙은 예수 그리스도의 죽음과 부활로 죄 상태에서 하느님과 올바른 관계로 회복하였고, 이 상태는 인간이 모든 일에 있어서 하느님 현전에서 그분께 맞갖게 사는 삶, 즉 매사에 하느님의 계명을 준수하면서 그분의 생명 안에 머무르는 삶이다. 그런데 이 올바른 관계는 하느님께는 '자녀'로, 다른 신앙인에 대해서는 '형제자매'로 태어나는 세례예식을 통해 가시적으로 표현된다. "여러분은 모두 믿음으로 그리스도 예수와 함께 삶으로써 하느님의 자녀가 되었습니다. 세례를 받아서 그리스도 안으로 들어간 여러분은 모두 그리스도를 옷 입듯이 입었습니다. 유대인이나 그리스인이나 종이나 자유인이나 남자나 여자나 아무런 차별이 없습니다. 그리스도 예수 안에서 여러분은 모두 한 몸을 이루었기 때문입니다."(갈라티아 3, 26-28) 민족, 신분, 성, 나이에 의해서도 결코 차별이 있을 수 없는 평등사상은 일차적으로 세례를 통해 그리스도를 입은 모든 신앙인에게 해당되지만 모든 사람이 그리스도의 보편적 구원으로 초대받았다는 점에서 만민평등 사상은 그리스도교의 핵심 진리 중의 하나가 된다. 이처럼 구원을 받은 상태, 죄에서 해방되고 하느님의 영 안에서 사는 생명은 이웃, 자연, 하느님께 투명하게 의사소통하고 서로를 사랑하는 인격적 관계의 설정을 의미한다.

사도들의 모범인 바오로가 전도여행들을 통해 악조건 속에서도 보여준 놀라운 투신은 그가 예수 생전에 그분을 따르는 제자가 아니었음에도 불구하고 부활 체험 후에 갖게 된, 그리스도의 일꾼, 즉 사도직분에 대한 깨달음에서 비롯되었다. "심는 사람과 물주는 사람은 동등한 사람이고 각기 수고한 만큼 삯을 받을 따름입니다. 우리는 하느님을 위해서 함께 일하는 일꾼들이고 여러분은 하느님의 밭이며 하느님의 건물입니다."(1코린토 3, 8-9) 하느님을 위해서 함께 일하는 일꾼이라는 자각은 물론 하느님의 나라는 이미 시작했지만 여전히 완성되어야 할 희망의 대상으로 남아 있다는 신앙이 전제되어 있다. 신약성서에 따르면 부활하신 그리스도는 그의 제자들을 세상에 파견한다: "너희는 온 세상을 두루 다니며 모든 사람에게 이 복음을 선포하여라." 따라서 그리스도인은 모두 파견을 명령받은 이들이다. 그리스도의 정신으로 세례를 받고, 그리스도를 옷처럼 입은, 그리스도와 일치한 하느님의 자녀들이며 스스로 생명의 길이신 예수 그리스도를 따르는 사람들이기 때문이다. 이제 예수가 생애를 통해서 보여준 길, 즉 "나를 보내신 분의 뜻을 이루고 그분의 일을 완성하는 것이 내 양식이다."(요한 4, 34)라고 하신 길을 제자직에 불림 받은 모든 그리스도인들은 '자기를 버리고 제 십자가를 지고'(마르코 8, 34) 따라야 한다. 그분과 함께 투신하여 피땀을 흘린 사람은 그분이 영광 중에 다시 오실 때에 그 영광도 함께 누리게 된다.

1.5. 소결론: 신, 인간, 자연과의 관계

인간은 창조주 신에 의해 창조되었다. 그러나 여타의 피조물과는 달리 신의 모상에(imago Dei) 따라 신과 의사소통하는 파트너로서 창조되었고, 이 의사소통을 통해 하느님의 뜻을 인식하여 그 뜻에 따라 세상을 가꾸고 다른 피조물을 돌보도록, 즉 다른 피조물을 다스리는 데에(dominus terrae: 지상의 주인) 불림을 받았다. 인간이 신의 의지와 계명에 순종적으로 행위를 하는 한, 그는 신과의 좋은 관계는 물론 신의 의지에 합당한, 자연과의 관계를 유지한다. 그러나 그가 신의 관점과 계명에 따르지 않고 자기 자신의 쾌락과 욕구에 따라 행위 하면, 그는 신과의 관계, 생명의 힘을 잃고(영적인 죽음) 그리고 거기에 대한 책임을 스스로 져야 한다. 자기 자신이 중심이 되어 자신을 섬기는 이기주의적인 욕망은 인간으로 하여금 스스로 분열되게 할 뿐만 아니라 다른 동료 인간과 투쟁하고 그들을 죽이며 더 나아가 자연 환경까지도 파괴한다. 하느님의 주도를 통해서, 즉 예수 그리스도 구세주의 은총(Inkarnatio: 육화)을 통해서 비로소, 죄와 무질서한 애착에 빠진 인간과 모든 피조물은 하느님과 다시 화해하게 되었다.

이러한 관점에서 그리스도교는 인간 스스로에 의한 구원은 불가능하고, 그러나 하느님의 자비로우신 자유의지에 의해 보편적 구원의 장이 열렸으며 더 나아가 인간의 구원을 통한 전우주의 해방이 있을 것이라는 교리를 발전시켜 갔다. 신앙과 세례를 통해서 신앙인들은 죄에서 해방되어 그리스도 안에서 하나 되어, 다시 하느님의 상대자, 더 나아가 세상의 구원을 위하여 하느님의 동업자로서 살아간다. 이 삶을 통해서 그들은, 하느님의 나라를 건설하기 위해 예수가 가르쳤던 것을 기억하게 하시는 성령과 일치하여 예수 그리스도를 따른다. 그리스도인들이 하느님의 동업자로서 성령의 도움으로 하느님 나라를 위해 헌신하는 것을 통해서 그들은 예수의 재림, 즉 세상의 완성을 고대한다.

그리스도교의 경전 상의 신, 인간, 자연 관계는 구세사라는 차원과 각 사람의 삶의 역사라는 차원에 적용할 수 있다. 구세사의 차원에서 볼 때, 창조로부터 시작하여 하느님이 인간이 되신 육화의 신비를 거쳐 세계의 종말, 재림예수 시기까지의 구세사는 구체적인 시간의 연속선상에서 전개된다. 따라서 삼위일체론은 매우 중요하게 되는데, 이 교리가 가르치는 것은 하느님의 역사 안에서의 구원 행위는 각각 다른 시기에 삼위의 각각 다른 한 위격한테 특별한 방식으로 귀속되면서, 동시에 삼위의 일치 안에서 성취된다. 그리스도교의 관점에서 시간은 단지 영원한 하느님이 세상의 처음에 존재자로 불렀고 언젠가는 사라져 갈 피조물이다. 자연과 환경 또한 시간의 종말과 함께 사라지고 단지 인간만이 최후의 심판 때 하느님 심판의 대상이 된다는 것을 받아들인다면 자연은, 인간이 그 안에서 하느님에 맞갖게 살아가는, 혹은 그것으로 살아가야 하는 수단이나 장소에 불과하다. 개인의 인생사의 차원에서 볼 때, 하느님과의 창조질서 안에서 일치된 낙원의 상태, 하느님과의 소통의 막힘, 죄, 예수 그리스도를 통한 화해와 소통의 재개, 예수의 제자로서의 파견 등을 인간 심리의 여러 국면들을 질서 있게 표현하는 역동성으로 인식할 수 있다. 이런 역동적인 국면들은 영적 성장을 위한 자기초월적 과정으로 해석할 수 있다. 영적 역동성 안에서는 하느님과의 결별, 즉 죄 또한 자율적인 인간으로의 성장 과정에서 체험되는 내적 분열, 즉 항상 더 큰 차원에서의 자아가 형성되는 긍정적 과정으로 해석된다. 하느님과의 결별(죄 체험)에서 인간은 더욱 깊이 하느님을 자각할 수밖에 없는데 이는 그의 피조성 때문에 그러하다. 따라서 하느님과의 완전한 결별이란 불가능하다. 인간의 자율성 안에서의 초월적 성장은 초월신학의 관점에서 본다면 결코 하느님과의 분리가 이루어지지 않고, 다만 감추어져 있지만 조금씩 체험되어지는 하느님의 계시 과정으로 이해할 수 있다. 어떻든 신은 인간 실존과 어떤 경우에도 완전히 분리될 수 없다. 그렇다고 해서 신이 인간의 어떤 부분, 즉 내적 본질을 구성하는 원인일 수는 없다. 신은 인간과 분리될 수 없고, 인간의 구성적 원인이 아니라면 인간본질의 형상적 원인일 수 있다. 우리가 신을 작용하는 내적 형상인으로, 마지막 목적으로 그리고 인간 행위의 조건으로 보고 인간은 인식과 행위의 주체로 본다면 결국 환경과 자연은 그 안에서, 그와 함께 인간이 신을 찾고 실현해야 하는 수단이다.

따라서 그리스도교에서 신, 인간, 자연의 관계는 위계적 순서로 드러난다. 구세사적 관점이든, 심리-인간학적 관점에서든 이 삼자의 존재가치는 목적인, 주체인, 수단 관계처럼 위계적이다. 또한 인간은 신과 존재론적으로 구별되고 인간은 스스로 신과의 분리를 극복할 수 없고 구원하는 신의 주도로 극복한다. 인간 상호간의 평등성은 그리스도와의 일치 안에서 강조된다. '그리스도의 구원은 모든 피조물에게까지 미친다.'는 그리스도론의 우주론적인 측면이 있음에도 불구하고 인간과 다른 피조물 간의 차별성은 존재론적으로 남아 있다.

2. 그리스도교 사상사에서 본 인간존엄성의 근거 이해

사실 2천년 역사를 지닌 그리스도교의 역사 안에서 수많은 종파의 사상가들이 그리스도교의 신앙 안에서 어떻게 인간을 이해하고 특히 인간존엄성에 관해 언급했는지 직간접적으로 살피는 것은 지난한 작업이 될 것이다. 여기서는 4세기 말에 교부들의 신학과 철학을 집대성한 아우구스티누스의 사상, 중세의 황금시대인 13세기에 그리스의 아리스토텔레스와 그리스도교 사상을 융합시킨 토마스 아퀴나스의 사상, 그리고 16세기 초 그리스도교의 성서를 중시하며 종교개혁을 이끈 마틴 루터의 사상을 일별하되 인간이해에 대한 시대적 맥락과 그에 따른 그리스도교 신앙의 핵심을 서술한 이론들을 중심으로 살펴본다.

2.1. 아우구스티누스의 삼위일체설과 신모상설

아우구스티누스가 그의 사상적 맥락에서 삼자, 즉 신, 또는 창조주, 이성을 갖춘 인간, 그리고 이성을 갖지 못하는 피조물 간의 관계를 어떻게 이해하고 있는지 살피는 것이 우리의 목표이다. 이 관계 안에서 그가 어떻게 인간의 존엄성을 근거 지우고 있는지 연구할 수 있을 것이다. 우선 아우구스티누스 사상에서 특이할 만한 관점들, 즉 진리 또는 신을 무한히 찾고 발견하는 존재로서의 인간 실존, 그리고 신의 모상설에 입각하여 존재, 인식, 의지의 삼위일체적 관계를 설명하는 인간정신 현상을 살펴보자. 또한 인간이 어떻게 신을 최종적인 생의 목적으로 하는 한편 세계를 수단으로 여기며 살아가고 자신을 발전시켜 가는지도 보겠다. 이런 연구를 통해 신, 인간, 자연의 관계가 상세히 논구되고 이를 통해 인간존엄성이 근거 지워질 것이다.

2.1.1. 무한한 신을 향한 정신의 무한한 추구

"당신은 우리를 당신께로 향하도록 창조했으니, 당신 안에서 평온을 얻을 때까지 우리의 마음은 불안하나이다."[233]

아우구스티누스는 자신의 생애에서 스스로 어두움과 빛, 무와 진리의 심연을 동시에 체험했다. 인간은 무에서 존재로, 그리고 생명으로 불림을 받았다. 고백록이 보여 주듯 그는 찾기와 발견 사이에 놓인 쉼 없는 긴장 속에서 항상 더 깊은 진리와 디 행복한 생명에 도달하기 위해 노력했다. 아우구스티누스는 신을 다른 민족들을 고려하여 "모든 피조물에게 군림하는 유일한 신"으로, 혹은 "이 세계의 창조자,"[234] 또는 "인간 정신에게 그 자신을 넘어 더 이상 어떤 선한 것도, 고상한 것도 생각할 수 없는 것"[235]으로 정의한다. 이 신은 창조주로서, 창시자로서 인간에게 근원을 찾아 나서도록 혼과 힘을 주기 때문에 인간은 생명과 무생물, 이성적인 것과 비이성적인 것, 불사적인 것과 소멸적인 것, 정의와 불의 그리고 선과 악을 구별할 수 있는 규준을 가지고 있는 것이다. 신은 스스로 초월적 의미로 살아있고, 위대하며, 깊이 통찰하고, 불멸적이며, 정의와 선 자체이다. 인간은 신의 모상으로 창조되었고 그러하기에 그가 역시 생명력 넘치고, 영리하며, 정의롭고 선하게 되고자 하는 것을 통해서 신을 추구한다. 그리하여 그는 신의 거룩함에 참여한다.

왜 인간은 자기 마음 안에 신의 척도와 법을 지니고 있음에도 불구하고 신을 끝없이 추구해야만 하는 것인가?

---

233 *Confessiones(고백록)*. I 1,1: "Quia fecisti nos ad te et inquietum est cor nostrum, donec requiescat in te."

234 *Tractatus in Iohannis Evangelium(요한복음강해)*, 106, 4.

235 *De doctrina christiana(그리스도교의 가르침)*, I 7, 7.

모든 인식의 목적과 근원으로서 진리와 인간 정신과의 차이가 인간을 불안하게 만든다. 인간은 필연적이고 본질적으로 불변하고 무한한 선, 즉 신을 소유하도록 갈망하는 유한한 존재이다. "왜냐하면 구하는 자들이 신을 파악한 만큼 신은 구하는 자들을 만족시키고, 찾는 자들이 더 깊이 파악하려 시작하자마자 곧 새로운 것으로 이미 가득 채워지는 체험을 통해 찾는 자들로 하여금 파악가능하게 만든다."[236] 진리의 소유는 기쁨과 행복과 분리할 수 없다. 인간 정신은 본질적으로 변화가 가능하기 때문에 자신이 스스로 비참하게 느끼고 따라서 행복하기를 갈망한다면 이 변화가 한 번쯤 일어나기를 희망하고 또한 그를 향해 추구할 수 있다.[237] 인간 정신의 변화 가능성은 인간이 행복에서 비참한 상태(죄)로, 혹은 비참함에서 행복(은총의 선물을 받음)으로 갈 가능성을 갖는다는 것을 나타낸다.

아우구스티누스에게는 인간이 신을 자기 안에서, 자기의 정신 안에서 추구해야 하는 것이 매우 중요하다. 왜냐하면 인간은 인간의 전체 본성과 관련해서가 아니라, 단지 정신, 즉 영혼 안에서 뛰어난 실재와 관련해서 신과 닮았다고 그는 생각한다. "인간은 몸과 영혼으로 구성된, 이성적 실체이다."[238] 신플라톤 사상에[239] 영향을 받은 아우구스티누스는 그러하기 때문에 진리를 찾기 위해서 인간이 밖으로 갈 것이 아니라 자기 자신에게로 돌아가야 한다고 주장한다.[240] 진리는 이성을 조명하고 이성과 함께 최고의, 정신적 즐김에 일치시키는 광채가 발원하는, 이성적 영혼이 가변

236 *Tranctatus in Iohannis Evangelium*, 63, 1: "Satiat enim quaerentem in quantum capit; et inuenientem capaciorem facit ut rursus quaerat impleri, ubi plus capere coeperit."

237 *De trin(삼위일체론)*. XIV 15, 21.

238 *De trin.* XV 7, 11.

239 Plotin, *I Enneade* III, 9: "너 자신 안으로 돌아가라."

240 *De vera rel(종교론)*. 39, 72. "Noli foras ire: in te ipsum redi, in interiore homine habitat veritas."

적인 본성을 뛰어넘어서야 도달될 수 있는 내적 인간 안에 자리하고 있다. 아우구스티누스는 이 신비적 순간을 서술하고 있는데, 이 진리는 정신이 이성을 사용하여 내부로 오게 하는 것이 아니라, 갈망에 의해 활성화되는 정신에 의해 받아들여지는 것이다.[241] 이 순간 정신은 어떤 공간을 측정하는 것과 같이 그 작용이 능동적이라기보다 직관적이고 수동적이다.[242] 이성은 스스로 진리를 생산하지 못하기 때문에 인간은 진리와의 일치 순간이 있음에도 불구하고, 진리 자체일 수는 없다고 고백해야 한다.[243] 아우구스티누스에 따르면 인간은 자기 자신에게로 돌아와야 하는데, 그것은 데카르트가 후에 주장했듯이, 나에게 진실한 직접성이 있고, 자기인식이 의심할 수 없는 진리적 성격을 띠어서가 아니라, 정신이 신에게 가장 가까이 있기 때문이다. 신은 무한한 존재인 반면, 인간은 단지 잠정적인 신의 모상이다.[244] 아우구스티누스의 자기내향성은 또한 물자체의 비인식을 선포한 칸트의 오성주의와도 다르다. 왜냐하면 아우구스티누스는 진리와의 일치를 통해서 물자체에 대한 통찰을 얻기 때문이다.[245] 찾음은 신 자체에 대한 인식으로 운동하는 경향성을 지닌다.

---

241 같은 곳.

242 질송에 따르면 아우구스티누스는 영혼을 한편으로 능동적인 실재로, 또 다른 한편으로 수동적인 실재로 묘사한다. 정신은 신적 조명의 작용을 통해서 판단 진리를 수동적이고 직관적으로 얻는 반면, 육체와 육체를 통해 만든 각각의 표상들에 대해서는 능동적이다. 그러나 아우구스티누스에 의하면 신적 조명에 의해 작용되어지는 것은 관념의 내용이 아니라 규범적 성격을 지닌 판단이다. E. Gilson, *Der heilige Augustin* (Hellerau에 의한 독일어 번역, 1930), 124-172쪽 참조.

243 *De vera rel.* 39, 72.

244 "우리 역시 우리 안에서 신의 모상을 인식한다. 즉 이 최상의 삼위일체적 모상, 닮은 꼴에 있어서 그에게 가까이 오기 위해서 수정을 통해 얻어지는 모상을 의미한다. 그것은 매우 다른 모상이며 많은 차이가 있고 같은 영원성을 띠는 것도 아니다." *De civ. Dei, XI, 26*을 참조.

245 Maria Josefina Santucho, "Sein Wissen Lieben. Ontologische Erlaeuterungen zur Augustinischen Konzeption menschlicher Geistinnerlichkeit", in: E. Schadel u.a. (Hg.), *Sein Erkennen Handeln,* 439-446쪽. (특히 443쪽).

인간이 자기 자신 안에서, 즉 자신의 내부에서 정신이 진리와 일치하는지에 대해 의심을 갖는다 하더라도 적어도 하나의 사안, 즉 그가 지금 의심을 하고 있다는 사실만큼은 의심할 수 없다. 어디에서 이 확실성이 오는 것일까? 이 물음을 통해서 아우구스티누스는 학적 회의주의를 극복하고 인식론적 규칙을 세운다. "진리가 있는지를 의심하는 사람은 자신 안에 의심할 수 없는 어떤 진리를 이미 가지고 있다."[246] 모든 진리적인 것은 진리를 통해서만 진실하다고 한다면 모름지기 의심할 수 있는 사람은 그 누구도 진리를 의심할 수 없다.[247] 그에 의하면 의심이란 진리로 나아가는 길 이외의 다른 어떤 것이 아니다. 이 길에서 그는 진리를 느끼는 것을 이미 시작했지만 아직 진리와 완전히 일치되어 있는 것은 아니다.

이 진리는 빛의 교과서인데, 여기에서 모든 올바른 법이 베껴지고, 인간 마음에 새겨지는데, 그 순간에 "마치 반지의 형상이 왁스에 들어가 있고 또한 반지를 떠나지 않는 것처럼, 교과서가 그에 마음에 새겨진다."[248] 이 진리 안에서 불의한 사람이나 신을 부정하는 사람 역시 무엇이 올바른지를 인식한다. 그리고 그들이 가지고 있지 않는 것을 가지고 있음이 분명하다는 사실을 그들은 여기서 안다. 아우구스티누스는 이 진리론을 구세사와 연결한다. 인간은 원죄를 통해서 낙원의 행복, 즉 창조 때 그가 받은 한없는 희열과 정의를 잃었다. 인간은 이제 행복을 얻기 위한 공을 세우기 위해 정의를 추구해야 한다. 인간이 구원을 통해 성령을 받은 이후에, 자신은 신의 무조건적인 사랑을 통해서 다시 회복될 수 있으며, 자기 자신의 자발적인 타락을 통해서만 나락으로 떨어진다는 것을 확실히 인지한

---

246 *De vera rel.* 39, 73: "Omnis ergo qui utrum sit veritas dubitat, in se ipso habet verum unde non dubitet."

247 같은 곳.

248 *De trin. XIV* 15, 21.

다.[249] 따라서 인간은 빛을 향하듯이 주님께 회심하고 성서를 믿음으로써 주님을 기억하여야 한다는 권면을 받게 된다.[250] 이를 통해서 아우구스티누스는 인간이 자신 안에 진리를 찾고 즐길 수 있는 가능성을 지니고 있음에도 불구하고 진리를 확실히 찾고 원죄를 통해 잃어버린 행복을 다시 상기할 수 있기 위해서 삼위일체와 성서의 가르침에 대한 신앙이 반드시 필요하다는 것을 강조한다.

2.1.2. 삼위일체적 신을 닮은 인간의 영혼: 신의 모상

아우구스티누스가 주요 계시진리 중 하나인 삼위일체의 신비를 이해하기 위해서 인간 정신을 연구한 것은 당연한 귀결이다. 그의 방법론적 선험성에 따르면 진리를 자기 안에서, 인간의 정신영역에서 찾아야 하기 때문이다. 신의 상(imago dei)은 바로 인간 정신 안에서 찾아야 한다. 그는 삼위일체적 구조를 정신(자기내적 존재), 자기인식, 자기사랑의 요소를 품고 있는 인간 정신 안에서 관찰하며, 이 삼자를 유비적으로 삼위이신 신에게 적용한다. 이 삼자가 삼위일체의 신을 반영하고 표현하고 있다.[251]

"내가 말하는 것은 존재, 인식, 의지 이 세 가지이다. 나는 존재하고 알고 있으며 욕구하기 때문이다. 즉 나는 인식하고 욕구하면서 존재하고, 나는 존재하고 욕구하고 있다는 것을 인식하며, 나는 존재하고 인식하는 것을 욕구한다."[252] "이 삼자의 개개는 자기 고유한 자신 안에서 그리고

---

249 같은 곳.

250 같은 곳.

251 *De trin. IX*; 아우구스티누스의 심리학적 삼위일체론의 뿌리는 플라톤의 Trichotomie(Phaidos 246a.b Pol.IV, 436a-443b u.a.), 즉 logistikon(지혜), thymoeides(용기), epithymetikon(생산)이다. 플라톤의 이 Trichotonie가 오리게네스에게서도 보이지만 Stoa 철학에서는 soma(육체), physke (정신), pneuma(영혼)로, 그리고 중세기에 육체적, 정신(심리)적, 영혼적인 것의 구분으로 계속된다. Michael Schmaus, *Die psychologische Trinitaetslehre des hl. Augustinus,* 1927(1967^{2})를 참조

타자와의 관계 안에서는 모든 타자 안에서 전체로 존재하기 때문에 모든 것은 모든 것 안에 존재한다."[253] 인간 정신의 이 삼자, 즉 존재 인식 의지는 유일한 신 안에 있는 세 개의 위격들, 즉 아버지, 아들 그리고 성령과 관계한다. 아우구스티누스의 문제는 어떻게 존재 자체(esse ipsum)가 세 개의 위격들과 동일하면서 동시에 동일하지 않아야 하는지에 놓여 있다. 만약 그것이 동일하다면 단지 하나의 일치만 있다. 만약 동일하지 않다면 제4의 위격이 있어야 한다. 이 문제는 아리스토텔레스에 의해 범주의 일종으로 채택된 '관계'라는 개념을 통해서 해결된다. 신의 본질, 즉 존재 자체는 자신과 동일하면서 동시에 동일하지 않는 세 개의 관계들을 자기 안에 품고 있다. 하나의 실체 안에서, 본질적 요소로서 상호 관계를 설치하기 위해서 다시 위격(persona) 개념을 사용한다.[254] 우리는 여기서 다음과 같은 결론에 도달하게 된다. 삼위의 관계 자체가 하나의 실체적 존재, 즉 신의 본질이라는 아우구스티누스의 삼위일체론은 애초에 형이상학에서가 아니라 구세사와 신앙에서 근거 지어졌다. 삼위일체의 형이상학은 그에게 있어서 단지 구세사의 지평을 통해서, 무엇보다 하느님의 파견이라는 개념을 통해서 가능하다.[255] 아우구스티누스에게 있어서 세 개의 신적 위격들의 관계는 인간들 간의 관계와는 다르다. 인간들의 관계는 우연적인 반면 신의 관계는 실체적이고 본질적이다.[256]

인식론적으로 볼 때 우리는 인간 정신의 자기내향성에서 신의 흔적을

---

252 *Conf.* XII, 11: 'Dico autem haec tria: esse, nosse, velle. Sum enim et scio et volo: sum sciens et volens et scio esse me et velle et volo esse et scire.

253 *De trin.* IX 5, 8.

254 Michael Schmaus, *Die Denkform Augustins in seinem Werk de trinitate,* 16.

255 같은 책, 12. 아우구스티누스는 '삼위일체론'의 제일 권에서 삼위일체론의 기초가 신앙이라는 선언으로 시작한다. *de trin.* I 1, 1을 참조.

256 *De trin.* VI 7.

찾아야만 하지만 존재론적으로 볼 때 우리는 정신의 삼위일체적 구조를 삼위일체적 신에게서 도출해야 한다. 신은 정신의 근원이기 때문이다. 만약 인간은 어디서 유래하는가라고 물으면 '신이 그를 창조했다'라고 대답한다. 인간은 어디에서 지혜를 얻는가라고 물으면 신에 의해 그는 조명받는다고 대답한다. 어디에서 그는 행복을 얻는가라고 물으면 그는 신에게서 자기 즐김을 구한다고 대답한다.[257] 삼위일체적 신은 따라서 세 번 중복되는 방식으로 인간 존재의 창시자(물리학과 초월적 일자의 원천), 지혜의 수여자(논리학과 초월적 진리의 원천) 그리고 사랑의 전달자(윤리학과 초월적 선의 원천)이다.[258] 따라서 인간은 자신의 본성을 단지 신의 영원성, 진리성 그리고 사랑 안에서 보장받을 수 있다. 그리고 신의 영원성, 진리성 그리고 사랑을 통해서 점점 더 발전적으로 변화되어야 한다.[259]

인간이 신의 모상에 따라 창조되었다는 것은 아우구스티누스에 의하면 인간은 자기 정신의 삼위일체적 구조 안에서 혹은 그 구조를 수단으로 삼아 자기내향성으로의 전환을 통해서 삼위일체적 신의 흔적을 찾을 수 있음을 뜻한다. 그리고 그것을 통해서 자신이 시간에 한계지어진 존재라는 것을 의식하게 되고 동시에 자신을 초월할 수 있다. 그러나 이 말이 인간은 신의 모상 때문에 신과 동등하다는 것을 뜻하는 것이 아니고, 신에게서 한참 아래에 서 있다.[260] 인간이 초월적 운동 안에서 그의 원천을 닿기만 하면 그의 존재는 죽음을 모르고, 그의 지식은 어떤 오류도 모르며, 그의 사랑은 어떤 반항도 거기에 허용하지 않는다. 인간의 존재는 지

257 *De civitate Dei(신국론). Dei* XI 24: '(Nam si quaeratur unde sit:) Deus eum condidit; si unde sit sapiens: a Deo inluminatur; si unde sit felix: Deo fruitur."

258 같은 곳, XI 25.

259 *De trin.* XII 13.

260 *De civ. Dei XI 26.*

복직관을 통해 자신의 충만함과 완성으로 구원된다. 신의 선함은 존재구성의 근원이기 때문이다. 인간의 인식은 신적인 관념들이 인간 정신에 계시됨을 통해 진실하게 된다. 신은 정신의 빛으로서 올바른 인식을 가능케 하기 때문이다. 인간의 사랑은 신의 의지, 그리고 그의 질서와 함께 일치하기만 하면 선하게 된다.[261]

인간 정신 안에서 자기내 존재, 인식 그리고 사랑의 계기에 존재하는 초월적 자기운동은 인간 자유의 본질에 다름 아니다. 자유는 존재의 구원과 신이 마련한 질서에 대한 인식을 전제하고 있다. 아우구스티누스에 의하면 인간은 원죄로 인해 자유를 잃었지만 자유의지를 잃은 것은 아니다. 자유의지는 선뿐만 아니라 악에 상응할 수 있는 것을 의식적으로 선택하고 실행하려 욕구하는 정신적 능력 중 하나이다. 아우구스티누스가 최고로 여기는 선을 어떤 이가 자유롭게 행하면 그는 자유로운 존재로서의 자신을 실현하고 행복은 깊은 곳으로부터 가득 찬다. 즉 그는 자유 안에 있게 된다. 그러나 누가 자유로운 상태에서 실재의 질서에 반해 행동하면 내적 불일치를 낳게 되고 영원한 신적 질서가 시간 안에서 방해받게 된다. 그러므로 자유는 항상 존재구원의 목적으로 그리고 영원한 실재의 방향으로서 나아가는 의지로 작용한다. 여기서 펠라지아니즘에게서의 독립처럼 어떤 것으로부터의 자유가 중요한 것이 아니라 사랑과 정의처럼 어떤 것으로 향하는 자유가 중요하다.[262] 자유의 실행은 존재상황, 인식 그리고 의지를 작용한다는 사실을 나타낸다.[263]

우리가 위에서 본 바와 같이 신의 모상에 관한 논의는 아우구스티누스

---

261 R. Schneider, *Das wandelbare Sein,* 1938, 17-26쪽.

262 M. T. Clark, "Augustinian Freedom", in: *Augustus 39*(1994), 123-129.

263 같은 책, 26ff.

에 의하면 육체 혹은 영혼의 어느 부분과 관련되는 것이 아니라 이성의 능력을 지닌 정신과 관련해서 의미를 갖는다.[264] "따라서 인간은, 죽어 없어질 이 세상의 육신을 필요로 하는 이성적 영혼이다."[265] 아우구스티누스는 그의 초기 저술 "*De beata vita*행복한 삶"에서 육신을 인간의 본질로 간주했지만[266] 영혼에 비하면 육신은 동등한 의미도, 구성요소의 의미도 가지고 있지 않다. 영혼은 육신에게 생명력을 주고 다스리는, 그 자체로 닫힌 이성적인 실체로서 신과 육신 사이에서 중계한다.[267] 아우구스티누스에 의하면 신께 향하는 길과 관련해서 육신과 영혼의 관계에 대한 물음을 석명하는 것이 절대적으로 필요로 하지 않는데, 이는 감각과 육체가 인간의 완성을 위해 정신만큼이나 필요불가결하다고 생각하는 토마스 아퀴나스와는 다르다.[268] 우리는 여기서 존재의 존재적 위계, 신과 인간 영혼 간의 그것뿐만 아니라 영혼과 육신사이의 위계를 관찰한다. "신이 영혼의 생명인 것처럼, 영혼은 자기 육신의 생명이다."[269]

육체와 영혼의 존재적인 이원성은 여성이 남성처럼 신의 모상인지에 대한 물음에 있어 중요한 열쇠가 된다. 교부들은 일찍이 이 문제에 관해 열중했는데, '남자는 물론 자신의 머리를 덮을 필요가 없는데 그는 신의 모상이요 모사체이기 때문이다. 그러나 여성은 남성의 모사체이다.'고 바오로 사도는 말한다.[270] 암브로시우스는 코린토 전서 11장 7절을 해석하

---

264 *De trin. XII 7, 12.*

265 *De mor. eccl.* 1, 27: 'Homo igitur, ut homini apparet, anima rationalis est mortali atque terreno utens corpore.'

266 인간은 육신 없이도 존재할 수 없고, 영혼 없이도 존재할 수 없는 존재이다. "Neque sine corpore neque sine anima esse posse hominem." *De beata vita II 7.* 참조.

267 *De quant. anim. XIII 22.*

268 G. Wieland, "Anthropologie", in: *Lexikon des Mittelalters (MA) Bd. I*, 699f.

269 *sermo* 273, 1, 1.

면서 여성에게 원천적인 신의 모상은 허락하지 않았고 여성은 콜로새서 3장 11절에 따라 단지 그리스도 안에서 새로워진 모상에만 참여하도록 했다.[271] 그러나 아우구스티누스는 남녀의 원천적인 질서 안에서 전체적 인간실체를 설명하려고 노력한다. 그에 따르면 인간 정신의 본성에 관해 말할 때 여성은 남성과 함께 신의 모상이다. 그러나 여성의 창조는 남성을 돕기 위해라는 것과 관련될 때에는 여성은 신의 모상이 아니다. 육체와 찰나적인 것에 관심을 쏟는 여성의 이성은 천한 것으로 한참이나 멀어져 있기 때문이다. 여성은 따라서 자신의 머리를 복종 하에 두어야 하는데 머리의 천이 이를 의미한다.[272] 영혼이 육체적이고 찰나적인 사물에 관여하면 할수록 그만큼 적게 신의 모상이 된다.

2.1.3. 즐김과 사용: 신과 자연(세계)의 관계

무에서 존재로 불림을 받은 인간은 아우구스티누스에 의하면 자신의 멸망성에도 불구하고 신의 모상 때문에 절대자와 관계를 맺고 연관되어 있다. 스스로 즐기기도(frui) 하고 무엇인가를 사용하기도(uti) 하는 인간은 즐김에 알맞은 특정한 사물과 사용에 알맞은 특정한 사물 사이에 놓여 있다. 아우구스티누스는 존재의 질서에서 행위와 생명의 질서를 도출한다.[273] : ‘Haerere superiori, regere inferiorem(더 우월한 이에게는 복종하고 더 열등한 것은 다스려라).[274] 따라서 인간이 영원한 것을 즐기는 것이 상당하기 위해서 잠시적인 사물들은 사용되어야 한다.[275] 아우구스티누스

---

270 I. Kor. 11, 7.

271 L. Hoedl, 'Ebenbild Gottes", in: *Lex. Ma.* (1978) *Bd. III*, 1508f.

272 *De trin.* XII 7, 10.

273 Heinzmann, *Philosophie des Mittelalters,* 88쪽.

274 *Ps. CXLV.* n. 5.

는 신을 인간이 즐김(행복)을 찾는 정신의 목적으로, 그 밖의 다른 것은 신을 찾고 발견하기 위해서 사용되어지는 수단으로 잠세적이고 가변적인 사물로 여긴다.[276] 신을 찾고 발견하기 위해서 인간은 세상을 지배하고 사용해야 하지만 세상을 즐긴다거나 세상이 마지막인 것처럼 세상에 머물러서는 안 된다. 사람은 신을 피조물과 혼동하고 도착된 방식으로 살아서는 안 된다. 돈을 즐기고 신을 이용하려 해서는 안 된다. 돈 때문에 신을 섬겨서는 안 된다.[277] 신을 무시하는 가운데 자기 자신을 섬겨서는 안 된다. 한 인간의 의지는 '신국'과 '지상의 왕국' 사이의 경계를 그가 자신과 이 세상의 것을 즐길 것인지 혹은 신을 즐길 것인지에 따라 구분하게 된다.[278]

아우구스티누스는 신플라톤 사상에 반대하여 특별히 그리스도교적인 것, 즉 전 세계의 실재의 긍정성을 유효하게 만들기 위해 노력했음에도 불구하고 그는 신플라톤 사상으로부터 강하게 영향을 받는다. 문제가 되는 것은 그가 존재의 질서에서 가치의 질서를 끌어낸 것이 아니라 정신존재를 물질적 존재와 강하게 구별하고 물질적이고 감각적으로 경험 가능한 세계, 특히 정신 밖의 실재를 가치가 적은 것으로 평가한 것이다. 그는 더 나아가 결코 동일한 가치로 생각될 수 없는 두 개의 원리로, 즉 정신적 실재와 형상 없는 질료로 세계의 시작을 설명한다. 정신 존재를 통해 대표되어지는 정신적 실재는 신에게 가까이 가 있고 무시간적인 행복에 참여한다. 그러나 형상 없는 질료는 거의 무에 가깝다. 창조는 신에 가장 가까

---

275 *De civ. dei*, XI 25.

276 *De doc. chr.* I, 3.

277 *De civ. dei*, XI 25.

278 *De civ. dei*, XIV 28.

운, 정신적 실재에서부터, 신에게서 가장 멀어진, 형상 없는 질료에 이르기까지 널리 퍼져 있다.[279] 이를 통해서 그는 정신과 질료 사이의 근원적인 차이를 강조하고 존재와 가치의 위계를 세운다. 정신적일수록 행위의 목적으로서 즐김에 더 적당하다. 육체적일수록 행위의 수단으로서 사용에 더 적당하다.

2.2. 토마스 아퀴나스의 인격론[280]

'Doctor angelicus(천사적 박사)', 'doctor universalis(종합 박사)'라는 가톨릭교회가 그에게 부여한 칭호가 말해 주듯이 토마스 아퀴나스는 철학-신학의 전체 맥락 안에서 신앙과 인식, 신학과 철학, 고대 그리스와 그리스도교 교부들의 유산, 특히 아리스토텔레스와 아우구스티누스를 하나의 체계로 묶어냈다. 우선 육체와 영혼의 위상과 관련 하에서 토마스 아퀴나스의 인간 이해를 보고, 이에 기반하고 있는 인식론을 살핀다. 이어서 그의 인식과 신앙과의 관계, 철학과 신학의 관계를 관찰함으로써 인간과 신의 관계를 도출해 낸다. 그의 자연법론에서는 인간이 어떻게 행위를 통해 행복을 찾고 발견할 수 있는지를 살핌으로써 자연, 인간, 신의 관계를 그려보게 될 것이다. 마지막으로 그의 인격 개념에서 인간존엄성의 불가침해적 특성을 이해하고 그의 인간학을 요약할 수 있다. 이런 작업을 통해서 우리는 그리스도교의 관점에서 신, 인간, 자연의 관계를 파악하고 이를 기반으로 하면 인간존엄성을 근거 짓는 데 어려움 없이 가능할 것이다.

---

279 *Conf.* XII 9, 9.

280 이 절의 토마스 아퀴나스의 인격론은 졸고, 「그리스도교 사상 안에서의 인간존엄성의 근거 - 토마스 아퀴나스와 마르틴 루터를 중심으로-」(『철학연구』 96집, 2005)에서 주요 내용을 발췌하여 기술함.

2.2.1. 영육의 합일체로서의 인간, 그의 인식과 신앙

그리스도교 사상 안에서도 인간이해에 따라서는 정신과 물질의 가치, 인간 인식 구조, 그리고 사후의 가능한 실존에 대한 상상이 서로 다르다. 아우구스티누스는 인간을 육체와 영혼으로 구성된 존재로 보기는 하지만 무엇보다 이성적 실체로 파악했다. 즉 육체와 영혼의 결합은 필연적이 아니고 잠정적이다. 이에 반하여 토마스에게는, 육체와 영혼은 동등한 형이상학적 원리, 즉 하나의 인간실체의 질료와 형상으로서의 원리, 즉 인간 실현을 위해서 육체와 감각은 필연적이며 영혼은 육체로부터 그리고 육체에 대응해서 이해되고 정의된다.[281] 토마스가 영혼의 불멸성(incorruptibilitas)을 말할 때 인간의 영혼을 비질료적이고 자립적이기 때문에 육체와 분리된 상태(즉 사후에)에서도 불멸하지만[282] 그러나 부활을 기다려야 하는 불완전한 상태[283]로 이해하고 있어, 이는 신플라톤적 아우구스티누스 계열의 영혼불멸의 맥락이 아니고 죽은 자의 부활이라는 신학적 맥락에서 말한다.[284]

이 육체와 영혼의 관계로부터 토마스의 인식론적 귀결은 도출된다. 인간영혼은 지성혼으로서 세상에 의존되어 있다. 즉 인간 지성은 그의 가장 근본적인 일, 즉 인식을 위해서 감관작용을 필연적으로 필요로 한다. 내용적으로 후험적인 감관의 감각작용과, 순수 형식적이며 선험적 조명을 통한 지성의 추상(abstractio)[285]에 의해서 지성과 사물과의 일치(adaequatio

281 *De spiritualibus creaturis(창조된 영혼론)*, 9.

282 *S.th.* I q. 75, 6.

283 같은 곳, I q. 89, 2.; 같은 곳, III 67, 1.; 같은 곳, I 29, 2 resp.

284 Richard Heinzmann, *Philosophie des Mittealters,* 215쪽 이하.

285 추상(abstractio)이란 능동지성의 빛이 여전히 감각적인 표상(phantasma)에서 가지상(species intelligibiles)을 이끌어 내는 것을 말한다. 토마스 인식론에 대한 자세한 설명은 정의채, 『존재

rei et intellectus)가 인간 인식 안에서 가능하게 된다.[286] 이런 토마스의 인식론을 비추어 볼 때, 정신과 물질, 즉 인간이 선험적 조명의 원인인 신과 감각의 내용을 제공하는 사물(자연)을 통합하는 존재임을 알 수 있다.

그의 인식론에 따르면 결국 인간 정신은 인식작용을 통해 사물로부터 신의 정신이 사물에 부여한 규준을 얻는다. 그렇다면 인간 정신은 비감각적인 순수 정신, 즉 천사나 신을 인식할 수 있을까? 토마스의 감각, 추상 그리고 추리작용으로 구성된 인식으로는 비질료적인 것을 인식할 수 없다. 본질, 즉 사물의 무엇임은 우리의 감관으로 인지한 것을 통해서만 알려지기 때문이다. 신적인 것과의 관계에서 인간 정신은 감각적으로 받아들인 것들과 추론을 통해서, 단지 신적인 것들이 존재한다는 것과 그들의 몇 가지 속성, 즉 가지성과 불변성 등을 인식할 수 있다.[287] 그럼에도 불구하고 신적인 것의 인식은 인간에게 필수적인데, 왜냐하면 바로 신적인 것 안에 인간 삶의 목적, 즉 지복이 있기 때문이다. 따라서 인간은 지복을 향한 삶을 추구하기 위해 사변적 인식이외의 또 다른 길이 필요한데, 토마스에 의하면 이것이 곧 신앙이다.[288] 인간이 자기 인식력의 약점을 근거로 하여 자기 본성에 가장 높은 단계에서 고백하는 것, 즉 신적이며 필연적인 것들에 대해서 꿰뚫어 인식할 수 없다는 사실에서 신앙의 불가피성을 찾는다. 인간은 신의 존재를 추론을 통해 인식할 수 있지만 신의 본질 자체에 대해서는 인식할 수 없다. 이런 맥락에서 토마스는 신앙을 인식의 전제조건 혹은 토대로서, 즉 완전한 인식을 향한 과정에서 필요한, 불확실하지만 신뢰하는 신념으로서 정의한다.[289] 이는 자신의 지식과 자기 이성에

의 근거문제』, 열린 ²2000, 9-26쪽을 참고 바람.

286 *De veritate(진리론)*, 1, 3; s.th. I, 16.

287 *De trinitate(삼위일체론)*, Hans Lentz 독일어 번역, 1988, VI, 4 resp. 270쪽.

288 위의 책, III, 1 resp. 115쪽.

집착하지 않고 권위를 인정하겠다는 의지적 태도이기도 하다. 보통 사람들이 많은 지식을 가진 현인의 가르침에 의존하는 것과 같이 신앙인들도 경전과 전통, 그리고 교회 공동체의 지도자에 의존한다. 보통 사람들은 자기가 그 전에 어렴풋이 믿기만 했던 것을 현인의 권위와 가르침에 의존하여 더 잘 이해하고 알게 된다. "신앙의 목적은… 우리가 믿는 것을 또한 이해하도록 이끄는 데에 있다."[290] 이처럼 신앙은 자기가 믿는 것을 이해하도록 돕게 된다. 또한 토마스에 의하면 신앙은 인간 스스로 얻을 수 없는 통찰을 인간에게 매개하는 '영감적 발생靈感的 發生'이기도 하다.[291] 신앙은 능동적 수용에서뿐만이 아니라 우리를 그렇게 동의하도록 이끄는 것에도 놓여 있다. 이것은 신앙으로 가게 하는 경향성인 빛이고, 신이 인간 정신에 주입시키는 하나의 빛이다.[292] 이런 맥락에서 신앙은 오로지 신에게서 비롯되며, 그 양상은 첫째 우리 밖에서, 즉 신의 계시에 의해서, 둘째 동의하도록 이끄는 내 안의 빛에서 비롯된다. 이 신앙의 빛은 인식에서뿐 아니라 의지에서도 작용한다.[293]

이런 인식과 신앙의 구별이 신학과 철학과의 관계를 설명한다. "인간 정신의 자연적 빛은 신앙에서 계시된 진리를 확실히 인식할 수 있도록 하기에는 너무 약하지만 그렇다고 계시진리가 자연으로 우리에게 주어진 것에 모순적일 수는 없다."[294] 토마스에 따르면 신학은 직접 자기계시의

289 같은 책, 114쪽 이하.

290 같은 책, II. 2 ad7, 85쪽: "(Sed) fides est in nobis, ut perveniamus ad intelligendum quae credimus."

291 같은 책, 서문, 18쪽 이하.

292 같은 책, III, 1 ad 4,: "(Et hoc est) lumen quoddam, quod est habitus fidei, divinitus menti humanae infusum."

293 같은 곳.

294 같은 책, II, 3 resp.

신적인 것을 대상으로 하는 반면 형이상학은 세상에서 행해지는 신적인 것의 작용에서부터 신적인 것을 대상과 작용의 원리 또는 원인으로 귀납해 나간다. 인간은 본성상 마지막 목적으로 정향 지워져 있지만 본성상 그것에 도달할 수 없다. 다만 은총에 의해, 즉 목적의 탁월성 때문에 도달할 수 있게 된다. 이 완전한 인식은 오늘날에는 사후에만 이루어지는 것으로 만 볼 것이 아니라 개별정신의 발전이나 인류문화사적 진화와 연결해서 이 세상에서의 정신적 진보로 이해할 수 있다. 토마스는 인식과 신앙, 철학과 신학을 구별함으로써 인간성과 신성의 차이를 구별하였고, 그럼에도 불구하고 인간의 완성은 신성, 즉 신의 은총 혹은 신의 탁월성으로 이루어질 수 있음을 말함으로써 인간을 이해하는, 개체적 지성을 넘어서는 독특한 영역을 남겨두고 있다.

2.2.2. 자연법, 최고의 행복을 위한 지시

토마스는 주지주의Intellektualismus의 대표자로서 의지보다 이성을 우위에 놓고 있기 때문에 지복, 즉 인간 목적의 성취를 이성의 활동에서 찾고 의지의 활동에서 찾지 않는다. 토마스는 이성의 대상은 의지와 달리 더 분별이 있고 더 필연적인 것이기 때문에 이성을 우위에 둔다.[295] 토마스는 인간이 이 세상에서 참여partizipatio를 통해 일종의 지복을 누리기는 하지만 완전하고 참인 지복의 가능성은 부인한다. 그 이유는 첫째, 인간이 이 세상에서는 지복의 대상인 신의 본질에 단지 불완전한 방식으로만 도달할 수 있으며, 둘째, 인간은 이성의 무지, 무질서한 욕정, 여러 형태의, 무상한 육신에 대한 집착으로 인해 지복직관에 부적합하다고 한다.[296] 바

295 *S.th.* I, 82, 3; 신학대전 11, 정의채 역, 바오로딸 2003, 211-219쪽.

296 *S.th.* I-II 5, 3 resp. 과 ad.; 신학대전 16, 같은 책(2000), 333-337쪽.

로 그런 이유로 인간은 한편 신앙 안에서 계시와 신의 은총에 개방해야 하며, 다른 한편, 자신의 자연적 힘을 바탕으로 덕을 닦으면서 불완전하나마 지복을 추구해야 한다.[297]

그의 법론에서 토마스는 보편적이고 초월적인 목적, 즉 영원법에 그 원천과 근거를 가지고 있는 인간목적의 질서를 소개한다. 그의 법론은 형이상학적이면서도 동시에 실천적이고 윤리적이어서, 형이상학과 윤리학, 윤리학과 법학의 차이가 원리적으로는 존재하지 않은 것으로 보인다.

토마스에 따르면[298] 영원법(lex aeterna)은 신의 이성을 통해서 제정된 삼라만상을 관통하는 법이며, 하나의 완전한 우주 공동체를 주제하는 신의 실천적 이성이라 할 수 있다. 이 영원법에 이성적 피조물인 인간이 관여(참여)하면 자연법(lex naturalis)이 드러난다. 자연법은 따라서 불문법이다. 이 자연법을 통해서 피조물이 자기 본질 안에서 의무적 행위와 목적을 발견하게 되는데 이른바 '자연적 경향성'이 그것이다. 즉 자기 독립적 존재로서 개체보존의 경향성, 감관적 존재로서 성적 결합과 자녀출산의 경향성, 이성적 존재로서 선의 지향성 등이 이성이 자연법을 통해 발견한 본질적 경향성이다. 인식론적으로 말하자면 이 경향성을 보고 자연법에 접근할 수도 있다. 이에 따르면 모든 피조물은 신의 창조계획에 따라 자신의 본질 안에서 자기의 위치와 사명이 결정되어 있다고 본다. 이는 스토아철학의 '보편적 로고스 설'과 유사하다. 인정법(leges humanae)은 인간 이성이 이 자연법을 바탕으로 구체적 상황에 적용하여 성문화한 실정규범이라 할 수 있다. 이 밖에 토마스는 유대 그리스도교의 계시를 토대로 신법(lex divina)이 있음을 주장한다. 이 법은 부분적으로 자연적 유효성이 드러나지

---

297 같은 책, 5, 5; 신학대전 16, 같은 책, 349-357쪽.

298 영원법, 자연법, 인정법, 신법에 관해서는 *s.th.* I-II 91, 1-4를, 신법에 관해서는 이에 덧붙여 *s.th.* II-II 57도 참고.

만 인간에게 감추어져 있고 동시에 신의 규정에 의해 유효하게 된 실정법이라 할 수 있다. 신법이 존재해야 할 이유로 토마스는 첫째, 궁극적 비자연적 사태에 관한 규정이 필요하고, 둘째, 법의 충돌들을 해소해야 하며, 셋째, 인간의 내면적 동기를 고려해야 하고, 넷째, 세상의 재판관이 간과한 범죄를 벌할 수 있다고 한다.[299] 이를 통해 그는 신법, 즉 계시진리에 의해 성문화된 규범을 모든 이성법들의 보증과 기준으로 삼는 신학을 전개할 수 있었다.

토마스에 의하면 자연법과 인정법의 차이는 하나의 법이 어떤 방식으로 발생했느냐에 달려 있다. 그는 법의 기원을 두 가지로 보고 있는데, 첫째는 본성에 따른 순수 사실적 규정에 의해서(자연법), 둘째는 개인적 혹은 공적 합의에 의해서 법이 생성된다(인정법). 그러나 어떤 사안이 그 자체적으로나 관계 안에서도 자연법에 반하여 생성된 것이라면 인간의 의지에 의해 올바르다고 여겨지지 않는다.[300] 이로써 그가 법의 기원과 법제정을 구분함으로써 정의로운 법과 유효한 법의 차이를 강조하고 있음을 알 수 있다. 요컨대 토마스는 실정법에 항상 메이지 않고 정의로운 법에 대한 논의를 자유롭게 가능하게 하는 절대공간을 마련한 셈이다. 이는 인간이 진리를 찾아가기 위해 이성에 메이지 않고 또 다른 길 신앙을 필요로 하는 것과 같은 이치에서 인정법에 메이지 않고 자연법을 통해서 참 행복을 지시하는 영원한 질서를 찾아야 함을 강조하고 있다.

---

299 *S.th.* I-II 91, 4 ad 1.

300 *S.th.* II-II 57, 2; 절도는 토마스에 의하면 언제나 죄이다. 왜냐하면 그것은 정의에 반하고 간계와 속임수로 구성되기 때문이다. 그러나 그것이 긴급요청 상황에서 이루어진 것이라면 허락된다. 긴급 요청 상황에서는 모든 것이 모든 사람을 위한 것이다. II-II 66, 7, resp.를 함께 참고.

2.2.3. 인격과 신의 모상

토마스는 그 행위가 강제되어 있는 자연적 존재와 자신에 의해 의식적으로 행위하는 이성적 존재를 구분하고 후자에게 인격persona이라는 이름으로 그 존엄함을 인정하고 있다.[301] 인격은 '인간' 개념과 달리 구체적 개별자를 지칭하고, 구체적 '어떤 것'이 아니라 이성을 지닌 구체적 '어떤 분'이다.

인격persona에 관한 어원을 토마스는 두 가지로 정리한다.[302] 첫째는 per-sonare에서 왔다는 것이다. 그것을 통과해서 발음하는, 즉 연극에 사용하는 마스크에서 그 유래를 찾는다. 마스크에서 중요한 배역, 높은 지위의 사람, 이성적 본성을 지닌 개별자의 존엄성으로 발전하였다고 본다. 둘째는 per se una에서 persona가 왔다고 본다. 여기서는 본성적으로 하나를 유지하는, 자기 자신에 의하여 하나인, 즉 관계항의 중심에 자기 자신이 있고, 어떤 것과도 대체할 수 없는 자신을 위한 존재, 자립적 존재(subsistentia)를 강조한다.

토마스는 보에시우스의 인격에 대한 정의를 인용한다. "Persona est rationalis naturae individua substantia: 인격은 이성적 본성을 지닌 개별적 실체이다."[303] 토마스는 이 인격개념을 개별성, 실체성, 이성성으로 풀이한다. 첫째, 자유롭고 자기 책임 하에 스스로 자기 자신을 순간순간 어떤 실존으로 규정하는 인격은 개별적이다. 보편적 의미의 인간 본질은 개별적 인간으로부터 파생되는 것이다.[304] 둘째, 실체는 한편으로 본질(quidditas

---

301 *S.th.* I 29, 1 resp.

302 같은 책, I 29, 3-4.

303 같은 책, I 29, 1 ad 1.

304 같은 책, I 29, 1 resp.

rei, usia, essentia)과 관련되고 다른 한편 주체(subjectum), 기체(suppositum)와 관련된다. 실체는 이러한 성격과 관련해서 세 가지 이름으로 불리는데, 자립성(subsistentia), 본질성(res naturae), 기체성(hypostasis)이 그것이다.[305] 셋째, 인격은 이성성 때문에 인식과 행위 안에서 사실 전체로, 즉 환경과 동료세계 그리고 존재의 절대 지평으로 자신을 개방한다. 이런 의미로 토마스는 인간 정신이 한편으로 빈 칠판처럼 하나의 가장 큰 가능태이고 다른 한편 어떤 의미로 모든 것이라고 한다.[306] 그러나 이성을 통한 개방적 관계성은 우유적으로 주어져 있을 뿐이며, 삼위일체적 신관에서 삼위의 관계(Relatio)가 본질인 것과는 다르다 할 것이다.[307]

이 인격개념에 따르면 인간은 자기 스스로를 통해 자립하는 존재로서 자기 안에서 완전하며, 비양도적이고 자기행위의 지배자로서 의식적이고 자유롭게 행위하며, 그것에 스스로 책임을 지는 존재이다. 서구의 인간존엄성 이념에서 '개별적 인간'이 강조되고 있는 것은 바로 이 인격 개념에서 온 것임을 알 수 있다. 인격은 다른 한편 이성적 존재로서 초월적 운동을 통해 전체적 사실, 존재의 지평, 절대적 신을 만남으로써 자기를 계발한다. 토마스는 인간의 존엄성이 이런 맥락에서 인간 자기 자신, 즉 인격의 자립성에서보다는 신과의 초월적 관계에서 더 탁월하게 근거 지워 진다고 본다.[308] 따라서 토마스에게서 인격의 자기규정성과 자립성은 자신을 끊임없이 존재의 지평으로, 즉 신으로 개방해 가는 전제조건으로 이해

305 같은 책, I 29, 2, resp.

306 *De Anima* III 13 (787): "…quod omnia quodammodo est anima."

307 우유적 속성으로서의 실체 사이의 '관계'와 본질로서의 신의 삼위일체적 관계와의 차이에 대해서는 서병창, 「토마스 아퀴나스 관계개념 연구」, 『철학』 2002(70), 75-101쪽 참고.

308 Eberhard Schockenhoff, "Personsein und Menschenwuerde bei Thomas von Aquin und Martin Luther", in: *Thph* 65(1990), 492쪽.

해야 한다.

토마스의 신의 모상은 첫째, 아우구스티누스처럼 인간의 존재성, 생명성 그리고 지성성에서 찾아지고,[309] 둘째, 인격적 존재로서 신을 닮으려고 노력하는 데서 찾아진다. 인간정신이 자신이 변화되어 가면서 신을 모방하려 하는 점에서 인간은 천사보다도 더 완전하다고 하는 것은 바로 두 번째 해석에서 비롯된다.[310] 더 높은 데에 근거를 둔 존엄성이 자기 자신에게 근거를 둔 것보다 더 크다는 토마스의 신학적 공리에 따라 신의 모상의 근거를 인간의 이성성에 두기보다 신을 모방하려는 성질에서 찾는다.[311] 신의 모상, 신의 모상성은 인간에게 항상 똑같이 남아 있는 특질을 설명하는 것이 아니고 신으로부터 이미 주어진 것의 본래상에 점점 더 모방해 가려는 동적 과정을 설명하고 있는 것이다. 신의 완전한 본래상은 육화를 통한 예수 그리스도 안에서 유일하게 드러났다. 인간은 신의 말씀, 곧 자신의 참 모습 안에서 죄로부터 해방되고, 자신 안의 모상을 깨닫고 자신을 계시하는 신을 점점 더 닮아 가야 한다.[312]

토마스의 철학적 인간이해로서 개별적 실체인 인격의 특성, 즉 자기규정성과 자립성은 신학적 인간이해로서의 신모상설에 근거한, 신을 닮아 감, 즉 신과의 관계 맺음을 통해 완성된다. 인간은 자기실체에서 출발하여 신과의 관계로 완성되는 존재로 이해된다.

309 S.th. I 93, 2 resp.

310 상게서, I 93, 3 resp.

311 상게서, I 93, 3 resp.

312 상게서, III 1, 2. 토마스는 육화의 필연성을 설명하면서 아우구스티누스의 말, "인간이 신이 되도록 하기 위해 신이 인간이 되었다"를 인용하고 그리스도의 육화(인간이 되심: incarnatio) 때문에 인간은 그리스도를 닮아 선에 있어 더욱 진보하여 신성에 완전히 참여할 수 있게 되었다고 주장한다.

2.3. 마르틴 루터의 의화론

루터의 개혁 신학이 성공한 비결은 단지 당시의 정치, 사회, 교회의 상황 때문만이 아니라 그보다 더 인간이해에 있어서 패러다임의 전환에 기인한다. 루터는 그의 성서주석 연구를 통해서 가능한 순수한 그리스도교의 인간학을 찾았고, 이 작업은 당시에 유행한 스콜라 신학과 인본주의적 철학과의 어떤 타협도 없이 진행되었다. 타협은 고사하고 인간의 존엄성을 이성과 자유의지에 근거 지었던 스콜라적 인간학에 대항하여 논쟁을 벌였다. 그에 따르면 인간은 본성적으로 타락되어 있고, 죄스러우며, 비천하고 그러하기 때문에 하느님을 통한 치유와 구원이 필요한 존재이다. 인간 본성을 철학적으로 해석하는 것에 전적으로 대항하여 구세사에서 주어진 인간학을 정립했는데, 이는 하느님이 자기 아들을 십자가에 죽게 함으로써 인간을 죄에서 해방시켰음을 강조하는 것이다. 따라서 인간의 존엄성은 하느님의 의화와 은총에 의해 주어지는 것이다. 이로써 그는 당시 유명론과 인본주의에 영향을 받고 있는 인간들의 방종과 교만에 대항하여 싸웠다. 아래에서 우선 그의 인간학의 배경이라 할 수 있는 유명론을 알아보고 신앙을 인간 본성과 분리하고, 은총을 자유의지와 대립시킨 인간학이 다루어진다. 둘째 단락에서는 그의 의화론과 그것의 성사, 특히 세례와의 관계가 조명된다. 셋째 단락에서는 신앙을 통한 그리스도인의 자유, 즉 신앙인은 모든 것에 대하여 동시에 주인과 종이 될 수 있는 자유가 있음을 보겠고 그리고 나서 인간이 내적 외적 자신 안에서 신, 동료 인간 그리고 자연과 어떤 관계 선상에 서 있는지 살펴본다.

2.3.1. 타락한 인간 이성

루터의 종교 개혁적 사상은 신학이 철학에서 해방되어 신의 은총이 지혜와 생명의 원천임을 강조하는 것에서 출발한다. 당시의 주의주의적 스콜라 신학이 아리스토텔레스의 니코마코스 윤리학을 근거로 자유의지를 가르치고, 이에 따라 신의 은총이 없어도 인생에 지장이 되지 않은 것처럼 만들었다는 이유로 루터에게는 스콜라 신학이 완전히 잘못되어 보였다. 또 의지가 본성상 바른 지침과 이성에 따르고 있다는 펠라지아니즘에 대해서도 강하게 비판한다. 1525년의 논문, "노예화된 의지에 관하여(de servo arbitrio)"에서 에라스무스를 비판하면서 인간의 의지는 신에게 있어서 결코 자유일 수 없으며 그리스도인의 자유는 '봉사하는 종살이'에 있다고 주장한다. "단지 인간에게 그리고 시간성 안에서 출현하는 인간의 자유는 신 앞에서는 사라져버린다."[313] 그는 그러나 인간의 자유가 세상에 대해서나 한정된 목적을 향해서 있을 때일수록, 예컨대 영주, 주교, 교황에 대해서는 더 자유롭다고 한다.

이성을 의지나 신앙과 날카롭게 분리하고 있다는 점에서 그는 유명론자와 함께하나, 다른 한편 성서적 인간상을 바탕으로 신앙을 강조하고 신에 대한 인간의 자주성이나 자유의지를 결코 인정하지 않는 면에서 당시의 인간중심적 유명론에 반대하고 있다. 루터에게는 인간상에 대한 철학적 해석이 제한되어 알려져 있을 뿐만 아니라 문제가 많은 것으로 보였다. 철학이 높이 평가하는 인간 이성은 단지 보잘 것 없고 우둔하며 사물에 정향되어 있을 뿐이고, 신학과 비교할 때 철학은 인간에 관해 거의 무지에 가깝다고 한다.[314] 또한 인간의 의지는 처음부터 방종하고 죄에 물들어 있어 신을 신으로 인정하기를 거부하고 인간인 자신이 신 인양 행세하게 한다.[315] 그의 사상의 특징은 신앙과 본성, 은총과 의지를 대립

313 Werke. Kritische Gesamtausgabe, *Weimar, Boehlau 1928ff (WA)* 7, 146, 32-33쪽.

314 *Disputatio de homine,* These 11.

시켜 파악하는 데에 있다.

인간은 오로지 신앙을 통해서 비로소 죄에 떨어진 본성을 극복할 수 있다. 구원은 신의 약속과 인간의 신앙이 만남으로써 일어난다. "신은 인간과의 관계에서 자신이 발한 약속의 말씀과 다르게 행한 적도 없고, 지금도 약속과 어긋나게 행하지 않는다. 마찬가지로 방향을 달리하여 인간은 신의 약속의 말씀에 대한 믿음 이외의 그 어떤 방식으로 신에게 행할 수 없다."[316] 따라서 인간은 이 약속의 말씀이 자신 안에서 실현되도록 자신의 지혜와 자유를 포기해야 한다. 루터는 이처럼 믿음을 하느님의 약속에 대해서 수동적이며 전적인 개방성으로 이해하고 있다.

2.3.2. 의화론義化論

루터에 의하면 인간의 실존의 조건, 즉 죄와 죽음은 인간 자신의 힘으로는 극복할 수 없는 영원히 따라다닐 악이다. 인간이 피조물인 한에서 창조주와 관계를 맺지 않는다면 결코 영원한 삶은 없다. 구원은 신의 주도로 온다. "오로지 예수 그리스도, 신의 아들을 통해서 (그를 믿는다는 조건에서) 인간은 죄에서 해방되고 영원한 생명이 선사된다."[317]

루터의 신학적 인간학은 더 나아가 바울로의 의화론과 함께 발전된다. 로마서 3장 28절, 즉 '인간은 선업과 상관없이 믿음을 통해서 의롭게 된다', 이것이야말로 루터에게는 신학의 대상이자 기준이 되어야 할 복음의 핵심이다. 이 의화에 관한 복음 안에 인간됨에 관한 포괄적 정의가 들어

---

315 *WA* 1, 225, 17.

316 위의 책 6, 516, 30-33: "Neque enim deus, (ut dixi), aliter cum hominibus unquam egit aut agit quam verbo promissionis. Rursus, nec nos cum deo unquam agere alter possumus quam fide in verbum promissionis eius."

317 *Disputatio de homine*, These 23.

있다. 즉 인간은 죄인이며 불의하고 따라서 신 앞에 죄스러우나 그의 은총에 의해 구원을 받는 존재다. 이 의화는 갈라티아서 3장 13절에서 이야기하는 것과 맥락을 같이 한다. "그리스도는 우리를 위해 저주를 받음으로써 우리를 율법의 저주에서 보속했다."

의화에서 중요한 것은 인간의 죄에 대한 대가, 즉 죽음을 배상했다는 것뿐만 아니라 신의 선물, 즉 영원한 생명으로 탄생했다는 사실이다. 의화는 루터가 볼 때 인간의 죄와 그리스도의 정의가 서로 교환되는 것을 말하며 이는 세례성사에서 실현된다. "우리는 그와 함께 세례를 통해서 죽었고, 그리스도처럼 신의 영광으로 죽음에서 살아났으니 우리는 새 인간으로 살아가야 합니다."(로마 6, 4) 이를 루터는 '기쁜 교환froehlicher Wechsel[318]'이라고 부르며 이를 통해 신앙하는 이와 그리스도가 운명공동체를 이룬다고 본다. 이제 그리스도는 인간에게 자기 자신을 다 주어서 그의 본질과 소유가 다 신앙인의 것이 된다. 루터는 의화와 세례를 아주 밀접한 관계로 보는데 세례를 효력을 발생하는 성사로, 의화의 조건으로 간주한다. 그러나 세례는 계속해서 그리스도와 함께 죽고 부활해야 할 신앙적 삶의 시작으로 볼 뿐 완성으로 보지 않는다. 인간은 동시에 의인이면서 죄인이기 때문이다(simul justus et peccator).[319]

2.3.3. 그리스도인의 삶 - 신앙을 통한 자유

그리스도인의 삶의 신비는 신앙 안에서 이루어진 '기쁜 교환'을 통해서 이제 자신과 그리스도가 한 인격 안에서 사는 데에 있다. 루터는 전통적 '인격persona' 개념을 전혀 다른 의미로 사용하는 혁명적 방법으로, 의화

---

318 *WA* 21, 152, 24-36; 33, 289, 13-29.

319 R. Kolb, "Gott toetet, um lebendig zu machen", in: LuThK 1996, J.20, N. 4, 158쪽.

되는 그리스도인과 의화하는 하느님의 신비적 관계를 설명하려 한다. 루터에게 세속적 인간은 종말론적 형상, 미래의 영광스런 형상과 결합될 질료, 소재에 불과하다.[320] 이 종말론적 형상은 신의 의화를 통해 주어질 것이다. 토마스의 '인격'이 그 자체로 보유한 본성(natura)에 의해 정의되는 것인 반면, 루터의 인격은 신과 관계맺음의 존재성 안에 있다.[321] 인격은 인간이 본성적으로 받은 특질(Qualität)이 아니라, 밖에서부터, 즉 의화하는 신에 의해서 주어지는 특질 획득 내지 자질 부여(Qualifikation)에 의해 생성된다.[322] 오늘날 심리학이 말하는 인격개념이나 니클라스 루만이 말하는 인격개념[323]의 원조로 보인다. 인격은 사람과의 관계와 의사소통을 통해서 형성되고 발전되어 가는 과정이다.

루터는 인간의 근본이 외부와의 관계에 의해 형성된다는 것을 주석학을 통해 밝힌다. 불가타 성서 시편 69장 3절: "나는 깊은 수렁에 빠졌고 어떤 것(어떤 실체substanz)도 더 이상 가지지 못한 상태다."를 인용하면서 여기서의 실체는 외부와의 관계에서부터 오는 부, 건강, 명예 등을 지칭하고 있다고 루터는 해석한다. 이 실체는 사물의 본질과는 분명 다른 의미로 쓰인다. 루터가 다른 곳에서는 의식적으로 본질의 귀속기체로서의 실체개념과 달리 관계를 통한 보증이라는 의미의 실체개념을 쓰고 있음이 드러난다. 히브리 주석에서는 실체를, 생명을 규정하는 힘에 대한 참여, 즉 신앙으로 해석한다. "신앙은 인간이 희망하는 것의 실체이다.(fides

320 *Disputatio de homine,* These 35-39.

321 W. Joest, *Ontologie der Person bei Luther*, Goettingen 1967, 36쪽.

322 E. Schockenhoff, "Personsein und Menschenwuerde bei Thomas von Aquinas und Martin Luther," in: *Thph* 65(1990) 참고.

323 Luhmann에게 인격은 더 이상 실체, 더 나아가 자기존재가 아니고, 성공적인 인간의 자기소개이다. N. Luhmann, *Grundrechte als Institution,* Berlin [2]1974, 60쪽 참고.

est substantia rerum sperandarum)"(히브 11, 1) 이 구절은 신앙과 실체(보증해 주는 것)가 동일한 의미로 쓰이고 있음을 보여 준다. 바울로가 신앙이야말로 인간의 실체라고 말하고 있다면 이는 루터의 해석을 인준하고 있는 셈이다. 인격은 '개별적 실체'라는 토마스의 개념과 달리 루터에게서 실체개념은 오롯한 신앙 안에서 발견되는 삶의 기초(보장)를 말하며, 이를 통해 신앙인은 자신을 하느님의 약속에 완전히 내어 맡기고 삶의 근거를 자기 안에 두지 않고 하느님의 말씀에서 얻으려 한다. 그러나 루터는 인격과 실체개념을 다른 의미로 바꾸어 씀으로써 질료-형상의 형이상학을 거부하려했다고 하기보다는 신에 의해서 의화된 새로운 인격 존재(바울로의 '새인간')가 완전한 인간 본질이라는 점을 신학적으로 제시했다고 해석하는 것이 더 타당할 것이다. 인간 삶의 근거가 신과의 관계에서 형성된다는 것을 강조함으로써 인간의 인격성에서 관계가 더 본질적이라는 점을 드러냈다.

루터는 관계지향적 인간본성에서 그리스도인의 삶의 두 가지 측면, 즉 '주인 됨'과 '종 됨'을 갈파하면서 자유와 그 반대 항인 구속拘束의 양자 합일이 '그리스도인의 자유'[324]임을 강조한다. "그리스도인은 모든 것에 대해 자유인이며 그 누구에게도 종속되어 있지 않다. 그리스도인은 모든 것에 대해 종이며 모든 이의 수하자이다."[325] 그리스도인은 자기 주인 됨의 주인이 아니며 자기 종 됨의 종이 아니다. 신, 또는 사랑과의 관계 안에서 자유와 섬김을 보아야 한다. 바울로는 "나는 모든 것에서 자유롭지만 가능한 많은 이를 얻기 위해 스스로 종이 되었다.(1코린토 전서 9, 18)"고

324 루터의 논문, '그리스도인의 자유'에 대한 역사적 배경과 본문 요약은, 손규태, 『마르틴 루터의 신학 사상과 윤리』, 대한기독교서회 2004, 52-57쪽 참고.

325 *Von der Freiheit eines Christenmenschen*(*그리스도인의 자유*), 1520, WA 7, 21, 2; 『그리스도인의 자유』(한인수 역), 경건 1996, 2쪽 이하.

고백했다. 바울로의 자신에 대한 고백은 그가 그리스도에 관해 고백하는 것과 일치한다. "하느님은 자기의 아들을 세상에 보내어 한 여인에게서 태어나게 했고 율법에 복종하게 했다(갈라티아 4, 4)." 그리스도가 자신의 신적 지위를 버리고 인간에게 봉사하기 위해 종처럼 살았다면 그리스도인도 서로 그렇게 종처럼 섬기고 서로 사랑해야 할 것이다.[326] 인간이 참으로 자유롭기를 바란다면 자기 자유에 대한 주인 됨으로부터, 즉 부자유스런 자기 집착에서 해방되어야 한다. 자유인의 종 됨이란 무상한 것들에 대한 집착에서 벗어나 하느님과 이웃에게 자신을 헌신하고 보답하는 것을 뜻한다. 절대자유는 자기자유를 벗어 던질 수 있는 자유까지도 포함한다.

루터는 모순처럼 보이는 자유와 섬김의 합일에 대한 고찰을 더 상세히 이끌기 위해 인간의 두 가지 본성, 즉 정신과 육신의 본성을 구별하여 설명한다. "영혼에 근거하여 인간은 정신적이고 새롭고 내적인 인간(자아)이라 불리고, 살과 피에 근거하여 육체적이고, 낡고, 외적인 인간이라 불린다."[327] 이것은 아우구스티누스와 같은 의미의 이원론을 주장하는 것이 아니고 자유와 의화를 설명하기 위한 틀이다. 신에 의해 의화 되고 자유롭게 되는 것은 내적 자아이며 이 내적 자아의 자유가 외적 자아를 통해서 외부에 봉사와 사랑으로 드러난다. 즉 인간이 자유롭고 의화될 것인가, 아니면 얽매이며 죄 중에 머물 것인가는 인간의 외적, 육체적 계기, 즉 외적인 선행이나 행적에 달려 있지 않고 오로지 신앙 안에서 내적 자아를 변화시키는 예수 그리스도와 하느님의 말씀과 은총에 달려 있다. 근대 시민사회 내지 칸트의 인격개념에서의 주체, 즉 어떤 선업에 관여되

326 *WA* 7, 7-8; 한인수 역, 앞의 책, 8-14쪽.

327 *WA*, 7, 13-15; 한인수 역, 같은 책, 22-28쪽.

지 않고, 어떤 행위로도 충만되지 않는 주체를 루터는 '내적 인간'이라는 개념으로 벌써 제시하고 있는 셈이다. 내적 자아 안에서 의화가 이루어질 때 인간은 충만한 자유를 얻게 되고, 인간의 어떤 행위도 무화無化된다. 다만 외적 자아의 행위는 이제 자유로 충만한 내적 자아의 자기 봉헌으로 이해할 수 있다. 내적 자아와 외적 자아의 관계는 내적 자아와 그리스도와의 관계와 유사하다. 외적 자아는 내적 자아와 자기 신앙에 순종하여 그것과 일치를 이루면서 이웃에게 나아가 행동해야 한다.[328]

3. 신, 인간, 자연의 관계 안에서 본 그리스도교의 인간존엄성의 근거

현대 서구 그리스도교에 가장 많은 영향을 끼친 아우구스티누스, 토마스 아퀴나스 그리고 마틴 루터의 인간학과 더불어 인간존엄성에 대한 이해들을 살펴보았다. 여기서는 이를 요약하면서 신, 인간, 자연의 맥락 안에서 그리스도교가 인간존엄성을 어디에 근거 지을 수 있는지 비판적으로 분석해 보자.

우선 아우구스티누스에 의하면 신 인간 자연의 관계를 다음과 같이 요약할 수 있다. 삼자 모두는 실체로서 존재적으로 분리되어 있고 가장 상위의 정신에서 아래의 물질적인 것까지 위계적으로 질서 잡혀 있다. 인간은 정신적 실재와 형상 없는 물질 사이에 놓인 이성을 갖춘 실체이다. 인간은 영혼과 육신으로 구성되어 있지만 그의 이성적 영혼은 마치 기사가 말을

328 *WA*, 7, 30, 15-24; 한인수 역, 같은 책, 24-48쪽.

인도하듯이 육신을 신, 즉 창조적 정신에게로 점점 더 가까이 인도한다. 인간은 자기 안에서, 즉 자기 정신 안에서 신에게 점점 더 가까이 오고, 신적인 거룩함에 참여하여 자신의 존재를 구원하고 완성할 수 있다는 점에서 신의 모상을 가지고 있다 할 수 있다. 이러한 인간 실존의 목적을 성취하기 위해서 인간은 다른 피조물을 수단으로 이용해도 된다. 따라서 신은 삼위일체적 방식으로 신을 찾는 정신의 최종 목적이자 원천이고 작용하는 힘이다. 다른 피조물은 이 목적을 위한 사용 가능한 수단이다. 예술작품만을 통해서 예술가의 성격을 인식할 수 있는 것처럼 인간은 비록 자연(세계)에서 다만 이성을 중계로 해서 신을 발견할 수 있다. 신을 직접 느끼고 체험하고자 한다면, 즉 신에게 가까이 가고자 한다면 그는 자신 안으로, 자기의 내부로 돌아와야만 한다. 그러나 신에게 점점 더 가까이 갈 수 있는 가능성, 즉 신의 모상성에도 불구하고 인간의 영혼은 항상 피조물로서 신으로부터 존재적으로 독립되어 있다. 아우구스티누스는 따라서 인간은 삼위일체적 신의 피조물로서 자연(세계) 안에서 세 가지 방식으로 신에 참여할 수 있고, 이를 통해 영원성, 진리성, 그리고 신의 사랑 안에서 자신의 생명을 완성할 수 있다는 점에서 인간존엄성의 근거를 인식한다. 가장 중요한 교부인 아우구스티누스는 당시 가장 유행하고 있는 신플라톤 철학을 바울로의 신학과 연결하여 그리스도의 신앙을 당대의 비그리스도 사상에 대항하여 지켜냈다. 신의 모상설에 영감을 받은 그는 신은 인간 정신의 구조 안에서 연구되어야 한다는 결론을 도출한다. 인간 정신의 삼중의 구조, 즉 존재, 인식 그리고 의지는 신의 삼중성, 성부, 성자 그리고 성령의 관계를 이해하는 데 열쇠가 된다. 이를 통해 아우구스티누스는 모든 개별자 안에 있는 인간 정신을 살아 있는 신의 모상으로서 가장 위대한 존엄성을 부여하였다. 인간은 정신 안에서 삼위일체적 신을 체험하고 갈망한다. 그는 이를 통해 인간학을 신학과 화해시켰을 뿐만 아니라 존재론을 윤리학과도 화해시킨 것으로 보인다.

그러나 현대를 살아가는 우리는 아우구스티누스의 철학을 비판적으로 승계할 필요가 있다. 아우구스티누스의 이원론적이고 동시에 위계적인 세계관은 물질과 정신, 감각과 지성, 외적 세계와 내적 인간, 더 나아가 이승과 저승이라는 두 개의 독립된 원리들을 가지고 인간에게 오해를 불러일으켜 육체적이고 물질적인 요소를 경시하고 단지 정신적 요소만 가지고 신과의 관계를 모색한다는 비판을 면하기 어렵기 때문이다. 인간존재의 두 구성요소가 동등한 가치로 평가되고 조화를 이루지 못하면 인간은 자신을 분열시키고 결국 소외시킬 위험이 있다. 앞서 경전 해석에서 언급하였듯이 유대교와 그리스도교의 경전에서 나타난 '신의 모상'을, 인간은 영혼과 육체로 구성된 전일적인 실체로서 신과 관계하고 그와 의사소통할 수 있으며, 의사소통으로 초대되었다고 해석해야 하는 것이 아닐까? 또한 오늘날 인간은 상이한 관점과 사회적 맥락에서 다양하게 인식한다는 사실을 일반적으로 받아들인다면, 신의 자취와 정신의 내향성을 통한 사물의 존재성에 대한 인식이 동일하다는 아우구스티누스의 주장을 어떻게 근거 지을 수 있을지 물음이 제기되지 않을 수 없다. 많은 인식이론을 차치하고라도 인식주체의 문화와 언어에 따라 정신의 내향성만을 통하여서는 다양한 경험과 해석이 있을 수 있다. 정신 안으로 향하는 내향성이 외부 사물과의 거리를 유지할 수 있기 때문에 자기 인격 안의 모든 경험들을 정돈하고 연관시키는 데 도움을 주어서 결국 진리로 나아가는 훌륭한 방법이라는 사실을 우리는 충분히 인정할 수 있다. 그러나 다른 동료인간과 자연 혹은 세계와 의사소통을 하는 욕구와 필요성은 여전히 남아 있다. 권위는 단순히 제도에 주어지는 것이 아니라 의사소통의 과정에서 인간들의 인정을 통해 발생한다고 보는 것이 인권 역사의 교훈이며 사회세계 영역의 가치이다. 아우구스티누스는 그의 전 생애를 통해서 잠정적인 해답에 만족하기보다도 항상 더 깊은 질문을 던진 것처럼, 그의 정신 내재적 삼위일체론에서 한편으로 구원사와 관련지어 생각하는 구원경륜사적 삼위일체론으로, 다른 한편 신, 인간, 자연(환경)의 관계에도 삼위일체론을 적용하는 것이 가능하지 않을까? 자연종교의 영감을 삼위일체론에 실험적으로 더 진행하여 전개해 본다면, 성부, 성자 그리고 성령의 삼위는 각각 존재의 근원으로서의 신, 신의 의지를 찾고 자연을 위임받아 경영하는 인간 그리고 은총과 생명의 보유자로서의 자연에 각각 관계 지을 수 있다.[329] 이 관점의 지평에서는 신, 인간 그리고 자연의 관계뿐 아니라 인간들 간의 관계들도 우연적인 것이 아니라 신의 내적 삼위일체에서와 같이 필연적인 것으로 여길 수 있다.

토마스 역시 명시적으로 인간존엄성과 인권에 관해 말하지는 않았어도 그의 신, 인간, 자연의 관계적 맥락 안에서 존엄성 근거를 찾아 볼 수 있다. 토마스의 인격론에 따르면 인간은 자립적이며 따라서 어떤 수단이 될 수 없고 스스로 목적인 한, 물질이나 비이성적 존재보다 우위에 있다. 그러나 인간은 자립적 존재이지만 자기에게서부터 유래한 존재가 아니기에 신보다 하위에 있다. 인간 정신의 마지막 형상과 목적은 본성적으로 주어졌는데, 이는 창조주 신의 정신에서 유래한다. 인간 존재의 마지막 완성, 즉 지복은 절대자, 즉 존재의 원천인 신과의 만남에서 이루어진다. 인간본성의 완성은 철학적 인간학에서보다는 신앙의 계시를 통해 설명한다. 그러므로 인간의 탁월한 존엄성은 인간 자체에라기보다도 신과의 초월적 관

329 이러한 범재신론적 삼위일체 사상은 보나벤뚜라의 Vestigia(발자취) 이론과 비교할 수 있는데, 이 이론에 의하면 모든 피조물은 물질, 형상 그리고 양자의 결합, 즉 자존(존재원천으로서 성부), 힘(성부의 형상으로서 아들), 그리고 활동(양자의 결합으로서 성령)을 소유하고 있다고 한다. Bonaventura, *Coll. In Hexaemeron II*, 23. 참고.

계에 근거 지워져 있다고 볼 수 있다. 인간의 신학적 존엄성, 즉 신의 모상은 바로 인간이 이론적으로나 실천적으로 윤리적 · 종교적 완성 가능성이 있다는 점에서 찾을 수 있다. 물질적 자연세계에 의해 규정되는 인간 정신은 결국 자연 질서의 창시자, 즉 절대 정신이 존재하다는 것을 인식하게 되고 이 무한한 것을 갈망한다. 인간이 자연적 인식과 은총적 신앙에 개방되어 있다고 보는 토마스의 사상은 닫힌 체계가 아니고 환경과 절대 세계에 열려 있다. 토마스의 자연법론은 인권의 효력과 실정법의 합당성이 어디에 근거를 두어야 하는지를 제시한다. 자연법론은 인간 자신 안에서나 사회 안에서 신을 대면하면서 관습과 실정법을 뛰어넘어 정의와 합당성을 끊임없이 질문해 나가도록 촉구하고 있다. 그의 신법의 필요성은 상당한 타당성이 있어 보인다. 인간 내적 동기와 세속법정이 간과하는 범죄를 염두에 두고 있기 때문이다.

그러나 토마스 철학은 인간존엄성과 관련하여 다음과 같은 관점에서 비판이 제기된다. 첫째, 신학과 철학의 관계가 더 이상 토마스 시대와 같지 않고, 그 대상의 차이성도 더 이상 존재하지 않는 오늘, 인간존엄성의 신학적 근거가 철학적 근거보다 더 우수하다고 보기는 어렵다. 즉 신의 모상이 인간의 인격적 특질보다 존엄성의 근거로 더 낫다고 형식적으로 말하는 것이 의미 있어 보이지 않는다. 만약 존엄성의 근거를 인간 본성에 두지 않고 신과의 관계에 둔다면, 그리고 인간과 신은 엄연히 실체적으로 구분된 다른 존재자라고 한다면 궁극적으로 신이 존엄하고 거룩할 뿐이지 인간이 존엄한 것은 아니라 할 수 있다. 또 신의 본래상을 점점 더 닮아 가는 것으로 신의 모상성을 설명한다면 인간은 이 세상에 있는 동안 이미 존재적으로 존엄한 것이 아니고 사람에 따라 존엄으로 향하는 도상에서 신으로부터 더 멀리 혹은 더 가까이 있을 뿐이 된다. 둘째, 한 특정한 종교의 신앙내용을 이성적 논변으로 근거 짓는다는 것은 어려워 보인다.

그리스도교의 신앙 내용을 이성적으로 변호하려면 우선 계시의 내용과 형식을 합리화 시켜야 한다. 토마스는 계시를 신에 의해서 주어진 것으로 전제하고 있다. 근대 이성은 계시 내용이 언제, 누구를 통해 쓰였고, 집대성되었으며, 경전화되었는지를 묻는다. 인간에게 인성적 인식 이외의 또 다른 길, 즉 신앙의 길이 있다고 주장하는 토마스의 생각은 여러 인식론에서 검증할 수 있다고 본다. 그러나 여러 종교가 있고 각각의 다른 계시 내용과 계시 방법을 고려한다면 하나의 계시가 다른 것보다 더 우월할 수 있는지에 대해서 과연 보편적 이성으로 평가할 수 있을지 논란의 여지가 있다. 셋째, 오늘날 여러 종교의 입장을 감안할 때, 완전한 인식, 완전한 지복 내지는 신과의 완전한 닮음이 사후에서야 은총을 통해 가능하다고 보는 것은 현대 인간 이성이 받아들이기에 어려움이 있다. 저 세상에서 가능한 것이 왜 이 세상에서는 가능하지 않는가? 그렇다면 이 세상에 더 머물러야 할 이유는 무엇인가? 선불교에서는 완전한 순수 경험을 이 세상에서 이루어진다고 본다. 이와 같은 비판이 가능함에도 불구하고 토마스의 인격개념과 자연법론은 유럽 정신사의 맥락에서 인간존엄성의 발전을 위한 중요한 기초를 세웠다는 점을 부인할 수 없을 것이다. 그의 사상은 인간존엄성의 내용을 오늘날 더욱 발전시키도록 우리에게 영감을 주고 용기를 불어넣어 주기에 충분하다.

끝으로 루터의 의화론은 당시의 유명론적 스콜라 신학과 르네상스의 열풍으로 불어닥친 인본주의 내지 지나친 낙관주의적 인간관이 편협하다고 판단하여, 인간의 어두운 면, 즉 이성의 한계, 의지의 방종과 죄상황 그리고 타락한 인간본성을 강조하고 그 해결책을 제시하려 했던 것으로 보인다. 이는 인간의 구원은 오로지 하느님의 은총으로 온다는 성서적 진리관을 옹호할 수 있는 틀이기도 하다. 인간은 자신의 선행이나 수고와는 아무 상관없이 오로지 하느님에 대한 믿음으로 의화되고 구원된다.

새로운 인격개념이 신, 인간, 자연의 관계를 설명하는 열쇠인데 인간의 인격은 세 종류의 관계를 맺고 있다. 신과 관계하는 자아로서의 인격(1), 타인과 관계하는 자아로서의 인격(2), 타피조물과 관계하는 자아로서의 인격(3), 이 자아들은 각 관계 안에서 고유한 성격을 띠고 있지만 이 관계들은 내적으로 서로 연결되어있다. 즉 셋째는 둘째에, 둘째는 셋째와 함께 첫째 관계에 정향되어지는 질서를 이루고 있다. 첫째 관계에서 특이한 것은 내적 자아가 신으로부터 의화될 때 완전히 수동적이고 수용적이며 신에 의해 자기가 열려서 신에 의해 작용되어지도록 개방되어 있는 상태라는 것이다. 여기서 전통적 오푸스 오페라툼(opus operatum: 사효성: 성사의 효과는 집행자의 동기와 의도에 달려 있지 않고 성사행위 자체에서 연원한다는 설)의 성사론을 부인하고 오푸스 오페란티스(opus operantis: 인효성: 성사의 효과는 집행자의 동기와 진심에 달려 있다는 설)를 주장하게 된 근거를 발견할 수 있다. 물론 여기에는 유명론에 영향 받은 그의 인간학으로 인해 신이 인간행위 안에서 인간과 합일하여 행동할 수 있다고 보는 토마스적 사고를 부인하고, 단지 신과의 관계 안에서 서로 다른 주체로 독립하여 행동한다고 보는 사상이 내재되어 있다. 둘째 관계에서 이제 외적 자아는 내적 자아가 하느님의 사랑에 사로잡힌 후 하느님의 이 역사하심을 외부를 향해 적극적으로 행하는 계기를 마련하는데 이때에 하느님과 함께 협력하고 있다고 말할 수 있다. 셋째 관계에서 루터는 신이 직접 자연을 움직이지 아니하고 자연은 하느님 혹은 구원과의 관계와 아무 상관없이 주어진 본성에 따라 기계적으로 운행한다는 것이 특징이다. 자유나 구원의 문제는 오직 인간과의 관계에서만 있게 되고, 따라서 다른 모든 피조물은 이 인간 이성의 하위에 놓여 있고 선물로 주어져 있어 외적 자아가 이웃을 위해 자유롭고 능동적으로 사용한다.

루터는 명시적으로 인간존엄성에 대해 이야기 하지 않을 뿐더러 오히려 인간의 비천함과 타락성을 강조하면서 하느님 구원의 손길이 절대 필요함을 역설한다. 그러나 다른 한편, 인간이 인간인 한 하느님으로부터 인정받고 의화되며 이 구원의 가능성은 그 어떤 것도, 그 누구도 방해할 수 없다는 점에서 인간의 존엄을 이야기하고 있다. 즉 인간존엄성은 하느님의 구원행위에 근거 지을 수 있다. 사랑과 신앙의 성장은 오로지 하느님과의 관계에서 가능해진다.

인간의 어떤 업적의 조건 없이 오로지 하느님의 선하심으로 구원될 수 있다고 보는 루터의 의화론은 한계를 모르는 이기주의와 은총에 대한 무감각으로 어두운 삶으로 치닫고 있는 현대인들에게도 하느님의 은총을 입고 구원되도록 초대받은 인간의 존엄성 측면에서 여전히 유효하며 설득력을 띤다. 그의 내적 · 외적 자아의 구조에서 하느님에게서 받은 은총의 외적 표현, 즉 되돌려 봉헌함이 구조적으로 가능케 해서 이를 통해 타인과 관계를 맺고 사랑의 공동체가 탄생하는 사회윤리의 토대를 마련하고 있다.

그러나 신과 인간의 관계에서 인간은 수동적일 뿐 직접 신을 향해 능동적으로 행위하지 못한다는 사고는 그리스도교의 역사성과 보편성을 잃을 수 있는 위험을 내포하고 있다. 그는 신에 대해 인간의 이성과 의지 그리고 인간의 행위를 완전히 무화시키는 맥락에서 '성서만으로', '은총만으로', '신앙만으로'라는 개혁적 신학을 전개하고 있다. 역사 안에서 발전되어온 풍부한 하느님 체험이 여기서는 축소되고, 그리하여 전체가 부분에 의해 대체되어야 한다면 그 보편타당성이 의심을 받게 된다. 첫째, 인간의 의지 없이 과연 믿음이 가능할까? 믿음은 벌써 신적인 권위를 인정하겠다는 의지가 전제되어 있다. 그가 말하는 내적 자아도 신과의 관계에서 그저 무감동적이고 방향성 없는 수동성으로 있는 것이 아니라, 자유의지에 발로하여 신에게 지향하고 그에게 전적으로 개방하려는 수동성이다. 즉 신에 저항하는 의지만 있는 것이 아니라 신에게 향하는 의지도 염두에 두어야 한다. 둘째, 비록 이성이 약하다 할지라도 이성적 성찰 없이 올바른 신앙이 보장될 수 없다. 신앙은 물론 사변적 이성을 훨씬 넘어 가겠지만 그렇다고 이성에 반할 수 없다. 안셀무스와 함께 그리스도교의 전통 신학은 신앙의 목적이 믿는 것을 궁극적으로 이해하도록 돕는 데 있다고 주장한다. 신앙이 이성과 분리하여 자기 신앙만 절대화하려 한다면 신앙의 자유는 보장될 수 없다. 신앙에 대한 논쟁은 자주 방종적이고 비이성적이며 극단적이 되기 때문이다. 셋째, 주체와 선행, 행위자와 행위, 인격과 실천에 대한 책임을 분리시키는 것은 유명론자들의 개인주의화에 대항한 루터의 취지와는 달리 더욱더 인간의 개체화와 개인주의화를 가속화시킨다. 이런 분리는 내적 자아와 외적 자아의 분리에서, 내적 자아의 외적 자아로의 일방적 영향에서 비롯되고 있다. 신이 내적 자아로부터 어떤 영향도 받지 않는 것처럼 내적 자아는 외적 자아로부터 영향을 받지 않는다. 외적 사실의 불의함에도 내적 정의로움이 가능하다는 것은 납득하기 힘들다. 세계를 관철하는 하느님의 정의가 개인의 구원보다 못지않게 중요하다고 보는 것이 오늘날 성서 해석의 관점이다. 넷째, 루터는 인간 외 다른 피조물에 대해 이제까지의 전통보다 더 낮게, 더 저급하게 평가하고 있다. 그것은 신이 자연에 대해 직접 다스리지 않으며, 따라서 어떤 기적도 자연 안에 없다고 단언함으로써 더 이상 어떤 경외감도 갖지 않고 있다. 자연은 단지 외적 자아의 수단으로써 사용될 뿐이다. 이로써 자연을 인간의 필요를 위해 객체로 대상화하여, 측정하고, 변화시키고 사용하는 근대 자연관이 시작됨은 물론이다. 오늘날 환경 파괴와 이에 따른 인류의 위기에 직면하여 인간은 다소의 차이는 있을 수 있겠으나 다른 피조물에게 하나의 주체로서 본래의 자율성과 자기 발전성을 인정하지 않을 수 없다. 자연은 그저 사물이 아니며 인간에게 대응하는 생명의 동반자이고 신성이 감추어진, 그러나 신의 계시가 드러나는 장으로 보아야 한다.

이처럼 루터의 사상은 오늘날 철학적 비판을 면하기 어렵지만 그의 인격개념의 의미 변형으로 신과의 관계를 인간의 본질 내지 실체로 파악한 것은 성서에 입각한 또 하나의 새로운 그리스도교의 인간학을 기초해 낸 것으로 보인다. 루터는 전통적 스콜라 인간학이 강조한 주체 내지 실체에서 실체 사이의 관계성으로 그 강조점을 옮겨 왔다고 할 수 있다. 그러나 토마스 역시 인간존엄성을 인격의 특질에보다는 인격의 신에 대한 개방성과 닮아감에 그 근거를 더 둔 점을 고려해 본다면 결국 루터와 토마스는 함께 그리스도교의 핵심인 인간과 신의 소통적 관계라는 닻을 내리고 있음을 알 수 있다. 인간과 신의 관계를 강한 실체론과 약한 관계론으로 정리한 토마스는 인격의 자기규정성 자립성을 관계실행의 전제로 보았고, 이러한 인격의 자립성을 통해서 신과의 관계로 나아갈 것이라는 낙관성을 담고 있는 반면, 루터는 인간성을 비관적으로 보았기 때문에 신과의 관계가 구원의 가능성을 여는 핵심이 될 수밖에 없었고, 따라서 강한 관계론과 약한 실체론을 전개할 수밖에 없었으리라 생각된다. 그러나 루터의 인격개념의 의미 변형과 구조조정은 낙관 비관주의를 넘어 인간이 신과의 관계, 즉 믿음을 통하지 않고도 자기 본질을 설명할 수 있을지는 의문이 가는 한계를 띠고 있다.

앞에서 언급한 아우구스티누스, 토마스, 루터 삼자의 인간학을 종합해 볼 때 그리스도교의 전통적 사상 안에서 신, 인간 그리고 자연의 관계는 존재론적으로 위계적이고 가치우열적이다. 즉 인간은 피조물로서 창조자 신과는 존재적으로 구별되며 자기 자신에 의해서가 아니라 신의 주도권에 의해서 구원되는 존재이다. 따라서 인간존엄성과 인권은 본질적으로 인간의 신과의 떼어놓을 수 없는 관계 안에서 근거 지워진다. 이 관계를 시대에 따라 다소 다른 점이 없지 않지만, 철학적으로는 '인격persona' 개념으로, 신학적으로는 '신의 모상' 개념으로 설명되었다. 즉 아우구스티누스는 인간은 삼위일체적 신의 피조물로서 자신의 생명을 완성하기 위해서, 본성에 따라 삼중적인 양태로, 즉 영원한 존재, 진리, 사랑 안에서, 신에 참여할 수 있다는 점에 인간존엄성의 근거를 세우고 있다. 토마스 아퀴나스에 의하면 인간의 고유한 존엄성은 단지 이성 또는 자유와 자기 규정의 능력에 있다기보다 훨씬 더 신의 모상성에, 즉 인간이 말씀과 사랑에 참여하여 그리스도의 후계자로서 삼위일체적 신을 점점 닮아감으로써 이루어지는 초월적 자기변화의 가능성에 있다. 여기에 반해서 루터는 인간의 타락한 본성, 즉 한계 지워진 이성과 죄에 물든 의지에서 출발하기 때문에 인간의 존엄성은 인간 이성의 능력에 근거 지워지는 것이 아니라, 어떤 이로부터도 방해받을 수 없고 대체될 수 없는 의화, 즉 신의 인정認定 또는 신의 구원활동을 통한 인정에 근거 지워진다.

경전 종교의 인간의 신모상성은 신의 창조 시에 실존적 조건으로 주어진 것이기 때문에, 인간존엄성은 어느 누구에게도 불의하게 침해되어서는 안 되는 권리의 성격뿐만 아니라, 신의 부르심에 맞갖게 자유 의지와 자신의 책임 안에서 자기를 발전시켜야 할 의무적 성격도 띠고 있다. 물론 이 신에 맞갖은 의무를 통해 영원한 생명을 얻는다. 인권뿐만 아니라 인간의 의무와도 연결된 인간존엄성 이념은 특히 루터의 사상에서 인간의 두 가지 측면, 즉 내적 · 외적 자아에서 잘 발견된다. 내적 자아는 의화를 통해 얻어진 감사로움 때문에, 즉 내적 자아가 신에 의해 붙잡히고 이를 통해 주인 됨 안에서의 완전한 자유를 얻게 되기 때문에 타인과 다른 피조물을 위해 봉사하기 위해서 외적 자아가 의무감을 느끼게 되고 능동적으로 투신하게 된다. 이 이해에 따르면 인간존엄성은 인간에게 어떤 전제 없이 신에 의해 의화와 구원이 선사된다는 점에서 권리의 측면을 띠고, 다른 한편으로 인간은 자신의 내적 자아와 신앙에 순종하고 그것들과 하나가 되어야 한다는 점에서 의무의 측면을 띤다.

그리스도교 신앙에 의하면 예수 그리스도는, 인간이 신, 동료 인간 그리고 다른 피조물에게 어떻게 관계를 맺어야 할지, 자신의 존엄성을 신 안에서 그리고 신과 함께 어떻게 보존하고 계발해야 할지에 대한 모범이다. 왜냐하면 신은 예수 그리스도의 인격 안에서 자신을 온전히 계시했기 때문이다. 이러한 신앙은 인간이 그리스도의 후계자로서 신의 의지를 찾고, 그것에 따라 행동하며, 책임을 지는 형식의 삶, 즉 신의 자녀로 동시에 신의 동업자로서 불림을 받았음을 지시하는 것이다. 그리스도인은 인간 인식의 보편적 한계 때문에 그리스도의 인격을 이미 알지만 동시에 아직 완전히는 알지 못하므로, 새로운 체험과 다른 종교와 문화에 대하여 개방적이어야 하고, 동시에 그들과 대화를 하는 동안에 성령에 의해 완전한 진리에로 인도된다. 가없는 신비에 대한 자신의 한계 인식과 그것을 향한 개방성의 자각은 인간이 스스로 얼마나 신비스럽고 깊은지를, 따라서 자신의 존엄성이 어떤 사람으로부터도, 어떤 폭력으로부터도 제한될 수 없고 그래서 침해받을 수 없는 존재라는 것을 이미 명시하고 있는 것이 아닐까.

제3장

불교의 인간존엄성

제3장
불교의 인간존엄성

BC. 6세기 사키아스 왕국(현재 네팔)에서 태어나 북인도에서 활동한 고타마 싯다르타에 의해 기원한 불교는 현재 세계종교로 성장하여 아시아의 대륙에 뿌리를 내렸을 뿐 아니라 아메리카와 유럽 대륙, 전 세계로 전파되었다. 그리스도교나 회교처럼 교리체계를 통제하는 중앙기구가 초기에만 존재했을 뿐 지속되지 않아 불교의 근본진리가 인도로부터 티베트, 스리랑카, 동남아시아, 중국, 한국, 일본 등지로 전파되는 동안 독특한 그 지역문화와 사상과 결합하면서 다양한 형태의 꽃[330]으로 개화하였다. 원시불교 전통에 입각한 스리랑카 상좌부 불교, 힌두교로부터 강력한 영향을 주고받으면서 발전한 인도대승불교, 힌두탄트라를 불교적으로 각색하여 수용하였을 뿐 아니라 샤머니즘적 토속신앙도 허용한 티베트불교, 노장사상으로 불교를 토착화하여 사변적 형이상학으로 발전시킨 중국불교, 중국불교를 수용하였지만 고유한 모습을 찾아 나선 한국불교, 신도와 상호작용하여 발전한 일본불교 등 다양한 모습으로 개화했다. 따라서 이

330 E. 후라오봘르너, 『원시불교』(이태섭 역주, 고려원, 1991), 16쪽.

렇게 다양하게 발전되어 오늘에 이르는 불교의 경전 및 전통들 안에서 통일된 인간이해 및 인간존엄성 사상을 선별해 내는 것은 결코 쉬운 일이 아니다. 이러한 한계를 인식하고 여기서는 불교경전과 교리를 모두 다루지 않고, 소위 소승과 대승이 함께 공유하는 것으로 알려진 원시불교사상 및 중국, 한국, 일본 등 동북아시아에 잘 알려진 대승불교, 정토불교, 선불교 사상에 흩어져 있는 인간존엄성과 관련된 교리를 살피고 인간, 절대지평, 자연과의 관계적 맥락에서 존엄성의 근거를 조망해 보고자 한다.

1. 원시불교 경전에서의 절대지평(열반nirvana), 인간, 자연과의 관계

학자들은 역사적 인물이었고 대각을 이룬 고타마 싯다르타가 오랫동안 직접 설파한 원시불교를 재구성하려고 노력했지만 아함경agama들[331]과 빠알리 정전正典nikaya들[332] 이전의 경전으로 돌아가는 것은 더 이상 가능하지도, 의미가 있는 것도 아니라고 결론을 내렸다. 왜냐하면 학자들은 문헌 연구를 통해서 이 두 경전들이 전래된 방향과 언어는 서로 다르지만 기초교리에 관해 놀랍도록 일치하고 있음을 발견했기 때문이다.[333] 이런

331 고타마 붓다가 열반에 든 후 1년이 지나 가섭이 500명의 비구들을 모아 결집을 하면서 고타마의 가르침을 정리하였는데 아난이 경을 독송하였고 이를 승인하였다. 이를 아함경이라 한다. 「제1차 결집」, 『글로벌세계대백과사전』, 2010 참고.

332 B.C. 3세기경 3차 결집 이후에 문자로 쓰인 정전으로(AD 5세기까지는 완전한 모습으로 고정되지는 않았다고 봄) 빠알리pali라는 단어는 경율론經律論 삼장三藏을 의미한다. E. 후라오발르너, 위의 책, 60쪽 이하.

333 E. 후라오발르너, 위의 책, 46쪽 이하.

이유 때문에 원시불교사상 안에서 인간과 열반 그리고 자연을 보려는 우리의 시도는 산스크리트어에 기원한 아함경과 인도 북서부 지방어인 피샤차어로 쓰인 빠알리 정전을 중심으로 살피는 것으로도 충분히 가치가 있다.

1.1. 인간: 윤회와 해탈의 사이 존재

불교에서는 인간을 비롯한 존재가 언제부터 시작된 것인지는 알 수 없고 삶과 죽음이 반복되는 윤회의 세계에 놓여 있다. 윤회라는 것은 순간순간 변하는 오온五蘊, 즉 색色, 수受, 상想, 행行, 식識이라는 몸과 마음의 결합이 끊어짐 없이 계속 이어지는 것을 말한다. 모든 살아가는 존재, 즉 중생은 다섯 종류의 생존영역gati 안에서 윤회한다. 인간의 영역을 중심으로 하여, 인간보다 더 뛰어난 신들의 영역, 인간보다 열등한 축생 아귀 지옥의 세 영역을 합하여 이 전체를 오종五種 또는 오도五道라 부른다.[334] 불교의 신들은 인간보다 신비력과 직관력이 뛰어난 존재이지만 열반에 도달한 부처님보다는 못한 존재이다. 신들도 조수鳥獸도 부처님의 설법을 기뻐하고 부처님이 입멸할 때에는 슬퍼했다는 전설이 전해 온다. 인간은 이법理法dharma을 체득하고 실천함으로써 해탈하여 열반에 들 수 있지만, 신들은 너무 행복해서 현세의 삶을 사랑하고, 너무 장수하기 때문에 무상無常의 가르침을 이해할 수 없다. 그런 까닭에 모든 부처님은 인간으로 출현한다. 인간이 열반에 도달하기엔 가장 적합한 존재라는 것이다.[335] 한편 원시불교에서는 짐승을 인간보다 열등한 존재라고 해석하

334 나카무라 하지메, 「불교의 인간론」, 『인간론 심리학』(三枝充真 편, 김진무 역, 불교시대사 1996), 21쪽.

335 같은 곳, 23쪽.

고 있다. "만일 어떤 사람이 난폭한 말을 하고 남을 괴롭히기 좋아하며 짐승 같은 짓을 한다면 그 사람의 생활은 더욱 악해지고 더러워질 것이다."[336] 불교에서 인간 생명의 지위란 해탈하여 열반에 들 수 있는 유일한 상태라고 생각하기 때문에 '사람 몸을 받기 어렵다'는 표현을 반복해서 강조한다. 인간으로 태어난 삶의 소중한 가치를 한역 『잡아함경』에서는 눈먼 거북이가 대양에 떠 있는 구멍 뚫린 판자에 목을 넣는 것이 중생이 인간의 상태를 얻는 것보다 더 쉽다고 한다. "비구들이여, 눈먼 거북이 구멍이 있는 판자에 목을 넣는 것은 오히려 빠른 것이다. 그것보다 한 번 나쁜 곳(악처: 지옥, 아귀, 축생)에 떨어진 중생이 인간의 상태를 얻는 것은 더욱 어렵다고 나는 말한다."[337] 수행하고 있는 부처를 향해 악마가 말하는 장면에서도 인간 생명의 중요성을 강조하고 있다. "당신이 죽지 않고 살아날 수 있는 희망은 천에 하나나 될까 말까 하오. 당신은 살아야 합니다. 생명이 있어야 여러 가지 착한 일도 할 수 있지 않습니까?"[338] 불교에서는 물론 인간만이 아니라 모든 중생도 해탈의 길로 초대되어 있다고 가르친다. "여기에 모인 모든 중생들bhutani, 지상에 사는 것 혹은 공중에 사는 것 모든 중생들은 다들 기뻐하라. 그리고 마음을 다해 설법을 들어라."[339] 그러나 위에서 보았듯이 해탈에 이를 가능성이 가장 높은 존재는 곧 인간이라는 점이 강조되고 있다.

인간의 생명, 인간 그 자체를 존귀하게 여기는 불교의 전통은 자연히 모든 개별적 인간이 평등하다는 견해를 성립시킨다. 인도에서 평등사상의

336 숫타니파타, 275.

337 『雜阿含經』, 제15권 대정장2, 108c; 김재성, "불교철학의 생명사상", 『생명연구』 제22집, 생명문화연구소 2011, 231쪽 재인용.

338 숫타니파타, 427; 나카무라, 위의 책, 25쪽 이하 재인용.

339 숫타니파타, 222.

맹아는 우파니샤드 이전부터 싹트고 있었다. 사회적 신분이 낮은 카스트에 속한 비천한 사람이라도 '진리를 사랑하는 자Satyakama'라면 바라문이라고 주장하였다. 그러나 이러한 카스트 부정론은 불교 이전에는 일반화되지 않았다.[340] 고타마 싯다르타는 가르침의 시작부터 곤충이나 들짐승, 물고기, 날짐승과 달리 인간에게는 태생적으로 구별이 없다고 설파하셨다. "이러한 생류에서는 태생에 기인한 여러 가지 특징이 있지만, 인간에게는 태생에 따른 특징이 여러 가지로 다르다고 할 수 없다."[341] 빠알리 『아쌀라야나경』에서 고타마는 아쌀라야나라는 성직자 청년에게 다음과 같은 질문을 통해 인간의 계급적 차별이 깨달음의 차별을 가져올 수 없음을 깨닫게 한다. "아쌀라야나여, 어떻게 생각하느냐? 여기 귀족계급의 권정왕이 여러 출신의 사람 100명을 모집하여, '존자들이여, 귀족가문, 성직자가문, 왕족가문에서 태어난 당신들은 와서 사라수, 사라라수, 전단수, 또는 발담마수의 찬목을 가지고 불을 지펴서 불빛을 밝혀라. 존자들이여, 짠달라가문, 사냥꾼가문, 죽세공가문, 차수리공가문, 도로청소부가문에서 태어난 당신들도 와서 개먹이통, 돼지먹이통, 세탁통이나 엘란다나무의 찬목을 가지고 불을 지펴서 불꽃을 밝혀라'고 했다 하자. 아쌀라야나여, 어떻게 생각하느냐? 아쌀라야나여, 만약에 귀족가문, 성직자가문, 왕족가문에서 태어난 자들이 사라수, 사라라수, 전단수, 발담마수의 찬목으로 불을 지펴 불빛을 밝혔다면, 바로 그 불꽃만이 화염이 있고, 광채와 광명을 지니며, 그 불꽃에 의해서만 불이 만들어질 수 있을까? 그런데 만약에 짠달라가문, 사냥꾼가문, 죽세공가문, 차수리공가문, 도로청소부가문에 태어난 자들이 개먹이통, 돼지먹이통, 세탁통, 엘란다 나무의 찬목을 가지

340 나카무라, 같은 책, 27쪽.

341 숫타니파타, 600-656.

고 불을 지펴서 불빛을 밝혔다면, 바로 그 불꽃만이 화염이 없고, 광채가 없고, 광명이 없어서 그 불꽃으로 불을 만들 수 없는가?"[342] 이는 출생(계급), 성姓과 가문의 지위를 얻었음에 만족하지 않고 오직 도덕sila(戒)만이 최상의 것임을 강조하는 것이다. 바라문이든 천민이든 살인과 도적질 등 악한 짓을 행하면 부도덕한 것이고, 비난받을 것이고, 그렇지 않는다면 도덕적이고 칭찬받을 수 있는 것이다. 석가모니 부처의 가르침에서 세속적 신분의 구별은 이와 같이 무시된다.[343] 깨달음의 평등성은 세속적 신분의 구별을 무시하고 그 당시 바라문 사회의 이데올로기를 부정한 것이지만 오늘날 역시 불교의 출가승단이 성직자로서의 특권의식을 가질 경우에 동일한 비판의 화살이 될 수 있는 가능성을 원시불교는 보여 주고 있다.

수니타라는 장로는 라자가하의 청소부 아들이었는데 자비로운 부처를 만나 자신을 제자로 삼아 주기를 청하고 계를 받고 정진하였다. 그가 스승의 가르침에 따라 선정에 들어 해탈을 한 후 다음과 같은 시를 읊는다. "그때에 인드라(帝釋天)와 브라흐마(梵天)가 합장을 하고 다가와 내게 절을 드리며 말하였네. '사람들 중 가장 고귀하신 당신께 인사를 드립니다! 사람들 중 가장 고귀하신 당신께 인사를 드립니다! 당신의 모든 욕망 소멸되었으니, 당신께서는 예배를 받아 마땅합니다.' 신들에게 절을 받는 내 모습을 보신 스승님께서 빙그레 웃으시며 이렇게 말씀하셨네. '사람은 [태어남이 아니라] 수행, 금욕 생활, 지계持戒와 지혜로 해서 성스러워지네. 여기에 최고의 성스러움이 있네!'"[344]

---

342 전재성, 「초기불교의 계급평등론 연구: 빠알리어 의 분석 및 한글역과 함께」, 『佛教研究』 제8집(한국불교연구원, 1992), 178-194쪽, 특히 152번.

343 나카무라, 위의 책, 30쪽.

344 Thera Sunita, *Theragatha* (Edmund Jayasuriya, 『삼장경장소부』, Buddhist Cultural Center 향산 역), Nr. 50.

일반적인 고등종교에서 보는 바와 같이 불교에서도 여성에 대한 차별대우를 거부한다. 불교 이전(기원전 600년)의 인도에서는 다른 일반 문화전통에서와 같이 여성은 사회에서 활동하는 일이 없고 독자적으로 직업에 종사하지 않았다. 그러나 그런 시절에도 부처 석가모니는 비구와 비구니를 모두 제자로 받아들였고 비구니 승가단도 허용하였다. 인도의 현재 풍속, 즉 공회公會sabha에서 한쪽에 남성이 다른 한쪽에 여성이 자리를 잡는 형식적 평등성이 이때 제도화한 것으로 보인다.[345] 깨달음을 얻은 여성 비구니 장로들의 짧은 잠언집으로 불리는 『테리가타*Therigatha*』에서는 여성의 몸이 수행에 장애가 있다는 견해에 대해 다음과 같이 부정한다.

"마음이 고요하고 지혜가 뛰어나다면 올바른 이치를 보는 것에 여성인 것이 무슨 장애가 될 것인가? 남성이라든가 여성이라든가 하는 것에 사로잡혀서 도대체 나는 어느 쪽인가 하고 생각하는 자야말로 악마와 이야기하기에 어울리는 사람이다."[346] 코살라 국의 파세나디 왕의 부인이 공주를 낳았지만 왕이 기뻐하지 않자 부처 석가모니는 다음과 같은 가르침을 준다. "사람들의 왕이여, 여자라 하더라도 어떤 사람은 참으로 남자보다도 뛰어나다. 지혜롭고 금계를 지키고 시부모를 공경하고 남편에게 충실한 여인이 낳은 아들은 영웅이 되고 지상의 주인이 된다. 이와 같이 훌륭한 부인의 아들은 국가를 이끈다."[347] 여성으로서의 역할이 결코 남성 못지 않다는 것을 설파한 것이다. 태국의 메타난도Mettanando 스님은 삼장三藏Tripitaka에 수록된 성차별주의적 '비구니 팔경계법'은 테라가타, 테리가타와 같은 문헌과 부처님의 다른 가르침으로 볼 때 후대에 삽입된 것이

345 나카무라, 위의 책, 38쪽; I.B. Horner, "Women in Early Buddhist Literature: A Talk to the All-Ceylon Buddhist Women's Association", in: *Access to Insight*, June 7, 2009 참고.

346 Therigatha, 나카무라의 위의 책에서 재인용.

347 Samyutta Nikaya, i 86; 나카무라, 위의 책에서 재인용.

며, 석가모니의 가르침에 반하는 후대의 비구니 내지 여성 차별적 문화는 불교의 발상지인 인도에서 결국 불교가 쇠퇴하게 된 원인 중 하나였다고 주장하고 있다. 비구니 팔경계법의 주요 내용은 비구니는 비구보다 열등하여 비구와는 달리 독립적으로 수행을 할 수 없고 비구의 가르침과 지시에 따라야 한다는 것이다. 상좌부 전통을 따르는 동남아 불교에서는 팔경계법을 부처님의 가르침으로 철저히 따르고 있기 때문에 비구니의 수계를 인정하지 않는 것은 물론 인권과 사회정의를 지지하지 않는다고 비판한다.[348] 소위 대승불교로 일컫는 북방불교의 전통에 따라 남녀평등 및 비구니 승단의 독립적 활동이 석가모니 부처님의 본래 가르침이라고 보는 것이 합당하다.

출생신분과 성별에 따른 불평등이 결코 있을 수 없음을 가르치는 불교는 근본교리인 업karma에 의한 불평등은 용납하는 것일까? 인도의 마우리아 왕조(기원전 322년~기원전 185년) 이후에 쓰인 것으로 알려진『밀린다팡하』경전은 그리스 왕 밀린다가 수행자로서 나가세나 비구에게 배우는 내용을 다룬다. 그리스의 영혼론은 불교의 윤회설 및 무아설을 동시에 주장하는 불교의 가르침에 의해 부정된다. 이런 맥락에서 나가세나 비구는 업에 의해 사람들이 평등하지 않음을 내비친다. "대왕님, 그와 같이 업의 다름에 의해서 사람들은 평등하지 않습니다. 즉 그렇기 때문에 어떤 사람은 단명하고, 어떤 사람은 장수하고, 어떤 사람은 병이 많고, 어떤 사람은 병이 적고…. 어떤 사람은 비천하고, 어떤 사람은 고귀한 집에 태어납니다." 또 다른 곳에서는 "바라문학생이여, 사는 것은 각자 업을 가지고 있어 업을 상속하는 것이며 업을 모태母胎로 하고, 업을 친족으로

348 메타난도(Mettanando),「부처님은 성차별주의자였나?」,『방콕 포스트Bangkok Post』(2006년 5월 9일자, 번역 이병도).

하고, 업을 거처로 하고 있습니다. 업은 사는 것들을 천하게 하기도 하고 귀하게 하기도 합니다."라고 가르친다. 그러나 이것 역시 교조 고타마 부처 이래로 계급 제도를 배제할 것을 가르친 원시불교에 배치되는 가르침이 아닌가 생각된다. 사성계급을 타파하고, 모든 사람이 혈통이나 출신에 의해 존엄함이나 비천함이 결정되는 것이 아니라 만민이 평등하며, 각자의 행위가 기준이 된다고 가르쳤기 때문이다. 업에 의해 불평등한 신분을 인정하는 듯한 밀린다팡하의 가르침은 이 경전이 쓰인 시대가 마우리아 왕조가 붕괴되고 인도의 봉건적 힌두교 사회로 돌아갔다는 점을 감안하여 해석해야 한다. 고타마 부처의 가르침에 카스트제도를 옹호하는 힌두교의 영향 하에 있는 시대 상황이 반영되었다는 주장이 설득력이 있어 보인다.[349] 또한 업에 의해 세속적 관점에서 귀하거나 천하게 살아가는 직업 또는 가족관계의 형성을 인정한다 하더라도 앞에서 본 바와 같이 계를 받고 정진하여 해탈하는 데 귀천이 없다고 해석하는 것이 고타마 부처의 일관된 가르침이라 생각된다.

이제까지 우리는 고타마 부처의 가르침 중에서 인간생명으로 태어남에 대한 고귀함, 인간 상호 간의 평등성, 즉 혈통과, 출생, 성 그리고 업에 따라 해탈의 가능성이나 정도의 차이를 배제하는 평등성에 관해 알아보았다. 이제 부처는 한 인간의 완성을 어떻게 보는지를 살펴보자.

그리스도교에서 완성된 인간이 보여 주는 항구적인 태도, 혹은 인간이 자신을 완성하기 위해 목적으로 삼아야 하는 덕을 하느님과 이웃에 대한 사랑이라고 예수가 가르쳤다면 불교에서는 자비慈悲metra karuna로워야 한다고 가르치고 있다. 자비란 '불쌍히 여김', '가련히 여김'이란 의미로

349 문을식, <밀린다 왕과 나가세나 비구와의 대론> - <밀린다팡하>에서 윤회설을 둘러싼 무아설과 그리스 영혼관을 중심으로-, 불교평론 11호, 2002.

'자慈'는 빠알리어의 'metra', 산스크리트어의 'maitri' 또는 'maitra'의 번역이다. 이 개념은 어원적으로 '친구', '친근한 것'을 뜻하는 'mitra'란 말에서 파생된 단어로서 '진실한 우정', '순수한, 친근한 생각'을 의미한다. '비悲'란 빠알리어 및 산스크리트어의 'karuna'의 번역이고 '연민', '동정'을 의미한다. '타인의 고통을 함께 아파한다'는 의미이다. 따라서 전통불교에서 자비는 한편 친구에게 이익과 안락을 가져다주는 것이고(與樂: 慈), 친구의 불이익과 고통을 제거해 주는 것(拔苦: 悲)이라 주해할 수 있다. 자비는 '우정의 마음으로 타인에게 이익을 가져다주는 한편 고통은 제거해 주는 것'이다. 자신의 자아에 집착하지 않고 자아에서 해방된 사람이라야 타인의 상황, 그의 염원과 고통에 공감sympathy하고 마음을 다해 동정할 수 있다. 아집을 벗어나면 저절로 모든 미덕이 드러나는 것이고 모든 미덕은 궁극적으로 자비라고 할 수 있다.[350] 역사적 부처의 생생한 가르침을 모은 빠알리어의 경전집經典集(Sutta-nipata), 『숫타니파타』에서 고타마 부처는 일체중생을 자비로 대하라는 가르침을 준다. "마치 어머니가 신명을 다 바쳐서 자기의 외아들을 지키듯 일체중생에 대하여 무한한 자비심을 베풀라. 또한 온 세계에 대하여 끝없는 자비심을 베풀라. 위와 아래, 그리고 옆에 장해와 원한과 적의가 없도록 자비를 행하라. 서나 걸으나 앉으나 누우나 잠자고 있지 않는 한, 이 자비의 마음을 크게 가져라. 세상에서는 이러한 상태를 가리켜 '숭고한 경지brahmavihara'라 한다."[351] 성자들의 해탈과 열반의 기쁨을 노래하는 초기경전 『테라가타 Theragatha』에서는 모든 사람과 중생을 친구처럼 자비로운 마음으로 대하라고 한다. "나는 모든 사람의 친구다. 모든 사람의 동료이다. 일체

350 나카무라, 위의 책, 43쪽.

351 9. Mettasutta, 작성자 관문, 한영 대역 숫타니파타. 관문(peterjay)의 블로그; 나카무라, 위의 책 43쪽에서 재인용.

중생의 동정자同情者이다. 자비의 마음을 닦아서 항상 무상해無傷害를 즐긴다."[352] 인간 전체에 대한 형제애, 내 몸을 사랑하듯이 다른 사람을 사랑하는 박애심, 더 나아가 모든 생명체에 대한 공감이 자비라 할 수 있다. "그런 까닭으로 적에 대해서도 자비를 일으켜라. 자비의 마음으로서 두루 그 마음을 미치게 하라. 이것은 모든 깨달은 사람들의 가르침이다."[353] 자비를 사랑으로 번역하기에는 어려움이 있다. 자비는 순수한 사랑으로 볼 수 있지만 증오로 변할 수 있는 세속적인 사랑과 다르다. 즉 자비는 사랑과 증오의 대립을 초월한 성자(혹은 부처)의 청정한 마음에서 비롯되는 것이다. 그리스도교의 아가페적인 사랑, 신적 사랑에 비견할 수 있다. "성자는 일체의 사물에 사로잡히지 않고 사랑하거나 미워하지도 않는다. 슬픔도 두려움도 그를 더럽히지 못한다. 마치 연잎에 얹힌 물방울이 더럽혀지지 않는 것과 같다."[354] 보통 사람들이 자비를 항상심恒常心으로 유지하려면 많은 수련이 필요하다. 법구경에서 고타마 부처는 원한이 될 일을 당하더라도 자비심을 간직할 수 있는 길을 제시한다. " '나를 욕했다. 나를 때렸다. 나를 이겼다. 내 것을 훔쳤다.' 이러한 생각을 품은 이에겐 원한이 가라앉지 않으리라. '나를 욕했다. 나를 때렸다. 나를 이겼다. 내 것을 훔쳤다.' 이러한 생각을 품지 않은 이에겐, 원한이 가라앉으리라. 이 세상에서 [품은] 원한은 [원한으로 갚는다고] 풀어지지 않으리니 원한을 버릴 때에만 풀리리라. 아, 변치 않을 영원한 진리여!"[355] 독립적으로 사유하고 자율적으로 선택하는 이성적 존재인 인간이

---

352 나카무라, 같은 책, 24쪽.

353 *Milindapanha*, trans. from Pali by T. W. Phys Davids, Oxford: Claendon Press, 1890, p. 283.; 나카무라, 45쪽에서 한글번역 재인용.

354 "Jara Sutta: Old Age"(Sutta-nipata 4.6), trans. from the Pali by Thanissaro Bhikkhu. *Access to Insight*, June 7, 2009,; 나카무라, 위의 책 46쪽에서 한글번역 재인용.

사회적 관계 안에서 타자에 의해 마음에 상처받고 미움과 원한에 사로잡혀 살아갈수록 고통과 번뇌가 늘어가는 것이 보통이다. 언어를 배우고 사회적 관계 안에서 소통을 하기 시작하고, 소통의 성공, 즉 사회적 인정을 획득하기 위한 노력 속에서 자아(ego)는 발생하고 자라난다. 자아에 대한 집착, 이기심을 극복하는 수련법으로 부처는 자아를 구성하고 있는 모든 요소(dharma)를 바라보도록 가르친다. 모든 개체는 다섯 종류의 비인격적이고 순간적인 요소로 구성된 집합체(오온五蘊), 즉 색色, 수受, 상想, 행行, 식識의 결합체에 불과하다. 자기 자신을 이렇게 비인격적으로 파악함으로써 깊이 뿌리내린 자의식과 이기심을 제거하고 무화시킨다. 또한 실천적으로는 자기를 무한히 확대하여 자기를 모든 중생과 동일시하여 전체와 자신이 나누어질 수 없음을 생활 속에서 실현한다. 자비심은 이와 같이 다르마의 관상을 통해 키워나간다.[356]

자비심이 발현해야 하는 곳은 단지 인간 사이에 한정된 것이 아니고 일체의 생활과 살아 있는 모든 존재 사이로 확산된다. "악한 마음이 없고, 가령 한 마리의 살아 있는 것에도 자비심을 갖는 사람이라면 그는 그것에 의해서 선한 사람이 된다. 마음에 일체의 중생들을 불쌍히 여기면서 성자는 많은 공덕을 쌓는다."[357] 불교의 자비는 '개인주의'에 바탕을 두고 사랑을 강조하는 서양문화와 달리 모든 개인, 더 나아가 모든 중생(생명체)이 하나, 즉 불이일체不二一體 사상에 기반을 둔다. 오온사상이 이를 뒷받침한다. 오온사상과 무아설, 그리고 해탈에 관해서는 다음 절에서 상세히 살피기로 한다.

---

355 『법구경』, 1장 3-5.

356 나카무라, 위의 책, 49쪽 이하.

357 나카무라, 같은 책 54쪽 재인용.

위에서 우리는 원시불교 경전에서 가르치고 있는 인간학을 살펴보았다. 모든 중생이 해탈의 도를 듣고 완성되도록 초대를 받았지만 인간이야말로 해탈에 가장 가까이에 있는 지위를 누리고 있고, 인간은 해탈을 이루는데 있어 성, 가문, 사회적 지위와 무관하게 평등하고, 자의식과 이기심에서 해방되어 모든 중생과 자신을 동일시하는 자비심을 바탕으로 해탈에 이를 수 있다고 요약할 수 있다.

1.2. 열반Nirvana: 인간의 완성

열반Nirvana이란 『상응부』에서는 불사不死(amata), 적정寂靜(santi), 무사無死(amaccu)와 동의어로 쓰인다.[358] 『열반경』에서는 깨우침 또는 깨달음에 도달하는 것은 열반에 도달하는 것과 같고, 불성(佛性 · Buddha-nature)을 깨치는 것과 동일하다. "참된 해탈은 여래요, 여래는 열반이요, 열반은 다함 없음이요, 다함 없음은 불성이요, 불성은 결정적인 것이요, 결정적인 것은 곧 아뇩다라삼먁삼보리이다."(대열반경 5)[359] 따라서 번뇌의 불을 꺼서 깨우침의 지혜를 완성하고 완전한 정신의 평안함에 놓인 상태를 뜻하는 열반Nirvana은 불교의 수행과 실천의 궁극적인 목적이라 할 것이다. 열반의 이상경理想境은 일체의 번뇌의 속박에서 벗어나(解脫) 있으므로 적정(寂靜)한 것이라 하여 일반적으로 열반적정涅槃寂靜이라고도 말한다. 열반에 이르는 길을 해탈도라 부른다. 해탈의 길에 관해서는 불교정전의 텍스트, 특히 『장아함경』, 『중아함경』과 『빠알리경전』에서 똑같은 어법으로 반복적으로 설명한 내용을 중심으로 정리하여

358 『상응부』, 204게; 김재성, 위의 글, 225쪽 재인용.

359 眞解脫者 卽是如來 如來者 卽是涅槃 涅槃者 卽是無盡 無盡者 卽是佛性 佛性者 卽是決定 決定者 卽是阿耨多羅三藐三菩提. (大涅槃經 五)

보자. 이 길은 고타마 부처가 이성적으로 사유해서 창안한 길이 아니고 몸소 요가와 고행의 실천을 통해 체득한 길이기에 열반에 이르고자 하는 모든 이는, 그가 출가한 승려이든 재가불자이든 우선 삼보三寶에 귀의하는 것을 첫걸음으로 삼아야 한다. 삼보, 즉 공경할 만한 보배 세 가지란 부처님(佛), 부처님의 가르침(法), 부처님의 출가제자(僧)를 말한다. 깨달음을 얻고 일체 세간의 온갖 일을 다 알며 중생들을 가르쳐 인도하는 높고 귀한 부처님에 대하여 흔들림 없는 환희심을 일으킬 때 그의 가르침을 관대하고 열성을 다해 습득할 것이다. 부처를 따르는 제자 무리들은 모두 서로 화합하고 모든 것을 성취하는 이들로 믿고 존중하는 가운데 자신들은 물론 세상 사람들을 해탈에 이르게 한다.[360]

해탈에 이르기 위해 길을 떠난 승려들은 삼보에 귀의한 후, 생활을 통제하는 구체적 도덕적 지침과 계율을 철저히 지켜야 한다. 즉 중생을 살상하지 않고, 남으로부터 받은 것만을 취하고 받지 않는 것은 포기하며, 순결하고 절제된 삶을 살며, 거짓을 말하지 않고 약속을 지킨다. 남을 비방하지 않고 포악한 말을 하지 않으며 경솔한 잡담을 하지 않고 유용한 말만 한다. 그 밖에 승려에게 부과된 생활지침, 생활의 격률을 부처는 가르치고 있다.[361]

생로병사와 근심과 번뇌 등 괴로움의 근본을 면하려거든 네 가지의 근본진리를 사유하여야 한다. 모든 존재와 현상은 영원하지 않고(諸行無常), 모든 존재와 현상에는 실체로서의 '나'가 없으며(諸法無我), 모든 존재와 현상은 괴로운 것이고(一體皆苦), 번뇌가 다 멸하면 열반이 찾아온다(涅槃寂靜). 모든 방편을 구해서 이 네 가지 진리를 성취한다.[362] 앞의

360 『증일아함경』 제12권 "삼보경(三寶品)" 4경; 이연숙 역, 『정선아함경』, 274쪽 이하에서 재인용.

361 E. 후라오봘르너, 같은 책, 86쪽 이하.

세 가지의 진리를 삼법인三法印이라 부른다. 이 삼법三法을 깨우치고 모든 고와 번뇌에서 해방되면 마침내 열반적정에 도달한다는 것이다.

이제 부처가 제자들에게 권장한 구체적이고 명확한 수행법들을 살펴보자. 예비적 수행으로 첫 번째로 중요한 것은 고른 호흡, 즉 조식調息이다. 안반념安般念 입출식념入出息念 등으로 한역된 호흡법anapanasmrtih의 수행 중에 행해지는 수행을 말하는데, 낱낱의 호흡의 수련들이 의식적으로 수행되며 주의 깊게 추적된다는 것이 중요하다. "그대들이 수행을 발전시키고 연마할 때 좋은 결실과 이익을 가져오는 한 가지가 있다. 그것은 '호흡에 관한 마음 챙김'이다. 숨을 길게 들이쉴 때는 '숨을 길게 들이쉰다.'고 알아채고, 숨을 길게 내쉴 때는 '숨을 길게 내쉰다.'고 알아챈다. 숨을 짧게 들이쉴 때는 '숨을 짧게 들이쉰다.'고 알아채고, 숨을 짧게 내쉴 때는 '숨을 짧게 내쉰다'고 알아챈다."[363] 거룩한 삶, 청정한 삶, 여래의 삶이라는 것은 곧, 호흡에 대한 마음 챙김의 수행에 집중하는 삶이라고 단언할 정도로 고타마 부처는 호흡법을 중요시했다.

호흡법을 수련한 후에 다른 수행법들이 뒤따른다. 사념주四念住 또는 사념처四念處, 사정근四正勤, 사신족四神足, 오근五根, 오력五力, 칠각지七覺支 등이고 마지막 일절에서는 해탈도 그 자체라고 할 수 있는 팔정도八正道가 언급된다. 가장 중요한 사념주는 인간의 육신과 지식, 자아에 대한 집착을 벗어나기 위한 수행이다. 육신의 구성요소와 육신의 사후 붕괴에 대해 생각하면서 육신에 대한 혐오감을 일으키는 관신부정觀身不淨, 모든 몸과 마음으로 받아들이는 것은 고통의 근원으로 보는 관수시고觀受是苦, 마음은 변화무상하다는 것을 생각하는 관념무상觀念無常, 모

---

362 『정선아함경』, 위의 책, 326쪽 이하.

363 쌍윳따 니까야: 54 아나빠나 쌍윳따 1; 일아 역편, 『빠알리 경전』, 626쪽 재인용.

든 법은 실체가 없다는 것을 생각하는 관법무아觀法無我, 네 가지를 말한다. 이를 같은 의미의 수행내용으로 신념처身念處, 수념처受念處, 심념처心念處, 법념처法念處라 하여 사념처라고도 부른다. 사정근四正勤은 아직 생기지 않은 악은 미리 방지하고, 이미 생긴 악은 아주 끊어버리며, 아직 생기지 않은 선은 생기도록 하고, 이미 생긴 선은 더욱 증대시켜 악법은 단호히 버리고 선법은 배가시키려는 수행법이다. 사신족이라 함은 선정을 얻고자 갈망하는 욕신족欲神足, 선정에 더욱더 노력하는 근신족勤神足, 마음을 올바르게 유지하는 심신족心神足, 지혜에 의해 생각하는 관신족觀神足으로서 선정을 얻기 위한 네 가지 마음의 태도라 말할 수 있다. 오근과 오력은 같은 수행법의 다른 이름인데 다섯 가지의 능력(힘)으로 해탈에 이른다는 뜻이다. 믿음, 정진, 마음챙김, 집중, 지혜의 수행을 통해 불교의 진리인 사성제四聖諦를 깨닫는 것이다.[364] 지혜의 일곱 가지 기능이 칠각지七覺支인데, 분별사유하는 택법각지擇法覺支, 수행에 정진 노력하는 정진각지精進覺支, 올바른 법에 기뻐하는 희각지喜覺支, 마음을 가볍고 편안하게 하는 경안각지輕安覺支, 집착을 버리고 평등심을 유지하는 사각지捨覺支, 한 경지를 집중하여 진리에 안주하는 정각지定覺支, 마음의 안정과 지혜의 기능을 균등하게 하는 염각지念覺支를 말한다.[365]

원시불교를 연구하는 학자들은 해탈의 과정을 여덟 단계로 나누어 소위 팔해탈八解脫을 말하기도 한다. E. 후라오봘르너에 따르면 팔해탈은 정신적 영역의 네 단계와 해탈도의 네 가지 선정수행을 결합한 것이라 한다.[366] 그는 일본의 범화대사전[367]의 분류를 활용하여 팔해탈을 설명하

364 『빠알리 경전』, 위의 책, 235쪽 이하 참조; 『잡아함경』, 제 26권 "676경", 이연숙, 위의 책 515쪽 이하 참조.

365 『빠알리 경전』, 234쪽; E. 후라오봘르너, 위의 책, 102쪽 이하.

고 있다. 여덟 단계의 해탈 중 처음의 세 가지는 다음과 같다. 첫째, 수행자는 형상들을 의식하면서 형상들 자체를 본다(有色觀諸色是第一解脫). 둘째, 그는 아무런 형상도 의식하지 않으면서 외형적인 형상들을 본다(內無色想觀外諸色是第二解脫). 셋째, 그는 무엇인가 아름다운 것의 지각에 전적으로 힘을 기울인다(淨解脫身作證具足住是第三解脫). 그 다음으로 네 가지 정신적 영역의 단계들이 뒤따른다. 즉 공무변처정空無邊處定, 식무변처정識無邊處定, 무소유처정無所有處定, 비상비비상처정非想非非想處定이다. 이 네 단계의 정신적 영역들은 부처가 깨달음을 얻기 위하여 노력하던 시기에 체득한 것이다. 부처는 스승 아라다 깔라마Arada Kalama로부터 무소유처akimcanyayatanam를, 또 다른 스승 우드라까 라마뿌뜨라Udraka Ramaputra부터 비상비비상처naivasamjnanasamjnayatanam를 전수했다고 전한다. 팔해탈의 넷째 단계의 공무변처정이라 함은 일체의 물질 관념을 타파하고 단지 끝없는 공산반을 염念하여 마음을 집중시키는 상태를 말하고 이를 성취하면 형상의 지각이 멈춘다(超一切色想滅有對想不思惟種種想入無邊空空無邊處具足住是第四解脫). 다섯째 단계의 식무변처정은 공처의 심경을 더욱 진전시켜 식이 무변하다는 사실을 염하여 식 중에 일어나는 차별상을 제거하는 수행으로서 이를 성취하면 공무변처정에 대한 지각이 멈춘다(超一切空無邊處入無邊識識無邊處具足住是第五解脫). 여섯째, 무소유처에서는 공간도 식도 초월하여 일체 존재하는 것이 없다는 상태에 도달하여 앞의 식무변처정의 지각이 멈춘다(超一切識無邊處入無所有無所有處具足住是第六解脫). 일곱째 단계의 비상비비상처정은 일체 공이라고 하는 상까지도 뛰어넘어 상도

366 같은 책, 104쪽 이하.

367 荻原雲來, 漢譯對照 梵和大事典, 東京, 1979.

무상도 없는 데까지 수련을 진전시키는데 이를 성취하게 되면 무소유처정에 대한 지각이 멈춘다(超一切無所有處入非想非非想處具足住是第七解脫). 그러고 나서 마지막 제팔해탈은 의식과 감각들을 말살하는 멸수상정滅受想定으로 끝을 맺는다(超一切非想非非想處入想受滅身作證具足住是第八解脫).[368] 멸수상정의 출현은 네 가지 정신적 영역들이 완전히 빛을 잃었다는 것을 의미하며, 이 멸수상정 수행은 해탈도의 네 가지 선정수행의 단계들과 네 가지 정신적 영역들의 사이사이에 삽입하여 수受(감각)와 상想(의식)을 싫어하여 무심無心에 머무르게 한다.

이제까지 우리는 원시불교의 가르침이자 불교수행의 근본이라 할 수 있는 해탈수행의 전 과정을 살펴보았다. 그 길은 삼보(불법승)에 귀의하여 부처의 설법에 대한 신앙을 굳건히 하고 도덕적 계율을 지키며 더 나아가 승려의 생활방식을 따르면서 노력 정진하는 의지를 갖추고 호흡과 마음을 잘 다스려 선정을 준비하고 올바른 선정수행을 통해 해탈에 이르는 길이다. 원시경전 중에서 특히 고타마 부처가 해탈하시고 처음으로 행한 바라나스 녹야원 설교에서 이미 사성제四聖諦와 팔정도八正道를 다루었다.[369] 사성제는 고타마 싯다르타가 자신이 출가하기 전에 품기 시작하여 답을 얻기 위해 행한 전체 수행과정에서 줄기차게 제기했던 인간의 실존적 난제와 그의 깨달음이 어떤 관계에 있는지를 설명해 준다. 즉 인간의 실존은 고통으로 점철되어 있다는 진리(苦諦), 그 고통의 원인에 대한 진리(苦習諦), 고통의 소멸에 대한 진리(苦盡諦), 고통의 소멸을 위해 실천해야 할 방법에 대한 진리(苦出要諦)이다.[370] 마지막 진리, 즉 고통의

---

368 E. 후라오봘르너, 위의 책, 106쪽 이하.

369 『정선아함경』, 위의 책, 153쪽 이하.

370 같은 곳.

소멸, 즉 열반에 이르는 실천수행의 방법이 곧 팔정도이다. 팔정도는 바른 견해(정견正見), 바른 사유(정사유正思惟), 바른 말(정어正語), 바른 행위(정업正業), 바른 생활 정명(正命), 바른 노력(정정진正精進), 바른 기억(정념正念), 바른 선정(정정正定)이다. 이 팔정도는 위에서 여러 가지 형태로 설명한, 열반에 이르는 내적 자세와 수행방법이 망라되어 있다. 즉 바른 견해에 해당되는 것은 부처님과 그의 설법에 신앙을 가지고 따르는 것이다. 그런 후에 시작되는 바른 사유와 바른 말 바른 행위는 해탈도의 둘째 단계라 할 수 있는 도덕적 수계이고, 정명은 도덕적 행위의 종결이라 할 수 있는 승려의 생활방식으로의 선택이다. 바른 정진은 사념주, 사정근, 오근, 오력에 의해 열심히 수도하는 것을, 바른 선정은 마음의 네 가지 단계의 선정수행에 해당된다.[371]

마지막으로 열반의 길을 탐구함에 있어서 한 가지 더 살펴야 하는 것은 연기설緣起設이다. 왜냐하면 원시경전들에서 고苦의 원인을 설명하고 이를 제거할 수 있는 가능성을 가르치면서 사성제 외에도 연기설을 이용하기도 하기 때문이다. 연기는 일반적으로 열두 번 연쇄된 원인들의 사슬, 즉 종속적 발생을 서술하고 이를 제거하는 데 있어서도 같은 순서를 이용한다.

"어떤 것이 연기법의 내용인가? 이른바 이것이 있기 때문에 저것이 있고, 이것이 일어나기 때문에 저것이 일어난다는 것이다. 즉 진리에 대한 무지(무명無明)를 조건(緣)으로 하여 집착하는 대상을 실재화하려는 의지와 충동(行)이 있고, 집착하는 대상을 실재화하려는 의지와 충동을 조건으로 하여 분별의식(식識)이 있으며, 분별의식을 조건으로 하여 신체와 정신 작용의 결합(명색名色)이 있고, 신체와 정신 작용의 결합을 조건으

371 E. 후라오봘르너, 위의 책, 121쪽 이하.

로 하여 주관성이 확립된 여섯 감각 기관(육처六處)이 있으며, 주관성이 확립된 여섯 감각 기관과 여섯 감각 대상의 접촉(촉觸)이 있고, 주관성이 확립된 여섯 감각 기관과 여섯 감각 대상의 접촉을 조건으로 하여 감수 작용(수受)이 있으며, 감수 작용을 조건으로 하여 즐거움의 대상에 대한 목마른 갈구(애愛)가 있고, 즐거움의 대상에 대한 목마른 갈구를 조건으로 하여 집착하는 대상을 자기화하려는 행위(취取)가 있으며, 집착하는 대상을 자기화하려는 행위를 조건으로 하여 존재(유有)의 형성이 있고, 존재의 형성을 조건으로 하여 태어남(生)이 있으며, 태어남을 조건으로 하여 늙음과 죽음(노사老死), 즉 탄생에 의해 죽음과 고통 및 큰 괴로움이 무더기로 발생한다는 것이니, 이것을 일러 연기법의 내용이라 한다."(『잡아함경』, 제12권 "298경")[372]

고통과 번뇌의 원인이 무명에서 시작하기 때문에 무명을 제거함으로써 대상을 실재화하려는 행을 제거하고, 대상을 실재화하려는 행을 제거함으로써 분별의식을 제거하고, 분별의식을 제거함으로써 신체작용의 결합을 제거하고, 이런 방식으로 제거를 계속하면 모든 연기의 연쇄, 즉 존재의 순환회로(윤회)의 속박을 제거하고 고통과 번뇌에서 해방된 상태, 즉 열반의 세계에 도달한다.

고타마 싯다르타는 이와 같이 최상의 지혜와 통찰력으로 우주의 실상을 관찰하였을 것이다. 그는 세상 어디에서도 영원한 아트만(자아)을 발견할 수 없었다. 어느 것이든 영원하고 고정된 실체가 없는 무아이기 때문에 인연에 의하여 존재하다가 사라지는 것을 관찰하였다. 그는 연기의 실상을 깨달았고 그의 마음은 고요함과 평온으로 가득 찼던 것이다.[373] 고타마

---

372 『정선아함경』, 위의 책 374쪽 이하에서 재인용.

373 『빠알리 경전』, 52쪽.

부처 이후 수많은 그의 제자들이 그가 가르치신 사제와 팔정도, 그리고 연기법 수행을 통해서 욕망을 뿌리를 뽑고 마음의 고요를 성취할 수 있었음을 보고하고 있다.

1.3. 연기로서의 자연

인간, 열반(절대지평: 신), 자연의 맥락 안에서 자연이라 함은 전통적인 서양 사상에서는 절대지평, 즉 신과 인간을 제외한 모든 피조물을 의미한다. 동양에서의 자연(自然)은 넓은 의미로 사용될 때는 절대지평, 인간, 자연의 세 지평을 모두 포섭한 개념으로 이해되고, 좁은 의미로 쓰일 때는 인간 외 자연을 뜻하기도 한다. 불교 경전에서 '자연自然'으로 한역한 개념들은 먼저 '저절로', '저절로 갖추고 있는', '자연히' 등의 뜻으로 쓰이고 있다. 팔리어 '사얌sayam'과 산스크리트어 '스바얌svayam'이 이에 해당한다. '자연'이 '본연으로서의 자연(법성)'과 '심신으로서의 자연(법계)'의 개념으로 발전된 것은 대승과 중국불교에 들어오면서부터이다. 이때 자연에 대응하는 개념은 '다르마', '법성' 혹은 '법계'라 할 수 있다.[374] '다르마dharma'는 '진리' 또는 '존재'의 뜻으로 쓰였고 '연기(pratityasmutpada)법'은 '보편적인 진리'를 가리키고 이것은 곧 법성 또는 법계를 의미한다. 불교에서는 '자아'와 '세계'를 연기로 인식하기 때문에 연기법은 모든 사태와 존재의 보편적 진리이다. '자연 만물의 원리나 본성이 연기(pratityasmutpada)다'는 것은 곧 수많은 조건들(pratitya)이 함께(sam) 결합하여 일어난다(utpada)는 의미이다. 현대 생태학에서 회자되고 있는 상호의존성(interdependence)과 같은 의미이다. 앞 절에서 우리가 연기법의 내용을 살폈듯이, 무지, 인간의 의지와 집착, 인간의 감각과 인식, 그리고

---

374 고명섭, 『불교와 생명』, 12쪽.

인간 밖의 존재, 즉 물질계와 정신계는 모두 통합되어 작용하는 하나의 세계이다.[375] "이것이 있으므로 저것이 있고, 이것이 없으면 따라서 저것도 없어지며, 이것이 생겨남에 따라 저것도 생겨나는 것이며, 이것이 없어지면 곧 저것도 없어지게 된다."[376] 이 세계는 '나' 혹은 '자아'를 의미하는 것이 아니라 반대로 '나 아닌 것anatma', 즉 '무아無我', '비아非我'라고 말한다. 원시불교에서부터 전해지는 연기법과 관련된 또 다른 중요한 교리 하나는 '현상적인 인격성을 만들고 그리고 진정한 자아라고 잘못 파악되는 모든 인자들', 즉 '오온五蘊'이라고 한역한 것이다. 색色, 수受, 상想, 행行, 식識 다섯 가지 인자를 설명하자면, 색온은 흙, 물, 불, 바람(地水火風) 등의 자연의 몸을 말하고, 감각, 상상, 의지, 인식을 각각 뜻하는 수, 상, 행, 식온은 인간의 마음에 통합된다. 이 교리는 자연의 몸과 인간의 몸, 인간의 몸과 인간의 마음은 결코 분리될 수 없고 상호의존적으로 작용한다는 것을 지시한다. 앞 절의 삼법인三法印에서 살펴보았듯이, 존재하는 어느 것 하나 영원불변하는 고정된 것이 있을 수 없고(諸行無常), 존재하려고 힘들어 애쓰지 않는 것이 없으며(一體皆苦), 독자적으로 존재하는 것도, 독립된 것도, 동일성을 유지하는 것도 없다(諸法無我)는 것이다.

물질과 몸(色), 감수 작용(受), 지각 작용(想), 의지와 충동(行), 분별의 식(識)은 영원하지 않다. 영원하지 않은 것은 곧 괴로운 것이요 괴로운 것은 실체로서의 '나'가 아니며 실체로서의 '나'가 아니면 '내 것' 또한 아니다. 이렇게 관찰하는 것을 일러 진실하고 바른 관찰이라고 한다.[377]

---

375 최종석, 「생태불교의 필요성과 가능성」, 불교학보 제42집, 2005, 228쪽.

376 『잡아함경』, II 65.

377 『잡아함경』, 제1권 9경; 『정선아함경』, 328쪽에서 재인용.

연기론에 의하면 이 세계는 수많은 조건들이 서로가 서로를 반영하는 인과의 연쇄일 뿐 세계의 구성 그물망들이 고정된 선후관계나 실체성을 고집하지 않고 서로 환류적이고 비선형적인 인과관계를 이룬다.[378] 따라서 모든 존재의 평등성으로 귀결된다. 나를 둘러싼 모든 존재를 중생이라 부르는데 이 중생은 유정有情, 즉 생명체뿐 아니라 『화엄경』에 이르면 무정無情, 즉 무생명체까지도 포함하게 된다. “모든 흙과 물은 나의 옛 몸이고 모든 불과 바람은 모두 다 나의 진실한 본체이다. 그러기에 늘 방생하고 세세생생 생명을 받아 항상 머무는 법으로 다른 사람도 방생하게 해야 한다. 만일 세상 사람이 축생을 죽이려 하는 것을 보았을 때에 마땅히 방법을 강구하여 보호하고 그 괴로움으로부터 풀어주어야 한다.”[379] 모든 존재들이 서로 평등하며, 서로 의지하고 관계를 맺고 있다는 상의상관성相依相關性은 연기법의 핵심이라 할 수 있다.

이처럼 원시불교에서 시작되어 발전된 연기법은 불교에서는 가장 근본적 진리에 해당된다. 모든 중생과 존재들이 각각 개별적인 특수성을 가지고 있지만 상호 의존되어 있고, 상호 연계되어 있다. 자체의 가치를 인정할 수 있지만 실체적이고 영원한 것으로라기보다 비선형적 인과관계로, 상호작용적 관계의 사태로 파악한다. 그러므로 물질계와 정신계를 포함한 모든 중생은 평등하고 하나다는 결론에 도달한다.

378 같은 곳.

379 「梵網經盧舍那佛說菩薩心地品」 卷10下, (『大正藏』 24, p. 1006 中); 최종석, 앞의 글, 229쪽에서 재인용.

1.4. 소결: 초기경전에서의 인간존엄성

절대지평(열반), 인간, 자연의 맥락 속에서 인간의 존엄성의 근거를 찾아보려는 우리의 시도를 실행하기 전에 우선 불교에서 언급하고 있는 신들과 유대교, 그리스도교, 회교 등에서 유일신으로 신앙하는 신은 서로 다른 차원의 신임을 분명히 할 필요가 있다. 불교에서 말하는 신들은 '일체중생'의 중생에 포함되고, 아직 완전한 깨달음의 영역에 도달하지 못한 세계를 형성하지만 그리스도교 등 유일신관 종교의 신은 일체중생, 즉 살아있는 것뿐 아니라 존재하는 모든 것을 존재케 하는 존재 자체로서, 그래서 창조주, 창조의 원인으로서의 신이다. 불교에서 모든 중생의 최후의 목적은 열반, 니르바나, 무의 세계에 드는 것이다. 모든 존재하는 것은 존재로 있는 한, 중생이고 아직 완성된 것이 아니다. 인간보다 힘과 능력에 있어서 더 뛰어난 존재인 신들도 존재하는 것(존재자)으로 있기 때문에 해탈, 즉 열반에 이르러야 한다. 그리스도교에서 신을 존재 자체, 존재의 근거로 부르면서 존재의 지평에서는 신도 '존재한다'고 사유하지만 다만 유비적으로analogically 그러하다. 산이나, 식물, 동물, 인간이 대상적으로 존재하는 것과는 전혀 다른 존재 양태로 신은 존재하기 때문이다. 엄밀한 개념으로 서술한다면 신은 존재existent하는 것이 아니라 모든 존재자의 원인으로 실재real하는 것이다. 니르바나가 모든 사물의 근본자리로서, 모든 사물과 중생이 있는 그대로 드러나게 하는 그 무엇으로서의 '절대무'라면 그리스도교의 신의 관념과 상통한다. 절대무, 니르바나가 '존재한다'고도 말할 수 없고, '존재하지 않다'고도 말할 수 없는 그런 지평이라면 그리스도교의 창조주 신 역시 형이상학적 제일원인의 의미로는 존재해야 하지만 현상적 의미로는 다른 존재자와 전혀 다른 지평이기에 존재하지 않는다. 붓다는 완전히 깨달음을 얻고 열반적정에 든 역사적 고타마 싯다르타를 의미하였지만 그의 사후 시간이 지나면서 법신法身, 보신報身, 화신化身의 삼신론에 의해 붓다에 대한 보편화와 신격화가 이루어진다. 이는 마음으로 헤아리고 언어로 표현하기 어려운 '니르바나'(열반)를 신앙의 대상으로 삼기 보다는 인격으로 오신 '화신'으로서의 '다르마(理法: dharma)', 고타마 붓다를, – 마틴 부버의 표현을 빌자면 – '영원한 너'로 대상화한 것으로 해석해 볼 수 있지 않을까 생각한다. 열반은 다름 아닌 이 다르마를 온전히 체득할 때 찾아온 세계이므로 '다르마'는 '니르바나'의 다른 이름으로 보인다. 불교에서 그리스도교의 창조주 신에 대응하는 관념을 찾는다면 붓다와 절대 진리인 理法dharma보다도 깨달음을 얻은 후의 상태, 니르바나, 즉 열반적정涅槃寂靜이라 해야 할 것이다.

인간은 이법理法dharma을 체득하고 실천하여 해탈하고 열반에 들 수 있다는 점에서, 즉 완전한 깨달음의 상태의 존재, 붓다가 될 수 있다는 점에서 존엄하다고 말할 수 있다. 열반, 모든 고통과 번뇌에서 해방되어 완전한 깨달음을 얻도록 초대되어 있다는 점에서는 모든 중생, 더 나아가 무생물과 생물 사이에도 차별이 존재하지 않겠지만 인간이 열반에 도달하기엔 가장 적합한 존재라는 점에서 인간 이외의 자연이나 신들과도 차이가 있다. 인간들 사이에는 깨달음에 있어 우열이 있을 뿐 신분, 계급, 성, 나이로 인해 불평등이 있을 수 없다. 오히려 인간은 자의식과 이기심 그리고 종적 우월심에서 해방되어 모든 중생과 자신을 동일시하는 자비심을 바탕으로 해탈에 이를 수 있다. 이런 점에서 신, 인간, 자연의 관계가 존재론적으로 위계적이고 가치우열적인 그리스도교와 달리, 인간과 인간 외 자연은 모두 해탈되어야 할 중생으로서 본질적으로 동등하며, 연기법에 의해 인간의 마음과 자연의 몸이 연결되고 상호작용하는 네트워크라는 점에서 열반, 인간, 자연은 연기법적 일체를 이루고 있다. 인간과 자연, 인간과 인간 이외의 중생이 이렇듯 연결망 속에 상호작용하는 일체의 동등한 부분이지만 수많은 영겁을 윤회하여 인간의 몸으로 태어나서 이제 윤회의 업carma을 끊고 절대무의 세계로 해탈할 수 있는 그런 기회의 순간이라는 점에서 인간의 생명은 존엄하다고 할 수 있다.

2. 대승불교사상사에서 본 인간존엄성의 근거 이해

고타마 붓다가 입적하신 후 불교는 초기불교와 부파불교 교의학 시대[380]를 거쳐 기원 전후가 되면서, 상좌부불교,[381] 대승불교로 갈라졌고, 다시 대승불교는 티베트로 전파되어 그곳의 토착신앙과 결합하여 발전한 금강승(바즈르야나)불교와, 중국, 한국, 일본까지 전파되어 발전한 북방불교로 분류할 수 있다. 여기서는 북방불교로 분류되는 대승불교 사상만을 보기로 한다.

대승불교는 기원전 1세기에 시작하여 수세기 동안 승단 중심으로 승려의 수행만을 강조한 장로불교를 비판하고, 고타마 붓다가 살아계시는 동안 출가승과 재가 신도를 크게 구별하지 않고 제자를 삼은 정신에 돌아가

---

380 부파불교(部派佛教, Early Buddhist schools)는 고타마 붓다가 반열반에 든 후 제자들 사이에 견해의 차이가 생겨 불멸후 100년경에 보수적인 상좌부(上座部)와 진보적인 대중부(大衆部)로 분열되고, 이어서 이 두 부파(部派: 종파)로부터 여러 갈래의 분열이 일어나 불교가 여러 부파로 나뉘면서 전개되었던 시대의 불교이다. 「제1차 결집」, 『글로벌세계대백과사전』, 2010 참고.

381 소승불교라고도 한다. 소승小乘이라는 뜻은 '작은 수레'라는 것인데 상좌부Theravada가 홀로 수행하여 깨달음을 얻는다 하여 '혼자만 타는 수레'라는 의미로 소승이라 불렀다고 한다. 대승불교는 이와 반대로 '함께 타는 큰 수레'로서 대승부Mahasamghika라 부른다. 남아시아와 동남아시아에서는 다소 폄하하는 '소승'불교라는 이름 대신에 상좌부Theravada 불교라 부른다.

야 한다고 주장하면서 새로운 운동으로 발전하였다. 우리말에 흔히 '대승적 입장'이라는 말을 쓰는데 이는 '소이小異를 버리고 대동大同에 이르는 입장'이라 해석할 수 있다. 자기입장과 권위를 앞세워 서로 갈라져 나간 지파가 18개 또는 20개에 이르는 소승불교 부파들을 비판하면서 이들을 종합 지양하여 보다 높은 차원의 입장을 대승불교는 지향했다고 본다.[382] 19세기 근대 불교연구가들은 부처님 자신의 가르침으로 돌아가야 한다면서 오래된 '근본불교' 또는 '원시불교'일수록 더 불교적이고 최고라는 인식이 있었고 대승불교의 가르침은 불설이 아니라고 주장하는 학자도 있었다. 그러나 20세기에 이르러서 이러한 평가는 잘못되었고 대승과 소승의 교설은 거의 비슷할 뿐 아니라 대승의 법화경이나 열반경 등은 석가모니 부처로부터 기원한 것으로 매우 잘 정제된 최고의 교리로 평가하기에 이르렀다.[383] 대승불교는 이웃에 대한 사랑이 강조되어 보살개념이 새롭게 생겨나는데, 눈과 손이 각각 천 개씩이나 있어서 언제든지 자신의 이름을 부르는 사람에게 달려가 도움을 주는 자비로운 관세음보살이나, 지옥에 한 사람이라도 남아 있는 한 지옥에서 나오지 않겠다는 지장보살이 유명하다. 보살은 실제 인물이 아니라 고타마 붓다의 여러 공능을 나누어 인도 특유의 상상력으로 의인화 혹은 신격화시킨 인물이라 해석한다.[384] 보살의 신격화와 함께 붓다에 대한 신격화도 대승불교에서 일어나는데 이는 대승불교가 자력적인 승려 계급을 위한 것이라기보다 타력이 필요한 재가불자, 혹은 일반인들을 위한 가르침이 되고자 하는 경향을 반영한 것으로 보인다. 『법화경』에 나타난 신시대의 불교신자단은 부처

382 金剛秀友(가나오까 슈우), 「대승의 불교사상」, 『대승불교 총설』(안중철 역, 금강수우 편, 불교시대사, 1992), 13쪽 이하.

383 위의 책, 「대승의 불교사상」편 참고.

384 최준식, 『한국의 종교, 문화로 읽는다 - 1. 무교 유교 불교』, 294쪽 이하.

님의 유골을 중심으로 불탑신앙에 의해 모인 재가불자 신자들이었는데 자산가, 씨족공동체의 대표자, 사회적 지위를 지닌 지식인들로 구성되었고 이들 중 지도자급인 사람들을 '거사居士grhapati' 또는 부처의 사도란 의미로 '보살菩薩Tathagata'로 불렸다.[385] 이들은 선행을 실천하는 보시행布施行을 중시하고 성문비구에게도 보시와 함께 대승으로 전향하도록 권장하였다.[386]

이 운동이 기원후 3세기에 이르는 사이 대승 운동의 결실로 수많은 대승 경전들이 출현했다. 초기 대승 경전 가운데 중요한 것들은 『반야경般若經』, 『유마경維摩經』, 『법화경法華經』, 『아미타경阿彌陀經』, 『십지경十地經』 등이다. 이 가운데 『반야경般若經』은 대승 경전을 대표하는 경전으로, 이 경전에 실린 공사상空思想은 대승 불교의 기본적 교리로서 불교 사상의 근본 사조를 이루었다.

2.1. 초기대승불교의 인간론

대승불교는 사상과 내용이 단일성을 가지고 있지 않고 몇 개의 사상이 합쳐진 집합명사로 이해해야 한다. 인도에서의 경량파, 유가행파, 중관파는 그 후 인도불교가 '중관사상의 밀교화'로 나아갔고, 중국에서는 삼론종, 열반종, 천태종, 화엄종, 지론종, 진언종, 선종, 정토종 등으로 분화되어 갔다. 중국의 영향을 받은 한국과 일본에서는 이러한 대승의 종파가 결합되기도 하고 다시 2종으로 분리되기도 하면서 발전하였다.[387] 여기서는 중요한 교리를 담고 있는 초기 대승불교 종파로서 중관파와 이를

---

385 『대승불교 총설』, 위의 책, 23쪽 이하.

386 앞의 책, 37쪽.

387 앞의 책, 55쪽 이하.

인식론과 실천에서 활용한 유식유가행파, 그리고 화엄종과 천태종을 살펴본다.

2.1.1. 중관파中觀派(AD 150)의 공空

중관파의 중심사상은 공空이다. 여기서 공이란 무無가 아니라 '어떤 것도 참으로 실재하고 있는 것이 아니며 모든 사물은 겉모양뿐인 현상에 지나지 않는다.'라는 의미, 즉 '공허', '본질이 없다는[388]' 뜻이다. 모든 사물은 다른 여러 사물들과 조건 지어진 상태에서 존재하는 것이다.[389] 고타마 붓다의 근본사상인 연기설緣起說을 공의 입장에서 해명하고 공의 사상을 철학적으로 기초 지은 이가 바로 나가르주나(용수龍樹: 150년~250년경)로서 대승 불교 8종의 시조로 숭앙받았다. 용수의 저작으로 알려진 『중론』에서 주요 논적論敵은 '일체가 있다'고 주장하는 설일체유부說一體有部에 속하는 자성론자自性論者 또는 유자성론자有自性論者라 할 수 있다. 이들은 사물 또는 개념의 '자성', 즉 자체 본질이 실재한다고 주장하였는데 『중론』은 무자성을 주장한다.[390] 유부가 주장하는 '법(dahrma)이 있음(法有)'에서 법이란 자연적 존재를 가능케 하는 본연의 상태, 존재를 존재이게 하는 근원적인 원리를 뜻한다. 서양 철학사에서 존재와 본질이라는 개념 쌍에서 법유는 개개 존재가 끊임없이 변화하고 생멸하는 가운데에서도 본질은 변함없이 초시간적, 초공간적으로 있어야 함이 타당하다. '~이다'로부터 '~이 있다'로, 본질essentia로부터 존재existentia로 옮겨간 것이 법유의 입장이 성립하는 이론적 근거이다.[391] 법

388 sunya는 산스크리트어에서 '~을 결하고 있다'라는 의미로 사용됨.

389 나카무라 하지메 中村 元 저, 이재호 역, 『용수의 삶과 사상』, 불교시대사 1993, 11쪽 이하.

390 앞의 책, 54쪽.

391 앞의 책, 60쪽 이하.

dahrma은 '가지다'dhr라는 어원에서 나온 말인데 유부에서는 '그 자신의 본질(自相)을 가지므로 법이다.'라고 말하고 대승불교의 중관사상에서는 '그 자신의 본질을 가지고 있지 않으므로 법이 아니다'라고 주장한다. 유부는 '그 자신의 본질'을 '사물'로 본 것이다.[392] 법은 '사물'이라는 해석이 가능하게 되었는데 여기서 '사물'이라 함은 경험적인 사물이 아니라 자연적 존재를 가능하게 하는 '본연의 상태'로서의 '사물'이다. 따라서 법유의 입장에서는 작용을 단순한 작용으로 보지 않고 작용을 작용으로 나타나게 하는 틀, 본질이 형이상학적으로 실재한다고 생각한다.[393] 따라서 '가고 있는 것은 간다.'라는 경우에 '가고 있는 것'이라는 하나의 '본연의 상태'와 '간다'라는 '본연의 상태'가 완전히 달라서 '가고 있는 것이 간다.'고 할 경우 이는 분석판단이 아니라 종합판단이 된다. 이러한 법유의 관점에 대응하여 용수는 『중론』에서 중론 논법의 기초로서 운동을 부정한다. 지금 가고 있는 것과 이미 간 것과 아직 가지 않은 것에 의해 '간다'는 운동은 모두 배제된다. '이거已去'란 이미 가버린 것으로, 즉 '가는 작용이 정지된 것'이므로 작용이 없어서 다시 가게 될 수 없다. 또 '未去미거'도 가지 않는다. '미거'란 가는 작용이 아직 일어나지 않은 것으로 간다는 작용을 가지지 않기 때문이다. '현재 가고 있는 것이 간다.'는 것도 있을 수 없다. 용수는 여러 방식으로 이를 부정한다. "'현재 가고 있는 것'에 어떻게 '가는 작용'이 있을 수 있는가. '현재 가고 있는 것' 속에 두 가지의 '가는 작용'은 있을 수 없다."(2장 3게偈) '현재 가고 있는 것은 간다.'라고 할 때에, '현재 가고 있는 것' 속에 있는 '가는 작용' '간다'는 작용이 본질적으로 서로 다르기 때문에 불합리하다고 생각한다.[394] "또 '가고 있는

392 앞의 책, 61쪽.

393 앞의 책, 83쪽.

것'에 가는 작용이 있다고 생각하는 사람에게는 가고 있는 것이 가기 때문에 가는 작용이 없고 게다가 '가고 있는 것'이 있다는 오류가 하나 더 붙게 된다."(4게) '가고 있는 것'에 '가는 작용'이 있다면, 두 가지의 가는 작용, 즉 '가고 있는 것'을 있게 하는 가는 작용과 또 '가고 있는 것'에서 가는 작용이 덧붙게 되어 불합리하다.(5게) 두 가지 가능 작용이 덧붙으면 다시 두 가지 '가는 주체'가 덧붙게 된다. 왜냐하면 가는 주체를 떠나서는 가는 작용은 있을 수 없기 때문이다.(6게)[395]

이를 통해서 용수는 유부有部의 법유法有, 즉 모든 개개의 존재에는 그 자체를 성립시키고 있는 실체적인 자성自性, 본질이 있다고 하는 입장을 정면으로 비판하고 있는 것이다. 다시 말하자면 용수는 자연적 존재의 영역에서 운동을 부정하려는 것이 아니라 '법유'학파의 모든 사물의 본질이 실재하고 있다는 입장을 부정한 것으로 보인다.[396] 법유의 입장은 자연적 존재를 문제로 삼지 않고, 그 '본연의 상태'가 있다고 간주하기 때문에 한 사람이 걸어갈 경우 '간다'고 하는 '본연의 상태'와 '가는 주체'라는 '본연의 상태'를 구별해서 각각을 실체시하는 것에 문제가 있었던 것이다. 용수는 개념을 부정한 것이 아니라 이 개념에 형이상학적 실재성을 부여하는 것을 부정한 것이다. '가는 작용', '가는 주체'를 부정한 것이 아니라 '가는 작용'이나 '가는 주체'라는 '본연의 상태'를 실유라고 생각하는 그래서 도달하게 되는 모순을 지적한 것이다.[397] 중관철학은 서양철학에서 아리스토텔레스와 토마스 아퀴나스 전통에 선 실재론realism을 부정하는 오캄의 유명론nominalism과 유사한 것으로 보인다.[398]

394 앞의 책, 80쪽.

395 앞의 책, 80쪽 이하에서 재인용.

396 앞의 책, 85쪽.

397 앞의 책, 91쪽.

중관파가 본질, 자성을 부정하고 부정의 논리를 발전시킨 것은 연기緣起를 해명하기 위한 것이다. 이것이 서양의 유명론 또는 회의론이 가지고 있지 않은 관점이다. 중관파에 따르면 현상계의 모든 존재는 그 안에 자성이 없는, 즉 무자성無自性 · 공空이기 때문에 현상이 성립되며 또 변화할 수 있는 것으로, 만일 법유의 입장에 서 있는 본질과 같은 것을 실체시實體視한다면 현상계의 성립과 변화는 설명할 수 없다고 생각한 것이다.[399] 현상계의 존재 현상의 성립과 변화를 고다마 붓다가 가르친 연기緣起로 설명하고자 한다. 연기를 통해 갖가지 현상과 사상事象이 서로 상호의존 또는 상호한정하며 성립(相因待)하고 있는 것을 분명히 하고자 한 것이다. 『중론』의 첫 부분에서 나가르주나는 소위 팔불八不, '불멸不滅, 불생不生, 부단不斷, 불상不常, 불일의不一義, 불이의不異義, 불래不來, 불출不出'을 주장하는데 이를 '연기'라 부르는 것을 알 수 있다.[400] 이를 해석하면 다음과 같다. "우주에서는 어떤 것도 소멸하지 않고, 어떤 것도 새롭게 생기지 않으며, 어떤 것도 종말이 없고, 어떤 것도 항상함이 없고, 어떤 것도 그 자신과 동일한 것이 없고, 어떤 것도 그 자신으로부터 나뉜 별개의 것이지 않고, 어떤 것도 우리를 향해 오지 않고, 우리로부터 가지도 않는다."[401] 『중론』에서의 논리는 'A가 성립하지 않으므로 B가 성립할 수 없다'고 하는 형식이다. '본질', '상'이 성립하지 않으므로 '특질되는 것(可相)'은 있을 수 없다. 상호의존하기 때문에 한 가지가 존재하지 않으면, 다른 것도 존재하지 않는 것이다. 그렇다면 이러한 연기는 어떤 범위에서 적용되는가? 설일체유부에서는 연기란 마음을 가진 살아 있는 존재,

398 앞의 책, 96쪽.

399 「중관파의 사상」, 불교의 사상, 글로벌 세계대백과사전.

400 『용수의 삶과 사상』, 앞의 책, 107쪽.

401 『프라산나파다』, 368쪽; 앞의 곳에서 재인용.

즉 유정수有情數에 한정해 있다고 하는 설과 유정과 비유정을 통틀어 말한다는 설이 있었는데 어떤 경우에서든 연기란 유위법에 관해서만 말할 수 있는 것이었다. 따라서 유부는 유위법 외에 따로 독립적으로 무위법을 인정하고 있었다.[402] 그런데 『중론』에서는 유위법도 무자성이니, 무위법도 무자성이라 주장하고 있는데 그 근거는 상의상관관계相依相關關係에서 양자가 성립하고 있기 때문이다. 따라서 『중론』의 연기론에는 형식논리학적으로 보자면 오류를 지적할 수 있겠지만 상의상관相依相關의 관점에서 해석할 때 그 의미를 발견할 수 있을 것이다.[403]

제법의 실상이 무자성無自性이고, 상의상대相依相待의 관계, 즉 연기로 나타나고 있기 때문에 '무아無我'를 주장하는 것은 당연해 보인다. "묻는다. 진리의 특질은 무엇인가… 답한다. 나(我)와 내 것(我所)을 떠나는 것이 진리의 특질이다."[404] 『중론』(22장 3게)에서도 '다른 것에 의존해 생기는 것은 무아라고 할 수 있다.'고 한다. 여기서 말하는 것은 인간이 자신의 정체성에 관해 '무아'라고 이야기하는 것은 물론 모든 사물이 '무자성'이라는 것의 다른 표현으로 볼 수 있을 것이다. '만일 사물이 여러 연에 의해 생긴다면, 나는 없다. 다섯 손가락이 모여 주먹이 되지만, 이 주먹이 그 자체로 있을 수는 없는' 이치로 '나'와 '자체'는 없다.[405] 『대지도론』에서는 "모든 사물은 공으로 나(아)가 없고, 중생도 없다. 그렇지만 인연에 의하기 때문에 있는 것이다."고 말한다.[406] 따라서 무자성, 무아, 공과 연기는 함축된 의미로 보자면 동의어로 볼 수 있다.

---

402 『용수의 삶과 사상』, 앞의 책, 131쪽.

403 앞의 책, 130쪽 이하 참조.

404 『무외론』, 18장: 앞의 책 153쪽에서 재인용.

405 『용수의 삶과 사상』, 154쪽 이하.

406 앞의 책, 155쪽.

용수의 이러한 주장은 『중론』에 아래와 같이 명확히 종합하고 있다. "각각의 법이 고정된 성품(定性)을 지니고 있다면 곧 원인과 결과 등의 모든 일이 없어질 것이다. 때문에 나는 다음과 같은 게송으로 설명한다. 여러 인因과 연緣에 의해 생겨나는 것이 법(法: 존재)이다. 나는 이것을 공하다(無)고 말한다. 그리고 또한 가명假名이라고도 말하며, 중도中道의 이치라고도 말한다."407 여러 인因과 연緣에 의해 생겨나는 것인 법(法: 존재)을 공하다(空)고 말하고 공空하다는 표현도 어쩔 수 없이 중생을 인도하기 위한 방편으로 공하다고 할 뿐(假名)이다. 공의 본질도 실재하지 않다고 보기 때문이다. 이처럼 "있음(有)"과 "없음(無)"의 양 극단(二邊)을 벗어나기에 중도中道라 부른다. 천태종에서는 위의 시구에 나오는 공空, 가假, 중中을 가리키어 '삼체게三諦揭'라 부르거니와 중론에서는 결국 공, 가명, 중도는 연기의 동의어로 보고 있다.408 일체의 희론戱論(형이상학)을 떠나고, 있음과 없음에 관한 일체의 분별을 떠나면 윤회와 니르바나, 세간과 여래에 대한 분별도 사라져, 윤회가 니르바나와 다르지 않고 세간이 여래와 다르지 않다. 니르바나와 윤회, 부처와 세간은 진여를 설명하기 위한 언사에 불과하다.409 상의相依해서 일어나는 법法(존재현상)일 뿐이다. 이 현상마저 공이고 가명이고 중도이고 연기일 뿐이다.

위에서 본 것처럼 중관파는 실체 또는 본질을 부정하고 자성과 자아를

---

407 諸法有定性。則無因果等諸事。如偈說。
衆因緣生法　我說即是無
亦為是假名　亦是中道義, 중론 24장 18게 참조.

408 『용수의 삶과 사상』, 171; 174쪽.

409 앞의 책, 199쪽 이하, 204쪽 이하.

부정하였다. 이는 모든 법, 즉 존재는 상의상관관계, 즉 연기에 의해 생긴다고 보았기 때문이다. 그러므로 이를 공이라 이름 붙이지만 그저 가명일 뿐이다. 따라서 중론파들은 인간을 자립한 단독자의 실체로 이해하기보다 상의상관관계, 즉 연기로 이해할 것을 강조했다. '나'라는 정체성에 관해서도 있음도 없음도 부정하지 않는 중도의 길을 펼치면서 '나' 자신에 대한 집착에서 벗어나, 나를 둘러싸고 시간과 공간, 그리고 인간관계에서 파생된 연생관계를 더 중시하는 인간학을 펼치게 되었다.

2.1.2. 유식유가행파唯識瑜伽行派(AD 200)의 윤회와 해탈

유식유가행파는 그 이론과 수행의 근본이 유식과 유가로서 이 두 가지 근본이 결합되어 붙여진 종파의 이름인데 유식학파, 유가행파라고 부르기도 한다. 유식학파는 유가瑜伽(Yoga)를 통해 해탈과 보리의 증득을 꾀하기 때문에 이처럼 유식유가행파로 부르는 것이다. 유식唯識이란 말은 '오직(유唯) 식識이다'는 뜻으로 유식무경唯識無境, 만법유식萬法唯識의 준말이다. 유식무경唯識無境, '오직 식이며 대상이 없다.', 만법유식萬法唯識, '일체는 오직 식, 심식心識이다.'는 표어는 유가행파 내지 유식파의 중심 사상을 담고 있다.410 여기서 '식識'은 주로 의식意識consciousness으로 이해하면 된다. 유식유가행파는 앞서 살펴본 용수스님의 중관파와 함께 대승불교의 양대 축으로 4세기 무착에 의해 집대성되었지만 권위를 얻기 위해 미륵의 이름으로 설파된 기본사상들은 2세기 이후부터 형성되어 간 것으로 보인다.411 이들은 호흡을 조정하고 마음을 가다듬는 등의 지관(止觀: 선정과 지혜) 수행을 통해 바른 이치(正理)와 상응相應하려고

---

410 장익, 『불교 유식학 강의』, 정유서적, 2012, 18쪽 이하.

411 앞의 책, 64쪽.

하는 유가행(瑜伽行 · Yoga · 요가)을 실천하였다. 유가행파는 유가행의 체험을 바탕으로 아뢰야식이라는 새로운 심식心識과 이에 따른 체계를 도입함으로써 중관파에서 주장된 반야의 공사상空思想의 불충분한 점을 보충하고, 일체의 존재는 심식心識의 변전이며 심식만이 실재라고 보는 유식설을 세워 대승의 교리적인 발전을 성취하였다.[412]

중관파에서 주장하는 공, 가명, 중도, 연기 사상은 힌두교와 불교에서 중요한 교리인 인과와 윤회 역시 가명假名 또는 가법假法에 불과하다고 말하게 되어 혼란을 초래하게 되었다. 수행하여 보리를 증득하고 해탈해야 할 주체도 공이라면, 즉 실재하는 것이 아니라면, 인과의 결과로 윤회하며 상호의존, 상호 의지하는 주체도 실재하는 것이 아니게 된다. 결국 연기도, 윤회도, 해탈도 없는 것이 되고 만다. 그러면 무아를 포기하고 법유학파의 실체실재론으로 돌아가야 하는가? 윤회의 주체에 해당하는 것은 무엇일까? 유식유가행파는 물론 불교 일반에서는 결국 이 문제에 대한 답을 마음에서 찾을 수밖에 없다. 무아無我는 아我의 정체성을 부정하기 위한 것이라기보다 아我에 대한 집착하는 마음을 버리는 것이 목표라 할 수 있다. 아도 무아도 결국 마음의 문제이다. 아를 해탈한 무루심無漏心의 상태가 무아無我이며, 아에 집착하는 유루심有漏心의 상태가 곧 아我이다. 인과와 윤회와 공성에 대한 원인규명도, 업감業感의 연기나 연기의 원인인 번뇌를 비롯한 수행과 해탈의 지혜도 역시 마음의 변화를 통해서 가능하다.[413] 이런 생각이 유식사상을 이루게 되지만 이를 뒷받침하는 대승경전 중엔 『화엄경』을 들 수 있다. 여기에서 삼계유심三界唯心과 일체유심조一切唯心造를 가르치고 있다. 삼계와 일체는 모두 오직

412 "유가불교", 『글로벌 세계대백과사전』; 유가행파, 위키백과, 2014에서 재인용.

413 『불교 유식학 강의』, 앞의 책, 56쪽 이하.

마음이 지었다고 하면서 마음의 작용의 중요성을 강조하기 때문이다.[414] 마음에 대한 체계적인 언급이 드러나는 것은 대승 중기경전인 『능가경』, 『해심밀경解深密經』, 『대승밀엄경』 등인데 특히 『해심밀경』은 유식의 근본 소의경전이 되며, 윤회의 주체인 종자를 지니는 아뢰야식에 대한 언급이 최초로 있고, 공을 새롭게 해석하기 위한 삼성설三性說 등 유식의 기본교학이 담겨 있다.[415] 이런 대승불교의 사상적 전개과정을 거치면서 유식사상이 본격적으로 정리되는 것은 4세기경 미륵彌勒이라는 저자가 유식사상의 근원적 이론을 담아 100권에 달하는 『유가사지론瑜伽師地論』을 지으면서부터이다. 미륵 이름으로 저술된 저서 중에는 그 외에도 『분별유가론』, 『대승장엄경론』, 『변중변분별론』, 『금강반야바라밀경론』 등이 있다.[416] 미륵과 함께 언급되는 인물은 무착無着(Asanga, c.300-390)인데 그는 미륵을 스승으로 삼아 밤마다 도솔천에 올라가서 미륵보살을 친견하고 유식사상을 전수받아 이를 유식사상으로 정리했으며, 저술의 대부분을 미륵이라는 이름으로 출판하였다. 오늘날 체계적인 연구에 따르면 미륵이 실존인물이라기보다 무착 이전에 있었던 다양한 유식사상에 관련된 연구 성과에 권위를 주기 위해 미륵이라는 이름으로 가탁하여 무착이 소개하려 했던 것으로 여긴다.[417] 무착은 미륵이라는 이름으로 유식과 관련된 이론서 5권을 남기는 것 외에도 만법유식萬法唯識을 깨달아 『섭대승론攝大乘論』, 『현양성교론』, 『아비달마경론阿毘達磨經論』 등을 저술하여 유식사상이 널리 보급되는 계기를 맞이하게 되었다.[418] 무착의 아

414 앞의 책, 57쪽.

415 앞의 책, 58쪽.

416 앞의 책, 62쪽 이하.

417 앞의 책, 63쪽 이하.

418 앞의 책, 65쪽.

우 세친世親은 『유식삼십송』을 지어 유식을 종합하여 널리 알리고 인도에서 주석가인 십대논사들이 활발하게 연구하게 되는 계기를 만들었다고 전해진다. 『유식삼십송』에 대한 십대논사들의 다양한 연구서를 종합정리한 사람은 인도에서 유학하고 유식사상을 중국에 소개한 현장玄奘(602-664)법사이다. 그는 『성유식론』으로 자신의 작업을 집대성하였다.[419]

유식사상이 기존의 부파불교의 심식설, 그리고 중관사상과 어떻게 다른지를 비교하면서 그 특성을 이해해 보자.

초기불교는 심체일설인 데 반해 유식사상은 심체별설을 주장한다. 심체일설이란 심心과 의意와 식識은 그 이름만 다를 뿐 작용이 같다고 보지만 심체별설의 유식학에서는 이들을 구별하여 마음의 체성이 심식마다 각기 다르다고 본다. 부파불교에서는 마음의 평정으로 해탈을 얻고자 하는 것을 우선하였기 때문에 마음에 대해 자세히 연구하지 않았지만 중관사상 이후에 등장한 유식사상은 공을 해석하기에 앞서 일체의 대상과 마음에 대한 분류를 시도하고, 그 중심에 마음이 있다는 점을 강조하고, 일체는 마음에 의해 발생하는 것을 관찰하여 마음의 구조와 작용을 상세히 검토하게 된 것이다. 대상들이 마음에 의해 나타나는 것이기에 공함을 알게 되고, 마음 또한 공한 대상과 관련되어 있기에 공할 수밖에 없다는 결론에 도달한다.[420] 이런 점에서 유식사상과 중관사상은 일치한다. 유식사상에서 심心은 제8 아뢰야식阿賴耶識을 말하며, 정신과 육체 등으로 조성한 업력과 일체의 종자를 능히 저장하여 보존하면서 항상 몸과 마음을 유지시켜 주고, 인간의 객관 세계를 인식할 수 있도록 유지시켜 주는

419 앞의 책, 67쪽 이하.

420 앞의 책, 70쪽 이하.

근원적인 역할을 한다. 의意는 제7 말나식末那識을 뜻하며 항상 번뇌로 집착하는 사량思量 작용, 무아無我 대신에 아집我執과 법집法執 등의 번뇌 작용을 일으킨다. 식識은 육식六識을 말하며, 안식眼識, 이식耳識, 비식鼻識, 설식舌識, 신식身識, 의식意識이 이에 속하고 대상에 대해 뚜렷하게 인식하는 요별了別작용을 하고 사물을 구별하고 분별하는 마음을 일으킨다. 전5식과 제6식(意識), 제7식(意), 제8 아뢰야식(心)을 합하여 8식이 되어, 8식설이라 한다.[421]

제6식, 의식이 인식하는 대상은 색법과 심법, 즉 물질적인 것과 정신적인 것 모두를 포함한다. 또한 제6식은 유루有漏와 무루無漏, 즉 잘못된 인식이 있는 번뇌와 반야의 지혜 모두를 인식한다. 따라서 수행을 통해 해탈과 열반의 세계를 실현할 가능성이 제6식의 작용에 달려있다. 제6식을 분별의식이라 부르기도 하는데 대상의 옳고 그름에 대한 식별을 하기 때문이다. 제6식은 이처럼 전5식의 물질적이고 감각적 데이터를 바탕으로 인식하기도 하고(오구의식五俱意識), 감각적인 것이 이미 탈각된 관념만을 가지고 추리하는 인식(불구의식不俱意識)도 한다. 또한 대상이 없이 내면적으로 과거를 회상하거나 미래를 예측하고 잡념이나 깊은 사유에 잠기는 등과 같은 인식작용도 하기에 홀로 일어난다는 의미로 독두의식獨頭意識도 포함한다. 독두의식에는 몽중夢中의식, 정중定中의식, 독산獨散의식이 있다. 꿈이나 환영, 초월적 암시와 같은 의식을 몽중의식이라 하고, 산란의식이 정지되고 고요하게 집중되는 상태, 삼매 경지를 정중의식이라 한다. 의식이 안정을 얻지 못하고 인식대상과 일치하지 못하여 산란하고 분열된 상태의 의식, 정신분열, 정신질환과 같은 의식을 독산의식이라 한다. 따라서 부단한 명상과 참선수행을 통해 정중의식을

421 앞의 책, 71-74쪽.

유지하는 것이 중요하다.[422] 제6식이 유루, 번뇌성의 인식을 하는 이유는 제7식, 말나식의 지속적 영향을 받기 때문이라 한다. 그러나 제6식에 영향을 미치는 것은 제7식뿐 아니라 제8식, 즉 훈습된 종자(業力種子)의 작용도 있다. 이처럼 제6식은 육체 외부의 현상세계뿐 아니라 내부의 잠재된 의식이 종합되는 지평이니만큼 의식을 집중하고 분별하면서 의지를 발동하여 해탈의 방향으로 나아갈 수 있는 능력을 지닌 것이다. 초기불교에서는 6식설을 중심으로 인간의 심식을 설명해 왔지만 유식학에 이르러서는 6식으로는 모두 설명할 수 없는 점을 발견한다. 즉 근본번뇌根本煩惱, 무명無明의 기원과 인과와 윤회의 주체를 어떻게 설명해야 할 것인지에 관한 것이다. 의식인 6식의 뿌리, 즉 의근意根, 6식의 의지처依支處로서 7식 말나식을 설정하여 무명과 근본번뇌의 문제를 해소하고, 인과와 윤회의 주체로서 제8식 아뢰야식을 설정하여 무아설에 따른 난관을 극복한다.

제7 말나末那는 산스크리트어 'manas'의 음사로, 의역하면 '사량'이라는 뜻인데 대부분 집착된 잘못된 인식을 말한다. 말나식을 항심사량恒心思量이라 부르기도 한데 간혹 제6식이 끊어진다 할지라도 계속해서 제6식의 바탕이 되어, 끊어진 제6식이 일어날 수 있게 해주는 근원적 심식의 특성을 가지기 때문에 항恒이라는 이름을, 제8식에 비해 자세하고 세밀한 인식작용을 할 수 있다는 점에서 심審이라는 이름을 합성한 것이다. 말나식은 선과 악, 고와 락을 분별하는 제6식과 달리 더욱 깊은 내면적 심식영역으로 쉽게 드러나지 않고 성스러운 수행의 길을 방해하는 번뇌를 부추기는 성질을 가지고 있다.[423] 불교에서 말하는 번뇌는 제6식에서 말하는 선과 악의 실천과 관련된 혼란이라기보다는 심식의 내적인 부분으로 제8

422 앞의 책, 105-113쪽.

423 앞의 책, 122-127쪽.

식인 아뢰야식阿賴耶識의 종자에 대한 집착, 자아自我에 대한 집착에서 오는 방해이다. 말나식에서 이루어지는 번뇌의 원인은 아我에 대한 집착이고, 네 가지의 근본번뇌는 아치我痴, 아견我見, 아만我慢, 아애我愛인데 이들은 아뢰야식에 저장된 종자種子를 집착하여 인식이 이루어지도록 하고, 생각과 생각이 끊임없이 일어나게 한다.[424] 제7식이 제8식을 내면적인 아로 집착하는 것이 끊임없이 지속하지만 유가수행을 통해서 연기와 무아의 이치를 깨닫고 아공我空을 얻어서 번뇌장이 끊어지고 마침내 제7식이 단절되면 해탈의 경지를 얻게 된다는 것이 유식학의 근본교리인 것이다.[425]

제8식은 모든 식의 근본이기에 근본식이라 부르기도 하는데 아뢰야(Alaya)식이다. '아뢰야'는 '저장하다' 뜻이다. 이런 의미로 장식藏識이라고도 번역한다. 유식학에서 인간의 행위는 심식으로 인해 이루어지고 이 행위들은 단순히 사라지는 것이 아니고, 특정한 형태로 심식 속에 저장된다고 한다. 저장되는 과정을 깊고 은근히 배어들어 가서 흔적을 남긴다는 의미로 훈습薰習이라 한다. 습관적으로 지속하게 되어 배어들어 가면 일정한 효능을 지진 가치로 전환되는데 이 가치들을 종자라는 단어로 표현한다. 종자란 씨앗을 말하고 미래의 가치로 활용할 수 있는 가능성을 지닌 것이라는 뜻이다.[426] 제8식의 역할은 무엇보다 종자를 잘 저장하고 보존하는 것이다(無沒識). 종자가 중관파가 주장하는 것처럼 임시적인 것이고 공空이며 가명假名인가? 유식학에서는 중관파의 생각을 승의의 승의, 즉 가장 뛰어난 이치 중에 이치라는 차원에서는 수용하지만 승의를 표현하

424 앞의 책, 130-133쪽.

425 같은 곳.

426 앞의 책, 140쪽 이하.

는 세속적 입장에서는 그렇지 않다고 한다. 일체의 만법은 종자에 의해 이루어진다고 하고 만법은 진여성眞如性과 관련되어 있다고 생각한다. 종자와 진여의 밀접한 관계 속에서 만법이 있으므로 종자는 가법假法이 아니고 실제로 존재하는 것으로 주장한다.[427] 종자가 가법이고 실제로 존재할 수 없는 것이라면 그 작용성도 없어지고, 인과와 윤회를 설명할 근거도 없게 되기 때문이다.[428] 제8식에 있는 무루종자無漏種子는 모든 유정들이 본래 지니고 있는 청정한 마음을 뜻한다. 선과 악업종자와 달리 무루종자는 제8식의 청정무구한 진여성에 보존되고 수행에 의해 반복적 훈습을 거치면 현행하게 된다. 반면에 제8식에 있는 또 다른 유루종자는 유정들이 유루의 번뇌성에 집착하여 현행하여 아뢰야식은 무루종자가 나타날 때까지 주로 유루종자와 관련하여 역할을 한다.[429] 제7식은 번뇌를 지니고 있지만(有覆) 제6식처럼 선악시비를 가리는 판단을 하지 않아(無記) 유부무기성을 지닌 반면, 제8식은 무부무기성을 가지고 있어 번뇌에 덮여 있지도 선악시비 판단에도 매이지 않는 성질을 띤다고 한다.[430] 제6식과 제7식 업력의 결과인 종자를 저장하기는 하지만 번뇌 또는 선과 악으로 그것을 저장한다는 의미가 아니다. 아뢰야식의 본성이 무부라는 것은 본성적으로 우리 인간의 근원적인 심식은 번뇌에 물들어 있는 상태가 아니기 때문에 노력에 의해 청정한 마음을 얻을 수 있는 가능성이 열리는 셈이다. 번뇌가 없는 무부이기 때문에 유루의 종자와 무루의 종자를 모두 집지할 수 있다고 한다. 유루에 국한되지 않고 무루도 함께 공존하는 그런 성질이기에 무부성이라 해야 옳다고 본다.[431]

---

427 앞의 책, 154쪽 이하.

428 앞의 책, 155쪽.

429 앞의 책, 156쪽.

430 앞의 책, 160쪽.

또한 무기이기 때문에 선과 악의 문제는 심식의 근원과는 관계가 없고, 따라서 제8 아뢰야식에 악의 종자가 있기 때문에 악행을 저지르는 것으로 해석해서는 안 된다.[432] 아무튼 유식학에서는 아뢰야식이 선과 악에 모두 통할 수 있는 무기성을 가져 선과 악을 모두 포섭하고 그 종자를 수용할 수 있지만 선행과 악행의 원인은 될 수 없다(그 원인은 제6식에 있다)고 함으로써 인간 심성의 청정성과 수행에 대한 깊은 긍정성을 주고 있는 것으로 보인다.[433]

이제까지 우리는 인간이 어떻게 번뇌와 윤회를 벗고 해탈로 나아갈 수 있는지 8식의 활동과 관계를 통해 이론적으로 설명해 보았다. 여기서는 이제 어떤 수행의 과정이 유식의 실성을 깨닫고 진여의 경지로 나아갈 수 있는지를 살펴보자. 수행이 심화되는 과정을 오위五位로 설명한다. 첫째 자량위資糧位로서 수행의 준비단계이다. 마음을 굳게 하고 착한 선지식을 가까이하며 믿음의 마음과 부처님의 가르침을 이해하려고 노력하며 사회적인 선행 혹은 육바라밀을 비롯한 좋은 복덕과 지혜를 쌓아가는 과정이다. 이 단계에서 중요한 것은 물러서지 않는 불퇴전의 마음이다.[434] 둘째 단계는 수행을 더해 가는 가행위加行位다. 이 단계는 난위煖位, 정위定位, 인위忍位, 세제일법世第一法으로 상승되어 간다. 난위는 본격적인 수행이 되기 위해 따뜻하게 데우는 상태로 처음으로 인식하는 대상이 존재하는 것이 아니라 마음에 의해 전변된 것임을 알기 시작하는 계기이다. 정위는 상당히 진전하여 정수기까지 도달했다는 상태로 대상의 무상함을 넘어 대상 자체가 실제로 존재하지 않는 연기의 공함을 알게 되는

431 앞의 책, 161쪽 이하.

432 앞의 책, 162쪽.

433 앞의 책, 163쪽.

434 앞의 책, 213쪽 이하.

경지이다. 셋째의 인위는 인정할 수 있는 확고부동한 위치로서 정위의 얻음을 확정하고 인식의 주체인 심식 또한 실재하지 않는다는 이후 단계인 세제일법의 이치에 대해서도 순종하여 받아들이는 상태이다. 넷째는 세간에서 가장 뛰어나다는 세제일법世第一法의 단계로 인식대상과 인식주체에 대한 공성을 알고 유식의 실성을 깨닫는다. 이 상태에서는 후천적 번뇌는 끊을 수 있지만 아직 선천적이며 아뢰야식에 내재되어 있는 근본번뇌까지는 아직 제거하지 못한 단계이다.[435] 셋째 단계는 번뇌장을 해탈하는 단계로 통달위通達位라 한다. 둘째 단계의 마지막 지점의 세제일법은 도를 발견했다는 것으로 견도見道이지만 통달위에서는 본격적인 무루의 지혜가 발견하기 시작하는 단계다. 보살의 초지에 해당하는 환희지의 경지로서 무분별의 지혜가 본격적으로 일어나고 진여에 대한 확신이 분명해졌지만 아직도 꾸준히 아공과 법공을 깊이 깨달아 가는 절차를 앞두고 있다.[436] 네 번째 단계는 통달위의 수행을 지속하는 것으로 수습위修習位라 한다. 아에 집착하여 해탈을 방해하는 번뇌장인 아집我執을 단절하여 아공을 얻어 해탈하게 되고 법에 대해 집착하는 소지장所知障인 법집法執을 끊어 보리의 지혜를 이루어가는 과정의 지속이다. 세간의 번뇌를 끊었고, 유루의 번뇌장과 소지장을 벗어났기에 출세간의 무루의 지혜라 한다.[437] 네 단계, 즉 자량위, 가행위, 통달위, 수습위의 수행과정을 마치면 진여를 성취하게 되는데 이를 구경위究竟位라 한다. 대해탈과 대보리의 지혜를 성취하고 열반인 완전한 깨달음에 도달하여 궁극적인 불도 수행의 완성을 이룬다.[438]

---

435 앞의 책, 214-216쪽.

436 앞의 책, 216쪽 이하.

437 앞의 책, 217쪽.

438 앞의 책, 218쪽.

위에서 우리는 유식유가행파가 어떻게 중관파의 공사상을 받아들이면서도 인과와 윤회, 그리고 해탈의 주체를 고민하면서 심식이론을 발전시켰으며, 이에 따른 수행법을 탐구해나갔는지를 살펴보았다. 유식학은 철학사적으로 다양한 의식을 분류하고 그 작용성과 인식대상을 설명함으로써 인간이 번뇌성에 빠지지 않고 해탈로 나아갈 수 있는 인간 본성의 자체적 능력을 설명했다는 데 큰 의의가 있다.[439]

2.1.3. 화엄종의 원융무애圓融無礙

화엄종華嚴宗은 중국 당唐나라 때에 성립된 불교의 한 종파로서 제1조를 두순, 제2조를 지엄, 제3조를 법장으로 삼아 계승되고 집대성하기에 이르렀다.[440] 화엄종은 천태종(天台宗)과 함께 중국 불교의 쌍벽을 이룬다. 두순(557-640)은 중국 옹주雍州 출신으로 18세에 출가하여 선정에 뛰어난 인성사因聖寺의 승진僧珍에게 사사를 받고 신기한 기적을 행함은 물론 교단을 조직해 가기에 충분한 자질과 능력을 갖추었다고 한다. 훗날 징관의 시대(8-9세기)에는 이미 두순은 문수보살의 화신이었다는 전설이 성립하고 있었다.[441] 두순은 임종에 이르러 "본래부터의 수행방법을 계승하여 사용하여라"는 말을 남겼는데 이는 화엄경의 독송과 보현행의 실천을 중심으로 하는 것이라고 제자들은 전한다.[442] 두순의 저작으로 후대에 많이 거론되고 있지만 거의가 위찬이고 일반적으로 진찬으로 인정하고 있는 것은 『법계관문法界觀門』(『수대방광불화엄법계관문修大方廣佛華嚴法界觀門』) 한 권뿐이다. 두순이 화엄교학을 형성한 시조로 불린 것은 무

439 앞의 책, 104쪽.

440 중촌원 외, 『화엄사상론』(선원욱 역, 운주사, 1990^2), 203쪽.

441 앞의 책, 204쪽 이하.

442 앞의 책, 205쪽.

엇보다 제2조 지엄을 아들처럼 12살 때부터 훈육한 점과 지엄이 실제로 화엄교학의 체계를 만들어 가는 과정에서 직접적으로 기여한 점 때문이다.[443] 지엄智儼(602-668)은 지방관리의 아들로 태어났지만 어렸을 때부터 불교적인 가정분위기에서 자라나다가 위에서 설명한 대로 두순의 문화에 들어가 두순의 수제자인 달법사에게 맡겨져 수나라 말기 615년에 승려가 되어 『섭대승론』과, 『화엄경』을 중심으로 연구하였다. 지정으로부터 화엄경 강의를 받고 지론종 남도파의 조사인 혜광의 『화엄소』를 접하고 『별교일승무진연기別教一乘無盡緣起』를 희열 속에서 터득한 것으로 보인다. 또 한 승려에게서 가르침을 받아 육상의 의미를 추구하고 마침내 일승의 참다운 의미를 깨달아 당시 27세에 화엄경 주석서인 『수현기搜玄記』(『대방광불화엄경수현분제통지방궤大方廣佛華嚴經搜玄分齊通智方軌』) 5권을 저술하여 종교인으로서 독립하게 되었다.[444] 이른 나이에 전 종단을 통솔하는 지위에 올랐지만 사회활동은 자제하고 주로 자신의 수행과 의상, 법장 등의 제자 교육에 집중한 것으로 보인다. 수현기 5권 외에 『일승십현문一乘十玄門』 1권, 『오십요문답五十要問答』 2권, 『공목장孔目章』 4권이 있다.[445] 화엄종의 제3조 법장法藏(643-712)은 그의 조상이 강거康居(중앙아시아 일대 고대국가)의 승상을 지냈지만 조부 때에 중국으로 귀화하여 고위관리가 된 가문에서 당나라 전성기인 643년에 태어났다. 16세 때에 아쇼카왕의 사리탑에서 손가락 하나를 태워 공양했으며 그 후 각지에서 스승을 구했지만 성공하지 못하다가 지엄이 운화사에서 화엄경을 강의하고 있는 것을 알고 그의 문하로

---

443 앞의 책, 206쪽.

444 앞의 책, 207쪽.

445 같은 책, 208쪽.

들어갔다.[446] 법장은 범어 화엄경을 한역하는 일에 참가하면서 번역가로서 뛰어난 자질을 보여 그를 번경대덕飜經大德이라 부를 정도였다. 화엄종을 선양하기 위해 약 30여 권의 책을 저술하였는데 그 중 『화엄강목』 1권, 『화엄오교장』 3권, 『탐현기』 20권, 『기신론의기』 2권, 『법계무차별론소』 1권, 『반야심경약소』 6권, 『화엄경전기』 5권 등이 진찬으로 인정되는 주요저서이다.[447]

이처럼 화엄종은 중국에서 『화엄경華嚴經』을 필사하거나 독송하는 화엄 신앙과 이 신앙에 근거한 신앙 단체인 '화엄재회華嚴齋會'가 바탕으로 두순에 의해 종래의 화엄에 대한 교학적 연구보다 실천적 신앙적 입장이 강화되어 성립되었던 것이다. 중국불교는 고타마 부처의 가르침을 전하는 뒤섞인 여러 역사적 교설을 분류 종합하여 유기적인 사상체계로 만들어 여러 단계로 수행하려는 교상판석敎相判釋(교판)의 불교라 할 수 있다. 불교가 공식적으로 중국에 전래된 것은 후한명제 때 AD 60년경이었으니 이미 시대와 장소에 따라 다양하게 발달된 소대승 경전들이 한꺼번에 수입되어 번역되었기에 이 경전들을 정리하고 조직하는 것은 중국불교에서는 중요한 과제가 아닐 수 없었다. 경전 상 갖가지 모순을 극복하는 것 외에도 교판을 통해 각 종파는 자신들이 신봉하는 경전을 최상의 위치에 놓고 타 종파들과의 차별성을 드러내기도 하였다.[448] 따라서 지엄과 법장의 교판론을 살핌으로써 그들이 강조하고 싶어 하는 화엄사상의 내용과 위치를 가늠해 볼 수 있을 것이다. 지엄이 사용한 교판은 크게 4가지이다.

446 같은 책, 221쪽.

447 같은 책, 222쪽.

448 이영자, 『법화천태사상연구』, 동국대학교출판부 2001, 140쪽.

그 첫째는 점漸, 돈頓, 원圓 3교의 교판으로 청년기의 『수현기』에 나타난다. 혜광은 화엄경의 성격을 돈교에 섭수되는 것으로 본 반면 지엄은 돈, 원 이교로 분배된다고 보아 이미 화엄경을 원교로 삼은 뒤 과도기적인 양상을 보인 것으로 판단된다.[449]

지엄의 두 번째 교판은 소승, 삼승, 일승의 3교 교판이다. 이것은 첫째 교판과 같이 이미 『수현기』에도 보이는데 물론 화엄경을 일승에 배열한다. 자신만의 깨달음을 얻기 위해 수행하는 것을 소승小乘, 깨달음을 얻기 위한 세 가지의 길의 가능성, 성문승聲門乘, 연각승緣覺乘, 보살승菩薩乘을 말하는 삼승三乘, 그리고 궁극적이고 절대적인 깨달음은 하나뿐이라는 일승一乘이 단계적으로 지평을 열어준다. 일승의 견불이란 화엄경에서 설해진 십불十佛을 보는 것과 다름이 없다고 지엄은 보는 것이다.[450]

세 번째 교판은 오교교판五教教判이다. 가장 만년의 저술인 『공목장』에서 시작하여 빈번하게 나타나는 것인데 그 명칭이나 분류방법은 일정하지 않지만 지엄이 주체적으로 사용하는 근본범주는 소승, 초교初教, 종교終教, 돈교, 원교(일승) 등 5교이다. 이에 대해 일승 원교는 "개체가 바로 전체이고, 전체가 바로 개체이다"(대정장 45, 548쪽 a)라고 주장하여 무진연기無盡緣起의 표명을 기본 특징으로 삼는다. 이렇게 하여 돈교頓教 이전 점교漸教의 말할 수 있는 경위境位와 돈교의 말할 수 없는 경위를 포용하여 초월한 것으로서의 일승 원교의 경위를 화엄교학의 특징으로 삼은 것이다.[451]

449 중촌원 외, 같은 책, 208쪽 이하.

450 앞의 책, 209쪽.

451 같은 책, 210쪽.

네 번째 교판은 일승의 입장에서 수립된 동同, 별別 내지 공共, 불공不共 2교의 교판이다. 이것도 『수현기』에서 언급하고 있는데 동교는 『법화경』「비유품」의 삼차三車에, 별교는 대백년차大百年車에 비유한다. 전자는 사람들의 자질, 능력에 따른 방편적인 가르침을, 후자는 그 방편에 도움을 주어서 최후에 줄 수 있는 궁극적 가르침을 의미한다.[452] 『수현기』에서는 동, 별 2교로 언급하다가 『오십요문답』에서는 공, 불공 2교로 발전한다. 즉 일승의 교의는 공교와 불공교로 나뉘어지는데 화엄경과 같이 한 마디의 말이나 한 구절의 글귀 속에 일체를 갖춘 원교 일승의 교설이 불공교이고, 소승, 삼승의 가르침이 공교가 된다(대정장 45, 522쪽 b).

지엄은 네 개의 교판학 외에도 법계연기설法界緣起說이라 이름 붙여진 체계적인 사상의 원형을 만들어 내었다. 법계연기설도 동, 별 2교 교판적인 분류를 따른다. 『수현기』에 설해진 다양한 법계연기적인 설명(대정장 35, 63쪽 c)은 '동수同教적'이라고 한다면 그 후 『일승십현문』(대정장, 45, 514쪽 a-b)에서는 다른 시각에서(別教적) 가르친다. 지엄의 법계연기사상은 어떤 사물과 현상에도 실체성이 없고 그들은 모두 연에 의해 성립한다는 무성연성無性緣成, 즉 공관파 사상을 이어받아 이체 - 동체, 중中 - 즉卽 논리를 원리적으로 유지하고 있음을 알 수 있다. 그의 법계연기가 법法에 관련할 때에는 열 가지 각도에서 연기의 참다운 모습을 그린 십현문十玄門에서 구체화 된다.

위에서 간략히 살펴본 지엄의 사상은 대승의 여러 경론의 사상과 지론학파 등 중국불교의 여러 성과를 선택적으로 섭취하였다. 그뿐 아니라 『장자』「제물론」에 영향을 받은 담천曇遷(542-607)의 『망시비론亡是非論』과 유교와 도가사상과의 대화를 시도한 혜명慧命(531-568)의 『상현부

452 같은 책, 211쪽.

詳玄賦』에도 영향을 많이 받았기 때문에 그의 화엄교학은 이제 전통적인 불교의 범주마저 넘어선 중국 고유의 정신으로 발전되어 갔다고 볼 수 있을 것이다.[453]

법장은 그의 교판론을 통해 화엄교학을 완성했다. 그는 지엄이 제창한 5교를 중심으로 한 교판을 계승정비하고 새롭게 일어난 법상종의 8종宗의 교판을 조직하여 '5교 10종'의 교판을 작성했다. 이 사상은 이미 30대의 『화엄오교장』에 나타나며, 40대 후반에서 50대에 걸쳐 저술된 『탐현기』로 계승된다.[454] 5교란 1) 소승교 2) 대승시교 3) 대승종교 4) 돈교 5) 원교를 말한다. 10종이란 1) 법아구유종法我俱有宗, 2) 법유아무종法有我無宗, 3) 법무거래종法無去來宗, 4) 현통가실종現通假實宗, 5) 속망진실종俗忘眞實宗, 6) 제법단명종諸法但名宗, 7) 일체계공종一切皆空宗, 8) 진덕불공종眞德不空宗, 9) 상상구절종相想俱絶宗, 10) 원명구덕종圓明具德宗 10가지이다. 법아구유종法我俱有宗은 독자부 등의 종파로서 법이나 자아의 실재가 있음을 설한다. 법유아무종法有我無宗은 설일체부 등에서 주장하는데 법의 실재는 인정하면서 자아는 없음을 주장하는 것을 말한다. 법무거래종法無去來宗은 대중부 등에서 과거와 미래의 법은 실재하지 않고 단지 현재에만 법의 실재를 주장하는 것이다. 현통가실종現通假實宗이라함은 설가부에서 주장하는 것으로서 현재의 법(현상) 속에서 5온의 실재와 12처 18계의 비실재를 구별한다는 뜻이다. 속망진실종俗忘眞實宗은 설출세부의 주장을 말하는데 세속법의 허망함과 출세간법의 진실성을 옹호하는 것이다. 제법단명종諸法但名宗은 일설부

453 앞의 책, 220쪽 참조.

454 앞의 책. 223쪽.

등의 주장으로 아, 법 모두가 실체성이 없고 이름뿐이라고 주장하는 것이다. 일체계공종一切啓空宗은 대승초교의 주장으로 일체법의 공, 불가득을 말한다. 진덕불공종眞德不空宗은 대승종교에 해당되는데 일체법은 진여, 여래장의 작용에 포섭된다고 가르친다. 상상구절종相想俱絶宗은 돈교에 해당되는데 말(언어)을 여읜 진실 그 자체로 표현하는 단계이다. 원명구덕종圓明具德宗 원교 또는 화엄종의 별교일승의 가르침으로 궁극의 무애자재한 법문이다.[455] 법장이 5교 십종의 교판을 통해 말하려는 것은 결국 화엄교학이 최고이고 궁극적인 불교사상이라는 것을, 또한 자신에게 중대한 관심사가 된 법상종 교학에 대해서도 화엄교학이 더 우월하다는 것을 밝히려 했다는 점이다.

이 교판에서 최상위인 제5교와 제10종에 배열된 화엄경의 가르침 자체를 법장은 어떻게 이해하고 있는 것인가? 이를 알아보기 위해서는 화엄교학의 강요서라 할 수 있는 『화엄오교장』의 「건립일승장」을 보아야 한다. 여기서 법장은 화엄일승의 교의가 여래의 해인삼매에 근거한 것임을 밝히고 있다. 일승교의에는 별교와 동교 두 가지가 있는데 화엄경 고유의 별교일승에 대해 이것에는 십불十佛의 경계인 과果로서의 진리 그 자체인 세계라는 방면(性海果分)과 보현의 경계인 인因으로서의 연기의 세계라는 방면(緣起因分)이 있고 이 양자가 파도와 물처럼 둘이 아니고 서로 자연스럽게 다른 쪽에 섭수된다는 논리로 설명한다.[456] 화엄경의 세계는 인과가 어울려져 원인과 결과가 동시적으로 '파도치는 물'의 궁극적 모습에서 파악되고 있음을 알 수 있다. 법장이 지엄의 화엄교학보다 더 진일보했고 법장의 '삼성동이설三性同異義'은 그의 고유한 교설이다.[457] 삼성

455 앞의 책, 224쪽.

456 『화엄오교장』1(대정장 45, 477쪽 a); 『화엄사상론』, 앞의 책 225쪽에서 재인용.

三性 안에는 같기도 하고, 다르기도 한 요소가 있지만 일원론적인 연기세계로 해석하여 삼성을 융합하고 있다. 여기서 삼성이란 인도 유식파에서 개념화한 것인데 변계소집성遍計所執性, 의타기성依他起性, 원성실성圓成實性을 말한다. 변계소집성이란 문자 그대로의 의미는 '두루 계탁計度하여 집착하는 성질'을 말하는데 개념에 갇혀 허망한 상태를 말하고, 의타기성이란 '다른 것에 의지하여 일어나는 성질'인데 연기의 성질을 의미한다. 마지막으로 원성실성은 '원만히 성취한 실재하는 성질'로서 진실한 상태를 말한다.[458] 법장은 유식학파와 법상종에서 쓰는 이 삼성을 섭취개혁하여 화엄교학의 중심사상으로 삼았던 것이다. 3성에는 두 가지 의미가 각각 담겨 있는데 진실성에는 변하지 않음(不變)과 연에 따르는 것(隨緣), 의타성에는 거짓으로 존재하는 것(以有)과 본성이 없는 것(無性), 변계소집성 안에는 미혹된 마음에서 존재하는 것(精有)과 도리로서 존재하지 않는 것(理無)이 그것이다. 법장은 3성의 앞부분, 즉 진실성의 불변, 의타성의 무성, 변계소집성의 이무의 의미에 의해 3성은 동일한 범주이고 차이가 없다고 한다. 이것은 현상을 파괴하지 않고 항상 본질인 진실 그 자체를 3성 안에서 발견하는 것이다. 여기에서 "중생은 그대로 열반에 들어 있다. (그 때문에) 더 더욱 열반에 든다고 하는 것은 아니다."라고 설한다. 마찬가지로 3성의 뒷부분, 즉 진실성의 수연과 의타성의 이유, 변계소집성의 정유란 의미에 있어서도 차이가 없다고 한다. 이것은 본질을 움직이지 않고, 항상 현상으로 나타난다고 말한다. 이를 『부증불감경』의 "법신이 미망의 세계(五道)를 유전하는 것을 중생이라 부르는 것이다."를 인용하여 설명하고 있다.[459] 3성 각각의 앞과 뒤의 세 가지 성질에 의

---

457 『화엄사상론』 앞의 책, 226쪽.

458 「삼성(유식)」, 위키백과 2014. 참조.

해서 3성은 차이가 생기지 않지만, 앞의 세 가지와 뒤의 세 가지의 의미가 다른 것은 분명하다. 법장은 이런 논리를 배경으로 하여, 『기신론』에 의거하여 진실은 미혹한 마음의 끝까지를 포함해야 하고, 미혹한 마음은 진실 그 자체인 근원에 철저하여 본질과 현상은 융합하여 조금도 서로 방해되지 않는다고 교설을 편 것이다.[460]

위에서 지엄과 법장의 화엄교학을 통해 알 수 있는 것은 화엄의 세계, 화엄장에서는 개체가 전체, 전체가 개체와 합치하여 그 어떤 것에도 우선을 두지 않는 평등성이 실현되고 있음을 알 수 있다. 진실과 미혹, 현상과 본질의 융합이 일즉일체一卽一切, 일체즉일一切卽一의 세계, 모든 차이성이 적멸된 무한의 원융무애圓融無礙의 차원을 있는 그대로의 세계로 그리고 있다.

2.1.4. 천태종天台宗의 다원성

천태종天台宗은 『법화경』, 『열반경』이야말로 가장 정제가 잘된 최고의 교리라 이해하고, 『법화경法華經(Lotus Sūtra)』을 근본경전으로 삼고 있다. 천태종은 중국, 한국, 일본에 종파로 널리 알려졌는데 천태학은 이미 중국 북제北齊의 혜문慧文과 혜사慧思(515-577)에 의해 연구되었다. 종파로서의 천태종은 천태지자대사天台智者大師 지의智顗(538-597)에 의해 수나라 시대인 594년에 개창된 것이다.[461] 천태지의 대사는 모든 선행한 교판학을 종합비판한 후에 독특한 조직체계로 성립 발전시킨 것으

459 『화엄사상론』, 앞의 책, 226쪽에서 이하에서 재인용.

460 앞의 책, 227쪽.

461 「천태종」, 『글로벌 세계 대백과』; 「천태종」, 『위키백과』 2014에서 재인용.

로 평가받는다. 그의 교판학을 5시 8교 체제[462]로 부르는데 그 형식과 내용이 정연하다. 고타마 붓다의 설법을 5단계 시간적 형식을 두고 행했다고 보는 것이 5시時이다. 5시란 1) 화엄시 2) 녹원시 3) 방등시 4) 반야시 5) 법화, 열반시 5단계이다. 고타마 붓다가 설법한 순서이면서 동시에 그 경지가 점점 높아지는 순서이다. 이 설법의 순서대로 설법이 담긴 경전을 말하자면 화염경, 아함경, 방등경, 반야경 그리고 법화와 열반경이다. 8교설은 화의4교와 화법4교를 말하는데 화의4교는 붓다가 중생을 교화하는 방법으로 1) 돈교頓教 2) 점교漸教, 3) 비밀교秘密教, 4) 부정교不定教 등이다. 화법4교는 중생을 교화한 교의 내용을 말하는데 1) 장교藏教, 2) 통교通教, 3) 별교別教, 4) 원교圓教이다.[463]

여기서는 화법4교, 즉 천태종의 교육내용을 알아보고자 하는데 이를 통해 천태종의 다원주의적 교리를 이해할 수 있을 것이다. 물론 화의사교, 즉 돈교, 점교, 비밀교, 부정교 등 교육방법을 통해서도 천태교의 다원성을 이해할 수 있다. 천태교판에서는 장교에 초기불교와 아비달마 부파불교, 통교에는 초기 대승불교인 반야사상을 포함시킨다. 대승불교의 핵심사상인 화엄사상은 별교에 해당하며, 법화사상은 원교사상의 기반을 이루고 있음을 강조한다.[464]

천태교판에서는 장교에 대승불교 이외의 모든 아비달마불교(소승)를 배치했는데 경, 율, 론 3개의 유형으로 나누었기에 3장교라 부른다.『아함경』사상인 무상無常, 고苦, 무아無我, 사제四諦, 십이인연十二因緣 등의 교리가 논리적으로 체계화된 철학으로 장교 안에 소개되고 있다. 소승

462 5시 8교라고 명명한 것은 우리나라 고려 제관법사의 창안이라는 견해가 있다. 關口眞大 編,『天台教學の研究』 524-539쪽: 이영자, 앞의 책, 177쪽에서 재인용.

463 이영자, 앞의 책, 169쪽 이하.

464 앞의 책, 173쪽 이하.

과 대승의 차이를 일반적으로 다음과 같이 기술한다. 1) 아비달마, 즉 소승불교는 아라한 증득이 목적(성문사상)이고 대승불교는 성불을 목적(보살사상)으로 한다. 2) 전자는 윤회의 고통을 떠나려는 타율주의이고, 후자는 성불의 원행願行을 가지고 스스로 악취惡趣에 나아가는 자율주의이다. 3) 전자는 자신만의 완성이 중심인 자리주의自利主義이고 후자는 중생과 사회 전체를 정화하는 이타주의利他主義이다. 4) 전자는 경전의 어구에 머무르지만(有), 후자는 반야바라밀의 공무소유空無所有, 공무애空無碍의 태도(無)이다. 5) 전자는 이론적 경향이 많고 그 이론은 실천이 없는 희론인 데 반해, 후자는 이론보다 실천과 신앙을 중시하고 이론은 실천의 기초이다.[465] 오늘날 소승, 대승이란 언어도 쓰지 않으려는 경향이 있지만 대승불교를 받아들인 천태교학에서는 초기불교와 부파불교를 장교라 칭하면서 낮은 수준의 교리로 취급한 것은 당연하였을 것이다. 그러나 소승불교(장교)에서 추구하는 인간의 최고 위상인 아라한이든, 통교 별교 원교에서 추구하는 불지佛地나 묘각妙覺의 최고 상태도 궁극적으로는 동일한 최고 깨달음의 경지를 말하는 것이므로 각자의 처지와 수준 그리고 관심에 따라 깨달음을 얻을 수 있다는 화법4교는 불교의 다원성, 포용성을 드러냈다고 생각한다.[466]

위의 원시불교사상에서 이미 다룬 사성제四聖諦를 중심으로 화법4교는 이를 각각 어떻게 이해하는지를 살펴본다. 고苦제, 집集제, 멸滅제, 도道제로 이루어진 사성제는 12연기설이 나타내는 의미를 교의적으로 조직한 원시불교의 기초교리이다. 1) 고제란 미혹한 이 세계는 괴로움으로 되어있다. 2) 고의 원인은 끝없이 구해도 자족할 줄 모르는 집착에 있다.

465 平川彰, 『初期大乘佛教の研究』(동경: 춘추사 1992) 3-9쪽: 이영자, 앞의 책, 178쪽 이하에서 재인용.

466 이영자, 180쪽 참조.

3) 집착의 멸진이 고를 멸한 이상적 경지이다. 4) 고를 멸하기 위해서 8정도의 수행을 해야 한다. 고제와 집제는 미망세계迷妄世界의 과果와 인因이고 멸제와 도제는 증오세계證悟世界의 과와 인이다. 그런데 천태불교에서는 이를 4종 사제四諦로 다양하게 해석하고 있다. 4종사제는 『열반경』「성행품聖行品」에 근거한 것으로 장교의 생멸사제관生滅四諦觀, 통교의 무생사제관無生四諦觀, 별교의 무량사제관無量四諦觀, 그리고 원교의 무작사제관無作四諦觀을 가리킨다.[467] 장교의 생멸사제관에서는 인과의 세계가 생멸 그대로 실재한다고 보는 교리이다. 아我와 법法(현상)이 실재하는 것은 아니지만 인과因果와 미오迷悟라는 것은 인연에 의해 실재한다고 본다. 그런데 두 번째 통교의 무생사생관에서는 미오의 인과 역시 공무空無로서 본래는 실재하는 것이 아니라 한다. 우리 주관의 망념에 불과하다고 한다. 인연법 자체가 공이므로 장교에서 말하는 인연생멸의 현상은 실재가 아니라고 본다. 그렇다면 세 번째의 무량사제관은 무엇인가? 별교의 이론인데 일체현상이 무명의 연에 의해 생기므로 무량한 차별상을 만들어 낸 것이고 이것이 삼라만상의 실상이라 본다. 이 차별상이 무량하므로 무량사제관이라 한다. 네 번째 원교의 무작사제에서는 삼라만상은 진여眞如 그대로의 전개로서 미迷와 오悟와 같은 모순되고 대립된 것이 아무 것도 존재하지 않는다고 보는 것이다. 별교에서는 진여의 세계를 차별상으로 보았지만 원교에서는 차별이 아무데도 존재하지 않는다고 말한다.[468] 천태교학의 원교에 따르면 미와 오가 차별이 없고 또한 범부와 부처가 차별이 없다는 이야기인데 그렇다면 도를 닦아나가야 할 이유가 있는 것인가라는 의문이 제기된다. 『천태사교의』에서는 범

467 앞의 책, 181쪽.

468 앞의 책, 181쪽 이하.

부 그대로가 부처라고 하는데 이런 주장은 육즉六卽 가운데 이즉理卽으로서 개념상의 부처일 뿐이라 해석한다. '생사즉열반生死卽涅槃'이고 '번뇌즉보리煩惱卽菩提'이며 '즉심시불卽心是佛'이고 '불가수습不可修習 변성정각便成正覺'이라 한다. 이것은 이즉理卽, 즉 이치로서일 뿐이라고 경계한다. 이론적으로는 무작이지만 그대로 천연미륵이나 자연석가는 있을 수 없다는 것이다. 비록 곧 부처라고 하지만 이치로서는 법신이므로 부처로서 갖추어야 할 장엄, 즉 복福과 혜慧가 있어야 하나, 아직 있지 않기 때문에 수행하여 증득해야 하며, 수행에는 52위의 계위가 있다.[469] 육즉이란 현상계와 본체계의 대립을 넘어선 개념을 말하는데 6은 현상의 차별 있는 상대적 경계를 말하고 즉은 차별상이 융합하여 차별 없는 융즉의 경계를 말한다. 다시 말하면 육즉은 어떤 사상이 녹아 차별 없이 일체가 되어 있는 것이다.[470] 모든 존재는 본래 삼천의 제법을 구족하고 있으므로 체의 입장에서 보면 불, 중생, 심이 동등하지만 수행하는 중생의 계위에서 보면 차이가 있다는 것이 육즉의 논리이다.[471]

이상에서 천태교학의 다원주의적 해탈론을 살펴보았다. 인간의 깨달음이 모든 종교적 전통에서 각각 다른 방법으로 나타날 수 있다고 인정하는 시각이라 할 수 있다. 해방이나 깨달음의 길은 단 하나가 아니라 다수 있다는 것이 다원주의인 것이다. 이런 의미로 천태불교의 교상판석은 화법4교, 즉 초기불교와 대승불교가 갖는 각각의 특색을 인정하면서 하나의 통일된 울타리 안에서 다원적으로 소화하고 있다.

천태불교는 대승불교가 중국에서 만개하면서 이룩된 이론과 수행이 통

469 앞의 책, 192쪽 이하.

470 앞의 책, 193쪽.

471 같은 곳.

합된 체계라 할 수 있다. 천태교는 이론과 수행체계 양자를 교상문敎相門과 관심문觀心門으로 구분하고 이를 통합하는 것이 특색이다. 천태대사 지의는 청년기에 혜사선사 문하에서 『법화경』을 독송하면서 법화삼매를 터득하고 혜사대사 대신 『반야경』을 강의하면서 공관사상의 핵심을 터득했다고 한다. 이런 배경으로 천태불교가 실천불교적인 성격을 짙게 띠게 되었다.[472] 지의는 수행실천법에 있어서 초기에는 선수행인 점차지관漸次止觀과 부정不定止觀이었고 후기에는 원돈지관圓頓止觀으로 수행하기를 가르친다. 지관법은 깨달음을 증득하고 마음을 관찰하는 증오證悟와 내관內觀에 관한 것이라면 사종삼매는 행법인 외형을 말한다. 『마하지관』 제1의 수대행에 정리된 원돈지관의 형식적 행법인 4종삼매를 간단히 살펴보자. 4종삼매의 유형은 우리 인간이 움직이면서 나타내는 모든 행위의 동작을 망라하고 있다. 행行, 주住, 좌坐, 와臥라는 동작을 유형화한 것이다. 상좌常坐삼매, 상행常行삼매, 반행반좌半行半坐삼매, 비행비좌非行非坐삼매를 말하는데 여기에 설해진 다양한 수행법에는 좌선, 염불, 그리고 주문암송인 다라니도 있다. 각 행법에 봉안하는 본존도 다양하고 소의경전도 다양한다. 말하자면 사종삼매는 여러 종류의 경론에서 추천한 행위 작법을 모두 모은 구체적인 실천법이라 할 수 있다.[473] 여기에는 몸에 관해서, 즉 몸을 움직이는 것과 몸을 움직이지 않는 것, 입에 관해서 말하는 것과 침묵하는 것, 마음에 관하여 그치는 것과 보는 것 등 구체적인 방법이 서술되어 있고 수행하는 장소와 시간 그리고 내외적 분위기에 이르기까지 매우 상세히 설명하고 있다.[474]

472 앞의 책, 197쪽.

473 앞의 책, 200쪽 이하.

474 자세한 내용은 앞의 책, 201-222쪽 참조.

좌선을 통한 삼매인 상좌삼매는 형식적으로 선종과 그 맥을 같이하고 있다. 오늘날 한국불교에서 90일 동안 좌선하며 명상, 사념하는 안거형식은 이 상좌삼매의 방법과 일치한다. 화두 공안을 설정하는 간화선과는 구별되는 상좌삼매의 방법은 궁극적으로 지향하는 세계는 언어가 지양된 제법즉실상諸法卽實相의 경계이다.[475] 상행삼매에 있어서는 몸, 입, 마음 3업을 다스리는 것은 상좌삼매와 같지만 단지 신업身業의 경우 도량을 걸으면서 선회하는 동적인 자세를 취한다. 상좌삼매는 언어를 쓰지 않고 다만 수면이나 장애를 따를 때 부처님의 명호를 외워 장애를 극복할 수 있도록 허용하는 반면 상행삼매는 90일간 일관되게 아미타 부처님을 쉼 없이 염하고 외워 바로 여기서 불국토가 실현되기를 바라는 것이어서 염불삼매라고도 한다.[476] 반행반좌삼매는 방등과 법화의 행법경전이 다르지만 참회행인 점은 공통된 것이다. 상좌, 상행삼매가 한 부처님을 본존으로 하는 것이지만 여기서는 24존상 또는 법화경을 본존으로 하고 있다. 유상행有相行에 의한 참회행법과 무상행無相行에 의한 일체법공관이 반행반좌의 법화삼매행법으로 되어 있지만 궁극적인 법에서 보면 방편일 뿐 지향하는 목적은 실상관實相關이다.[477] 마지막으로 비행비좌삼매는 전혀 형식을 도외시 하는 것으로 우리의 삶 그 자체이다. 마음이 일어나면 바로 삼매를 행하는 것이라 하여 수자의隨自意삼매, 마음이 향해 가는 방향을 모두 깨달아 아는 각의覺意삼매라고도 한다. 선풍으로 보자면 달마선종에 가까운 것이다.[478]

475 앞의 책, 223쪽 이하.

476 앞의 책, 124쪽. 여기서의 염불은 극락왕생을 염원하는 정토종의 그것과 달리 자성미타관自性彌陀關으로서 염불을 단절 없이 해 나갈 때 아미타 불국토가 실현된다고 본다. 상相과 염念이 일치하는 염불이다. 같은 책, 124쪽 이하.

477 앞의 책, 225쪽 이하.

위에서 살핀 것처럼 천태불교의 실천학은 선종, 정토종, 조동종, 밀교 등 여러 종파의 수행법을 응용하고 있으며 종파적 배타성을 멀리하고 불교전체의 실천수도를 통괄하고 있음을 보게 된다. 실천수도의 형식이 다양하지만 궁극적으로 얻고자 하는 경지는 모두가 여래, 법계, 실상이라고 부르는 절대지평이다.

2.1.5. 소결: 초기대승불교의 인간관

위에서 초기대승불교 중 대표적인 종파, 중관파, 유식유가행파, 화엄종, 천태종의 핵심교리와 수행을 중심으로 인간이해를 정리해 보았다. 초기대승불교는 이제 중국의 도교와 유교의 영향을 받아 고도의 형이상학적 서술과 실천수행법을 포괄하면서 다양한 모습으로 발전하였다. 중관파는 연기사상을 근거로 무자성과 무아를 강조하여 '나' 자신에 대한 집착에서 벗어나 상호상관의 연생관계를 직시하도록 하였다. 유식유가행파는 '일체유심조', '삼계유심'을 근거로 일체의 존재는 오로지 심식心識의 변전이다는 점을 강조하였고 유식唯識의 실상을 파악하기 위해 여덟 가지의 식을 분류하고 그 작용을 정리하였다. 이로써 인간이 번뇌와 미혹에 빠지지 않고 해탈로 나아갈 수 있는 가능성을 이론적으로 확보했을 뿐 아니라 수행방식도 정치하게 확립하였다. 화엄종은 법계연기사상法界緣起思想을 기반으로 절대적인 깨달음의 세계를 설명한다. 그 세계는 인간을 포함한 모든 개체가 전체와 합치하고, 진실과 미혹, 현실과 본질이 모두 하나로 융합된 세계, 즉 원융무애의 차원임을 강조하였다. 천태종은 다원성과 포용성을 바탕으로 모든 이가 존재적 이치로 부처요, 법신임을 강조하면서 동시에 현실적으로 복福과 혜慧의 차이를 드러내고 있음을 설파하여,

---

478 앞의 책, 226쪽.

인간의 모든 활동, 즉 행行, 주住, 좌坐, 와臥 네 부류의 활동 중에도 삼매를 해야 하고, 또한 할 수 있음을 가르쳤다.

2.2. 정토교의 인간론

흔히 불교는 자력종교로 알려졌지만 아만심을 경계하고 부처님께 의지하며 은혜를 입어 해탈의 수행을 하는 타력신앙을 강조하는 정토교도 있다. 정도교는 후한 영제광화靈帝光和 2년(AD 179) 지참이 『반주삼매경』을 번역해 낸 것을 시초로 하여, 오나라 지겸, 서진의 축법호 등은 『대아미타경』, 『평등각경』을 번역하였고, 요진의 구마라습, 유송의 보운 등이 『아미타경』, 『십주비사론』, 『무량수경』, 『관무량수경』 등을 번역하는 일이 성과를 거두면서 시작되었다. 즉 출가자와 재가불가 사이에 이제 정토경전 공부가 가능해졌고 점점 정토신앙을 신봉하기에 이른 것이다. 처음으로 서방정토에 태어나기를 원하고 간구한 사람은 서진 시대의 궐공측이고 그 이후 정토에 태어나기를 바라는 사람들이 많이 생겨났다.[479] 그 가운데 동진의 혜원은 남방 여산에서 백련결사를 하여 대중과 함께 『반주삼매경』에 의해 견불왕생을 기원하는 염불삼매를 정진하였다 한다. 이것이 중국정토교의 주류라 할 수 있다. 이어서 담랑은 『십주비사론』의 난이이도설難易二道說에 의해 타력본원他力本願을 주장하고 정토교의 본의를 천명하게 되어 북방 병주 지방을 중심으로 정토불교가 융성하게 되고 지론종 및 다른 학파 불자들에게까지 영향을 끼치게 된다.[480] 당나라 시대에는 도작, 선도 등이 세상에 출현하여 담랑의 교지를 계승하여 부처님의 본원을 강조하였고, 또 말법사상을 고취하여 정토사상이 시기와 근기에

---

479 望月信亨, 『中國淨土教理史』(이태원 역, 1997 운주사), 20쪽 이하.

480 앞의 책, 21쪽.

부합하여 수행하는 데 적당함을 설파하였다. 특히 선도는 고금해정古今楷正, 즉 그릇된 것을 바르게 하고 진실을 밝힌다는 뜻으로 『관무량수경소』를 지어서 타인의 정토관을 논파하고 새롭게 정토교 교의를 굳건히 세웠다. 일본의 법연이 이 설을 신봉하여 정토종을 창설하였고 많은 학자들이 이를 따랐다. 또 신라의 자장, 원효, 의상 등이 정토경전을 연구하고 소를 짓게 되어 정토경전의 본문 연구가 최고조에 이르렀다.[481]

당나라 개원 초기 선가의 무리가 정토신앙을 어리석은 사람들이 하는 방편허망설方便虛妄設이라고 공격했는데 이때 인도에서 돌아온 혜일이 염불왕생의 긴요함을 주장하며 이들의 견해를 통렬하게 반박하고 스스로 한 파를 만들었다. 승원, 법조, 비석 등이 이를 계승하여 염불삼매는 위없이 깊고 묘한 선문이 된다고 주장하였고, 참선하는 무리들의 아만심을 경계하였는데 이들을 따르는 선문 수행자들이 많았다고 한다. 즉 5조 문하의 선습宣什은 남산염불선종南山念佛禪宗이라는 새로운 파를 창시하였고, 6조 문하의 남양혜충은 행해겸수行解兼修를 주장하였고, 법안종 안에서는 공유상성空有相成의 이치를 천명하면서 선정쌍수禪淨雙修의 중요성을 고취하였다.[482] 이것이 송나라 시대의 참선과 정토를 겸수한 유풍의 계승으로 이어졌다. 또한 천태종 사이에서도 정토신앙자와 정토의 뜻을 해석하는 사람들이 많이 나왔다. 송나라 시대의 행정, 징혹, 의통 등이 『관경소』, 『아미타경소』 등 정토와 관계된 책을 지어 교지를 천명하였는데 『관경소묘종초』에서는 약심관불約心觀佛설을 내어 천태와 정토를 융합하였다.[483] 명청 시대에도 선정쌍수의 유풍이 계속 유행하였고 여전히

481 위의 책, 21쪽 이하.

482 앞의 책, 22쪽.

483 같은 책, 23쪽.

천태종 안에서도 정토사상을 가지고 있었다. 청나라 시대에는 거사에 의해 정토신앙이 고취되었고 다만 청나라 조정은 북경을 수도로 하고 라마교를 받아들였기 때문에 정토신앙은 주로 남방에 국한되어 발전하였다.[484]

위에서 우리는 간단한 정토교 역사를 살펴보았고 이제 혜원의 염불사상과 담란의 타력본원설을 중심으로 정토신앙을 좀 더 깊이 들여다보자.

혜원은 동진시대 성제함와 9년(AD334)에 안무의 루번(산서성 대현)에서 태어나 13세에 하남성 허주에 유학하여 육경과 특히 노장사상을 깊이 연구하였다. 20세에 산서성 대동부 혼원주에 들어가 도안에게 반야에 대한 강의를 듣고 깨달음을 얻었다 한다. 그런 이후 즉시 동생 혜지와 함께 머리를 깎고 제자가 되어 정진하여 도안의 법을 받았다.[485] 15년 동안 수백의 도반과 함께 양양, 장안 등지를 돌며 도안을 따랐다. 그 후 혜원은 도안과 헤어져 제자 수십 명과 함께 형주를 거쳐 동진 태원 6년(AD 381)에 비로소 여산의 용천정사龍泉精舍에 머물게 되었다. 얼마 되지 않아 다시 산동의 동림정사를 기증받아 절 안에 선원을 두고 감실을 지어 부처님의 형상을 그려 모시고 대중들과 수행정진을 하였다. 태원 16년(AD 391)에는 계빈의 승려 승가제바를 여산으로 청해『아비담심론』및『삼법도론』등을 번역하게 하고 제자 지법령 등을 인도에 보내 범어 경전을 구해오게 하는 등 경전탐구에도 몰두하였다. 이때 혜원의 명성은 사방에 퍼져 출가자와 재가자가 많이 모여들어 오로지 불법의 교화를 얻기 위해 지성을 다했다. 그리하여 원흥元興 원년(AD 402) 7월에 유유민, 뇌차종

484 같은 책, 23-25쪽.

485 앞의 책, 35쪽.

등 123명과 함께 반야대정사의 아미타불상 앞에서 재를 올리며 서원을 세우고 함께 서방극락세계에 가서 태어나기를 기약하면서 염불하였다. 이것이 유명한 여산 백련결사로 결사염불의 시초이다.[486] 구마라습이 인도로부터 장안에 왔을 때 혜원은 사람을 보내 친해져서 대승에 관한 질의를 하였고 AD 405년에는 구마라습이 『대지도론』을 번역하였다. 불타발타라(buddhabhadra)를 역시 여산에 초대하여 『달마다라선경』 등을 번역케 하였고 그로부터 선법을 받았다. 그는 83세로 입적할 때까지 계율을 엄격히 지키며 수도와 학문수행을 하였다.[487]

혜원은 삼매는 '생각을 오로지 하고, 또 생각을 고요히 하는 것으로, 곧 마음을 한 곳에 모아 분산하지 않고 상념을 고요히 머물러 대상에 투철한 것'이라 정의한다.[488] 그리고 삼매에는 여러 가지가 있지만 그 중에 염불삼매가 가장 수승하고 성취하기 쉽다고 한다. 백련결사에 함께 참여한 유유민의 『출삼장기집』 제15에 수록되어 있는 백련결사문에서도 염불삼매 공덕에 대해 설명하고 있다. "부처님을 대상으로 하여 관념하면 부처님의 감화를 입는 것이 쉽지만 만약 대상인 부처님이 없으면 망망한 바다에서 나루터를 알 수 없는 것처럼 삼매를 이룰 수가 없다."[489] 혜원이 유민과 동료들에게 준 글 속에서 유민이 계율을 지키며 전념으로 염불삼매 좌선을 반년 동안 계속하였는데 선정 가운데 부처님을 친견할 수 있었다고 한다.[490] 혜원은 『반주삼매경』에서 삼매를 얻기 위한 방법으로 제시한, 즉 계를 지키면서 수행하는 사람의 공덕이 쌓이고 이에 부처님의 위신

486 같은 책, 35쪽 이하.

487 앞의 책, 36쪽 이하.

488 『염불삼매시집서』(광홍명집 제30권 수록): 望月信亨, 위의 책, 38쪽에서 재인용.

489 望月信亨, 앞의 책, 39쪽에서 재인용.

490 위의 책, 39쪽에서 재인용.

력이 함께 해야 한다는 가르침에 대해 라습대사에게 질문한다. 즉 이 삼매 중에 부처님을 친견하는 것이 혹시 나의 생각 중에 만든 것이어서 결국 부처님의 위신력도 나로부터 생긴 것이 아닌지에 대해 질문하였다. 이에 대해 라습은 삼매 가운데 부처님을 친견한다는 경계는 헛되고 거짓된 것이 아니라고 한다. 왜냐하면 석가모니께서 말씀하신 모든 경에서 분명하게 아미타부처님의 몸의 상호가 구족하시다고 설하셨고, 또 『반주삼매경』에서도 아미타부처님이 서방에 계심을 염해야 한다고 설해져 있기 때문이다고 한다. 결국 삼매 중에 나타난 부처님은 꿈의 경계와 같이 허망한 것은 아니며, 삼매 선정의 힘에 의해 현재 멀리 서방에 계신 아미타부처님을 친견하는 것이라 한다.[491]

담란曇鸞(476~542)은 보리유지가 번역한 세친의 『무량수경우바데사』를 주해하여 타력본원설他力本願說을 주장해서 정토교 본래 취지를 발휘하여 후세에 큰 영향을 끼쳤다. 여산 혜원은 앞에서 보았듯이 반주삼매법에 의해 부처님 친견을 바라는 것이었지만 담란은 오로지 정토왕생을 고취하여 여래의 본원력에 의해 왕생 및 불퇴전의 과果를 속히 증득해야 한다고 주장한 것이다.[492] 담란은 안문(산서성의 대주) 사람으로 그의 집은 오대산에서 가까운 곳이었는데 어릴 때 자주 이 산에서 영험스러운 자취에 감동되곤 하다가 출가하여 불교 내외 경전을 배우기 시작하였다. 특히 중론中論, 십이문론十二門論, 백론百論, 대지도론大智度論 등 사론四論과 불성에 조예가 깊었다 한다. 『대집경』을 주해하려고 기획했지만 병이 들었고 병중에 신선술을 배우기로 결심하여 명산을 돌아다니다가 낙양에서 보리유지를 만나 장생불사가 허망한 것임을 알고 『관무량수

491 『라습법사대의』: 望月信亨, 위의 책, 40쪽 이하에서 재인용.

492 望月信亨, 앞의 책, 80쪽.

경』을 받아 본래 수행하던 곳으로 돌아왔다. 그 이후 정토의 업을 닦으며 승려와 재가신자를 가르쳐서 따르는 이들이 늘어났고 위나라 사람들에게 존경을 받아 신란神鸞이라 불렸다.[493] 담란의 저술로는 『왕생론주』 2권, 『찬아미타불게』 1권, 『약론안락정토의』 1권 등 3부이다. 이 중 『왕생론주』는 세친의 『무량수경론』을 주해한 것이다.

여기서는 그의 중요한 교의라 할 수 있는 난이이도설, 타력본원설, 오념문, 미타정토론을 간략히 살펴보기로 한다. 담론은 『왕생론주』1권 제1에서 용수의 『십주비바사론』이행품을 인용하며 보살이 아비발치Avivartika, 즉 불퇴전의 지위에 오르기 위해서는 난행難行과 이행易行 두 가지를 수행해야 한다고 소개한다. 부처님이 안 계시고 오염되고 타락한 시대에 더군다나 외도外道가 유상有相의 법을 선포하기 때문에 무상無相의 수행이 어려워 아비발치를 얻기란 여간 쉬운 일이 아니라고 한다. 이는 마치 육지에서 보행하는 것이어서 난행도라 한다. 이에 반해 이행도는 부처님의 본원력을 입어 정토에 태어나서 부처님 힘에 주지하여 대승정정취에 들어가 불퇴전의 지위에 머문다. 이는 부처님의 본원력에 의해 아비발치를 얻기 때문에 마치 호수 위에서 배를 타는 것에 비유할 수 있고 그리하여 이행도라 부른다. 담란의 난이이도難易二道는 두 도가 모두 아비발치, 불퇴전을 얻는 것이지만 이 땅에서 불퇴전을 얻는 것은 난행도, 정토에 왕생하여 불퇴전을 얻는 것을 이행도라 하여 서로 대조하고 있다.[494] 이행도의 불퇴전은 정토에 우선 왕생한 후에 이루어지기 때문에 오직 아미타부처님께 귀의하여 염불삼매를 하는 것이 필수가 되어, 용수의 이행도가 모든 불보살의 명호를 부르는 것과는 차이가 있다. 이렇듯 담란은 용수의

493 위의 책, 80쪽 이하.

494 앞의 책, 83쪽 이하.

난이이도설에서 정토교적 성격을 많이 수용하여 정토에 귀의할 믿음을 스스로 강하게 하고 더 나아가 제자들에게도 정토왕생을 목표로 염불삼매에 매진할 것을 가르친 것이다.

담란이 부처님의 본원력을 강조한 것은 『무량수경無量壽經』설에 의한 것이지만 이것도 용수로부터 영향을 받은 것이다. 무량수경은 주로 남방에서 행해졌는데 북방에서 이 경을 사용하여 원력론을 주장한 사람은 담란이 최초이며 후대에 영향을 많이 주었다. 무량수불(아미타불阿彌陀佛)은 서방극락세계西方極樂世界에 머물며 부처로서 그 세계를 다스리며 설법을 하는데, 원래 법장法藏이라는 비구승, 즉 법장보살이었는데 48개의 큰 서원을 세우고 오랜 수행 끝에 서원을 모두 이룬 뒤 부처가 되었다고 한다. 아미타여래가 48원을 성취한 힘에 의해 범부라 하더라도 정토왕생하게 된다는 것이 타력본원설의 내용이다. 담란은 용수의 사상을 이어받아 불퇴전의 문제에서 출발하였고 또 빠르고 쉽게 성불하는 것을 목적으로 삼고 있기 때문에 아미타불의 48원 중에 특히 11원願과 22원願이 부합되고 이런 것을 얻을 수 있는 것은 우선 왕생한 후에 일이 되기 때문에 전제로서 행해야 할 원이 제18염불왕생원이다. 제11원은 주정정취원住正定聚願이라 하는데, 서방정토에 태어나는 사람은 모두 정정취에 머무르고 불퇴전을 얻을 수 있다 한다. 제22원은 필지보처원必至補處願이라 하는데 이는 차례로 올라가는 지위를 초월하여 현전에서 보현의 행을 수습하려고 서원하기 때문에 마침내 '일생 보처'라는 보살의 가장 높은 지위에 이르게 된다고 한다. 제18염불왕생원念佛往生願은 어떤 중생이든지 지극한 마음으로 내 불국토를 믿고 좋아하여 와서 태어나려는 이는 내 이름을 열 번만 불러도 반드시 왕생하게 된다는 것이다. 담란은 이 세 가지 원을 중심으로 타력본원설을 주장하였고 이행도로서 부처님의 원력을 입어 정토에 왕생하여 그의 힘에 머물게 되므로 빨리 성불할

수 있다고 가르쳐 아미타정토교의 핵심교리를 펼쳤다.[495]

왕생은 그러나 수행하지 않고서도 얻어지는 것은 아니다. 세친은 『왕생론』에서 오념문을 일컬어 정토왕생법이라 한다. 오념문이란 1) 예배문, 2) 찬탄문, 3) 작원문, 4) 관찰문, 5) 회향문을 말하는데 이미 세친이 그 뜻에 관해 해석했지만 담란은 더욱 상세히 설명하고 소견을 발표한 것이다.[496] 첫째, 예배문이란 항상 왕생하려고 하는 생각을 일으켜 아미타여래께 예배하는 것을 말한다. 둘째, 찬탄문은 『왕생론』에서 "구업으로 찬탄하는 것인데 저 부처님의 명호를 부르는 것이다. 저 여래의 광명지혜의 모습과 같이 또 저 명호의 뜻과 같이 여실히 수행하여 상응하고자 하기 때문이다."고 기록되어 있다. 이를 담란은 해석하기를 부처님의 광명은 지혜의 모습, 즉 광명지상光明智相이기에 이 광명은 능히 중생의 무명과 암흑을 제거하고 중생의 원을 만족시켜 준다. 신심이 순박하지 않고, 한결같지 않아 결정되지 못하고, 상속하지 못해 다른 생각이 개입하면 수행이 되지 않아 명호의 뜻과 상응할 수 없다. 따라서 "신심이 결정되고 상속된다"는 설은 정토왕생의 정인正因으로서 지극히 중요하다. 셋째, 작원문은 일심으로 전념하여 왕생하려고 원願을 세우고 지止를 수행하려고 기약하는 것을 말한다. 여기서 그치는 것이란 일체의 악, 몸, 입, 뜻 등 세 가지의 악, 그리고 성문 연각 등 중생들이 2승을 구하는 마음을 그치는 것, 세 가지를 말한다. 넷째, 관찰문이란 정토의 3종29구장엄을 관찰하고 비파사나, 즉 관의 수행을 기약하는 것을 말한다. 부처님을 중심으로 하고, 끝까지 부처님의 힘에 주지하는 입장에 서서 모든 것을 해석하는 것이다. 다섯째, 회향문이란 지금까지 쌓은 선근공덕을 가지고 자신의 즐거움을 구하

495 앞의 책, 86쪽 이하 참조.

496 앞의 책, 87쪽 이하.

지 않고 일체중생의 고통을 제거하려고 하며 저들을 섭취하여 함께 안락세계에 태어나기를 원하는 것을 말한다. 안락정토에 왕생을 원하는 사람은 반드시 이 보리심을 내지 않으면 안 된다고 한다.[497]

담란이 그린 아미타불의 정토는 어떤 곳인가?『왕생론』 및『대지도론』에 따르면 아미타불의 정토는 욕계欲界, 색계色界, 무색계無色界, 삼계三界를 초월한 곳이다.『약론안락정토의』에서도 안락국은 삼계에 포섭된 곳이 아니라 하면서 그 이유를 욕심이 없기 때문에 욕계가 아니고, 땅에 의지하기 때문에 색계가 아니며, 형색이 있기 때문에 무색계가 아니라고 한다.[498] 부처님께서 삼계를 보시니 중생은 거짓과 윤회로 속박되고 전도되어 깨끗하지 못하니 불쌍히 여기시어 거짓이 없고, 윤회하지 않으며, 고통이 끊어진 곳, 청정장엄공덕을 일으키셨다고 보는 것이 담란의 정토관이다.[499] 법장보살이 48원의 큰 서원을 발하시어 정토를 세웠기에 이 국토는 원인에 의해 얻어진 것이고(왕생론주), 또한 세자재왕불 앞에서 큰 서원을 세우고 모든 부처님 국토를 보고 취해 모든 바라밀을 수행하여 만 가지 선이 원만한 무상도를 이루어서 삼계에 포섭되지 않고, 의심할 것 없이 아미타불은 보신報身이요, 국토는 보토報土라고 담란은 생각한다.[500] 또한『무량수경』과『왕생론』을 종합하여 볼 때 안락정토에는 오탁이 없고 성문, 연각의 차별은 있지 않으며, 오로지 아라한만 존재한다고 한다. 아라한은 아직 모든 해탈을 얻지 못했기 때문에 삼계 밖 정토에 태어나서 다시 무상도를 구해야 한다는 것이다.[501]

---

497 오념문에 관해서는 앞의 책, 88-91쪽 참조.

498 望月信亨, 앞의 책, 90쪽.

499 같은 곳.

500 위의 책, 94쪽 이하.

501 같은 책, 95쪽.

우리는 짧은 정토교 역사와 혜원의 염불사상, 그리고 담란의 타력본원설을 살펴봄으로써 정토신앙의 핵심을 알게 되었다. 평범한 사람들이 출가하지 않더라도 부처님께 귀의하고 염불삼매의 수행을 투철하게 한다면 자비로운 본원력에 의해 서방정토에 태어날 수 있다. 서방정토에 일단 태어나면 불퇴전의 지위를 얻게 되어 마침내 해탈할 수 있다는 희망을 갖는다. 당나라의 선도善導(613~668)는 정토 교리를 더욱 단순화시켜 아미타불에의 본원本願, 즉 구제력을 믿고 그것에 귀의하는, 입으로 하는 염불, 즉 '나무아미타불'을 정정업正定業이라고 하기에 이르렀다. 또한 정토교는 말법사상이라는 종말관과 결합함으로써 시대의 위기에 대해서는 민감하게 반응하는 사상적 특징을 가져 점차 사회변혁 운동을 일으키는 이데올로기적 근거가 되기도 하였다.[502] 그리스도교가 인간구원은 본질적으로 하느님의 은총에 달려 있다고 믿고 그분께 의지하며 세상 안에서 그분의 뜻을 실천하는 것처럼 정토교의 타력본원설은 해탈수행이라는 큰 부담을 줄이면서 쉽게 사회변혁과 세상 안에서의 투신을 가능하게 하는 인간학을 태동시킨 것으로 보인다.

2.3. 선불교의 인간론

고타마 석가모니 부처는 요가의 수행법을 채용하여 지止samatha와 관觀vipasyana이라는 두 가지 내용의 선정으로 수행구조를 확립하였다. 지止는 삼매三昧로서 마음을 차분히 가라앉힌 평정한 상태이자 정념이 없어진 조용한 선정의 수행을 말하고, 관觀은 통일된 마음으로 올바른 지혜로써 연기의 법을 관찰하는 수행방법이다. 지는 정적 마음상태로서 선정을 뜻하고 관은 동적 마음상태로서 지혜를 나타낸다. 즉 지관은 선정과

502 「정토교」, 『철학사전』, 중원문화, 2009.

지혜를 말한다.[503] 그런데 불교에서는 선정의 수행을 강조하면서 지관이라는 숙어보다 명상을 의미하는 선禪dhyana이나 선정禪定samadhi이란 말을 많이 사용했다. 선이라는 말은 인도 원어인 드야나dhyana(명상)를 한자로 음사한 말인데 원래 그 뜻은 땅을 깨끗이 하여 천지의 신과 하늘 또는 산천에 제사 드린다는 것이다.[504] 우리는 앞에서 불교사의 주요 종파를 통해서 불교의 핵심교리가 교학과 실천이며 모든 종파가 독특한 선정 방식을 가지고 있음을 살펴보았다. 선불교는 광의로는 대승불교의 모든 종파에서 선 수행을 강조하기 때문에 불교 자체가 선불교라 할 수 있지만 협의로는 '마음을 깨쳐 법을 이은 제자가 스승의 계통을 이어가는 이심전심'으로 법맥을 잇고 있는 종파를 말한다. 협의의 선불교는 먼저 치열한 자기응시에서 비롯하여 마음의 깨달음을 궁극으로 삼고 사제지간의 관계를 중시하는 특징을 지닌다고 말할 수 있다.[505]

중국에 전래된 선에 관한 불교경전을 종합하면 크게 두 가지, 즉 소승선小乘禪과 대승선大乘禪의 선수행법을 찾을 수 있다. 소승선은 오정심관五停心觀에 의해 정신 통일한 다음에 신수심법身受心法을 관하는 사념처법四念處法, 사제관四諦觀, 오온관五蘊觀 등을 실수實修하여 번뇌가 사라지고 원기元氣가 새어나가지 않으며 진리의 씨앗을 얻은 상태(누진통漏盡通), 즉 아라한과阿羅漢果를 증득證得하는 것이다. 대승선은 오정심관에 의해 정신통일이 얻어진 후에 소승선처럼 번잡하고 단계적인 수행을 행하기보다, 오히려 오정심관을 수행할 때에도 항상 이타利他의 대원大願을 잃지 않으며 중생을 제도할 것을 마음에 두고, 일체개공一體

503 정성본, 『선의 역사와 사상』, 불교시대사 1999^2, 59쪽.

504 같은 책, 60쪽.

505 「선불교의 특징」, 문화콘텐츠닷컴(문화원형백과 승려의 생활), 2005.

皆空의 이치나 제법실상諸法實相을 관찰하여 그러한 공의 이치나 실상을 체득하는데 더 노력한다.[506]

중국 선종의 대표적인 인물들의 선 사상을 살펴본다면 선불교를 더 잘 이해할 수 있을 것이다. 최초의 선승은 6세기 초 남인도에서 내조한 보리달마菩提達磨로 알려졌다. 달마는 석가모니불의 정법안장正法眼藏을 이은 28대 전승자로 중국에 건너와 숭산 소림사에 들어가 9년간 면벽했으며 눈 속에서 단비구법斷臂求法의 의지를 보인 제자 혜가慧可에게 법을 부촉附囑하고는 그 전법의 증명으로서 한 벌의 가사를 내렸다고 전한다. 혜가는 승찬僧璨에게 승찬은 도신道信에게, 도신은 홍인弘忍에게 홍인은 혜능慧能에게 전했다. 이런 법맥으로 볼 때 보리달마는 중국 선종의 초조로 추앙되고 있음을 알 수 있다. 그러나 이러한 보리달마의 전기나 선종의 전법계보설傳法系譜設은 후대에 혜능의 제자 신회神會에 의해 주장된 것으로 역사적 사실은 아닌 것이다.[507] 도선은 『속고승전』「습선총론」에서 달마의 선법을 '허종虛宗'이라고 말하고 '대승벽관大乘壁觀의 공업功業은 최고였다'라고 극찬하고 있다. 허종은 반야의 근본의를 가리키는 말로서 삼론종이 공종이라고 불렸던 것과 같은 의미이다. 즉 달마의 대승선은 구마라집 이후에 전개된 반야사상에 의거한 실천이라는 것이다. 대승벽관의 수행은 사념처법四念處法으로 인간의 육체(身), 감각(受), 의식(心), 대상(法) 넷이 모두 무상하며 부정하고 공이며 무아인 것을 관찰하면서 그것들에 애착을 털어버리는 선관법으로 달마 이전의 초기 습선자들의 수행방법이었다.[508] 달마의 대승선은 또한 반야사상에

506 정선본, 같은 책, 137쪽.

507 위의 책, 153쪽.

508 앞의 책, 157쪽.

기초를 두고 있지만 벽관壁觀이라는 실천으로 새로운 경지를 열었기에 도선이 '대승벽관 공업최고'라고 극찬한 것이다. 달마의 벽관은 다음에서 볼 수 있다. "이입理入이란 경전의 가르침으로 불교의 대의(宗)를 깨닫는 것이다(藉敎悟宗)… 허망을 버리고 진실로 돌아가 신심을 통일하여 벽과 같이 조용한 상태를 유지하여(壁觀), 나와 남과 범부와 성인이 모두 하나가 되는 곳에 굳건히 안주하여 움직이지 않으며, 다시 문교文敎에 따르지 않는다면 이것이 진리에 명부하는 것이니, 분별도 없고 적연히 무위가 되는 것을 이입理入이라 한다."[509] 경전의 문자에 매이지 말고 경전의 근본의미를 파악하라는 대소승경전의 핵심 가르침을 벽관과 이입이라는 개념으로 표현하고 있다. 후대 선종의 '교외별전敎外別傳 불립문자不立文字'라는 핵심사상은 이 '자교오종藉敎悟宗'의 수행법에서 비롯된 것임을 알 수 있다. 달마의 벽관은 승주의 사념처법이나 천태의 지관과 다른 독자적인 대승선으로 파악했기에 도선이 칭송한 것이다. 후대에 벽관을 정신집중의 하나로 열거하거나(지엄의 『공목장』), 단순한 면벽수행 정도로 보았지만(『전등록』) 송대宋代의 종감宗鑑은 '객진위망客塵僞妄이 들어가지 못하는 것을 벽이라 한다.'고 주석하고 있다. '객진'이란 외부로부터 일어나는 번뇌를 말하고, '위망'은 본래의 자연 상태가 아닌 인위적인 작위성을 가리킨다면 벽관은 모든 번뇌와 거짓된 망상이 들어갈 수 없는 내면적인 마음의 긴장과 통일이라 말할 수 있다.[510] 위에서 살핀 것처럼 달마는 그의 『이입사행론理入四行論』에서 이입理入에 관해 설명하고, 또한 이를 구체적으로 돕는 행입行入으로서 네 가지 실천 덕목을 든다. 첫째는 보원행報怨行으로서 현실 생활 속에서 일어나는 모든 원증

---

509 달마, 『이입사행론』, 앞의 책 159쪽에서 재인용.

510 정선본, 같은 책, 160쪽 이하.

심怨憎心과 정신적 고뇌를 극복하고 도에 나아가도록 하는 마음가짐이다. 둘째는 수연행隨緣行으로 각자의 괴로움과 즐거움은 모두 인연에 의한 것이고 인연이 다하면 모두 허무하다는 사실을 관찰하여 그에 순응하면서 진리의 도에 계합하도록 노력하는 태도이다. 셋째 무소구행無所求行은 무위의 법에 마음을 두고 몸은 자연의 운행에 맡기며, 만유는 모두 공하여 바라고 즐거울 것이 없다는 가르침이다. 넷째, 칭법행稱法行이 있는데 여기서 칭稱은 계합한다는 말이어서 성정性淨의 이치에 계합한 삶을 말한다.[511]

송대에 이르러 보리달마 - 혜가 법통의 후예를 자임하는 능가사楞伽師들을 총칭하여 19세기 중국학자 호적胡適은 능가종이라 불렀다. 능가사들 중에 양자강 중류 기주 쌍봉산에서 선수행자 집단이 형성되었는데 이를 개창한 사람이 중국 선종의 제4조로 일컫는 도신道神(580-651)이다. 도신은 쌍봉산에서 30년간 주석하면서 독자적인 좌선을 가르쳐 그의 문하에 500여 명의 수행승들이 모여들었다 한다. 도신의 제자 홍인(601-678)은 쌍봉산의 동산으로 옮겨 새로운 도량을 개창하여 '동산법문東山法門'이라는 종파의 시조가 되었다. 홍인이 『수심요론修心要論』에서 강조하는 선사상은 '수심守心', '수진심守眞心', '수본진심守本眞心' 등인데 불법의 요지를 알려면 수심守心이 최고라 한다. 수심은 열반의 근본이다 입도의 요문이며 십이부경전의 본질로서 삼세제불三世諸佛의 조祖가 된다는 것이다.[512] 홍인이 강조하는 수심이란 우리들 자성이 본래 청정한 자신의 불성을 확인하고 잘 지켜야 한다는 것을 의미한다. 『수심요론』의 서두에 "대개 수도의 본체는 먼저 마땅히 신심이 본래 청정하며 불생불멸

---

511 위의 책 163-166쪽에서 재인용.

512 앞의 책, 211쪽 이하.

하고 분별도 없는 자성원만한 청정한 마음이라는 것을 알아야 한다. 이것이 본사이며, 시방의 제불을 염하는 것보다 수승殊勝하다."고 한다.[513] 자기의 청정한 마음을 지키면(수심), 망념이 일어날 수 없고 열반이라는 진리의 태양이 자연히 드러나게 된다. 홍인의 수심설은 스승 도신의 수일불이守一不二(마음을 한 곳에 집중한다면 이루지 못할 일이 없다.) 사상을 계승 발전한 것으로 보인다. 도신의 '수일불이'는 마음을 집중하여 하나를 보게 하고 있지만 홍인의 '수심'은 더 나아가 마음의 내부, 청정한 본심을 지킴으로써 망념과 사견으로부터 자유롭게 되는 것이다. 그는 천경만론千經萬論이라도 각자의 본래의 진심을 지키는 것만 못하다고 가르쳤다. 도신과 홍인의 동산법문시대에 쌍봉산을 중심으로 500여 명이 넘는 수행자들이 수행하고 이들이 활약함으로써 선종이라는 실천불교의 교단이 성립하게 된다.

홍인 이후 중국 선종은 북종과 남종으로 나뉜 것으로 알려졌다. '남능북수南能北秀' 또는 '남돈북점南頓北漸'이라는 잘 알려진 성구가 말하듯 5조 홍인의 정법을 이은 6조 혜능의 남종과 또 홍인의 정법을 이은 또 다른 북종의 신수를 지칭하는 것이다. 이러한 주장은 혜능의 제자 신회가 대운사 개원 20년(732년)에 '보리달마남종의 정법은 조계혜능이 계승했으며, 북종의 신수는 방계이다'고 주장하면서 시작되었고, 혜능의 입적 후 70년이 지난 시점에 완성된 돈황본 『육조단경』에서 홍인의 정법은 혜능에게 주어졌다는 이야기가 채택되면서 이 역사가 거의 정설로 간주되어 전승되었다.[514]

신수神秀의 전기로는 동문인 현색의 『능가불인법지』, 『전법보기』 그

---

513 앞의 책, 212쪽에서 재인용.

514 위의 책, 223, 224쪽 이하.

리고 장열의 『대통선사비명』 등이 믿을 만한 자료이다. 현색의 『능가불인법지』에는 홍인이 신수를 특별히 부촉한 사실, 십대제자의 대표자로서의 신수의 존재, 홍인의 입적 후에 현색과 함께 동산법문을 홍포할 것을 부촉한 사실 등이 소개되고 있다. 신수는 나이 71-73살이 되어서야 처음 승록에 이름을 올리고 형주 옥천사의 주지를 맡게 되었다. 옥천사는 본래 천태종의 중심도량이었으나 신수가 주지가 되면서 북종선의 근본도량이 되었다. 신용神龍 2년(706년)에 낙양 천궁사에서 좌선하는 모습으로 입적하자, 왕실에서는 용문龍門에서 성대한 장례식과 함께 '대통선사大通禪師'라는 시호를 하사 하였는데 중국불교에서 선사禪師라는 시호를 하사한 것은 처음이었다 한다. 그의 비명碑銘에는 제자들 중 '선원을 개당한 선사가 70명, 도를 얻은 자가 3천 명'이라 기술할 정도였다고 한다.515 신수의 저술로 간주되는 것은 『관심론觀心論』, 『수선사권선문秀禪師勸善文』, 『대통화상칠예문大通和相七禮文』 등이다. 이 중 선 사상을 알 수 있는 기본 문헌은 『관심론』이다. 이는 스승 홍인의 『수심요론』에 의거하여 북종선의 입문서로 관심觀心의 선법을 설한 것이다. 발심하여 불도를 구하는 방법이 무엇이냐고 묻는 제자에게 그는 "오직 관심觀心의 일법一法이 있으니 이는 제법을 총섭한 올바른 성요"라고 답한다. 이는 홍인의 '수심설'과 같은 입장이라 할 수 있는데 신수의 관심이 수심보다 한층 더 적극적인 일심의 자각적인 실천법으로 보인다. 홍인의 수심설의 이면에 숨어있는 자각적 관심의 입장을 표면으로 끌어낸 것으로 본다.516 신수의 관심법은 정淨, 염染 이심二心의 경향을 지닌 마음을 청정한 불성을 자각하여 지혜로써 염심을 제거하는 해탈의 길이다. 구체적인 실천으로

515 위의 책, 238-241, 245쪽.

516 같은 책, 243쪽.

탐진치貪瞋痴 삼독三毒과 육적六賊(안眼, 이耳, 비鼻, 설舌, 신身, 의意)을 전환시켜 삼취정계三聚淨戒와 육바라밀로 삼아 고통을 벗어나는 것이다.[517] 이를 섭심내조攝心內照 또는 좌선섭심坐禪攝心 관심법이라 부른다.

남종선의 조사는 혜능慧能(638-713)으로 달마와 더불어 중국 선종에서 가장 중시되고 있는 인물이다. 중국의 선은 달마의 내조來朝로부터 시작되었지만 6조 혜능의 출현과 더불어 본격적으로 발전되었다. 앞에서도 언급했지만 남북 양종의 분파나 돈점의 대립적인 논쟁은 혜능의 제자인 신회에 의해 전개된 것이지 역사적 인물로서의 혜능과는 관계가 없었던 것으로 보인다. 6조라는 조사의 지위도 신회의 투쟁과 활약에서 부여된 것으로 본다.[518] 『신회어록』에는 혜능이 22살 때에 기주 황매산으로 5조 홍인을 참문하여 불성이 평등하다는 문답으로써 홍인의 인가를 받고, 불과 8개월의 방앗간에서의 노동과 수행을 거쳐, 밤낮 3일을 함께 『금강경』을 논의하며 여래지견을 증득하고 정법의 부촉을 받았다고 전한다.[519] 『단경』에서는 홍인문하의 대표자인 신수와 깨달음의 노래로 경쟁하여 마침내 불법과 가사를 전해 받고 남쪽으로 길을 떠나 은거생활을 하게 되었다고 전한다. 그가 좌천되어 유배된 가문에서 태어나 부친을 일찍 잃고 나무를 팔아 노모를 부양하며 가난하게 살았으며 문자도 모르는 신분이었지만 견성성불하고 홍인으로부터 전의부법傳衣付法을 받아 6조의 지위를 얻었으니 친근감이 매우 큰 서민적인 조사상祖師像을 지니고 있다.[520]

517 같은 책, 244쪽.

518 같은 책, 286쪽.

519 같은 책, 287쪽에서 재인용.

520 같은 곳.

『단경』에서의 혜능의 중심사상은 돈오견성설과 반야바라밀이며, 구체적인 실천은 무념無念, 무주無主, 무상無相의 사상이다. 기본 입장을 돈오견성과 반야바라밀로 규정하는 것은 번뇌퇴치의 좌선과 명상의 차원에서 벗어나 불교전체를 선의 실천으로 통합하고 있는 것이다.[521] 반야는 분별과 집착이 끊긴 지혜를, 바라밀은 수행을 뜻하므로 반야바라밀은 일체시중에 있어 한 생각 한 생각이 어리석지 않고 항상 지혜로 실행하는 것, 즉 반야행을 의미한다. '일행삼매一行三昧'와 같은 뜻인데 일체시중一體時中의 행주좌와行主坐臥에 있어서 항상 '직심直心'을 실행하는 것을 뜻한다.[522] 『단경』 33단에서는 '자성의 심지를 지혜로써 관조하여 안팎이 명철하면, 자신의 본심을 알 수 있다. 만약 본심을 알면 이것이 해탈이다. 이미 해탈을 얻으면 곧 이것이 반야삼매이다. 반야삼매를 깨달은 것이 바로 무념이다.'라고 한다. 돈오견성과 무념과 반야삼매를 하나로 본다.[523] 여기서 말하는 무념無念이란 일반적인 무념무상과는 상당히 다른 의미이다. '무無'라 함은 주관 객관의 상대적인 입장과 모든 번뇌를 여읜 것이고 '염念'이란 진여본성을 생각하는 것이다. 진여는 염念의 체體요, 염은 진여의 작용이다. 이처럼 남종의 무념설에서는 자성청정한 진여의 본성이 반야의 지혜를 갖추고 있으며 그러한 본성을 자각하는 것이 돈오견성이고, 일체의 망념이 일어나지 않는 진여 본래의 입장을 무념이라고 주장한다.[524]

혜능의 무념설과 돈오견성설을 이어 신회가 새롭게 주창한 여래선如來禪 사상은 자성自性(佛性)을 돈오頓悟하여 불지견佛知見을 개연케 하

521 위의 책, 290쪽.

522 같은 곳.

523 위의 책, 291쪽에서 재인용.

524 같은 책, 292쪽.

는 돈교頓敎의 반야주의般若主義라 한다.[525] 신회가 여래선을 주창하면서 신수 이후 보리달마 선종 제7조의 지위를 놓고 보적과 경쟁을 할 때 자신의 스승인 혜능을 제6조로 확정시킨 의도를 짐작할 수 있다. 따라서 신회에 의해 돈오선이 확립된 것으로 이해할 수 있다. 돈교의 반야주의적 여래선은 북종선이 단순한 정신집중인 선정주의의 명상이나 번뇌를 퇴치하는 협의의 선정에 머무르는 것과 달리 종래의 전 불교를 선의 실천으로 종합한 대승불교의 본질인 반야바라밀의 입장인 것이다. 신회는 북종선이 돈오를 인정하지 않고 방편에 따라 점차로 깨달아야 한다고 주장하는 것을 최하품의 견해라고 비판하고 선의 실천 그 자체를 반야바라밀로 하고 돈오견성으로서 각자의 자각적인 종교를 확립하는 획기적인 선불교를 전개하였다.[526] 신회는 달마로부터 전래된 선불교의 근본정신은 여래선이며 불지견을 개연하는 것으로 보았기 때문에 북종의 좌선관심坐禪觀心이 달마의 진의가 아니라고 배척하고 무념無念의 근저에 있는 각자의 본성을 곧바로 자각하는 돈오견성頓悟見性을 주장했다. 좌선이 방편이 아니고 좌선이 곧 견성성불이다. 왜냐하면 '좌坐'를 정의하길, '한 생각이 일어나지 않는 것'이고 '선禪'은 '자기의 본성을 깨닫는 것'이기 때문이다. 마치 엄마가 한 순간 곧바로(頓) 아기를 낳고 젖을 먹여 점차로 양육시키듯이 곧바로 불성을 자각한 뒤에 점차로 인연을 닦아야 한다고 주장하는 것이다. 이것이 신회가 최초로 주장한 돈오견성설頓悟見性設이다.[527] 돈오적인 입장을 집대성한 신회의 『원각경圓覺經』에는 '중생은 본래 부처'라는 의미의 중생본래성불을 주장한다. 이런 주장은 대승불교의 불성사

525 같은 책, 277쪽.

526 같은 책, 278쪽.

527 같은 책, 280쪽 이하.

상, 즉 『열반경』의 '일체중생개유불성一切衆生皆有佛性'이라는 불성설과 『화엄경』의 '일체중생은 모두 여래의 지혜와 덕상을 갖추고 있다.'는 주장, 그리고 『법화경』의 일체중생이 불도를 이룬다는 '일체개성一切皆性' 등에서 근거한다. 돈오견성은 본래 완전무결한 자성청정심인 각자의 불성을 곧바로 단번에 자각하는 것을 말한다. 이러한 불성은 점수하여 단계적으로 완성시킨다는 것은 있을 수 없는 일이라는 것이다.[528] 여기서 우리는 돈頓이든 점漸이든 시간적으로 빠르거나 천천히 하다라는 개념이 아니라 일체의 단계나 조건을 무시한 '단번에'이든지 아니면 '단계적인 향상'을 의미하는 것으로 이해한다면, 인간 존재 안의 불성은 단번에 자각할 대상이라는 것을 인정하게 된다.

우리는 이제까지 중국의 선불교를 몇 분의 선사들의 사상 중심으로 살펴보았다. 보리달마는 이입사행론을 설하면서 객진과 위망을 벗어 버린 상태, 즉 내면적 마음의 긴장과 통일 상태인 벽관이 선 수행의 핵심으로 보았고, 이 사상을 이어받아 홍인의 수심守心, 신수의 관심觀心, 혜능의 돈오견성頓悟見性, 신회의 중생본래성불衆生本來成佛 등으로 이어진 일련의 마음 수행법이 독특하게 발전되어 왔음을 보았다. 이들은 한결같이 석가모니 부처의 경전에만 의존하지 않고 고타마 싯다르타가 가지고 있었던 불성을 공유하고 있는 인간의 본성을 텍스트 삼아 본래의 자성을 관조하도록 스승이 도와주는 조사선祖師禪의 법통을 이어갔다. 이는 이론이성으로라기보다 실천이성을 통해 자각해 가야 하는 깨달음의 성격에 연유한 것으로 보인다. 중생이 모두 불성을 지니고 있다는 것이 존재론적 입장이라면 이를 인식론적으로 깨달음을 얻을 수 있는 존재가 중생 중에

528 같은 책, 284쪽.

서 특히 인간이기 때문에 선불교의 인간상은 본래부터 존엄한 불성을 지닌 존재로 정리할 수 있을 것이다. 어떤 이가 '부처가 무엇인가?'라고 운문선사께 질문하였더니 선사는 '마른 똥 막대기'라고 대답했다고 한다. 모든 중생이 다 부처라고 이야기하니 부처와 부처 아닌 것의 경계가 없다는 이야기일 것이다. 가장 더럽게 여기는 자리가 있는 그대로 부처의 생명을 담고 있다는 가르침이니 모든 사물, 모든 중생, 더 나아가 모든 인간이 있는 그대로 존귀하지 않을 수 없다.[529]

3. 절대무, 인간, 자연의 관계 안에서 본 불교의 인간존엄성의 근거

불교에서의 신은 중생 중에 포함되고, 아직 완전한 깨달음의 영역에 도달하지 못한 존재의 세계를 형성하기 때문에 그리스도교 등 유일 신관에서의 창조주이자 심판자인 신과 다른 개념이다. 근대불교, 특히 일본의 교토학파(니시다기따로)가 서양의 신, 존재 자체(esse ipsum)와 비교할 수 있는 불교의 형이상학적 근본개념으로 절대무絶對無를 들었는데 '절대무'라면 서구 철학에서의 신의 관념과 비교할 수 있을 것이다. '절대무', '니르바나(열반)', '법(다르마)', '불성', '자성', '여래장' 등 '존재한다'고도 말할 수 없고, '존재하지 않다'고도 말할 수 없는 그런 지평의 개념들을 불교에서는 많이 쓰고 있다. 고타마 석가모니 부처의 사망 후 시간이 지나면서 법신法身 – 보신報身 – 화신化身의 삼신론에 의해 붓다에 대한 보

529 무문관, 21.

편화와 신격화가 이루어지고 마침내 대승불교의 '중생개유불성'같이 인간의 진여본성 안에 이미 완성의 모습이 있다고 주장하기에 이르렀다.

초기불교 경전의 관점에서 본다면 인간은 법法dharma을 깨닫고 실천하여 온갖 번뇌와 죄에서 벗어나 해탈하여 열반적정에 들 수 있다는 점에서, 즉 완전한 깨달음을 얻은 존재, 붓다가 될 수 있다는 점에서 존엄하다고 말할 수 있다. 소승에서는 성문승과 연각승 등 이승二乘만이 그런 해탈경지의 가능성이 있다고 가르쳤지만 대승불교에서는 오히려 소승의 이승을 배격하고 일상사 안에서 이타적 삶을 사는 보살이 그 가능성이 높다고 주장하는 경향이 생겼다. 더 나아가 중생이 모두 불성을 지니고 있다는 것을 주장하는 선불교에서는 이제 수심守心, 관심觀心, 돈오견성頓悟見性 등의 주장에서 보듯 인간이 자신의 본래마음을 집중하고 관찰하며 유지하기만 하면 그것이 곧 해탈과 완성의 길이다. 더 이상 어렵고, 먼, 그리고 점차적으로 마음공부가 아니라 자신의 본성 안에 담겨 있는 불성, 즉 존엄성과 진실성을 단박에 자각하면 되는 것이다. '중생이 본래 불성을 지니고 있다(중생본래성불衆生本來成佛).'는 것이 존재론적 입장이고 그런 관점에서 '마른 똥 막대기'라도 부처라고 주장하는 것이니 모든 중생이, 모든 사물까지도 불성을 지닌 고귀한 존재로 상대해야 하는 것이다.

불성, 법dharma은 모든 것 안에 내재한다. 모든 중생과 모든 사물 안에, 그리고 모든 중생 사이와, 모든 사물 사이에 진여가 존재한다. 불교의 중관파는 특별히 이를 모든 존재가 상의상관 관계 속에 있다고 설한다. 이는 고타마 석가모니불의 연기설을 해석한 것이다. 모든 중생, 모든 인간이 상의상관 속에 연기법적 일체를 이루기 때문에 더군다나 모든 인격과 대상을 존중하고 섬기는 태도가 강조된다. 절대자와 진여의 인간과 진여의 자연이 이런 관점에서 볼 때 수평적 일체를 이루고 있다. 아니 구별할 수 없는 화엄의 세계이다. 화엄종에서 강조하듯이 진실과 미혹, 현상과 본질, 개체와 전체가 융합하여 일즉일체一卽一切, 일체즉일一切卽一의 세계, 모든 차이성이 적멸된 무한의 원융무애圓融無礙의 세계로 모든 존재자가 결합되어 있다. 모든 중생은 자기 안에 진여를 담고 있고 다른 중생과 상의상대 관계를 맺으며 연생緣生의 그물을 이루고 있음으로 그 자체로 서로 평등하다.

그런데 왜 개체적 인간은 그런 여래장의 세계를 자각하고 자유로운 존재로 있는 그대로 연기에 따라 여여如如하게 살지 못하고 있음을 고백할 수밖에 없는 것일까? 번뇌와 집착, 고통과 죄, 무명無明이 문제라고 한다. 이로 인해 자의식과 차별이, 불평등과 우열심이 생긴다. 윤회는 다름 아닌 이런 집착과 무명에서 생기는 것이다. 윤회를 벗어나 해탈을 이루기 위해 수행하는 것이다. 그러나 수행은 우리가 앞에서 본 바와 같이 종파에 따라 수많은 수행법으로 계발되었고 함께 동반하는 공동체가 있다. 승가단과 보살들, 그리고 일반 신도에 이르기까지 다양한 방식의 삶을 통해서 수행은 가능하다. 엄격한 법통을 잇는 조사선종의 형식은 해탈을 위한 수행의 경험들이 선사와 제자 사이에서 개별적이고 각기 고유한 형태로 보고되고 지침 받는 형식이 되기에 각자의 수행에 큰 도움을 줄 것으로 여겨진다. 정토교의 전통은 출가하지 않고 수행하는 이들이 부처님의 조사의 도움이 없다하더라도 '나무아미타불'을 암송하며 염불삼매의 수행을 투철하게 하기만 하면 서방정토에 다시 태어나 불퇴전의 지위를 얻고 마침내 해탈할 수 있을 것이라는 희망을 넣어 주고 있다. 단박에 해탈할 수 없는 사람들에게는 또 다른 차선의 길이, 그러나 다시는 후퇴하지 않는 굳건한 불퇴전의 지위를 얻는 길이 아미타불의 구제력에 의해 주어진다는 것은 커다란 희망이 아닐 수 없다. 아미타불에의 본원本願, 즉 구제력을 믿고 그것에 귀의하는, 입으로 하는 염불(즉, 나무아미타불)이야말로 정정업正定業이라 정토교에서는 선언하고 있다. 부처님의 공덕, 법

dharma 그 자체의 탁월한 선성이 마치 태양처럼 어두움 속에 헤매는 중생을 비추고 있다. 여기서 서구 그리스도교의 진, 선, 미의 원천으로서의 신의 은총을 떠오르게 하는 작용이 불교에도 있다는 것을 확인할 수 있다. 불교의 어떤 근본주의자들은 자력종교라 자부하며 타력신앙을 폄하하는데, 정토교의 입장은 그것은 자의식과 자아도취로 가기 쉬운 허망한 주장이 될 수 있다고 경계한다. 달마선사는 『이입사행론』의 네 가지의 실천행 중에 수연행隨緣行을 설하기도 하였는데 모든 것이 인연에 따라 생기는 것이니 고락도 주어진 대로 받아들이고 무위無爲의 법에 마음을 두고 바라고 즐거울 것이 없다(무소구행無所求行)고 가르친다. 연기와 인연을 생각하면 그것이 아미타불에게서 오든 법dharma에서 오든 인간이 궁극적으로 해탈할 수 있도록 은총이 작용한다는 것을 받아들일 수 있다.

불교에서 절대무(해탈: 불성), 인간, 자연이라는 관계를 요약해 보면 삼자가 하나로 3중으로 통합된 상태가 곧 완성된 상태요, 분별되어 각자 분리되어 있는 상태가 무명의 상태, 죄와 집착의 결과로 나타난 상태라 할 수 있다. 번뇌와 집착을 벗어나면 곧 내 안에 법이 있고 우주가 있고 나도 없고 너도 없는 절대지평, 화엄장이 열리는 것이다. 인간의 존엄성은 바로 절대지평(불성)이 내재되어 있다는 존재론적 사실에 근거를 두고 있다고 말할 수 있다.

불교와 그리스도교와의 대화를 발전시키는 차원에서 근본적으로 통합할 수 있는 공통요소를 말한다면 다음과 같다.

첫째, 그리스도교에서 인간의 원죄 상태를 이야기하지만 하느님의 창조주성, 즉 그분의 자비와 사랑, 하느님과 인간 사이의 계약을 통한 구원사가 있어서 인간의 감성과 오성, 의지를 완전히 사악한 것으로 보지 않는다. 세간에 대해서도 하느님의 구원의 장소이다. 따라서 인간 삶 자체가 선물이고 은총으로 바라본다. 반면 불교에서는 인간 삶이 온갖 번뇌와 망상에 가득차서 고통과 악에서 벗어나지를 못한다. 그런 까닭에 인간은 본래자리, 자신의 진여본성을 보고 해탈을 한 연후라야 참 기쁨과 참 진리를 보게 된다고 한다. 세간에 대해 번뇌와 고통이라는 비관적 현상에서 시작하지만 그 현상 이면에 찬란히 빛나고 있는 각자의 진여본성을 보도록, 자각하도록 초대하고 수행하는 길을 안내하고 있으니 어떤 면에서 그리스도교의 존재 자체인 창조주의 탁월성 때문에 인간이 구원받을 수 있다는 논리와 비슷하다.

둘째, 그리스도교의 영성수련은 하느님 사랑과 자비에 대한 무한한 신뢰심으로 시작한다. 인간이 관대하게 자신을 드러내 놓기만 하면 그분이 모두 치유해 주시고 질서 잡아 주신다. 인간은 관대함을 얻기 위해 자비를 구하면서도 의지를 크게 동하여 은총의 시간을 기다린다. 불교의 선종은 자성, 자기본성과 망상을 구별하면서 망상을 다 사라지게 한 연후에, 즉 자성으로 돌아가 사물을 보게 된다. 어떤 자비도 은총도 구하지 않고 인간의 자연의 빛으로 사악함을 분별하고 마침내 극복한다. 그러나 정토교의 타력본원설은 그리스도교의 신앙과 의탁, 그런 연후에 찾아오는 하느님과의 일치체험과 매우 유사하게 보인다.

셋째, 결국 창조주 내지 조물주에 대한 관념의 차이이다. 그리스도교에서 창조주는 의인화된 어떤 존재가 있어 인간이 바라는 모든 것을 해준다는 의미로 해석해서는 안 될 것이다. 불교에서 '견성성불'이라 하듯이 하느님께 대한 신앙이란 인간학의 관점에서 풀이한다면 세상의 창조질서와 인간본성에 대한 낙관적 태도, 또는 존재 현실에 대한 개방적 의탁으로 볼 수 있다. 불교에서도 인간의 어떤 능력이나 감성을 사용하지 않고 홀연히 깨닫기를 기다릴 수도 있고, 또 그렇게 하는 것이 가장 심원한 깨달음일 수 있겠지만 자성이 가지고 있는 우월적인 힘, 부처와 수많은 조사들이 경험한 깨달음의 세계에 대한 신뢰와 그분들의 은덕을 의지하고 귀의하는 교리가 있음을 인정한다면 그리스도교의 신께 대한 신앙을 이해할 수 있을 것이다. 영신수련에서 보여 주듯이 인간의 모든 능력, 즉 지력, 기억력, 상상력, 의지력 등이 궁극적인 깨달음, 즉 해탈을 하는 데에 도움을 준다. 달마의 『이입사행론』에서 보원행報怨行처럼 기억과 지력, 의지력에 스며 있는 번뇌와 죄를 극복하는 과정이 있고 나면 수연행과 무소구행, 그리고 성정性淨의 이치에 합당한 삶을 살아 갈 수 있는 것(칭법행稱法行)이다.

제4장

천도교의 인간존엄성

제4장
천도교의 인간존엄성

1. 한울님에 관한 수운의 원체험에서 본 신, 인간, 자연

동학에서 한울님, 인간, 자연의 관계를 알아보기 위해서 동학 천도교의 창설자 수운 최제우水雲 崔濟愚의 종교적 체험과 이 체험에서 직접 파생된 그의 신관과 구원관을 연구하는 것은 무엇보다 중요하다. 여기서는 짧게나마 그의 종교체험을 살펴보고 이를 바탕으로 서술한 그의 가르침을 중심으로 신, 인간, 자연의 관계를 알아보기로 한다.

수운의 종교적 체험은 세 단계로 나누어 볼 수 있다.

첫째 단계(1843-1856)는 그가 아버지를 여읜 후 나그네로 정처 없이 떠돌아다니며 전통적인 종교를 연구하면서 당시 도탄에 빠진 백성과 나라를 구원할 답을 찾기 위해 노력한 시기이다. 백성들의 근본문제는 각자위심各自爲心, 즉 사람들이 자기 자신만을 위해 살고자 애쓰고 있다는 것을 깨닫는다. 그가 신비스런 한 스님의 기이한 서책(을묘천서)을 통해 깨달음을 얻고 난 둘째 시기에 그는 이제 한울님을 명상과 기도로 직접 체험하고자 시도했다. 그는, 특히 1856년부터 1860년까지의 시기에 인간은 종교적 기도 훈련과 경건한 집중을 통해서 한울님을 감복케 해 자신을 계시하도록 할 수 있을 것이라고 굳게 믿었다. 다시 말하면 사람이 아주 고요한 상태로, 즉 육과 정신, 무의식과 의식, 자신과 환경이 하나 되는 상태에서 깨어 기다리면 이윽고 한울님 체험에 이를 수 있다고 생각했다. 드디어 세 번째 시기(1860-61)에 수운은 한울님을 만나는 체험을 한다. 이 한울님 체험을 통해 모든 불명확한 문제들이 모두 갑자기 해결된 것처럼 느꼈다. 그는 새로 개안된 눈을 통해서 세상을 전과는 아주 다르게 보고 새로운 의미를 깨닫기 시작했고 교수형으로 죽을 때까지(1865) 한울님과 그의 진리를 선포해야 하는 것을 의무로 느꼈다.

수운은 신비적 종교 체험을 기점으로 이제까지의 가치체계와 신관이 무너져 내리고 새로운 빛이 운명처럼 엄습해 왔음을 포덕문과 논학문 등에서 극적으로 표현하고 있다.

> "뜻밖에도 사월에 마음이 선뜩해지고 몸이 떨려서 무슨 병인지 집증할 수도 없고 말로 형상하기도 어려울 즈음에 어떤 신선의 말씀이 있어 문득 귀에 들리므로 놀라 캐어물은 즉 대답하시기를 「두려워하지 말고 두려워하지 말라…」…." (포덕문, 경전 18쪽)

> " …몸이 몹시 떨리면서 밖으로 접령하는 기운이 있고 안으로 강화의 가르침이 있으되, 보였는데 보이지 아니하고 들렸는데 들리지 아니하므로 마음이 오히려 이상해져서 수심정기하고 묻기를 「어찌하여 이렇습니까」, 대답하시기를 「내 마음이 곧 네 마음이니라. 사람이 어찌 이를 알리오… 너는 무궁한 도에 이르렀으니 닦고 단련하여 그 글을 지어 사람을 가르치고 그 법을 바르게 하여 덕을 펴면 너로 하여금 장생하여 천하에 빛나게 하리라」." (논학문, 경전 25-26쪽)

> "사월이라 초오일에 꿈일런가 잠일런가. 천지가 아득해서 정신수습 못할러라. 한울님이 정하시니 반수기앙 무섭더라. 공중에서 외는 소리 천지

가 진동할 때 집안사람 거동 보소. 경황실색 하는 말이 애고애고 내팔자야 무삼일로 이러한고, 애고애고 사람들아 약도사 못해볼까. 침침칠야 저문 밤에 눌로대해 이말할꼬. 경황실색 우는자식 구석마다 끼어있고 댁의거동 볼작시면 자방머리 행주치마 엎어지며 자빠지며 종종걸음 한창할 때 공중에서 외는소리 물구물공 하였어라…." (안심가, 경전 150쪽 이하)

이 신비스런 원체험에 관한 그의 보고를 종합하자면 처자들은 아마도 영문을 모른 채 수운이 갑작스런 병에 걸려 쓰러지는 줄 알고 어쩔 줄을 몰라 할 때, 그는 천지가 아득하고 진동하는 듯한 심리상황에서 육체적으로는 떨리고 병에 걸린 듯하고 접령의 기운을 느꼈고 두렵고 섬찍한 마음으로 어떤 가르침을 들었다. 생전 못 본 물형의 부도도 뚜렷이 보였으며, 이를 받아 적기도 한다.530 이를 통해서 수운은 접령과 가르침의 주인공이 한울님이라는 사실을 얻게 되었고 그 체험이 너무 생생하여 지금까지 문제로 삼았던 과제들이 일시에 해결되어 미래가 열리는 무한함을 느끼고 세계의 의미가 전도되어 충만함과 환희감이 고조되었으며 피할 수 없는 전도의 사명을 받았다. 이 체험의 궁극적 메시지는 그가 한울님의 말씀으로 전언한 오심즉여심吾心卽汝心, 즉 한울님 마음이 곧 수운의 마음이다는 신인합일의 신비이다. 오심즉여심의 체험은 당시 도탄에 빠져 절망에 있는 백성들의 각자위심各自爲心과는 정반대의 구원상태로서 인간과 인간, 인간과 자연, 인간과 한울님이 근원적으로 하나라는 그의 동귀일체同歸一體 사상의 근원이 되었을 것으로 여겨진다.

자구적으로 본다면 '모든 것은 하나로 귀결된다'는 동귀일체 사상은 신, 인간, 자연의 관계에 관한 수운의 사상 중에 중요한 표현이다. 그는

530 류병덕 교수는 감각적, 심적 현상을 자세히 종합하고 구극적 경지는 언어로 표현할 수 없으나 오심여심의 신인합일에 도달했다고 단언한다. 류병덕, 『동학 천도교』, 시인사 1987, 62쪽 이하 참조.

이 개념을 자신의 한글판 용담유사라는 문집에서 자주 사용하였지만[531] 그러나 설명하지는 않았다. 우리가 그의 전 사상을 염두에 둔다면 이 표현의 의미가 무엇인지를 알 수 있다. 그에 따르면 모든 사물은 정신과 물질의 유일한 통합 원리인 지기至氣의 여러 형태들일 뿐이다. 존재론적으로 볼 때 인간은 한울님, 그리고 지기와 분리되지 않는 것은 물론, 수심정기를 통해서 한울님과 하나가 된다는 의미에서 인간과 한울님이 근원에 있어서 서로 다르지 않다. 따라서 수운은 한 인간의 마음이 한울님의 마음과 같다고 말한 것이다.[532] 인간이 수심정기를 통해서 무질서한 마음과 요동치는 기운을 바르게 다스리면 한울님이 인간 안에서 드러난다. 한울님은 또한 다른 피조물 안에 숨어 있는 채 인간에게서와 같은 방식으로 그들 안에서 작용한다. 그렇기에 수운은, 한울님을 자기 안에 올바르게 모시고 섬기는 사람들은 자신들의 덕 안에서 하늘과 땅의 법칙에 상응한다고 생각한다. 한울님, 즉 지기는 또한 전 우주 안에서 작용한다. 동귀일체 사상은 동학에서 한울님과 인간, 그리고 인간 사이의 일치를 생각하도록 할 뿐 아니라 천도교 역사에서 계속 발전된 한울님, 인간 그리고 자연의 일치로도 생각하게 하는 가능성을 연다.

531 「용담유사」, 『천도교 경전』, 126, 206, 220쪽.

532 「논학문」, 『천도교 경전』, 28쪽.

2. 동학 천도교 사상사에서 본 인간존엄성의 근거 이해[533]

2.1. 수운의 시천주侍天主 사상

2.1.1. 주문

수운은 자기의 종교적 체험에서 얻은 진리를 21자 한자 주문에 담았다. "至氣今至 願爲大降 侍天主 造化定 永世不忘 萬事知: 지기시여, 지금 저에게 오소서! 당신이 크게 내려오심을 바라옵니다. 제가 당신을 제 안에 모시나니, 오 한울님이시요! 당신은 제 실존 안의 깊은 갈망이 되어 저를 변화시키나이다. 제가 당신을 결코 잊지 않으면 모든 지혜를 얻게 될 것입니다."[534]

수운은 여기서 절대자와 관련해서 두 가지 개념, 즉 지기至氣와 천주天主[535]로 접근하고 있다. 얼핏 서로 다른 존재를 지칭하는 것으로 보이는 이 두 개의 개념들은 신관을 이해하는 데 중요한 열쇠이다. 수운은 지기를 우주의 모든 존재에게 생명을 불어넣고, 그들에게 명령을 내리는 변화의 원리이면서 동시에 무한한 근본 힘(에너지)으로 번역한다.[536] 지기는 형상

533 졸고, 「동학 천도교의 인간존엄성의 근거」(수록: 『동학학회』 20호, 2010)에서 기초적인 아이디어를 소개하였음.

534 주문, 수록: 천도교 경전, 70쪽. 한글 해석은 필자가 한자 원문을 의역하였음.

535 천은 하늘이요 주는 접미사로 남자이든 여자이든 존경받아야 할 사람에게 붙인다. 유럽어는 성이 있어 절대자에게는 남성을 붙이는 것이 일반적인데 우리말의 천주는 반드시 남성이지 않다. 동학에서는 신을 남성으로 보아야 할 것이 아님이 명백하다. 신(한울님)은 천지, 음양, 부모로, 즉 양성으로 공경된다.

536 至氣를 "虛靈蒼蒼하여 無事不涉하고 無事不命이나 然而如形而難狀이요 如聞而難見이니 是渾元之一氣也"라고 하여, 모든 사물의 본래 근본요소, 근본 힘, 즉 물질과 정신적 에너지뿐만

이 있는 듯 하나 표현하기가 어렵고, 들리는 듯 하나 보기가 어렵다. 그러므로 지기의 형상은 느낄 수 있으되 보이지 않고 개념으로 완전히 표현할 수 없다. 그것은 삼라만상을 아우르고 움직이는 완전한 본래 에너지이다.[537]

지기는 천주, 한울님과 구별되지도 분리되지도 않으며, 천주의 작용하는, 실행하는 양태라고 볼 수 있다. 지기가 내재적 한울님(천주)으로 파악된다면 천주는 초월적 인격성으로 이해될 수 있다. 지기는 감각과 마음으로 인지될 수 있다면, 천주는 인식론적으로 볼 때 생득적 관념으로 초험적 절대자를 인격적으로 부르는 '님'이고, 형이상학적으로 볼 때 초월적 궁극원리로 이해될 수 있다.[538]

한울님을 오롯이 공경하면서 신도들이 수양할 때 돕기 위해 만들어진 이 짧은 21자 기도문은 신관을 아는 열쇠가 될 뿐 아니라, 인간, 신 그리고 자연간의 관계를 지시해 준다. 이 주문의 앞부분, "지기금지원위대강至氣今至願爲大降" 여덟 자는 기도자가 한울님의 지극한 기운이 자신의 마음에 느낄 수 있도록 크게 내려와 그의 권능을 드러내시기를 소망하고 성심껏 기다린다는 호소를 담고 있다. 뒷부분의 열세 자는 한울님이 내려오신 상태(시천주侍天主: 오 한울님, 제가 당신을 모십니다!)와 내려오신 결과, 즉 나의 무위 속에 한울님이 활동하심을(조화정造化定: 당신이 저의 넋 속에서 저의 깊은 열망에 따라 저를 변화시키십니다), 그리고 나서

아니라 정신의 능력까지도 포괄하는 것이다. 물질과 정신으로 분화되기 이전의 이기理氣를 포섭하는 본래에너지라고 말할 수 있지 않을까? 지기는 구약성서 창세기 2, 7의 하느님의 생명의 숨, 'ruach'가 에너지이면서 동시에 로고스인 것과 유사한 개념이다. 모든 존재자가 같은 근본요소, 지기에서 파생되었다는 것은 모든 것이 하나라는 생각(同歸一體)을 가능하게 한다. 김경재, 「동학의 신관」, 『동학혁명100주년 기념논총』, 181쪽 이하 참조.

537 『천도교경전』 33쪽; 윤석산, 『동경대전』, 81쪽 참조.

538 김경재, 「동학의 신관」, 같은 책 180쪽 이하.

마지막엔 서원(영세불망만사지永世不忘萬事知: 제가 이를 결코 잊지 않을진대 그러하면 세상의 모든 지혜를 얻게 되나이다)으로 구성되어 있다. 한울님과 인간의 친밀하고 역동적인 관계가 “시천주” 상태에 놓여 있다. “천주”는 한울님의 한자어이다. 동사 “시侍”(받든다 혹은 모신다)는 한울님과 인간의 관계를 설명한다. 수운은 스스로 이 단어를 해석하는데, “시侍라는 것은 안에 신령이 있고 밖에 기화가 있어 온 세상 사람이 각각 알아서 옮기지 않는 것이다.”라고 한다. 시侍의 상태에서는 신과 인간이 나뉘어져 있지 않다는 말이다. 그러기에 신과 인간의 관계가 여기서는 주객, 계약법적 관계 혹은 인과적 관계로 여겨서는 안 되고, 성스러운 하나의 몸에 분리되지 않은 혼연 일체적 관계로 보아야 한다. 인간은 한울님을 생각으로만이 아니라 온 마음으로, 온 몸으로 그리고 온 삶으로, 모시고 그를 섬기면 한울님은 인간과 구별된 객체가 아니라 자기 존재의 뿌리요 근거라는 사실을 확연히 알게 된다.[539] 바로 이 시천주의 계기에서 인간과 우주의 근거이신 한울님의 만남이 이루어진다. 다른 말로 표현하자면 인간이 우주의 혼원일기渾元一氣로 변화해 들어간다. 즉 인간은 이 순간 한울님과 완전히 하나가 되고 나뉘지 않는다.[540] 동학을 해석한 철학자 중 한 분인 이돈화가 표현한 대로 바로 이때 인간은 곧 한울이다(人乃天).

2.1.2. 수심정기

한울님과 인간이 일치되면 조화, 즉 무위이화無爲以化가 일어난다. 조화는 자발적, 자동적 발전, 즉 의도적으로 행함이 없이 성장, 생명 그리고 변화가 스스로 일어나는 사건이다. 이는 인간이 자신(자신의 의지)을 창조

539 김경재, 같은 곳, 180쪽 이하.

540 윤석산, 같은 곳, 83쪽 이하.

적 발전에 혼합시키지 않을 때 일어난다. 만물의 영장인 인간이 이 무위이화의 길을 알고, 이 길에 자신을 합일시키며 신령스런 개혁과 유지의 힘을 따라가면서 신령한 마음을 굳게 가지면 자기 생명 안에서 평화를 얻는다. 그러나 그가 이에 맞서게 되면 어떤 평온도 없다. 이 내적 개혁은 인간과 한울님이 이 세상에서 일치함으로써 가능하게 된다.

모든 사물과 생명체가 안으로는 신령이 있고 밖으로는 기화가 있는 한, 즉 한울님을 모시고 섬기는 한, 이들 다른 피조물들도 인간과 다를 바가 없다. 그러나 인간 홀로 지기 곧 한울님이 자신과 옮겨져(분리되어) 있지 않다는 사실을 안다. 그러기에 인간만이 지기가 자신에게 내리기를 원하고 희망하며, 의식적으로 그리고 기꺼운 마음으로 한울님을 모신다. 인간만이 이 진리에 따라 성숙할 수 있다. 수운은 인간을 수양시키고 한울님과 일치시키는 길, 무위이화 상태로 이끄는 길, 즉 위에서 언급한 수심정기守心正氣를 가르쳤다. 지기를 실행하고 "흐린 기운을 쓸어버리고 맑은 기운을 어린 아기 기르듯 하며", 마음을 항구하고 올바르게 간직하면, 인간의 태도는 하늘과 땅의 법칙과 일치하고 이로써 우주적 질서의 자동적 운행 안에서 지혜가 탄생한다. 그러나 지기를 실행치 않고 마음이 흔들리면 인간의 태도는 하늘과 땅의 명령에 대항하게 된다. 수운은 지기를 실행하기 위해서 "남의 적은 허물을 내 마음에 논란하지 말고, 나의 적은 지혜를 사람에게 베풀라"고 가르친다.**541** 이 수심정기의 방법론으로부터 한울님의 마음이 인간의 마음과 같고, 기氣는 지기至氣로서 모든 사물을 통합한다는 점이 도출된다. 여기서는 지식이 중요하지 않고 마음의 수련이 중요하다. 내적 수양을 통해 사회적으로 보잘 것 없는 사람들이 자신들의 인격적 정체성을 얻게 되고 자기 자신과 인간의 존엄성을 의식하게 된다.

541 「탄도유심급」, 『천도교 경전』, 83쪽 이하.

이 수련은 후기에 동학의 사회 정치적 운동 안에서 인간평등 사상과 민족의 독립 운동과도 매우 긴밀히 연결된다.[542]

2.1.3. 신인합일

수운이 인간에 관한 개념적 정의를 하지 않았지만 "최령자"[543](최고의 영적 존재), "무궁한 내"[544] 등으로 표현하고 있는데 이는 그의 종교체험에서 비롯된 것으로 보인다. 인간을 '무궁한 하늘님'과 더불어 '무궁한 존재'로 보고 있음이 특기할 사항이다. 이와 같이 '유한적인 존재'인 인간을 신과 같은 '무한적 존재', 곧 '무궁한 존재'로 보는 것은 다름 아닌 '시천주侍天主', 곧 사람들 모두 그 내면에 매우 주체적으로 무궁한 하늘님을 모시고 있다고 보기 때문이다.

이러한 '시천주'의 상태를 다른 말로 표현하면, 신인합일神人合一의 경지이며, 인간이 이 우주에 화생化生할 때 하늘님으로부터 품부稟賦받은 바로 그 천심天心을 다시 회복하는 것을 의미한다고 하겠다. 그런가 하면, 이는 곧 자신의 삶 속에서 '하늘님 마음'을 한 치도 어김없이 실천하는, 그러한 삶을 의미하는 것이라고 하겠다. 그러므로 '시천주'는 곧 인간이 태어날 때의 가장 순수한 마음, 즉 인간 마음의 본질을 회복하는 것이며, 나아가 이를 삶 속에서 실천하는 것이 된다.

이는 각자위심各自爲心에 물들어 자신의 이기주의적 탐욕만을 찾아 서로 다투고 싸우는 세태 속에서, 하늘님의 덕을 회복하고 또 하늘님의 덕과 일치하는(與天地合其德) 삶을 영위함으로써 동귀일체同歸一體의

542 신일철, 『동학사상의 이해』, 50쪽 이하.

543 「도덕가」, 『천도교 경전』, 215쪽.

544 「흥비가」, 『천도교 경전』, 236쪽.

세상을 지향하는 지상신선地上神仙의 모습이기도 한 것이다. 이렇듯 사람을 하늘님과 더불어 '무궁한 존재'로 본 동학의 인간관은 전대前代의 어느 성인聖人도 천명하지 못한 대신사의 매우 독특한 인간관이다. 그런가 하면, 바로 이러한 점에서 대신사가 천명한 인간관, 나아가 동학 인간관의 한 특징적 모습을 찾을 수 있는 것이다. 또한 이러한 동학의 인간관은 대사회적對社會的인 면에서도 매우 중요한 의미를 띠고 있다고 하겠다. 이는 다만 어느 특정한 신분의 사람만이 '무궁한 존재'가 될 수 있는 것이 아니라, 세상의 모든 사람들이 내 안에 하늘님을 모시고 있기 때문에 빈부貧富나 귀천貴賤의 구분 없이 세상 사람이면 누구나 무궁한 존재로서 평등하다는 본질적인 평등주의를 내포하고 있기 때문이다.

2.1.4. 수운의 인간존엄성 근거

위에서 본 것처럼 인간은 자신 안에 한울님의 본성(정신)을 모시고 외부로 향해서는 지기와 일치되어 자신을 발현한다. 그런데 수운에 따르면 모든 생명체와 사물이 한울님을 모시고 지기를 통해 서로 연결되어 있기 때문에 다른 피조물도 인간 또는 한울님과 존재론적 본성에 있어서는 동일하다. 그러나 인간만이 홀로 이러한 진리를 인식하고, 한울님이 자신과 하나가 되기를 바라고 기대하며, 자신 안에 한울님을 모시고 섬긴다. 이런 의미에서 인간은 금수와는 달리 최고의 영적 존재자(최령자)이다.[545] 인간존엄성은 인간이 스스로 한울님을 모시고 섬기며, 무위이화의 태도로 모든 것이 변화하도록 허용하고 이 진리를 경험적으로 인지할 수 있다는 데서 근거 지워진다. 수운에 따르면 인간존엄성이 이성이나 정신성에 있

---

545 「도덕가」, 『천도교 경전』, 215쪽.

다기보다는 훨씬 더 한울님과의 관계성, 즉 절대자에 개방하는 종교성 또는 도덕성에 있다. 이 종교성과 도덕성 안에서 인간은 한울님과 일치하게 되고 자신과 세계를 새로이 발전시킨다. 인간이 스스로 한울님을 모시고 섬기는 종교성과, 인간이 자신과 세계를 지기(한울님)와 함께 완성을 향해 계발하는 개방적 도덕성은 이성 혹은 정신에서라기보다는 온 마음과 몸에서 유래한다. 위에서 살펴보았듯이 시천주 상태는 안과 밖의 일치, 마음과 몸의 일치 상태에서 경험되기 때문이다. 시천주의 경외심은 지벌이나 가세 또는 문필에서 비롯되지 않고 수심정기의 수양에서 비롯된다. 수운의 한울님 체험과 "오심즉여심吾心卽汝心"의 가르침이 지시하고 있듯이, 마음은 인간과 한울님이 만나고 일치하며 한울님께 모든 것을 맡기고(무위이화) 한울님에 의해 새로이 변화되기를 바라는 갈망을 불타오르게 하는 장소이다. 그래서 수운은 인간이 무궁한 한울님과 마음 안에서 일치하면 모든 것이 무한하고 거룩하게 된다고 말한다. "무궁히 살펴내어 무궁히 알았으면 무궁한 이 울 속에 무궁한 내 아닌가."[546]

2.2. 해월의 양천주 사상

2.2.1. 양천주

수운의 시천주 사상은 동학과 천도교 신앙의 핵심인데 이는 한편으로 인간이 어떻게 한울님을 모시고 만나는지를 가르치고, 다른 한편으로 어떻게 한울님을 섬기면서 자신을 완성시켜야 할지 과제를 제시하고 있다. 시천주의 진리를 신비 체험을 통해 계속해서 인지하고 자각하면서 일상을 사는 사람이라도 자신 안에서 뿐 아니라 타인과의 관계에서 종종 어두

546 「흥비가」, 『천도교 경전』, 235쪽 이하.

움, 오류 그리고 한울님의 상실을 경험한다. 따라서 우리가 어떻게 신성(한울 본성)이나 신과 합일된 상태의 위안을 자신 안에서 계속해 유지할 수 있을지가 관건이 되고 무엇보다 이를 위한 식별이 중요하다. 이런 관점에서 해월은 양천주를 통해서 시천주를 더 발전시키고 있다. '양천주'는 내 안에 모신 한울님을 양육, 즉 더욱 크게 한다는 뜻으로, 생명이 종자 안에 있더라도 그 안에 갇혀 있는 한 생명이 발현되지 않지만 종자가 땅에 심어지고 싹이 터, 잘 가꾸고 길러져야 비로소 생명이 생명의 값을 하게 된다는 의미를 품고 있다.

> "한울을 養할 줄 아는 사람아라야 한울을 모실 줄 아느니라. 한울이 내 마음속에 있음이 마치 종자의 생명이 종자 속에 있음과 같으니, 종자를 땅에 심어 그 생명을 기르는 것과 같이 사람의 마음은 도에 의하여 한울을 양하게 되는 것이라."[547]

한울을 모신다고 말하지만 한울을 길러내지 않는 사람은 엄밀히 말해서 한울을 모신다고 말할 수 없다. 한울님을 모시고 그를 올바르게 섬기는지 그렇지 않는지에 대한 기준은 무엇일까? 해월에 따르면 한울님의 의지에 순종하여 한울님의 본성이 자신 안에서 자라나는지, 그렇지 않는지가 그 기준이라 한다. 해월은 인간이 곧 한울이니(人是天) 인간을 섬길 때 한울처럼 하라(事人如天)고 가르치면서 내 안의 교만, 시비지심 그리고 욕심을 경계한다.

> "사람이 바로 한울이니 사람 섬기기를 한울같이 하라. 내 제군들을 보니 스스로 잘난 체하는 자가 많으니 한심한 일이요, 도에서 이탈되는 사람도 이래서 생기니 슬픈 일이로다. 나 또한 이런 마음이 생기려면 생길 수 있으나 이런 마음을 감히 내지 않는 것은, 한울님을 내 마음에 양하지

547 「양천주」, 『해월신사법설』, 천도교 경전, 367쪽 이하.

못할까 두려워함이로다. 내 핏덩이가 아니거니 어찌 시비의 마음이 없으리오마는, 만일 혈기를 내어 시비를 추궁하면 천심을 상케 할까 두려워하야 내 이를 하지 아니하노라. 내 또한 오장이 있으니 어찌 물욕을 모르리오마는, 그러나 내 이를 하지 않는 것은 한울을 양하지 못할까 두려워함이로다."[548]

또한 우리의 말이 행동에 일치하지 않아도 마음이 한울님의 의지에 반하게 되어 내 마음 안의 신성을 부양할 수 없다고 해월은 가르친다.

"말은 행할 것을 돌아보고 행동은 말한 것을 돌아보아, 말과 행동을 한결같이 하라. 말과 행동이 서로 어기면 마음과 한울이 서로 떨어지고, 마음과 한울이 서로 떨어지면 비록 해가 다하고 세상이 꺼질지라도 성현의 지위에 들어가기가 어려우니라."[549]

해월에게 있어서 종교성은 도덕성과 양심 바른 생활과 무관하지 않다. 따라서 모든 이는 스스로 한울님을 양하기 위해 어느 방향으로 마음을 정해야(造化定) 할지 양심 안에서 결정해야 한다. 천도교 창건사의 해월 신사법설에서는 시비, 물욕, 교만, 사치, 외식(겉치레) 등은 한울님을 양하는데 방해가 되기 때문에 특히 주의해야 한다고 상세히 설명하고 있다.[550] 양심의 가장 깊은 곳에서 우러나오는 소리를 좇는다면 한울님을 거스르지 않을 것이고 한울 마음을 부양할 수 있다. 한울님 안에 인간의 마음이 있고 인간의 마음 안에 한울님이 계시기 때문에, 인간은 한울님 안에, 한울님은 인간 안에 계신다. 따라서 마음 밖에 한울님이 없고, 한울님 밖에 마음이 없으니 마음을 살펴 한결같이 한울님과 마음이 어긋나지 않도록 해야 진정한 시천주가 된다.[551]

---

548 「대인접물」, 『해월신사법설』, 천도교 경전, 278쪽.

549 같은 곳, 287쪽.

550 「제2편 해월신사」, 『천도교 창건사』, 9쪽 참조.

2.2.2. 삼경三敬 사상

해월은 모든 사람이 한울님을 모심으로 태어나고 또한 모심으로 해서 살고 있으므로 모든 사람이 한울님 사람이며, 그러므로 모든 사람을 한울님 같이 섬기라고 말하고 있다. 해월에게 한울님을 공경하는 '경천'은 결국 저 공중을 향해 비는 것이 아니라 사람을 공경하는 것이요, 자기의 마음을 공경하는 것이다. 본래 유교에서 강조한, 부모에 대한 공경심이 해월에게 있어서는 종교적 신심의 기초가 된다. 내 안에 모신 한울님을 부모와 같이 공경하는 '성경신'이 곧 수도와 신앙의 기초요, 수운의 시천주를 양천주라는 관점에서 실현하는 방식이다. 순일하고 쉬지 않는 지극한 정성이 곧 성誠이며, 자신의 마음, 타인, 그리고 만물을 공경하면 만상이 모두 다가오게 되는데 이것이 지극한 경敬의 경지이다. 그러나 수레가 바퀴에 의존해 나아가는 것처럼, 오행이 흙(土)에 기반을 두는 것처럼, 그리고 인의예지仁義禮智가 오로지 신信에 달려 있는 것처럼 성경도 결국 믿음(신)에 지지되지 않으면 모래성이 되고 만다고 해월은 말한다. 이것이 해월의 성경신 사상이다.[552] 성경신은 칸트의 선의지처럼 에고를 넘어서 보편적 한울님 마음으로 나아가려는 내적 태도이고 한울 마음을 부양하는 양천주의 형식이라 할 수 있다.

위에 언급한 경의 이치, 만인을 공경하면 만민이 모여들고, 만물을 공경하면 만상이 다가 온다는 진리를 더욱 심화시켜 해월은 삼경사상으로 발전시킨다. 삼경이란 첫째는 경천이요, 둘째는 경인이며, 셋째는 경물이다. 공경의 대상인 한울, 인간, 자연물질에 따라 셋으로 나누었지만 공경의 내적 태도는 본질에 있어서 동일하다. 오히려 존재의 위계를 버리고 가장

551 「천지인 귀신 음양」, 『해월신사법설』, 천도교 경전, 268쪽 이하.

552 「성경신」, 『해월신사법설』, 위의 책, 304-308쪽.

하위의 물질계를 공경할 수 있는 사람이라야 진정으로 타인을 공경할 수 있고, 타인의 마음을 공경할 줄 아는 사람이라야 진정으로 한울님을 공경한다고 해월은 가르친다.

> "경천만 있고 경인이 없으면 이는 농사의 이치는 알되 실제로 종자를 땅에 뿌리지 않는 행위와 같으니, 도 닦는 자 사람을 섬기되 한울과 같이한 후에야 처음으로 바르게 도를 실행하는 자니라. (...) 어리석은 풍속에 귀신을 공경할 줄을 알되 사람을 천대하나니, 이것은 죽은 부모의 혼은 공경하되 산 부모는 천대함과 같으니라. 한울이 사람을 떠나 따로 있지 않은지라, 사람을 버리고 한울을 공경한다는 것은 물을 버리고 해갈을 구하는 자와 같으니라. 셋째는 경물이니 사람은 사람을 공경함으로써 만은 도덕의 극치가 되지 못하고, 나아가 물을 공경함에까지 이르러야 천지기화의 덕에 합일될 수 있느니라."[553]

해월은 한울님을 공경하는 것(경천)이야말로 모든 진리추구의 출발이며 수운 스승님께서 밝히신 동학 천도교의 도법임을 잘 알고 있다.[554] 다만 그에게 있어서 한울님을 공경함이란 빈 공중을 향하여 상제를 공경한다는 것이 아니고 결국 내 마음을 공경함이다. 물론 각자위심 상태의 내 마음이 아니고 내 마음 중심에 있는 한울마음이다.

> "사람은 한울을 공경함으로써 자기의 영원한 생명을 알게 될 것이요, 한울을 공경함으로써 모든 사람과 만물이 다 나의 동포라는 전체의 진리를 깨달을 것이요, 한울을 공경함으로써 남을 위하여 희생하는 마음과 세상을 위하여 의무를 다할 마음이 생길 수 있나니, 그러므로 한울을 공경함은 모든 진리의 중심이 되는 부분을 움켜잡는 것이다."[555]

---

553 「삼경」, 『해월신사법설』, 위의 책, 356-358쪽.

554 같은 책, 354쪽.

555 같은 책, 355쪽.

2.2.3. 이천식천以天食天 사상

삼경사상은 한울, 만인과 만물을 지극한 정성으로 섬기는 것이 세 종류의 공경인 듯이 보이나 그 내적 본질은 하나라고 말한다. 이는 서구의 이성 중심의 인간관, 물질과 정신을 둘로 보고 물질적 자연의 가치를 평가절하는 것과는 달리 한울, 인간 그리고 만물을 하나의 유기적 생명으로 보는 사유형태를 띠고 있다. 이 사유형태는 천지만물을 부모와 똑같이 생각하여 공경하고 받들어야 된다는 <천지부모> 법설에 더 잘 나타난다.

"천지의 부모는 곧 부모요 부모는 곧 천지니, 천지부모는 일체니라. 부모의 포태가 곧 천지의 포태이니, 지금 사람들은 다만 부모 포태의 이치만 알고 천지포태의 이치와 기운을 알지 못하느니라."[556]

해월에 따르면 한울님, 인간, 만물이 모두 나의 공경의 대상이요, 그러나 이 대상들은 어떤 존재론적 위계 없이 공경심 안에서 일치한다. 존재대상을 존재 양태에 따라 각기 달리 파악하고 다른 방식으로 섬기는 것은 아직 진정한 한울공경을 잘 모르기 때문이다. 해월에 따르면 한울을 섬기는 것은 내 안의 시천주인 한울마음을 섬기는 것이다. 인간(타인)을 섬길 때는 한울님을 섬기듯이 해야 한다. 인간 부모처럼 공경해야 하는 대상은 비단 인간에 국한되는 것이 아니라 천지만물에까지 이른다.

"接物은 우리 도의 거룩한 교화이니 제군은 풀 한포기 나무 한그루라도 무고히 해치지 말라. 도 닦는 차제가 天을 敬할 것이요, 人을 경할 것이요, 物을 경할 것에 있나니, 사람이 혹 천을 경할 줄은 알되 인을 경할 줄을 모르며, 인을 경할 줄은 알되 물을 경할 줄을 모르나니, 물을 경치 못하는 자 인을 경한다 함이 아직 도에 닿지 못한 것이니라."[557]

556 「천지부모」, 『해월신사법설』, 위의 책 249쪽.

557 「제2편 해월신사」, 『천도교 창건사』, 17쪽.

따라서 공경심 안에서 한울, 인간 그리고 만물은 같다는 등식이 성립한다. 대상보다는 공경심을 강조하는 것은 "모든 것은 마음의 조화"라는 유심철학적 경향으로 보일 수 있다. 그러나 이러한 등식이 단지 유심론적, 혹은 신비론적 표현만이 아니고 존재론적 측면(기철학)에서도 말하고 있다. 범천론적 등식을 더욱 공고히 해주는 것은 물건마다 한울이요 일마다 한울이라는 물물천物物天, 사사천事事天 그리고 이천식천以天食天 사상이다.

> "내 항상 말할 때에 物物天이요 事事天이라 하였나니, 만약 이 이치를 시인한다면 물물이 다 이천식천 아님이 없을지니…"[558]

이천식천以天食天은 천지의 대법이라 물물物物이 또한 나의 동포이며 물물이 또한 한울의 표현表顯이니 물을 공경함은 한울을 공경함이며 한울을 양하는 것이니 천지신명이 물로 더부러 추이하는지라 제군은 물을 식食함을 천을 식하는 줄로 알며 인이 래來함을 천이 내하는 줄 알라.[559]

> "대개 천지, 귀신, 조화라는 것은 유일한 至氣로 생긴 것이며 만물이 또한 지기의 소사이니 이렇게 보면 하필 사람뿐이 천주를 시하엿으랴 천지만물이 시천주 안임이 없나니 그럼으로 사람이 다른 물건을 먹음은 이곳 이천식천이니라."[560]

천지, 귀신, 조화, 인간, 사물 등 모든 물적, 영적, 그리고 양자가 결합된 인간적 존재자들은 모두 유일한 지기(즉 한울)의 다른 표현이기에 해월에게는 대자연이 생명과 구별된 물질로 보거나 유물론적 또는 기 철학적인 단순한 오행의 결합으로 보이지 아니하고, 인간처럼 시천주를 하는 생명으로 인식한다. 숲 속의 새소리, 개울의 물소리 등 모두가 해월에게는 한

558 「천지부모」, 『해월신사법설』, 위의 책, 364쪽.

559 「제2편 해월신사」, 『천도교 창건사』, 18쪽.

560 같은 곳, 36쪽.

울님 존재의 자취이다. 천지만물이 시천주 하지 않는 것이 없다는 범천론적인 세계관은 인간이 먹고 에너지를 얻는 식사행위가 결국 이천식천, 즉 한울이 한울을 먹는다는 결론에 도달하게 된다. 그러니 해월에게는 한 포기 풀, 한 그루 나무, 한 그릇의 밥을 대할 때도 한울님 섬기듯 성경신의 마음으로 대해야 한다. 한울을 상하지 않고 한울을 양하는 길은 이처럼 모든 일 안에서 실행될 수 있고, 또한 실행해야 한다.

2.2.4. 해월의 인간존엄성 근거

위에서 살펴보았듯이 해월의 사상은 수운과 비교할 때, 지금 여기의 현세적 삶과 일상의 생활에 매우 큰 비중을 두고 있음을 알 수 있다. 그의 종교성은 서구 종교를 비롯하여 일신교에서 흔히 보게 되는, 인간과 신의 간격을 인간이 인지하고 다시 양자를 결합시키려는 데에 놓여 있기보다는, 오히려 인간과 신 사이에는 어떤 간격도 있지 않음을 깨닫고, 자신의 가장 깊은 곳의 움직임에 따라 행동함으로써 신성을 키워나가는 데에 있다. 해월에 따르면 한울님, 신은 인간이나 자연과 분리되어 있지 않고 초월적이라기보다는 내재적으로 존재한다. 신은 그들 안에 있는 궁극의 근원이요 궁극적 힘(기운)이다. 인간은 개체로서 신과 분리되어 있고 자립적인 피조물이 아니고, 오히려 자신의 마음 안에 신을 모시고, 신의 의지에 따라 자연을 가공함으로써 신을 키워(養天主) 나간다. 자연에서의 모든 유기 및 무기적 존재 역시 자신 안에 신을 모시고 있으며 신 안에서 자신들을 발화한다. 신은 자신을 자연과 인간 안에서 발전시킨다. 이런 이해는 실체 중심의 존재론에 모순된다. 그러나 해월의 사상은 신, 인간 그리고 자연, 세 대상을 하나로 파악하는 범재신론적 신비주의에 부합한다. 신, 인간 그리고 자연의 단일주의적 관계에서 인간은 생각하고 행위하며 수양하는 생활공간을 창조한다. 인간의 운동과 행위는 신성스럽고 창조적이며, 근원적 원리에 따르며 신적인 지기에서 연원한다고 해월은 주장한다. 인간은 신성을 지니고 신은 모든 것의 근원이다. 스토아철학이 영원법(nomos)과 인정법(dikaion)의 관계를 설명하는 것과 유사하게 해월은 신(한울님)의 도(법)는 전체 자연의 순리에 따르는 데에 있고 인간의 도는 이 자연의 순리를 인간의 방식으로 적용하는 데에 있다. 따라서 해월에게는 한울님의 도(天道)와 인간의 도(人道)가 한 치의 차이도 있을 수 없는 것이다.561

범재신론적 신비주의는 인간이 신과 자연을 인간성에, 마침내 자기 자신에게 환원시킬 위험이 있다. 어떤 이가 한울님과 혹은 대자연과 일치되어 어떤 것을 인식했다고 믿지만 그가 사실상 인식한 것이 한울님 혹은 자연과 어떤 관계를 갖지 않고 자기 자신의 정신 안에서만 발생한 것일 수도 있다. 이런 주관적 관념주의의 오류를 피하기 위해서 해월은 다른 동료 인간, 다른 생물 그리고 전체 우주에 대해 개방적이고자 했고 한울님을 그들 안에서도 찾으려 노력하였다. 한울님은 정신적으로 보자면 나와 세계 사이에서 발생하는 변증법의 무한한 과정 속에 있다. 그러나 이 과정은 인간의 마음에서 진행된다. 신(한울님)은 영(정신)으로뿐 아니라 물질로도 보아야 하는, 지기와 근원적 에너지로서 모든 것 안에 있는 보이는 것과 보이지 않는 것에 내재한다고 해월은 보았다. 모든 것은 혼원일기渾元一氣, 즉 지기至氣로 이루어져 있기 때문이다. 이 지기의 전제는 인간이 모든 생물, 그리고 모든 무기적 존재들과 함께 하나의 우주적 공동체를 형성하며 관계의 변증법을 통해서 신성을 증가시키기 위한 필요불가결의 조건이다.

요컨대 해월의 인간존엄성은 첫째, 인간이 부모로부터 받은 것과 마찬

561 「기타」, 『해월신사법설』, 경전, 426쪽.

가지(天地父母)로 한울님께로부터 태어나, 젖을 먹이고 부양된다는 점에 있다. 인간은 잉태되는 순간부터 한울님에 의해 주어진 "지참금"을 가지고 있다는 뜻이다. 즉 살 수 있는 기본권을 타고 났다는 것이다. 둘째로 인간은 동료 인간, 동료 동물, 그리고 전 우주와 함께 하나가 되고 점점 더 고양되는, 기화를 통해서 자신 안의 신성을 배가한다는 데(양천주)에 있다. 셋째로 모든 존재 중에서 가장 영적이기 때문에 모든 존재의 으뜸이라는 점에 있다. 신은 모든 피조물에 근원자로 그들 안에 내재하며 동시에 인간 안에 내재한다.

2.3. 의암의 인내천 사상

2.3.1. 성심신性心身의 관계

천도교의 3대 교주인 의암은 인간과 한울의 일치를 드러낸 人乃天을 종지로 내세운다.

> "대신사는 우리 교의 원조라, 그 사상이 넓은 데로부터 간략한 데 이르겠으니 그 요지는 人乃天이라."[562]

의암에게는 "사람이 곧 하늘이다"는 인내천의 마음을 주인으로 모시고 자기마음을 향해 자기가 절하는(자심자배自心自拜) 것이야말로 한울을 참되게 섬기는 것이요, 이것이 수운이 가르친 참된 시천주의 정신이라고 하였다.[563]

의암의 인내천 사상을 이해하기 위해서는 그의 성신쌍전과 성령출세 사상을 먼저 잘 이해해야 한다.

---

562 「대종정의」, 『의암성사법설』, 앞의 책 560쪽.

563 「대종정의」, 『의암성사법설』, 560쪽.

의암은 무체법경에서 성신쌍전의 기초를 가르치는데, 자신의 득도를 통해 얻은 체험을 그의 스승들의 가르침과 합치시키면서도 신유학과 불교학의 개념들을 이용하여 설명하고 있다. 주로 본성과 마음 그리고 몸을 어떻게 이해하고, 어떤 방향과 과정으로 수련을 해서 인간이 완성될 수 있는지를 다루고 있다.

나는 누구인가? 나 이외 무엇이 이 세상에 더 존재하는가? 몸은 나에게 속하는 것일까? 나는 나의 육체 안에만 존재하는가?

의암은 이 질문에 답하기 위해서 모든 사물들, 즉 자아, 한울, 사람, 성품(본질)과 마음(정신) 등을 우선 이름(언어적 기호, 개념)으로 파악하는 것으로 시작한다. 두 개의 근본이름은 '나(주체)'와 '저쪽(타자)'이다. 의암은 주체를 사람으로 '타자'를 한울로 간주한다.[564] 주체(자아)는 나의 사유의 출발점이라면, 타자로서의 한울은 나의 정신(마음)[565]이 아직 완전히 도달하지 못한 궁극적 대상이자, 스스로 기화하여 나의 마음(정신)을 이루는 다름 아닌 지기至氣이다.[566] 이것은 한울과 지기를 일원론적으로 이해하는 지기일원실재론[567]적 사유를 드러내고 있는데 천도교의 근본사상이라 할 수 있다. 아리스토텔레스와 같은 인식실재론으로 보자면, 주체가 육체에 현존하고 육체의 감관을 통해서 주체 밖의 타자를 인식할 때에 비로소 타자는 인식대상으로 존재한다. 인식하는 주체가 그렇게 육체를

---

564 무체법경의 <삼성과>, 천도교 경전, 463쪽 이하.

565 무체법경에서는 직접 '정신'이라는 개념은 언급되지 않지만, 이와 관련된 개념으로 성품과 마음이 주로 다루어진다. 마음은 무체법경의 곳곳에서 이성의 의지 측면이 강조되고 있는 느낌이지만 <성심변>에서 '만리만사가 성에 들어와 운용하는 것을 마음'이라고 한다면, 이는 사물을 인식하고 추리하며 개념화 시키는 사변이성과 실천이성을 함께 포괄하는 이성, 또는 정신으로, 즉 미드(G. H. Mead)의 mind와 상응하다고 본다.

566 <성심변>에서 '心 卽神 神 卽氣運所致也'(정신은 곧 귀신이고 귀신은 기가 이루는 바이다)고 한다. 위의 책, 437쪽 참조.

567 이돈화, 앞의 책, 67쪽.

가지고 존재하지 않으면 타자도 존재하지 않을 것이다. 나는 나에게 "나"라는 이름과, 타자에게 "한울"이라는 이름을 부여하는 주체이다. 이 주체적 나는 육체가 있고 난 다음에 생긴 현재의식의 나[568]라고 할 수 있겠다. 이제 존재론적으로 나와 타자가 생기기 전에 도대체 어떤 것이 있었을까라는 질문을 던져 보자. 우리는 모든 사물발생의 기본조건으로서 어떤 근본원리 혹은 어떤 원소(원질)를 직관적으로 전제할 수 있다. 의암은 독특하게 이것을 일원론적인 원리원소로 지칭하면서 전통유학의 용어를 사용하여 <성심변性心辨>에서는 이를 닫힌 상태의 성性으로 표현하고, "삼성과三性科"에서는 리理로 부르며, 이것이 곧 본래아本來我라 한다.[569] 리는 나와 타자 안에서 정신과 물질의 공통적 이치로서 존재한다. 수운의 시천주, 즉 인간은 자기 안에 한울님을 모시고 그를 섬긴다고 말할 때, 이 한울임은 의암의 리이고 본래아이다. 본래아는 볼 수도 없고, 들을 수도 없고, 파악할 수도 없다. 이것은 그 어떤 법칙에 의해서도 제한되거나 규제되지 않고 오히려 모든 법칙들이 여기에 근거하고 있다. 본래아는 스스로 변화하지 않지만 작용하고, 운동하지 않지만 자신을 드러내고, 이를 통해서 본래아는 우주와 전체를 창조하고 이들의 본질로서 되돌아가 있으며, 그 안에 거주한다. 본래아는 우주의 근거이지만 시작도 없고 불멸하며 어떤 선과 악도 알지 못한다.[570] 이런 의미의 본래아는 유일신 종교의 신(God: Deus)이라 할 수 있다.

육체를 지닌 인간에게는 본래아가 그의 본성本性[571] 안에 현존한다.[572]

568 오문환, 「의암 손병희의 성심관: 무체법경을 중심으로」(동학학회 2006년 4월 학술발표회), 2쪽.

569 천도교 경전, 464쪽과 437쪽.

570 <삼성과>, 무체법경, 462-463쪽.

성性은 한편으로 닫히면 모든 법칙과 사물의 원소[573]이고, 다른 한편으로 열리면 모든 법칙과 사물이 반사되는 양경良鏡(어진 거울)이다. 성이 닫힌다는 말은 성이 육체의 경험에 의해 지식과 개념들이 생기기 전, 그리고 그러한 지식과 개념들이 운용되는 정신작용이 발생하기 전에 이미 존재하는, 그 자체로 근거 짓고 스스로 존재하는 상태를 말한다. 성의 존재성은 의식에 의해 경험되어지는 것이 아니고 의식과 정신이 서 있는 바탕이자 활동의 장場으로서 정신에 의해 추론되는 것이다. 성이 열린다는 말은 모든 사물의 개념과 법칙들이 이 양경 위에 반영된다는 뜻인데 이 정신작용을 의식은 직접적으로 경험하지만 성은 다만 간접적으로 주어진 것으로 의식된다. 이 양경에 들어와 운용하는 것, 즉 모든 법칙과 사물이 인식되고 판단되는 모든 활동들을 의암은 마음(心: 정신)이라 부르고 있다. 여기서 심心(마음)은 성性에 반영된 활동을 의미하고, 스스로 활동하는 힘이나 주체를 의미하지 않기 때문에 마음은 자신이 활성화되기 위해서 어떤 원인적 힘이 필요하다. 이 운용의 활성화는 몸 밖의 기氣에 의해 이루어진다.[574] 따라서 마음, 즉 정신적 활동은 성과 기, 즉 거울로서의 신적인 성품과, 그리고 운용을 가능하게 하는 힘, 즉 인식의 작용력과 인식내용으로서의 기운(신적 힘)으로 구성되어 있다 할 수 있다.

위에서 언급했듯이 의암은 성천性天에서 기인한 본래아本來我와 몸의

---

571 性은 인식될 수는 없으나, 모든 형이상학적 원리들, 모든 자연적 모습들, 모든 윤리적 기준들의 근거이자 가능성으로 전재되어 있다.

572 <성심변>, 위의 책, 437쪽.

573 '萬里萬事之原素'(위의 책, 437쪽)로서 물질의 구성요소인 元素와 다른 原素이다. 이것은 물리적 구성요소를 말하기보다는 원리와 질료가 구별되기 전의 고대 그리스 자연철학자들의 원질(arche)에 가깝다. 왜냐하면 모든 원리와 사물의 원인이기 때문이다.

574 "…心은 卽神이요 神은 卽氣運所致也니라". 무체법경 437쪽 참조.

활동 이후에 발생하는 자의식으로서의 나我를 구별하고 있다. 전자의 본래아는 정신적 활동의 맨 처음 기점이라 부른다.[575] 이 처음 기점 "나"는 모든 것의 질료적 원인이자, 동시에 모든 것의 존재성과 활동, 즉 운동, 생성소멸의 작용력이고 작용하는 주체이다. 처음 기점으로서 본래아는 성천에서 기인하였고, 성천은 수억만 년 전부터 시작하여 수억만 년 후까지 계속되는 것이므로 여기서 나는 영원하다.[576] 다른 한편 육체를 지니고 있지 못한다면 심心(정신)이 있을 수 없고, 정신이 없으면, 성性의 존재성을 인식하고 구별하지 못한다는 측면의 '현재의식의 나'(자아: ego)가 있다. 자의식의 자아와 자아의 활동은 몸이 있는 그곳, 즉 몸이 타자, 즉 환경과 맺고 있는 관계를 통해서 발생하고 관계 안에 존재한다.[577]

"나의 성품은 본래 한울이요, 내 마음은 몸 뒤의 한울이니라. 내 성품에는 나도 없는 것이요, 내 마음에 내가 바로 있는 것이니라."[578]

그러나 우주적 본성, 즉 창조의 계획이 먼저 있어야 몸이 세상에 현존할 수 있다. 따라서 자아(ego)는 창조적 이치라고 할 수 있는 신적인 본성(성천)과 신적인 힘(기)이 일체적으로 구성되어 있다.[579] '(본래)아의 기점은 성천의 기인한 바'라 함은 결국 성천이 곧 본래아라는 말이다. 헤겔의 주객관의 통일성으로서의 절대정신을 이에 적용하여 해석해 본다면, '성천 또는 리'라는 우주 만물 만사의 궁극은 객관적 주관의 궁극적 기점에서도 발현되어야 하는데, 이는 현재 의식에 대해서 본래아로 있다. 그러나 이 본래아는 나의 정신 안에서 의식의 경험으로 대상화할 수 없지만 정신의

575 무체법경, 437쪽 이하.

576 위의 책, 438쪽.

577 위의 책, 443쪽.

578 후경, 같은 책, 489쪽.

579 무체법경, 438쪽.

활동 안에서 공소여성共所與性(Mit-Gegebenheit)으로 주어져 있음을 간접적으로 경험할 수 있는 것이다. 그런데 리, 성천을 왜 의암은 본래아(참나)라고 불러 자의식 안에 있는 아(나)와 관련을 맺으려 했을까? 아(자아)는 본래아를 실체로 대상화 할 수 없지만(왜냐하면 자아의 근거를 본래아에 두고 있어서 이미 본래아 안에 의존되어 있으므로), 본래아를 자아의 완성 방향의 종점으로, 의지를 정향해야 할 마지막 빛으로, 또한 그곳으로 이끄는 힘으로 이미 작용하고 있다는 점을 부각시킬 뿐 아니라, 결국 나는 참나(본래아)에서 기인하였고, 의존되어 있고, 규제되어야 하는 것으로 여기기 때문이다. '본래아'의 개념을 가지고 '나'의 초월가능성의 기반을 마련하고 동시에 그것의 내 안의 내재성을 지시한다. 신적 본성(성천)은 우주의 창조 전에 존재했고 우주의 종말까지 남을 것이므로 나(자아) 역시 나의 근거인 본래아와 함께 어떤 의미로 우주의 전 역사와 결합되어 있다.[580] 나(我)는 심心(정신의 활동)의 주체인 성性(본래아)과 정신의 활동을 일으키는 외부의 기氣로 구성되어 있다고 할 수 있다. 성性은 우주의 본성으로서 인간의 몸에서는 완전히 비어 있고 고요하게 놓여 있는, 즉 어떤 한계도, 어떤 양도, 어떤 운동도 없는 원질이다. 심心은 정신의 활동으로서 성性과 신身 사이에서 기氣에 의해 인도되어 모든 이치들과 사물들을 연결하는 것으로서 경계가 없고 스스로 운동하며 변화한다. 정신(心)과 성품(性)은 홀로 실존할 수 없고 서로로부터 독립되어 있기보다는 서로 의존되어 있다.[581] 음양조화설에 따라 성은 음, 심은 양으로 해석하

580 위의 책, 437쪽.

581 위의 책, 441쪽: "성품은 이치니 성리는 공공적적하여 가이 업고 양도 없으며 움직임도 없고 고요함도 없는 원소일 뿐이요, 마음은 기운이니 원원충충하여 넓고 넓어 흘러 물결치며 움직이고 고요하고 변하고 화하는 것이때에 맞지 아니함이 없는 것이니라. 이러므로 이 두 가지에 하나가 없으면 성품도 아니요 마음도 아니리라." 443쪽: "몸이 없으면 성품이 어디 의지해서 있고 없는 것을 말하며, 마음이 없으면 성품을 보려는 생각이 어디서 생길

여 상호의존 관계를 설명할 수 있다.[582] 성은 인식의 조건이자 선험적 이념으로서, 심은 환경 또는 세계와의 상호작용 속에서 발생하는 경험적인 인식의 활동이라고 할 수 있다. 그러나 이 양자는 조화로 작용하는 하나로 통합된 체계이다.

의암이 그의 인식이론에서 본래아를 정신 활동의 최초의 기점으로서, 그리고 심(정신)을 정신적 활동으로 서술하여 양자의 수동성을 강조하고 있을 뿐, 이성과 의지의 주체로서의 我(ego)나 적극적 활동으로서의 정신(심)은 강조되지 않는다. 정신 혹은 정신의 활동은 한편으로 신적인 거울(성) 안에, 즉 우주적 이치 안에서 실현되어야 하고, 다른 한편 신적인 힘(기)에 의해 인도되어야 하기 때문이다. 의암도 어떤 것을 적극적으로 인식하고 의욕하는 정신과 자아의 능력을 알고 있었을 것이다. 그러나 인간이 우주의 근본이치와 모든 사물들의 실재를 인식할 수 있기 위해서 지기로부터 인도되는 신적 힘이 절대적으로 필요함을 강조하기 위해서 정신의 수동성을 강조한 것으로 보인다. 이는 동학 창시자인 수운의 무위이화의 도와 상응하고 있으며, 그릇된 자기 욕정에 사로잡힘이 없이 바르고 사랑스런 태도로 진리(도)를 추구해야 함을 강조하는 그의 일관된 가르침이기도 하다.[583]

2.3.2. 성령출세설

우주는 우주적 정신(리)의 발현이다. 그러나 리는 우주 자연 이외의 다른 곳에도 숨겨져 있다. 의암에 따르면 인간은 홀로 모든 만물 가운데

것인가. 무릇 마음은 몸에 속한 것이니라. 마음은 바로 성품으로써 몸으로 나타날 때 생기어 형상이 없이 성품과 몸 둘 사이에 있어 만리만사를 소개하는 요긴한 중추가 되느니라."

582 위의 책 517쪽.

583 위의 책, 452쪽 이하; 454쪽.

가장 신성한 존재이기에 자신의 정신에 모든 보이는 것과 보이지 않는 것의 원리를 지닌다. 위에서 본 것처럼 인간의 본성은 거대한 우주의 영성을 순연히 타고났다. 성령출세설에서는 인간의 성性을 성령性靈으로 부르는데 각 개별인간의 성령은 사회적 정신의 형태로 과거의 수많은 인간들의 영성에 영향을 받는다.[584] 개인의 성령은 세세대대로 가족뿐 아니라 문화의 형식으로부터 태어난다. 의암은 이 사상을 더욱 정교하게 발전시켜 "조상의 정령은 자손의 정령과 같이 융합하여 표현되고, 선사의 정령은 후학의 정령과 같이 융합하여 영원히 세상에 나타나서 활동함이 있는 것이다."[585]라고 주장한다. 의암은 이 성령출세설性靈出世設이 수운으로부터 전수한 인내천人乃天과 해월이 제정한 향아설위向我設位 사상에 상응하다고 생각한다.[586] 성령출세설에서 의암은 인내천과 향아설위 두 가르침을 당시 유명한 다윈의 사회진화론의 도움으로 새롭게 설명해보려 한 것으로 보인다.

> "또 하물며 대인의 덕은 천지와 더불어 같이 성령이 활용하는 것이라, 그러므로 한울과 우리 신사는 다만 형상이 있고 형상이 없는 구별이 있을 뿐이요, 그 영성의 계기로 보면 전혀 같은 범위에서 같은 활동이 같이 표현되는 것이니, 이것은 한울이 곧 사람이요(天卽人), 사람이 곧 한울인(人卽天) 관계이니라."[587]

만약 우리가 수운의 가르침을 통해서 환한 경지에 이르게 되면 수운의 가르침이 우주의 가르침임을 깨닫고, 곧 자신의 성령을 수운의 성령임을 깨닫게 될 것이라고 의암은 가르친다. 이것이 성령의 근본적 출세이다.[588]

584 「성령출세설」, 『의암성사법설』, 656쪽.

585 같은 곳, 657쪽.

586 같은 곳, 656쪽 이하.

587 같은 곳, 658쪽.

1913년 의암은 동학의 지도자가 자신의 법통을 후학에게 물려주는 도통계수식을 중단하였다. 왜냐하면 "너희는 다 대신사가 되엿으니 대신사는 달은데 잇는 것이 아니오, 너희의 영성에 출세되엿나니라."고 선언하였기 때문이다. 이로써 그는 모든 신앙인은 근본적으로 대신사의 후학으로서 지도자직을 스스로 취할 수 있는 자격이 있다고 생각했다. 그의 영성 안에는 이미 대신사의 영성이 담겨 있기 때문이다.

인간이 자신의 성性 안에 본래의 우주적 정신인 리理뿐 아니라 역사 안에서 발전 진화하는 문화정신을 가지고 있는데 어떻게 세상에는 도덕적 악이 존재하는 것일까? 이 악은 어디서 발원할까? 의암은 이를 후천적으로 생긴, 사물에 대한 집착의 마음, 즉 물정심物情心에서 비롯되었다고 가르친다.

> "나에게 두 마음이 있으니 하나는 사랑하는 마음이라 이르고, 하나는 미워하는 마음이라 이르느니라. […] 사랑하고 미워하는 것은 어디서 온 것인가. 모든 물건이 마음에 들면 스스로 사랑하는 것과 미워하는 것이 생기나니 사랑하고 미워하는 것은 물건의 반동심이라. 비유하면 젖먹이가 눈으로 물건을 보고 사랑하는 마음이 생기어 기뻐하며 웃다가 물건을 빼앗으면 성내어 싫어하나니, 이것을 물정심이라 이르느니라. 물정심은 곧 제이 천심이니 억만사람이 다 여기에 얽매어 벗어나지 못하느니라."[589]

보통 사람은 자신의 감각적 경험을 가지고 세계를 이해하기에 두 번째 천심, 즉 자신에게 유익한 것과 무익한 것의 기준, 즉 물정심으로 사물을 바라보고 삶을 추구한다. 그는 자신 안에 무한히 큰 우주 본성(無量廣大之性)이 자리잡고 있다는 것을 아직 알지 못한다.[590] 그러나 거룩하고 지

---

588 같은 곳, 660쪽.

589 「무체법경」, 『의암성사법설』, 같은곳 484쪽 이하.

590 「후경2」, 『의암성사법설』, 앞의 책, 505쪽.

혜로운 사람은 본래아(참나)를 잊지 않고, 그것을 자신 안에 모시며 결코 잃지 않는다. 이를 통해 그는 모든 원리들의 기초를 인지하고 유지하며 각 원리들에 구체적 형상을 부여한다. 그는 우주적 본성의 지혜로운 빛 속에서 자유롭게 되어 물정심에서 일어나는 모든 감각적 일만 티끌들을 망상으로 응시하고 물리친다. 이 자유 안에서 그는 자신과 세계, 삶과 죽음 그리고 자신과 한울님 사이에 어떤 간극도 보지 않는다. 의암에 따르면 이것이 해탈심解脫心이요, 해탈은 자천자각自天自覺에 의해 얻어지는 견성법見性法이다.[591]

"내 마음을 내가 지키어 잃지 아니하고, 굳게 하여 흐르지 아니하면 내 마음이 자연히 해탈이 되나니, 만법만상이 일체 마음에 갖추어져서 일과 이치가 엇갈리지 아니하면 나와 한울이 둘이 아니요, 성품과 마음이 둘이 아니요, 성인과 범인이 둘이 아니요, 나와 세상이 둘이 아니요, 삶과 죽음이 둘이 아니니라."[592]

물정심을 물리치고 자유심을 굳건히 지키는 것이 중요하다. 의암은 '몸을 성령으로 바꾸라'는 요지의 이신환성설以身換性說에서 이 문제를 다룬다. 사람의 몸은 백년을 사는 존재이지만 성령(우주적 본성)은 본래 나지도 멸하지도 않는 영원한 주체이다. 따라서 사람이 성령을 자신의 주체로, 육신은 지나가는 객체로 간주한다면, 즉 성령과 자신을 일체화시키면 죽음에 대한 두려움 없이 영원한 복록을 즐길 수 있다. 이와 반대로 자신을 지나가는 객체로, 즉 육신으로 여긴다면 모든 불행이 엄습하게 된다.[593] 사람이 자신의 마음 깊은 곳에 있는 성(령)性(靈)을 주체로, 몸을 객체로 여기고 이에 상응하게 산다는 것은 영원성의 지평에서 육신의 안

591 「무체법경」, 『의암성사법설』, 같은 책, 485-487쪽.

592 같은 곳, 486쪽 이하.

593 「이신환성설1」, 『의암성사법설』, 같은 책, 646쪽 이하.

락을 찾는 것이 아니라 험난하고 고통스런 진리의 길을 택해야 하는 생활태도를 의미한다.[594]

> "그러므로 수련이 극치에 이른 사람이라야 험고로써 안락하여 육신의 안락은 홀연히 잊어버리는지라…"[595]

따라서 육신을 성령으로 바꾸는 사람은 물정심을 물리치기 위해 온갖 육체의 험고를 견디어 내고 이를 자유심 안에서 낙으로 삼을 줄 알아야 한다. 물정심이 몸의 안락함의 경험에서 나와 경계해야 하는 것이지만 의암에게 몸(육체) 자체가 자유심에 이르는 데에 본질적 방해가 되는 것은 아니다. 그와 반대로 몸은 기화의 현상이고 몸을 통해서 마음이 생겨나므로 수양은 본래아(성)와 몸의 양방향에서 이루어져야 한다. 우주의 진정한 본성이고, 우주의 시작 이전에는 한울님(신)이었고, 창조한 후로는 모든 사물에 와서 그 안에 거주하고 있는 무체성이 기화를 통해 몸의 감관에 전해지고 마침내 개체의 본성에 합치될 때 '시천주侍天主'가 이루어지는 것이다. 성품은 만리만사의 원소이며, 마음은 기에 의해 활성화 된다. 이 원리원소와 마음의 활동이 신적 기와 일치되면 어떤 형성된 것, 하나의 깨달음이 발생한다. 수운이 시侍의 의미를 설명하기를 안에 신령이 있고 동시에 밖에 기화가 생기는 것이라 했는데, 이는 안의 신령이 밖의 기화와 일치하여 작용한다는 것을 의미한다. 즉 우리가 자신의 마음을 악으로부터 보호하고 기를 올바르게 실행하면 성과 기가 일치하여, 서로를 향해 작용한다. 이 순간에 성(리)과 기 사이에 어떤 나뉨도 없다. 이 양자의 구별은 단지 만물의 구성 작용 안에서만 나타난다.[596] 동학의 가르침에 의하면 이치(리와 성)와 기는 근본적으로 두 개의 원천에서 연유하는 것

594 같은 곳, 647쪽 이하.

595 648쪽.

596 명심장, 천도교 경전, 525쪽.

이 아니라 하나의 기운에서 발원된 것이기 때문이다.[597]

2.3.3. 인내천 사상

앞에서 논의된 것을 종합하여 이제 인내천의 함의를 살펴보자. 인간 본성과 마음이 한울에서 나왔다. 인간의 본성, 즉 본래아와 사물에 거주하는 무체성으로서의 한울이 내 마음 안에서 합치되어 깨달음의 역동성이 일어나기 때문에 인즉천, 천즉인(人卽天 天卽人), 인간이 곧 한울이요, 한울이 곧 인간이다는 관계를 의암은 주장하는 것이다.

> "마음과 한울은 본래 두 물건이 아니니 마음이 곧 한울이요 한울이 곧 마음이라, 그 마음을 지키고 그 기운을 바르게 하면 통하지 못할 것이 없느니라."[598]

또한 스승님과 한울님은 유형과 무형의 구별이 있을 뿐 일체라고 한다.[599] 이것 역시 한울이 곧 사람이요, 사람이 곧 한울인 관계라는 가르침으로 수렴된다. 위에서 본 성령출세설에 따르면 스승님의 성령(본래아)이 역사 안에서 후학들에게 계속 발현하며 이는 곧 한울님의 자기계시이기 때문이다. 의암이 자신의 인내천의 종지가 수운의 시천주와 해월의 양천주와 향아설위의 정신을 계승하고 있다고 주장하는 것은 이런 내적 연관성에 기초를 두고 있다.

의암의 인내천 또는 인즉천, '인간이 곧 한울'이라는 사상이 인간과 신을 동일시하는 것이라면, 수운의 시천주侍天主의 뜻은 결국 인간이 인간 스스로를 모신다는 의미로 축소되는 것인가? 초월적인 신의 의미가 사라

---

597 강론경의, 같은 책, 693쪽.

598 위의 책 694쪽.

599 대종정의, 같은 책, 563쪽.

지고 인본주의적 범신론으로 변질되고 있는 것이 아닌가? "자기 마음을 스스로 숭배한다(自心自拜)"라는 가르침도 이런 맥락으로 해석가능하다. 이에 대한 논란과 오해 가능성을 의식하고 이돈화는 "인내천요의"라는 책을 통해 인내천 종지를 보충적으로 해석하고 있다. 그에 따르면 첫째, 인내천 사상은 유물론도 유심론도 아닌 물질과 정신의 통합원리를 바탕으로 한 실재주의에 기반을 두고 있다.[600] 이 생각은 수운의 동귀일체, 혼원일기, 지기 사상과 합치되어 있음을 보게 된다. 둘째로 인내천 사상은 일신교도 아니고 범신교도 아닌 양자를 종합한 사상이라 한다. 만유를 신의 자기표현으로 보고 세계와 일체만유를 영구적 실재로 본다는 점에서 범신교적 요소를 띠고 있고, 다른 한편으로 사람(性無窮 본래아)이 신의 특별한(최고의) 표현으로 보고 이를 인격적 신으로서 신앙의 대상으로 삼는다는 점에서 일신교적 요소를 포함하고 있다고 한다.[601] 따라서 무신론적 인간주의나 유물론적 입장이 아니라는 점을 명확히 하고 있다. 인간의 본성, 본래아는 보편적 의지와 창조적 능력을 지니는데 이것이 신의 자기표현으로 보고 있다.[602] "사람은 본래 신의 창조적 능력의 자기표현임과 동시에 신은 또 사람의 창조적 이상의 자기표현인 소이를 알지 않으면 안 되는 것이니 이 의미에서 사람이 신을 창조한다 함은 신적인 자기의 노력에 의하여 점차 신의 근본면목에 달하여 나가는 묘법을 이른 것이다."[603] 수운의 시천주, 해월의 양천주가 의암의 인내천으로 바뀌어 가는 것은 서세동점과 일제탄압기의 시대 상황의 변천에 영적으로 대응하고 있음을 보여 준다. 역사 안에서 자기를 점점 구체적으로 표현하는 한울

600 이돈화, 『인내천요의』, 53-59쪽.

601 같은 책, 60-61쪽.

602 같은 책, 86-88쪽.

603 같은 책, 86쪽.

님으로 본다면 천도교의 교의와 영성은 이 삼자를 종합하고 통합하는 관점에 서야 할 것이다.

2.3.4. 의암의 인간존엄성 근거

위에서 본대로 의암의 성심과 심신의 관계에 대한 가르침은 그의 두 스승, 즉 수운과 해월의 한울님 체험과 여기서 발생한 그의 종교공동체, 천도교의 기본 경험을 신유학의 형이상학적 개념인 리기理氣로 설명하려는 시도라고 할 수 있다. 이 형이상학적 인식론적 설명으로부터 신, 인간 그리고 자연의 관계를 발견할 수 있다. 이 설명에 따르면 신은 세상과 인간성 밖에 어떤 관계도 없이 존재하는 초월적 신이 아니라, 한편으로 인식가능성의 조건으로 있는 인간 마음의 중심(性)이고, 다른 한편으로 인식과 자연적 우주적 변화를 가능케 하는 우주적 힘(氣)이다. 나는 인식하는 주체이고 본성, 심(마음) 그리고 신(몸)으로 구성되어 있다. 마음(정신 또는 영혼)은 여기서 그리스도교적 전통에서처럼 독립적 실체로 간주되어서는 안 되고 양경良鏡으로 상징되는 성에 기화작용으로 모든 사물을 반추하여 인식하는 정신적 활동 또는 작용으로 보아야 한다. '나'라는 자기의식은 근본적으로 성性에 속하지 않고, 육체의 감관에 의해서만 가능하게 되는, 마음의 활동(心)에 속한다. 나는 그러나 성이 없으면 인간으로 존재할 수 없고 인식할 수 없기에 의암은 성을 본래아本來我 또는 한울로 부른다. 의암이 인내천 교의로 천도교의 모든 진리를 요약하려 했다면 이는 이런 맥락에서 종교(신앙) 고백으로 이해해야 한다. 인간이 한울을 자신의 본성 안에서 기꺼이 모시고, 자신의 행위 안에서 밖에서 오는 기화를 받아 한울을 양(배양)하면서 한울을 섬긴다는 의미에서 인간은 곧 한울이다. 신성은 인간의 깊은 곳에 단지 내적인 성으로서뿐 아니라 외적으로 인간의 몸에 힘으로 작용하기 때문에 인간은 그의 성과 신을 일체로 간주하고 두 가지 방향으로 조화롭게 수양해야 한다. 즉 한편으로 성이 그를 이끄는 무한한 영원성의 방향과, 다른 한편 몸이 이끄는 구체적 세계의 방향이 조화롭게 만나야 한다. 따라서 신(한울)은 본성이고 인간 자신의 중심, 즉 주객이 더 이상 없는 일체체험의 중심이다. 모든 인간의 성은 같은 원천, 한울에서 연원하고, 마음(심)은 성과 기의 조화에서 발생하기 때문에 모든 인간은 결국 같은 신적 존엄성을 지닌다. 물론 지기는 전체 인간성과 전체 우주를 자신(지기)의 의지에 따라 발전시키고 새로이 창조하기 위해서 각 인간에게 다르게 작용한다. 인간존엄성은 한울의 창조에 참여하는 서로 다른 역할에 보다는 한울과의 내적 외적인 관계에 의존되어 있다.

한울과 자연 사이의 관계는 한울이 인간과 관계 짓는 방식과 본질적으로 같다. 의암에 따르면 하늘(한울), 땅(자연) 그리고 인간은 모두 한 기운(一氣)이기 때문이다.604 한울은 인간 안에 성으로 존재하는 것처럼 다른 존재자 안에서도 한정된 의미로 영靈(정신)이며 성性이다. 천도교에서는 보이지 않는 것과 보이는 것을 두 가지 형태의 영으로 본다. 영의 적극적 표현은 우주 안에 보이는 존재들이고 영의 소극적 표현은 보이지 않는 것, 즉 섭리이다. 영은 따라서 두 개의 바퀴, 즉 적극과 소극의 바퀴를 가진 하나의 수레이다.605 영은 그러나 사물과 분리되어 홀로 존재하지 않는다. 마찬가지로 사물과 세상도 영과 독립적으로 홀로 존재하지 않는다.606 의암에 따르면 살아있는 생물(령)을 공경히 정성 들이는 사람은 모든 사물이 역시 자신 안에 한울을 모시고 있다는 사실(侍天主)을 인식

604 「각세진경」, 『의암성사법설』, 같은 책, 511쪽.

605 「성령출세설」, 『의암성사법설』, 653쪽.

606 같은 곳, 654쪽 이하.

할 수 있다. 이를 통해 그는 천지무궁변화를 이해하게 되고, 모든 지혜(만사지)를 얻어 한울님을 받들고 한울님의 덕에 합일한다.[607] 음양조화로 생긴 모든 것은 보이는 자신의 형상뿐 아니라, 보이지 않는 이치, 즉 한울의 뜻(우주의 법칙)도 지닌다.[608] 의암의 인내천(사람이 곧 한울이다) 사상은 인간 본성은 가족의 혈연 안에서 그리고 문화 안에서 출생함으로써 자신의 정신을 발전시키는 가운데 의식적으로 한울과 함께 일할 수 있는 능력을 지닌 질적으로 탁월한 것으로 인정한다. 그러나 그렇다고 해서 인간이 다른 존재들 혹은 자연 사물과 비교해서 더 존엄하다는 것은 아니다. 왜냐하면 의암에게는 한울, 인간 그리고 자연이 존재론적으로 분리되어 있는 것도, 그것들의 질質과 관련해서 위계적으로 순위가 지워진 것도 아니며, 유기체적 일치를 이루는 "하나"(一氣)의 서로 다른 형태들이기 때문이다. 이런 점에서 의암은 전일주의holism를 표방하지만 한울, 인간, 그리고 자연의 전 유기체적 일치 안에서 서로 다른 역할들이 실제로 단지 인간 정신의 현상으로 파악될 수 있다고 생각하는 환원주의를 경계하라고 신도들에게 경고한다. 그는 한울님의 존재 ,그리고 우주의 은총을 잊어서는 안 된다고 사람들에게 주의를 환기시킨다. 더 정확히 말하자면 인간의 노력들과 봉사가 한울님의 은총과 혼동해서는 안 된다고 말한다. "세상 사람은 사람이 사람에게서 生하엿다하야 一動一靜을 自行自知하는 故로 我는 知하되 天은 不知하며 밭 갈고 종자를 뿌리여 제 힘 드려 먹는 故로 自力인 줄만 思하고 天恩은 不知하나니 어찌 민망치 안어며 어찌 두렵지 안으리오. 人이 만일 人에게서 生할 것 같으면 최초의 인이 어찌 인으로 되엿으며 종자를 만일 종자에서 구할 것 같으면 최초의 종자가

---

607 「수수명실록」, 『의암성사법설』, 572쪽.

608 「명심장」, 『의암성사법설』, 523쪽.

어떻게 종자로 되엿겟는가."[609]

인간이 자연과 문화 그리고 자기 자신의 일 안에서 한울의 은총과 우주의 조화로운 조응을 감사롭게 인식하고 받아들인다면, 그는 자신의 존엄성이 인간 정신의 잠재력에 있다기보다는 실천에 있다는 것을 알게 된다. 위에서 우리가 본 것처럼 인간이 의무를 충실히 이행하고, 한울이 명령하는, 자신 안에 있는 우주적 본성에 따라 열심히 그리고 진실하게 행위하며, 이를 통해 인간이 한울과 하나가 되는 데에 존엄성이 있다고 의암은 가르친다. 사람이 최선을 다해 노력한 연후에 한울의 은총 또는 한울의 응답을 기다릴 수 있다. 이런 사상적 맥락에서 천도교청년당 설립과 후천개벽, 지상천국 운동 등의 사회개혁 운동이 각자의 존엄성 자각에서 비롯되었음을 이해할 수 있다.

3. 한울님, 인간, 자연의 관계 안에서 본 천도교의 인간존엄성의 근거

지금까지 수운, 해월, 의암의 신관에 대하여 수운은 「동경대전」과 「용담유사」를 중심으로, 해월과 의암은 그의 설법들을 중심으로 살펴보았다. 특별히 해월과 의암은 수운의 신관을 토대로 그 시대적 요청에 따라 신의 내재적 관점을 강조하였음을 알 수 있었다. 그러므로 동학의 전체적인 신관은 무엇보다도 수운의 신관을 중심으로 정립하고 내재적 관점을 부가적으로 다루어야 할 것이라 생각한다. 앞에서 수운 신관의 핵심은 주문

609 창건사 3편 20쪽.

의 시천주侍天主에 있음을 살펴보았다. 즉 동학의 신관은 수운의 신관에서 정립되며, 수운 신관의 핵심은 시천주侍天主에 있고, 이 시천주侍天主는 범재신론적 인격신을 드러낸다. 범재신론은 바로 모순적인 신의 초월과 내재를 반대일치의 변증법적 논리로써 동시에 포용하려 하는 것이다. 수운은 세계를 신의 의지에 의해 과거의 특정한 시점의 창조결과로 보는 유신론적 세계관과 신의 세계 내재성만을 강조하여 경외해야 할 주主님으로서의 신을 보지 못하는 범신론을 동시에 극복하려 한 것이다. 수운은 불연기연不然基然의 통찰을 통해 신이 내재적으로만 존재하는 것이 아니라, 초월적으로도, 즉 신이 인간 인식을 넘어서 있기에 인간이 이해할 수 없는 불연의 문제를 신앙으로 해결케 하는 조물자로서 존재한다고 보았다. 그러나 해월과 의암은 인간과 우주에 내재되어 있는 신을 훨씬 더 강조했다. 만약 천도교가 해월과 의암의 내재적 관점을 강조하게 되면, 조물자 신을 이야기 한다하더라도 범신론으로 흐를 가능성이 있다. 첫째로 천도교에서는 우선 신(한울님)이 실체, 또는 자립적 개체로서가 아니라 비감각적인 기화의 원인으로 인간의 내적 소통의 대상이자 신앙의 대상이기 때문이다. 둘째로 동학의 신은 스스로 완전하지도 불변하지도 않으며, 시간과, 인간 그리고 우주 안에서 끊임없이 생성변화하기 때문이다. 셋째로 이 신은 따라서 생명체이든 무생명체이든 모든 존재자 안에 실재한다. 그는 시간과 공간 너머에 독립적으로 존재하지 않는다. 천도교에서의 신이 초월적이라는 의미는 첫째로 우주 역사 안에서 아직 자신을 완전히 외화하지 않았고 따라서 시간 속에 있는 인간의 인식을 넘어서 있다는 점에서, 그리고 둘째로 모든 인간이 공경하고 기리는 대상으로 있다는 점에서 그렇다. 이런 점에서 그리스도교에서 신의 초월성을 이야기 하는 것과는 차이가 있다. 그리스도의 신은 자신의 자유의지에 의해 세상을 창조하였으나 본질적으로 세상으로부터 독립적이며 영원하다. 즉 시간과 공간이 창조되기 전에도 계셨고, 감각적 시간과 공간의 밖에도 계신 분으로서 그러나 동시에 모든 사물 안에서 발견될 수 있다는 점에서 시공에 내재한다. 유다교, 이슬람, 그리스도교를 지칭하는 경전종교에 따르면 시간과 공간은 단지 피조물로서 한 때 창조되었고 언젠가 다시 사라질 것이지만 신은 창조주로서 창조와 우주의 종말과 무관하게 영원하다. 이는 신을 유일무이한 절대적 초월자로 보는 입장이다.

천도교에서 신, 인간 그리고 자연의 관계는 이들이 유일한 지기에서 유래하고 우주적 생명 공동체의 구성체들로서 생명그물망으로 결합되어 있다고 보는 기철학에서 해답을 얻을 수 있다. 동귀일체가 이를 지시한다. 즉 신, 인간 그리고 자연을 존재론적으로 독립된 실체로 보지 않고 일기一氣의 서로 다른 화생化生에 의해 형성된 계기들로 보고 있기 때문에, 모든 것은 결국 하나의 실체, 즉 혼원일기, 혹은 지기로 돌아간다. 하늘 아래 땅 위의 모든 공간과 모든 시간에 보이는 것, 보이지 않는 것, 물질적인 것, 영적인 것으로 운동하고 변화하는 궁극 원질은 곧 氣이다. 인간은 신, 곧 우주적 성을 본래아로 자기 안에 모시고 수심정기守心正氣(마음을 지키고 기를 바르게 함)를 통해 신과 완전히 하나가 되며 우주적 성을, 외부에서 오는 기를 통해 발전시키고 실현한다. 성과 기의 일치 속에서 변화가 일어나고 이를 통해 인간은 양천주養天主를 하며 숨어 있는 우주적 성性을 실현한다. 신은 다른 자연 존재 안에서도 성현존하고 인간의 경우와 마찬가지로 작용한다. 신과 인간의 관계와 신과 그 외의 피조물과의 관계는 본질적으로 동일하다. 해월이 가르치는 대로 천지인이 단지 동일한 기의 다른 모습에 불과하기 때문이다. 신은 인간 외 다른 존재자 안에서 한편으로 성性 또는 원리, 이치로 존재하고, 다른 한편으로 존재자 사이에서 혹은 존재자 안에서 매개하고 작용하는 기氣로서 실재한다. 그런 연유로 수운은 자기 안에 한울님을 모시고 섬기려는 사람은 자신의 덕 안에서 하늘과 땅의 이치에 상응하게 행동해야 함을 강조하였던 것이다. 해월의 물물천 사사천도 이런 맥락에서 존재자 사이에서 활동하고 매개하는 신을 존중하여야 함을 강조하고 있다. 개별 생명체계(실체로 보지 않고 개별화된 생명체계로 본다면)가 즉자 대자적으로, 자립적으로 기능하는 것이 아니라 광활하게 연결되어 있는 생명체계, 즉 사회적, 생태적, 우주적 생명체계로 이루어진 공동체 안에서 작용하는 것이다. 이런 관점에서 동귀일체는 신, 인간 그리고 자연이 우주적 생명 공동체의 발전 전개 속에서 분화되면서 서로 다르게 나타나지만 본질에 있어서는 하나, 즉 지기로 수렴된다는 뜻이다. 즉 신 인간 자연 삼자는 하나이고, 서로 연결되어 있으며, 기를 통해 소통 교환하고, 서로 보충하고 스스로 증여하면서 발전한다.

자연종교 안에서는 본질적으로 생물과 무생물, 이성과 비이성을 구별하는 것은 옳지 않다. 유기체적 관계성, 전체 자연 안에서의 상호작용이 더 중요하고 본질적이다. 사실 위의 것들을 구별한다는 것은 불가능한 일이다. 구별은 추상적 이성의 산물이다. 인간이 신화시대에는 무생물도 살아 있는 것으로, 이성의 계몽시대에는 다시 살아있지 않는 것으로, 즉 기계적으로 보았고, 그러나 이제 생태학, 생명공학, 해석학이 아우르는 오늘의 시대에는 문화의 맥락과 자연과의 관계 안에서 생태학적으로 본다. 모든 존재들이 전체 우주적 공동체에 유기적으로 그리고 역동적으로 참여하고 있는 한, 살아있고 상호작용하는 것으로 간주하는 인식론이 가능할 것으로 보인다. 자연종교와 자연문화, 특히 도교, 신유학의 기철학 그리고 천도교는 이런 이해를 위한 좋은 인식론적 구조를 제공할 수 있다.

동아시아에서는 인간이 스스로 불가침해적인 존엄성을 지닌 존재라고 선언하는 정치나 종교의 전통이 없었다. 이런 이념은 19세기와 20세기의 서구 국가의 헌법 문화에서 기원한다. 인간이 만물의 영장이라는 자각이 동아시아의 문화권에도 있었음에도 인간은 단지 전체 자연의 일부분이라는 생각이 예술, 문학, 그리고 사상 속에서 표현되었다. 자연은 그들에게 인간 밖에 인간 세계를 둘러싸고 있고, 인간이 자신들을 위해 삶의 수단으로 이용하고 지배하는 "환경"이 아니라 그가 부모처럼 생명의 모태로 공경할 "세계"이다. 문화와 인류는 단지 세계의 부분이다. 계몽시대 이후의 서구 전통에 따라 자연을 세계와 이성에 구별된 것으로 세우는 대신에 세계와 인간 이성 그리고 문화는 우주적 자연에 상응해야 하고 순종해야 한다. 이런 의미에서 동아시아의 자연종교는 근대 이성의 적극적 인식능력 그리고 자연에 대한 지배와 신비적 인식이 극단적으로 분리된 유럽의 계몽시대 이후의 역사를 알지 못한다고 말할 수 있다. 특별히 동학의 기철학적 관점에 따르면 인간은 자연(법칙)과 무관하게 시간과 공간을 초월한 순수 이성을 통해 실재를 인식하는 것이 아니라, 환경과 자연에 의존하여 시간과 공간 속에 있고, 우주적 성性과 기氣가 조화롭게 작용하는 몸을 통해서 인식한다. 숨어 있는 우주적 본성, 즉 한울님은 인간으로부터 독립적으로 있지만 그러나 인간의 본래아로 있다. 그러므로 인식은 순수한 인간만의 행위가 아니고, 신, 자아(나) 그리고 자연의 공동의 작용이 된다.

따라서 동학에서는 이성을 근거로 한 인간존엄성이 중요하지 않고, 오히려 자연, 생명 혹은 존재의 존엄성이 중요하다. 그럼에도 동학의 인간은 다른 존재자들과 비교할 때 자신이 우주적 생명체라는 사실을 의식할 수 있다는 점이 특징적이다. 인간존엄성은 신과 자연을 상대로 하는 것이 아니라, 다른 인간들을 상대로 모든 인간의 불가침적 권리, 즉 인권을 보장하기 위해 선포하거나 주장하는 것을 동학은 적극적으로 지지한다. 이런 점에서 자연종교 동학은 인간존엄성의 근거를 간접적으로 찾아 볼 수 있다.

첫째, 인간은 스스로가 아니라 타자, 즉 부모, 자연 그리고 신에 의해 탄생하고 부양되고 생명이 유지된다. 이는 인간이 수태된 순간부터 본성에 따라 "지참금"을 타고난 존재, 즉 생명의 기본 권리를 가지고 있기 때문에 존엄하다고 할 수 있다.

둘째, 인간이 자신 안에 신을 모시고 섬긴다. 이 정식의 근거는 이성에 있는 것이 아니라 자연스럽게 타자에 이끌리는 관계, 즉 본래아로의 개방(종교성) 그리고 생태계로의 개방(윤리성)에 있다.

셋째, 인간은 자신 안에서 기화를 통해 신성을 키운다. 즉 인간은 동료인간, 동료생물 그리고 전 우주와 함께 작용하면서 자신을 실현한다.

위에서 인간존엄성의 근거로 이야기한 모든 것이 역시 자연과 우주 안에 있는 다른 존재자들에게도 그대로 적용된다. 모든 생명체와 모든 사물이 동학에 의하면 우주적 성을 내재하고 있고 신적인 힘, 지기와 함께 결합되어 있고 그 안에서 발전하기 때문이다. 그러나 인간만이 이 진리를 인식하고 의식한다. 이런 시각에서 의암은 의무에 대한 자각심을 강조하였다. 이 의무는 그러나 짐으로 받은 것이 아니라 자각에서 오는 사명으로 자발적이라 할 수 있다. 인간이 자연, 문화 그리고 자신의 일 안에서 자신에게 생명을 선사하고 이 생명을 점점 더 풍요롭게 만드는 밖에서부터 오는 힘을 감사롭게 인식하고 받아들인다면 그에게 그가 가족과 사회 그리고 자연으로부터, 더 나아가 신으로부터 수용되고 인정받고 있음은 명백해진다. 그런 배경에서 자신의 의무를 수행하기 위해 삶의 풍요로부터 실천으로 투신할 수 있고, 투신하고자 한다. 이런 의미에서 동학의 인간존엄성은 인간 정신의 능력에 있기보다는 그보다 더, 신이 그를 이끄는 방식인 우주적 성과 기를 따라 양심껏, 전심을 다해 그리고 진실히 실행하는 데에 있다. 이런 의미로 인간은 신과 합일될 뿐 아니라 우주적이고 신적인 생명을 키운다. 다시 말해 그는 신과 함께 자신뿐 아니라 우주를 발전시킨다.

제5장

관계적 실존: 인간존엄성의 근거

제5장
관계적 실존: 인간존엄성의 근거

1. 종교 간 대화를 통해 본 인간존엄성 비교

여기서는 그리스도교, 불교, 천도교라는 각각의 종교 체계 안에서 신(절대자), 인간, 자연의 관계를 분석하여 도출한 인간존엄성의 근거를 서로 비교하고자 한다. 이 비교는 인간존엄성 근거 짓기의 형식이 각 종교 의미체계의 주요 요소와 요소 간의 작동 내지는 관계구조에 따라 다르겠지만 인간이 존엄하다고 여기는 실제 내용은 유사할 수 있는지를 살피기 위한 것이다.

1.1. 그리스도교, 불교, 천도교에서의 신(절대자), 인간, 자연에 대한 분석

한 문화 사회의 기초코드인 종교를 상호 비교하기 위해서는 각 종교가 말하는 개념이나 요소를 단순 비교할 것이 아니라 종교를 의미체계로 보고 이 체계를 구성하는 요소와 구조, 작동원리를 비교해야 한다. 따라서 여기서 시도하는 종교 간 대화의 방법은 절대자, 인간, 자연(세계)을 세

개의 독립된 실체로 파악하는 전통적 형이상학의 입장을 버리고, 체계적 통일(systematische einheit)의 지평에서 작동하는 주요소로 보고 '기초코드'라는 관점에서 펼치려 한다. 기초코드란 의사소통체계를 구성하고, 이 안에서 인간, 절대자 그리고 자연이라는 근본요소들이 관계하고 소통하며 질서 지어지면서 비로소 드러난다. 각 요소가 특정한 관계 안에서 서로를 향해 다가오기 때문이다. 따라서 비교되는 모델의 종교는 절대자, 인간, 자연의 관계와 맥락을 염두에 두고 파악되어야 하고, 이 관계지평에서 인간에 대한 상像이 비로소 이해되고 마침내 인간존엄성이 근거 지어진다. 이때에 절대자, 인간, 자연이라는 관계 쌍에 대한 정의가 필요하다. 특히 자연이란 무엇을 의미하며, 절대자란 무엇을 뜻하는가? 인간이 자연과 절대자와의 관계 안에서 고유한 정체성이 서술되고 특징지어진다면 인간존엄성도 여기서 드러날 것이다.

각 종교는 인간이 절대자와의 합일을 지향하는 것을 목적으로 지식과 경험을 설명하는 고유한 인식체계를 가지고 있다. 그러나 인식론의 출발이 서로 다를 수 있다는 점을 이해해야 한다.

그리스도교 전통에서 신(절대자) 인식은 육체와 정신의 결합체인 인간의 자연적 조건에서 출발한다. 이 전통은 그리스 - 로마의 철학적 전통과 결합되어 있는데 인식 주관과 인식대상인 객체의 분리를 당연시하고, 인식은 대상에 관한 감각작용을 통해 얻은 체험 내용과 주관적 내지 정신적 활동이 작용하여 이루어지는 것으로 생각한다. 이러한 인식형식은 감각의 인식대상으로 존재하지 않는 절대자에 대해서는 본질인식이 불가능하게 되고 단지 절대자의 존재성만 추론할 수 있을 뿐이다. 이에 반해 절대자(혹은 절대무)와 하나가 되는 깨달음을 수행의 목적으로 삼은 불교 전통에서는 인식이란 깨달음을 얻고 난 후 최상의 지혜와 통찰력으로 우주의 실상을 관찰하는 것이다. 즉 주관과 객체의 아트만(자아)은 허상에 불과하고(무아론) 우주 안에는 연기와 상의상관 관계만 있을 뿐이다. 동학 천도교의 전통도 불교와 유사하게 인식은 마음을 지키고 기를 바르게 하여(수심정기守心正氣), 즉 자아를 극단적으로 놔 버리고 타자(기화현상氣化現象)에 맡기고 실재의 운행을 따르고 인지하는 데서 시작된다. 이 인식은 단순한 존재의 영역, 자의식의 영역, 안과 밖의 구별의 장에서 이루어지는 것이 아니고, 자기 자신이 무화된, 주관과 객체의 구별 너머에서 실존적으로 발생하는, 거대한 의혹이 해소되어 있는 곳에서 이루어진다. 즉 인식이 곧, 깨달음, 즉 절대자와 일치상태인 것이다. 종교 간의 대화에서 우리는 마지막 절대자 내지 절대지평을 인식하기 위해서 어떤 인식체계가 더 우월하다고 말할 수 없다. 왜냐하면 최종적인 목적 절대자와의 합일이 중요하기 때문이다. 다만 세 종교체계에서 사용하는 인식의 출발점이 서로 다르고 그리스도교 전통처럼 이성(철학) 중심의 모델과 불교와 천도교와 같이 신비(종교적 일치) 중심의 모델이 있다는 점을 확인하는 것으로 그친다.

또한 이런 상이한 인식의 출발점 때문에 신(또는 절대지평), 인간, 자연이라는 관계요소에 대한 이해와 이들 간의 관계구조 역시 다르다고 말할 수 있다. 인간 이성 중심의 인식 모델에 따르면 신 또는 절대적 실재 그 자체를 직접 인식하기란 불가능하다. 왜냐하면 인식대상이 될 수 없기 때문이다. 따라서 아리스토텔레스와 같이 형이상학적 이론에 의해 신은 '부동의 동자', 즉 마지막 원인으로 추론되거나 플라톤처럼 인간 정신이 참여하는 '좋음'의 이념으로 받아들일 수 있다. 그리고 그것의 존재는 아리스토텔레스와 토마스 아퀴나스처럼 추론적으로나 유비적으로만 말해질 뿐이다. 다른 한편 신비적 인식의 모델에 따르면 어떤 한 사람의 주객일체 체험이 바로 절대 실재 또는 신의 인식이라고 주장하거나 인정받는 것은 쉽지 않다. 신비주의적 직관은 체험의 깊이와 체험하는 사람의 조건에 따라 다양하고 상이할 수밖에 없다. 그러기 때문에 엄밀하게 말하자면 깨달음의 체험을 인식의 출발점에 놓아야 한다는 주장을 보편화하기에는 어려움이 있다. 다만 그것을 항상 더 순수한 인식을 위한 조건이자 목표로 이해하고 노력하도록 하려는 방편이라면 문제가 없을 것이다.

신, 인간, 자연의 관계에 대한 인식론적인 차이 이외에도 세 종교체계는 우주의 시작과 과정 그리고 종말에 대한 이해, 즉 우주론적 세계관에 있어 서로 다르다. 그리스도교는 신이 절대적 자유로 우주를 창조하고 완성하기 때문에 신과 우주는 창조주와 피조물의 관계, 능동과 수동의 관계에서 파악된다. 인도와 페르시아의 영향을 받은 플라톤과 피타고라스의 우주관은 이른바 유출설에 기반하고 있는데 우주만물은 구성적 원형이자 동시에 모든 진리와 선의 원천으로서의 일자로부터 흘러나왔다고 주장한다. 유출설은 일자 존재의 유출 정도에 따라 신의 존재에서부터 정신의 존재 그리고 더 나아가 물질과 악에 이르기까지 위계적 가치를, 즉 완전성의 위계를 인정한다. 그리스도교는 역사 변천 속에서도 변하지 않고 유출설에 영향을 받은 범신론을 늘 경계하면서 '무로부터의 창조', '신의 절대적 자유', '사랑 자체이신 신의 사랑으로 인한 창조' 등을 강조해 왔다. 그리스도교의 창조설에 따르면 신은 모든 피조물과 완전히 구별되고 피조물로부터 완전히 자유롭다. 피조물의 유출과 진화의 차원을 넘어선 창조주 차원의 완전한 신의 본질을 확보하기 위해서 그리스도교는 아리스토텔레스와 토마스의 형이상학적 전통 안에서 신의 초월성과 내재성을 모순 없이 통합시켰다. 이성으로는 해소할 수 없는 난관이 있음에도 불구하고 신의 불변성과 신의 시간 안에서의 활동, 즉 그 어떤 것으로부터도 원인 지워지지 않고 자신 안에서 완전한 최초의 원인과 이 원인에 의해 영향받아 변화 가능한 운동자는 서로 관계하고 있다. 신은 스스로 존재하고 시간을 초월한 순수현실, 순일한 활동이다. 다른 말로 표현하면 영원하다.

시간의 존재 형식, 즉 인간적 시간은 인식활동 과정에서 늘 순차적인 운동 과정이며, 시간은 기억의 대상 또는 외적 객체를 인식하는 틀로서 정신에 내재한다. 시간은 신의 소유가 될 수 없다. 신의 존재는 어떤 내용의 변화도, 순차적 운동도 존재하지 않기 때문이다. 그러므로 시간 역시 피조물이다. 그러나 모든 행위자들은 신의 활동에 직면해 있기에 신은 모든 피조물과 시간과 공간에 조건화된 모든 것에 현존하지만 시간과 공간에 제한되지는 않는다.

그러나 불교에 따르면 인간을 비롯한 중생일반, 존재는 언제부터 시작된 것인지는 알 수 없고 삶과 죽음이 반복되는 윤회의 영겁 속에 놓여 있다. 오온五蘊, 즉 색色, 수受, 상想, 행行, 식識이라는 자연의 몸과 인간 마음이 결합하여 끊어짐 없이 계속 이어지는 것이 윤회이다. 윤회의 세계는 그리스도교 전통의 우주론적 창조와 종말 같은 초월적 시간을 말하는 것이 아니라 인간의 욕구와 자연적 객체가 결합하여 순간순간을 창조하며 삶과 죽음을 일으키는 연기의 흐름이다. 불교에서는 '자아'와 '세계'를 연기로 인식하며, 연기야말로 모든 사태와 존재의 보편적 원리라 할 수 있다. 연기(pratityasmutpada)는 수많은 조건들(pratitya)이 함께(sam) 결합하여 일어난다(utpada)는 의미로서 이에 따르면 자아와 세계는 단지 연기라는 바다의 파도를 일으키는 조건들일 뿐이다. 윤회가 반복되는 사이클 운동이라면 연기는 이 운동의 원리를 설명하는 것이다. 불교에서 말하는 절대지평, 즉 열반의 세계, 니르바나, 깨달음은 자아와 번뇌의 세계, 윤회의 반복에서 벗어나 완전하고 평안한 상태를 뜻한다. 윤회(번뇌) 속에 열반이 있고 열반 속에 윤회(번뇌)가 있다는 대승불교의 가르침은 이런 의미에서 현상과 본질, 원인과 결과, 자아와 세계가 일치할 수 있는 가능성을 제시하고 있다.

앞의 두 종교체계의 우주론과는 달리 근대시대에 출발한 동학 천도교는 진화론적 사유를 기반으로 전개한다. 천도교의 신(한울님)은 우선 원천적인 신적 힘(至氣)이고 또한 보이는 것과 보이지 않는 것, 정신과 물질을 발화시키는 기화의 원리를 담고 있다. 둘째로 천도교의 신은 한울님으로서 아직 스스로 완성된 존재가 아니고 인간과 우주뿐 아니라 사회와 문화 안에서도 끊임없이 발생 또는 발전해야 하는 존재이다. 셋째로 천도교의 신은 모든 존재, 생물과 무생물 안에 현존한다. 지기는 기화를 통해 자신의 잠재적 내용의 완전한 계시로 그리고 자신의 완성으로 발전한다. 여기서 우리는 우주 발생적 과정과 인간 발생의 과정이 다름 아닌 신의 발생이라는 천도교의 주장을 주목해야 한다. 동학 천도교는 신, 인간, 자연을 일원적으로 보고 있는 것이다. 천도교에 따르면 한울님 또는 지기至氣는 시간과 공간 밖에 스스로 존재하는 것이 아니라 우주의 변화하는 내재적 힘이며 인간의 깊은 곳, 즉 본래자기(本來我)이다. 천도교의 신이 초월적이라고 부르기도 하는데, 그가 우주의 긴 역사 안에서 자신을 발생시켜 가고 있고 완전히 발생시킬 것이라 믿는 한에서이다. 즉 한편으로 특정한 시간 안에 살아야 하는 인간의 인식을 넘어서고 다른 한편 모든 시대의 모든 인간으로부터 공경과 소통의 대상이 된다는 의미로 초월적이다. 이는 그리스도교에서 말하는 피조물과는 절대적으로 차원을 달리하는 초월성과 시간을 초월한 영원성을 의미하지는 않는다. 천도교에 따르면 인간만이 우주적이고 신적인 본질을 자기 자신에 모시고 지기를 통해(기화氣化) 인식하기 때문에 인간의 인식은 곧 신적이고 주객관이 지양된 상태에서 이루어진다. 그리스도교에 따르면 신의 자기인식은 창조행위로서 모든 사물을 현실화하는 것, 즉 존재케 하는 것이다. 천도교에 있어서도 인간은 자신의 에고에서 벗어나, 기氣와 하나가 되어 모든 것에 작용하는 가운데-유비적 관점에서 보자면-신적인 역할을 수행한다(무위이화無爲而化). 이러한 인간의 신적 활동은 신, 즉 절대자가 인간과 자연과 함께 원천적으로 하나이고 지기至氣의 조화 내지 진화과정에서 분화되었다는 진화론적 관점을 배경으로 사유되고 있는 것이다.

신(절대지평), 인간, 자연의 지평에서 드러난 각 종교의 세 가지 관념에 대해 분석해 보자.

우선 신, 절대자 혹은 절대지평(절대무)에 대해 세 종교를 비교하는 것으로 시작한다.

그리스도교의 신은 우주 만물의 창조주이고 동시에 우주 만물(피조물)과는 구별되고 초월한 절대자이다. 그러나 삼위일체적 교리에 따라 살펴보면, 창조주이자 초월적 신(성부)은 역사 안에서 여러 모습으로 자신을 계시했지만 결정적으로 예수 그리스도(성자)를 통해 스스로 자신을 완전히 드러내셨고 성령을 통해 성부 예수그리스도의 가르침을 올바르게 이해시키며 역사를 주관하신다. 인간과 소통하시고 관계를 더 깊이 맺으시는 인격적 신이다.

이에 비해 불교의 절대지평, 니르바나는 주객의 경계가 없이 모든 욕망과 집착이 사라지고 고통과 존재(자아自我)마저 비워진 상태(절대무絶對無)를 말한다. 이런 상태에 도달한 사람을 붓다(Buddha, 깨달음을 얻은 자)라 부르고 이들이 신도들에게는 깨달음을 향해 나아가는 도상에서 신앙의 대상이 되기도 한다.

천도교의 신, 즉 한울님은 객체적인 실체라기보다 인간의 '중심부', 성性, 본래아本來我로서 에고ego인 자아와는 구별된다. 그러나 불교의 니르바나(열반)와 달리 천도교의 한울님은 하나의 궁극원리나 완성상태가 아닌 인격적 관계를 맺고 자신의 뜻을 역사 안에 펼치는 인격신이다. 한울님은 스스로 완전하지도 완성되지도 않았다.

세 종교의 인간에 대한 이해는 어떤가?

그리스도교에서는 인간은 하느님으로부터 창조의 마지막 날에 특별한 방식으로 창조된 피조물이다. 즉 하느님의 모상으로 창조되었고 하느님과 실존적으로 관계를 맺으며 그분의 뜻에 따라 만물과 종들의 보존과 성장 내지 발전에 도움을 주는 청지기이다. 죄와 욕망으로 스스로 해방되지 못하는 존재이지만 하느님의 사랑으로 용서받고 구원으로 초대받아 마침내 진선미와 사랑 자체이신 하느님과 일치해 가는 존재이다. 하느님을 섬기고 사랑하는 일과 이웃 인간을 섬기고 사랑하는 일이 둘이 아니고 하나임을 실천 안에서 증언한다. 인간의 완성은 영원한 세계(하느님의 나라)에서 지복직관적 행복(visio beatifica)을 누리는 상태이다. 신비가들은 인간과 신의 합일을 이야기하지만 신학적으로는 여전히 인간과 신은 존재적으로 다른 존재이며 얼굴을 마주보며 사랑으로 결합된 상태라 할 수 있다.

불교에서 아직 깨달음을 얻지 못한 상태의 인간은 자아가 있고, 자신이 존재하고 있다고 생각하지만 이는 미망과 허상에 따른 것이라 한다. 깨달음을 얻고 나서 우주만물의 실상을 관찰하면 어느 것이든 영원하고 고정된 실체가 없는 무아이고 인연에 의하여 존재하다가 사라지는 것이다. 고타마 붓다가 큰 깨달음을 얻은 이후 수많은 이들이 그가 가르친 사제와 팔정도, 그리고 연기법 수행을 통해서 욕망을 뿌리 뽑고 마음의 고요와 평온함을 성취하였다. 인간의 완성이자 본래 모습은 니르바나에서 영원한 고요와 평화를 누리는 상태이다. 나와 너, 나와 우주의 구별이 없는 상태로 힌두교의 완성과도 동일한 범아일여梵我一如의 상태이다.

천도교에서 인간은 한울님을 자기 중심에 모시고 이분을 섬기고 이분과 일치하여 살아가면서(시천주侍天主) 이분을 더욱 크게 발생시키는(양천주養天主) 존재이다. 인간은 또한 한울님의 다른 형태인 지기至氣를 몸을 통해 받아들이고 이끌림을 받아 한울님의 조화 속에 생명을 유지하고 완성하며 한울님의 사명을 수행한다. 인간의 완성은 시간 안에서 한울님의 사명에 따라 창조적인 실천 안에 있다고 말할 수 있다. 이처럼 한울님과 지기와의 조화와 실행이 강조된다.

마지막으로 세 종교체계가 인간 이외의 자연 또는 물질계에 대해서는 어떻게 이해하고 있으며 신(절대자), 인간, 자연의 인식지평에서 이들 삼자 간의 관계는 어떻게 보고 있는지 정리해 보자.

그리스도교 전통에서 인간 이외의 피조물은 신이 인간에게 청지기 사명을 부여하며 위탁한 존재들이다. 인간이 이들을 '다스리도록 맡겼다'는 창세기의 표현을 자의적 지배와 소유로 해석하기보다 오늘날 생태신학에서 강조하고 있듯이 인간생명을 영위하는 데 최소한의 사용에 그치면서 그 존재 이유를 존중하고 하느님으로부터 구원을 기다리는 피조물로 보존해야 한다. 그럼에도 불구하고 인간 이외의 다른 모든 피조물은 인간 이성의 하위에 놓여 있고 구원을 위한 선물로 주어져 있어 인류공동체와 이웃을 위해 자유롭고 능동적으로 사용할 수 있다. 따라서 그리스도교의 전통적 사상 안에서 신, 인간, 그리고 자연의 관계는 존재론적으로 위계적이고 가치우열적이다. 즉 인간은 피조물로서 창조자 신과는 존재적으로 구별되며 자기 자신에 의해서가 아니라 신의 주도권에 의해서 구원되는 존재이다.

불교의 전통에 따르면 절대자(해탈: 불성), 인간, 자연이라는 관계는 삼자가 하나로서 3중으로 통합되어 있다. '일체유심조一體唯心造'라는 대승의 가르침을 대표적으로 들 수 있겠지만 불교에서 물질과 자연의 세계는 마음에 비하면 수동적이고 질료적이며 마음의 외화로 볼 수 있다. 그러나 불교는 마음 안에서 자신과 세계와 자연을 통합한 상태가 곧 인간의 완성이요, 분별되어 각자 분리되어 있는 상태가 무명의 상태, 죄와 집착의 결과로 본다. 번뇌와 집착을 벗어나면 곧 내 안에 불성이 있고 우주

(자연)가 있고 동시에 나도 없고 너도 없는 절대지평, 절대무의 장이 열린다.

천도교에서 물질과 자연, 인간 이외의 생물 안에도 한울님이 계신다. 다만 인간만이 한울님의 현존을 의식하고 경배할 수 있는 존재일 뿐이다. 천도교의 동귀일체 교리는 신, 인간 그리고 자연이 우주적 생명 공동체의 발전 전개 속에서 분화되면서 서로 다르게 나타나지만 본질에 있어서는 하나, 즉 지기로 수렴된다는 것을 강조한다. 즉 신 인간 자연, 삼자는 하나이고 서로 연결되어 있으며, 기를 통해 소통 교환하고, 서로 보충하고 스스로 증여하면서 발전한다. 인간을 포함한 생명과 물질은 역사 안에서, 선천과 후천 개벽 시대를 통해서 한울님의 뜻이 실현되는 장이자, 한울님 자신이기도 하다. 앞에서도 언급했지만 진화론과 범신론적인 관점이 강하게 작용한다.

1.2. 세 종교의 인간존엄성 비교

그리스도교 전통에서 인간존엄성과 인권은 인간을 창조하고 인생 안에서 사명을 주시며 이를 통해 완성하시는 하느님과 분리하여 말할 수 없다. 인간의 존엄성은 본성상 인간이 신과 맺고 있는 불가분의 관계 안에서 근거 지워진다. 이 관계를 시대에 따라 다른 방식으로 표현하기도 하였지만, 철학적으로는 '인격persona' 개념으로, 신학적으로는 '신의 모상' 개념으로 설명하였다. 아우구스티누스는 신의 모상성에서, 즉 영원한 존재, 진리, 사랑의 신에 참여할 수 있다는 점에서 인간이 존엄하다고 보았고, 토마스 아퀴나스 역시 '인격의 인간학'보다는 '신모상성 신학'에 더 존엄의 중심을 두었고 그리스도의 후계자로서 삼위일체적 신을 점점 닮아감으로써 이루어지는 초월적 자기변화에 존엄성의 근거를 세웠다. 루터는 신이 인간을 의롭게 하는 의화행위를 통해 구원받은 존재라는 점에서 인간존엄성을 근거 지었다. 그리스도교가 주장하는 인간의 신모상성은 신의 창조 시에 실존적 조건으로 주어진 것이기 때문에, 인간존엄성은 어느 누구에게도 불의하게 침해되어서는 안 되는 천부적 권리로서의 성격, 구원의 출발은 신의 사랑 내지 은총으로부터 말미암은 것이라는 은총의 성격, 그리고 신의 은혜로운 부르심에 맞갖게 자유의지와 자신의 책임 안에서 자신을 발전시켜야 할 의무적 성격도 띠고 있다. 그러나 완전한 인간이면서 완전한 신으로 고백하는 예수 그리스도는 그리스도인들에게는 인간이 신, 동료 인간 그리고 다른 피조물들에게 어떻게 관계를 맺어야 할지, 그 관계 안에서 자신의 존엄성을 실행할지에 대한 길이요 모범이다.

불교의 전통에서는 인간이 법法dharma을 깨닫고 해탈한 상태, 즉 니르바나 혹은 열반적정과 관련 없이 인간의 완성이나 인간존엄성을 이야기할 수 없다. 인간의 모든 고통과 번뇌와 죄는 일반적으로 인식하는 '자아'에서 헤어나지 못하기 때문이다. 여기서 법이란 모든 이원상대주의를 넘어선 이치, 사성제나 팔정도와 같이 본래의 실상을 말한다. 불교에 따르면 인간은 이법理法dharma을 체득하고 실천하여 해탈하고 열반에 들 수 있다는 점에서, 즉 완전한 깨달음의 상태의 존재, 붓다가 될 수 있다는 점에서 존엄하다고 말할 수 있다. 본래의 모습, 열반으로 초대되어 있다는 점에서는 모든 중생, 더 나아가 무생물과 생물 사이에 어떤 차별도 존재하지 않겠지만 인간이 열반에 도달하기엔 가장 적합한 존재이니 존엄하다. 인간보다 힘과 능력에 있어서 더 뛰어난 신들은 너무 행복해서 현세의 삶을 사랑하고 너무 장수하기 때문에 해탈을 추구하지 않는다. 인간들 사이에는 깨달음에 있어 우열이 있을 뿐 신분, 계급, 성, 나이로 인해 불평등이 있을 수 없고 모두가 평등하다. 소승에서는 승가단의 승려들이 해탈 경지의 가능성이 가장 높다고 가르쳤지만 대승불교에서는 오히려 소승의 이승(성문聲聞과 緣覺연각)을 배격하고 일상사 안에서 이타적 삶을 사는 보살의 해탈 가능성이 더 높다고 주장한다. 더 나아가 선불교에서는 중생이 모두 불성을 지니고(중생본래성불衆生本來成佛) 있다. 인간이 자신의 본래마음을 집중하고 관찰하며 유지하면 그것이 곧 해탈이다. 정토교의 전통은 출가하지 않고 수행하는 이들이 '나무아미타불'을 암송하며 염불삼매의 수행을 투철하게 하기만 하면 된다. 정토교에서는 아미타불에 대한 본원本願, 즉 구제력을 믿고 그것에 귀의한다는, 입으로 하는 염불(나무아미타불)이야말로 정정업正定業이다. 부처님의 공덕, 법dharma 그 자체의 탁월함이 마치 달빛처럼 어두움 속에 헤매는 중생을 자비로이 비추고 있다. 그리스도교에서 말하고 있는 신의 은총이 불교에서도 다른 방식이지만 존재한다.

천도교 전통에서 인간은 신(한울님), 곧 우주적 성을 본래아로 자기 안에 모시고 본래마음을 지키고 기를 바르게(守心正氣) 하면 신과 완전히 하나가 되고 이 신성을, 외부에서 오는 기를 통해 발전시키고 실현한다. 내 밖에서 오는 기氣도 신(한울님)의 기운이요 운동이다. 인간이 본래마음과 지기를 진심으로 모시고 섬기지 않고서 인간의 완성 내지 존엄성이란 가능하지 않다. 본래마음을 모시는 내적 태도와 한울님과의 내적 관계에 따라 수운의 시천주侍天主, 해월의 양천주養天主, 의암의 인내천人乃天이라 달리 불렀지만 천도교의 전통은 이 삼자가 같은 종지, 같은 본질을 지시하고 있다고 본다. 이것이 인간의 완성, 인간존엄성의 근거가 된다. 그런데 시천주는 인간만이 하는 것이 아니라 모든 자연, 모든 물질까지도 신(한울님)을 모시고 있다. 따라서 천도교에서는 이성을 근거로 인간존엄성을 강조하기보다 오히려 자연, 생명 혹은 존재 일반의 존재론적 존엄성이 중요하다. 천도교는 수운의 동귀일체의 깨달음, 즉 신(한울님), 인간 그리고 자연을 존재론적으로 독립된 실체로 보지 않고 일기一氣의 서로 다른 화생化生에 의해 형성된 계기라는 깨달음에서 출발했다. 모든 다툼과 갈등, 죄와 질병은 자기 자신들만을 위해 이기적으로 살아가는 각자위심各自爲心 상태를 벗어나지 못했기 때문이다. 그러므로 인간은 자기 안에 한울님을 모시고 섬기려는 의지의 지향으로 신(한울님)의 작용인 자연과 사회의 기화에 합당하게 행동하면서 우주를 계속해서 창조하고 진화발전시킨다. 천도교의 인간학에도 인간 안에 본래적으로 본래마음(성)이 자리잡고 있고, 외부의 기화가 개체적 인간을 인도하기 때문에 신(한울님)의 은혜를 태어나면서부터 입고 있는 것이다.

위에서 언급한 것을 성찰하면서 세 종교체계가 인간존엄성의 근거로 삼는 것들을 정리한다면 다음과 같다.

그리스도교에 따르면 첫째, 인간이 신의 모상으로 창조되었다는 점이 존엄성의 근거이다. 신의 모상으로 창조됨이란 인간이 신과 소통하고 계약을 맺고 신의 뜻에 따라 살아가고 신과의 관계를 통해 완성되어 간다는 것을 의미한다. 이는 우선 인간이 자연적 방식으로 보면, 이성과 자유의지 안에서 진리와 선의 원천인 신과 불가분의 관계에 있다는 것을, 그리고 초자연적 방식, 즉 신의 자기계시에 따라 보면 인간이 그리스도의 제자직분 안에서 하느님의 자녀로, 그리고 하느님 안에서 최종적인 완성으로 불림을 받았다는 것을 뜻한다.

둘째, 인간존엄성의 근거는 인간이 삼위일체적인 신비에 참여한다는 점이다. 인간이 삼위일체 하느님의 피조물로서 자신의 생명을 완성하기 위해 자신의 본성 안에서 삼중의 방식, 즉 존재, 진리 그리고 사랑 안에서 삼위일체 하느님의 생명에 초대되었고 참여할 수 있다는 뜻이다.

셋째, 하느님이 인간을 의롭게 만드신다는 점이다. 인간의 힘으로는 스스로 구원받을 수 없기에 하느님이 자신의 외아들 예수 그리스도의 육화, 그리고 죽음과 부활을 통해 우선 그리스도를 믿는 이들을, 그리고 마침내 모든 인간을 죄와 악에서 구원한다는 뜻이다.

그리스도교 신앙의 역사 안에서 발전 계승된 세 가지의 근거 짓기는 인간존엄성이 정신적 능력, 즉 이성과 자유의지, 그리고 무엇보다 신앙에 놓여 있고, 이러한 능력은 단지 하느님과의 관계 안에서 기원하고 이 관계를 통해서 완성된다는 점을 말해 준다. 그리고 예수의 제자 직분 안에서 하느님과 관계를 지속하고 강화하기 위해 무엇보다 구세주, 예수 그리스도께 대한 믿음이 강조된다.

불교의 인간존엄성의 근거로 첫째, 인간은 모든 고통과 번뇌와 죄의 원인인 '자아'에서 벗어나 우주의 실상(법: 다르마dharma)을 깨닫고 고요하고 평온한 열반을 얻을 수 있다는 점을 들 수 있다. 윤회와 연기법과 같은 실상을 몸과 마음으로 깨달으면 자아집착에서 해방된다.

둘째, 선불교에서 강조하듯이 인간을 포함한 모든 중생이 깨달을 수 있는 본래마음, 즉 불성을 본래부터 지니고 있고 부처가 될 가능성을 타고 난다는 점이 존엄성의 근거가 된다. 개별 인간은 자신의 본래마음에 집중하고 본래마음을 관찰하며 그대로 유지하면 그것이 곧 수행이 되어 해탈에 이르게 된다. 인간의 실존과 깨달음은 밀접한 관계에 있는 것이다. 번뇌와 고통에서 벗어나려면 수행과 정진을 해야 하므로 한편으로 깨달음으로 초대받은 존재이고, 다른 한편 깨달음으로 나아가야 하는 실존적 의무를 지닌 존재이기도 하다.

셋째, 정토교에의 아미타불의 공덕설이나 법신, 보신, 화신 삼신론에서 보여 주듯이 부처님의 대자대비하신 공덕은 인간의 깨달음에 보탬을 주고 있기 때문에 이 사실이 곧 존엄성의 근거가 된다. 부처님의 깨달음의 공덕, 다른 말로 표현하자면, 법dharma 또는 지혜 그 자체의 탁월함이 깨달음에 개방적인 인간에게 큰 힘이 되어 결국 누구에게나 고통과 어두움에서 구제한다는 뜻이다.

동학 천도교의 인간존엄성은 자연과 인간의 본성에 주어진 지기至氣와 성性 심心 신身의 상호작용, 즉 동귀일체同歸一體적 조화로부터 인간은 이 이치를 깨닫고 적극적으로 한울님(신)의 뜻을 실천하는 존재라는 사실에서 그 근거를 찾는다. 구체적으로 그 근거를 나누어 본다면, 첫째, 인간은 스스로가 아니라 타자, 즉 부모, 자연 그리고 신(한울님)의 기운에 의해 탄생하고 부양되고 생명이 유지된다. 즉 인간이 수태된 순간부터 본성에 따라 거대한 생명의 네트워크에 편입된 존재, 즉 생명의 활동과 권리를 자연적으로 가지고 있기 때문에 인간은 존엄하다.

둘째, 인간은 자신 안에 신(한울님), 또는 본래아(性)를 모시고 섬기는 존재라는 점에서(시천주侍天主) 존엄하다. 이 정식의 근거는 이성에 있는 것이 아니라 자연스럽게 타자에 이끌리는 관계의 본성, 즉 본래아로의 개방(종교성)과 생태계로의 개방(윤리성)에 있다.

셋째, 인간은 자신 안에서 기화를 통해 신성을 키우는 존재(양천주養天主)라는 점이다. 즉 인간은 동료인간, 동료생물 그리고 전 우주와 함께 작용하면서 자신, 즉 한울님을 실현해 가고 있다.

1.3. 세 종교에서 본 인간존엄성의 공통근거

그리스도교, 불교 그리고 동학 천도교는 위에서 보았듯이 인간존엄성을 근거 짓는 형식의 틀이나 논리가 서로 다른 인식론과 상이한 우주론을 바탕으로 달리 표현되어지지만 신(절대지평), 인간, 자연이라는 지평에서 바라다보면 인간존엄성 근거의 내용들을 체계적으로 비교할 수 있게 되어 거기서 공통된 점들을 찾아볼 수 있겠다.

첫째, 세 종교 모두 개별적 인간은 완전한 상태가 아니어서 신, 다르마, 혹은 본래아(성性)와 일치적 관계를 지향하면서 자연 또는 세계와 상호작용하고 이를 통해 자신을 완성하도록 되어있다. 삼라만상을 창조한 신, 삼라만상의 원리인 다르마dahrma, 인간 안에 내재해 있는 성性, 개념이나 외연상 서로 다른 대상이라고 할 수 있지만 이 대상들이 관계 안에서 내포하는 의미의 내용들은 유사하다고 볼 수 있다. 앞에서 살핀 대로 그리스도교의 존엄성 근거가 인간이 존재론적으로 '신의 모상'으로 창조되었다거나 '인격성'을 들어 존엄하다고 하였는데 이는 존재 자체와의 개방성과 소통성의 다름 아니다. 불교의 존엄성 근거도 인간이 본성 안에 불성을 지니고 있어 이를 바라다보고 깨달음으로서 해탈하는 데에 있다. 천도교에서 성(본래아)을 모시고 있어 이를 지키고 외적 기화활동과 일치시켜 한울님의 일을 하는 것을 존엄성의 근거로 삼는다. 각 종교는 우주와 인간을 내적으로 구성하는 순수본성을 자각하도록 지시하고 있고, 본성은 인간완성의 가능적 능력을 의미할 뿐 인간 실존의 현실을 의미한 것은 아니다. 이를 현실화시키기 위해서 각 종교는 전통 안에서 수행 내지 수련의 과정과 방법을 발전시키고 공동체를 통해 정교화하는데 인간완성의 현실화의 최종 목적을 신, 다르마(혹은 니르바나), 성이라 부르는 것이다.

둘째, 인간이 대면해야 할 최종목적, 실재 자체esse ipsum를 찾아 나서는 과정에서 강조되는 수련, 수행 또는 실천이 인간존엄성에서 중요한 공통요소이다. 그리스도교에서는 하느님과 하느님의 말씀logos이 절대화되고 있기에 하느님의 계시와 그에 대한 믿음이 공동체 생활에서 매우 중요하여 전례와 기도 안에서 함께 성찰하고 실천할 길을 찾는다. 반면 불교에서는 주체와 대상, 믿음과 깨달음, 역사성과 자각이 분리되어 있지 않고 하나이기 때문에 이 순수지평의 체험과 이를 위한 수행과정이 중요하다. 마찬가지로 동학 역시 최종적인 실재(不移)는 인간의 성性 안에 내재한 우주적 본성과 자기 밖의 기화와의 조화를 통해 체험되기 때문에 역시 모심(內有神靈 外有氣化)의 수련이 중요하다. 그리스도교 전통에서도(특히 안셀무스) '알기 위해서 믿는 것이지 믿기 위해 아는 것이 아니다'는 사유가 있어 믿음은 결국 실재 자체이신 하느님을 인식하기 위한 방편이라 할 수 있다. 또한 종교수행 공동체와 그 구조가 종교에 따라 개인의 체험과 공동체의 분별 사이에서 강조점이 서로 다를 수 있음은 물론이다. 이 모든 형식의 차이에도 불구하고 우리는 세 종교 모두가 인간이 궁극적인 대상, 실재 자체와의 일치를 가능하게 하는 수행이 강조되고 있음을 공통점으로 들 수 있다.

셋째, 세 종교 모두 인간의 현실은 자기 밖의 도움 또는 은총이 필요하다. 인간은 비구원, 아집, 각자위심의 불완전한 상태에 있고, 인간 자신의 힘으로는 이를 극복할 수 없지만 창조주 신 또는 다르마, 또는 내 안의 본래아(성)의 탁월한 작용으로 극복가능하다고 말한다. 그리스도교에서 인간의 원죄 상태를 지적하지만 하느님의 창조주로서의 본성, 즉 그분의 자비와 사랑 때문에, 그리고 하느님과 인간 사이의 계약관계를 통한 구원의 역사와 예수 그리스도를 통한 의화와 구속은 신의 선물이자 은총이다. 불교의 현실의 인간도 온갖 번뇌와 망상에 가득차서 고통과 악에서 벗어나지를 못하지만 본래자리, 자신의 진여본성을 진지하게 보기만 하면 해탈을 할 것이다. 구도자가 본성을 믿고 수행하면 어느 순간 본래의 실상이 드러나고 구도자는 깨침을 얻게 된다는 사실은 자기 의지에 따라 깨달음을 쉽게 얻기보다 훨씬 더 다르마 자체의 탁월성 때문에 어느 날 갑자기 얻게 된다. 석가모니 부처와 조사들의 깨달음에 대한 신뢰와 그분들의 은덕을 의지하고 귀의하는 교리가 있고 정토교에서는 타력본원설을 자력보다 더 중요하게 여기는 전통이 이를 반영한다. 천도교의 인간 현실 역시 각자위심各自爲心하는 이기적 존재이지만 자신의 성性 안에 내재한 우주적 본성과 자기 밖으로부터 오는 지기至氣와의 조화(기화氣化)를 통해 동귀일체同歸一體를 이룰 수 있다. 자신의 의지를 본성 안의 본래아에 합일하고 환경과 사회, 즉 밖으로부터 오는 기운에 맡기면서 실천하는 천도교의 수련 역시 은총을 전제로 하고 있다. 수운이 여러 차례 49일 기도를 했지만 도를 얻지 못하다가 어느 날 친척 잔칫집에 다녀오면서 갑자기 한울님을 체험했다. 은총은 이처럼 자연적으로 표현하든, 초자연적으로 표현하든 어느 순간 갑자기 주어지는 선물로 체험하고 있다는 사실에서 자신의 의지에 의해 직접 조절할 수 있는 것이 아니라는 점에서 주어지는 선물, 즉 은총이라 부른다.

2. 인간의 관계적 실존

그리스도교와 불교 그리고 동학에서 인간존엄성 근거 내용의 최소 요소를 찾아보는 것을 넘어서 이제는 인간존엄성을 종교 간의 대화라는 지평에서 또 다른 종교들을 고려하면서 보편적인 근거를 찾는 것도 가능하다고 생각한다. 구체적이고 전통적인 한 종교에서 출발하여, 서로 다른 종교체제를 절대지평, 인간, 자연(또는 세계)이라는 지평에서 세 관념들을 비교해보고, 마침내 종교 일반(인간의 종교성)에 담긴 인간존엄성을 지향하는 과정은 1장의 방법론에서 다룬 진리의 재구성 시도에 해당한다. 재구성의 방식으로 인간존엄성의 근거를 찾으려는 시도는 보편타당하게 간주되는 인간존엄성과 인권을 모든 인간들에게 이해시키고 그 근거를 제공하는 것이 가능하게 만듦으로 의미 있다 할 것이다. 우리가 인간존엄성을, 인권과 세계윤리를 위한 보편타당한 기초로 유효하게 만들기 위해서 인간의 관계적 실존에 근거 지우려 한다면 다른 종교들, 신 관념을 가지고 있든 그렇지 않든 종교 일반까지 염두에 두고 논의를 해 가야 한다. 위에서 세 종교에서 발견된 인간존엄성의 근거의 핵심은 종교 간의 대화의 지평에서 도출한 것으로서 일반적인 종교에 대해서도 일정정도 타당한 요소라고 말할 수 있다. 여기서 일반적인 종교에 타당한 요소란 여러 다른 종교들을 혼합하여 이루어진 어떤 가능적인 또 다른 제도 종교로서가 아니라 모든 종교의 공통으로 이해해야 한다.

우리는 모든 종교에서 종교학자인 파니커(R. Panikkar)와 함께 종교의 객관적이고 철학적인 성격으로부터 세 가지의 숙고할 요소를 말할 수 있다. 첫째, 실현 도상에 있는 현재적 인간, 둘째, 인간과 구별되는 하나의 실재 그 자체, 셋째, 인간의 종극과 목적이 그것이다.610 여기서 근원적인 실재와 인간 사이에 놓여 있는 심원, 그리고 인간의 목적으로서의 이 심원의 극복이 가능하다는 것이 전제되어 있다. 모든 종교가 적어도 이 세 가지 요소와 그것에 상응하는 사실들을 종교적 핵심요소로 인정할 수 있다. 이 핵심요소를 종교의 정의에 관련시켜 종교를 다음과 같이 정의할 수 있다. 종교는, 그 안에서 인간이 자기 실존의 극단적인 한계와 궁극적 실재(사실)와 일치를 통한 극복을 자각하고 또는 자각하게 되고, 이 심원한 괴리를 극복하기 위해서 다른 동료들과 함께 노력하는, 가르침과 전례 그리고 공동체로 이루어진 통합된 의미 체계이다. 우리가 이제 이 정의에 따라 인간존엄성을 종교(또는 종교성)에 근거를 지우려 한다면 다음처럼 표현할 수 있다. 인간존엄성은, 인간의 '종교적 실존', 즉 인간이 근원적인 실재 앞에서 그리고 안에서 자신의 극단적 한계를 깨닫고 동시에 실존적 관계 안에서 선사되는 힘을 통해서 이 한계를 뛰어넘어 근원적 실재에 도달하는 것을 자신의 목적으로 삼고 노력하는 실존이라는 그 근거가 있다.

---

610 Raimundo Panikkar, *Religionen und die Religion*, 12쪽.

그런데 이 ‘종교적 실존’은 물론 종교를 가지고 계속 자신을 완성하려 노력하는 사람들에게는 당연하지만 종교를 가지고 있지 않는 사람에게도 적용할 수 있는 것일까? 모든 인간은 생로병사의 고통 속에 살아야 하는 유한한 존재라는 점에서 근원적 실재와의 관계, 즉 자신의 한계를 뛰어넘어 완전한 상태에서 살고자 하는 희망을 가지고 있다. 그 희망이 크고 작고의 차이는 있을지라도, 젊고 건강하게 장수하며 살고 싶어 하기에 누구나 이런 점에서 ‘종교적 실존’이라고 말할 수 있을 것이다. 종교적 실존을 다른 말로 표현한다면, ‘상호 소통성’, ‘관계적 실존’이라 할 수 있다. 이 두 가지 표현은 굳이 제도종교에 귀의하지 않더라도 인간이 단자로 존재할 수 없고, 인간 사이, 자연과의 관계, 마침내 근원적인 것과의 관계 안에서 소통하고 새로운 지식을 확장하는 인간실존을 잘 그려 내고 있다. ‘상호 소통성’은 무생물, 생물, 정신적 존재 등 다른 존재와의 관계를 표현한다면 ‘관계적 실존’은 이러한 관계가 통합되고 자기실현과 관련하여 근원적 존재와의 관계를 예상할 수 있다는 면에서 중립적 표현이라 할 것이다. 인간존엄성의 근거로 종교 간의 대화를 통해 결론적으로 얻어냈고 종교가 관계와 소통을 본질로 삼기 때문에 ‘종교적 실존’이라는 개념으로 정리했지만 이것은 개인의 종교와 종교귀의 여부와 상관없이 인간정신의 초월성에서 비롯한 상호소통, 상호작용을 의미한다. 종교를 가지고 있지 않는 사람이나 종교와 무관하게 생각하려는 사람을 위해 ‘상호 소통성’, 또는 ‘관계적 실존’이라 부를 수 있다고 생각한다. 물리적 소통, 정신적, 언어적, 사회적, 영적 소통성이 있겠는데 여기서의 소통성은 이 모든 것을 종합한 소통성 자체이다. 모든 인간이 이런 의미의 소통가능성을 가지고 있다. 직접이 아니라 하더라도 타인을 통해서도 가족이나 국가 혹은 공동체가 그를 대신해서 하는 소통도 포함하며, 유대 그리스도교에서 말하는 각 개인(어린이라 하더라도)의 수호천사와의 소통, 플라톤 철학에서 말하는 자기 자신의 본질, 이데아와 관련 맺는 소통도 포함한다. 그가 인간인 한 그의 부모와의, 적어도 그를 탄생케 한 어머니와 그와의 소통성이 존재한다. 이러한 모자의 소통성은 어미로부터 태어난 모든 동물에게 있질 않는가? 그런데 상호 소통성이 왜 인간에게만 그를 존엄하게 하는가? 인간은 정신을 통해 이를 의식하고, 이를 갚고자 하는 보은의 정이 있으며, 그리고 이런 정서적인 상호소통성이 공동 운명적 관계를 만든다. 공동 운명 공동체의 구성원이 비인간적으로 대우를 받을 때 이에 대한 집단항의와 방어가 자연법적 인권이 출발한 지점이다. 이런 의미에서 동물에게도 본능적인 모성애가 있고 집단방어 본성이 있지만 고도의 정신 현상에서만 발견되는 소통성이라 부르기는 어려울 것이다. 인간의 소통성은 우주 전체와의 소통, 역사와의 소통, 사회 안의 인간들과의 소통, 대자연과의 소통 등 개체적 자아를 초월하고 다른 존재와 공동 생존과 진리에 대한 물음을 제기하는 반성능력과 초월능력이다. 위에서 언급한 종교 간의 대화를 통해서 얻은 '종교적 실존'은 주로 인간과 무한하고 최고의 선인 신 또는 절대지평과의 관계만 주로 강조한 측면이 있다. 그러나 '지구(또는 우주)가 곧 하나의 생명'이라는 온 생명적 입장에서도 소통성을 성찰해야 한다. 모든 존재자를 온 생명의 부분으로 간주할 수 있고, 따라서 지체인 이상 각자의 고유한 목적과 기능이 있다. 인간은 온 생명의 규정과 규칙을 인식하고 이를 시행하는 존재이다. 여기서 문제가 되는 것은 인간의 자유와 창조성과 관련되어 있다. 무엇을 인식대상으로, 무엇을 향해 인간의 지성과 의지는 작용해야 하는 것일까? 신 또는 절대지평은 다름 아닌 인간 창조성, 발견술, 깨달음을 얻을 수 있는 능력을 고양시키는 목적으로 작용한다. 인간이 '상호 소통적 주체'라 함은 이런 의미를 함의하고 있는 것이다.

'상호 소통성' 개념의 원천인, 종교 일반에서 발견한 '종교적 실존'의 세 가지 요소를 내용적으로 상세히 규명함으로써 이 개념이 모든 인간에게 해당하는 존엄성의 근거임을 더 확신할 수 있게 될 것이다. 즉 첫째, 인간의 근원적 사실(실재)과의 관계(5. 2. 1), 둘째, 한계를 초월하여 근원적 사실을 생명의 목적으로(5. 2. 2) 삼아야 하는 점, 셋째, 인간의 노력과 이 관계에서 선사되는 은총(5. 2. 3)을 규명해야 한다.

2.1. '문제'로서 놓여 있는 인간의 실재와의 관계

우선 인간의 사실, 즉 실재 자체에 대한 관계가 다루어진다. 이 실재 자체에 대해서는 많은 개념들이 지시하고 있는데, 특히 신神, 최종 원인, 궁극실재窮極實在, 절대자, 초월, 무한, 거룩함, 선善, 도道 혹은 절대무絶對無가 종교와 철학에 따라서, 언어에 따라서 달리 불려진다. 그러나 표현한 내용을 고려하면 이 개념들은 많고 적고 간에 서로 닮았다고 할 수 있다.

인간의 관계적 실존은 그가 자기 자신을 의식한다는 사실, 즉 그가 자기 자신에 현전現前할 수 있다는 사실에서 출발한다. 자기 자신에 대한 자각 안에서 인간은 우선 자기 자신의 존재가, 다음으로 다른 존재자들의 존재가, 더 나아가 존재 일반 모두가 절대적으로 우연적이라는 것을 이해한다. 여기서 절대적으로 우연적이라는 말은 레슬리 드워트가 지적한 바 있듯이, 우연성이 동시에 선험적으로 절대적 필연성과 관계되어 있다는 식의 전통형이상이 말하는 의미로서가 아니라, 존재자는 절대자와 관련 없이 경험에 주어진 것 안에서 볼 때 하나의 사실이며, 있어야만 하는 것이 아닌데 그럼에도 불구하고 있는 것으로 인식되어진다는 의미에서 그렇다.[611] 모든 존재자의 존재와 인간 의식의 존재가 절대적으로 우유적(우연적)이다는 것은 인간 의식에 분명히 현존하고 따라서 어떤 이전의 근거에 대한 설명이 필요하지 않는 하나의 사실이다. 모든 존재자의 무상성뿐만 아니라 인간 자기 자신의 존재의 무상성도 사실이다라는 것을 인간은 의식한다는 바로 그 점에서 종교적 경험 – 다른 말로 상호 관계적 소통 – 의 출발점이 놓여 있다. 종교 경험이란 따라서 그것의 근본 형태에 있어서 익숙하고 일상적인 인간 실존 안에서 자기무상성체험, 한계체험 그리고 자기체험을 하는 것 이외에 아무것도 아니다. 한편으로 우리는 한 번 죽어야 한다는 사실은 무엇보다 더 분명하게 느끼면서, 다른 한편으로 죽음이 언제 우리에게 올 것이며, 그리고 그것은 무엇인지 전혀 알 수 없게, 어두움에 남겨져 있다는 자각보다 더 인간적인 현실은 없다. 우리로 하여금 우리 자신의 분열된 과거와 무규정적인 미래에 깨어 있게 만드는 의식의 자기현존보다 더 현재적인 것은 없다. 인간이 점점 더 깊이, 자기 실존이 절대적으로 우연이라는 의식 사실에 눈을 뜨면 뜰수록 점점 더 그는 자신에 대해서 문제의식을 체험하고, 위기를 느낀다.

인간의 자기의식이 자기 존재를 완전한 우연적 사실로 바라봐야 하며 거기서 어떤 충분한 의미도 발견할 수 없는 한, 인간은 스스로 자기 실존을 견딜 수 없기 때문에 자기 자신에게 골칫거리가 된다. 모든 종교는 이 실존적 문제를 알고 이를 해결할 가능성을 제공한다. 인간이 자기 실존 안에서 한 번은 문제로 바라보고, 그러나 그는 또 다른 한 번은 해결책을 찾아야만 한다는 사실은 모순적이게도 매우 어려운 난제이며 동시에 그러하면 그럴수록 더 긴급한 해결책을 요구한다. 실존적 고통과 인간의 극적인 한계의 깊이를 자각하지 않고서는 인간은 구원과 인간의 존엄성의 위대함을 경험할 수 없다.

611 Leslie Dewart, *Die Grundlagen des Glaubens II*, 204.

2.2. 문제 해결로서 실재와의 화해

인간의 실존적 우연성에서부터의 해방을 갈망할 수밖에 없는 실존적 상황은 우리를 두 번째 시선으로 '실재'(사실)에 주목하게 한다. 이로써 우리는 종교에 관한 성찰의 두 번째 요점에 이르는데, 즉 인간은 자기 한계를 넘어 실재 자체와 화해하고 일치하는 것을 그의 실존의 목적으로 삼는다는 것이다.

실재 영역에 들어가기 전에 우리는 왜 인간은 그의 무상성과 절대적 우연 안에 있는 그의 실존을 하나의 사실로 받아들이지 않고 문제로 인식하는지를 묻는 것으로 시작해 보자. 자기극단적 한계와 실존적인 문제의 현존 안에 있는 인간은 스스로 깨닫는 존재자로서 그에게 적절하게 여겨지는, 하나의 희망적인 파악 혹은 하나의 선취한 앎을 이미 가지고 있는 것은 아닐까. 어떤 문제도 그 안에 벌써 답이 은닉되어 있다. 아래에서 우리는 인간이 어떻게 이 문제를 자기 자신과 함께 조우시켜 해결할 수 있는지 가능한 길들을 살펴보자.

첫째는 신비주의의 길인데 여기에는 동학, 불교, 그리고 많은 종교의 특정한 신비주의자들이 속한다. 이 길은 나와 실재 자체와의 간극을 극복하여 실재로 가는 방법이, 자신ego의 죽음을 통해서 도달할 수 있다는 전제에서 출발한다. 나의 죽음이란 여기서는 하나의 과정을 말하는데, '무엇'의 세계, 즉 존재자의 세계를 뛰어 넘어 절대적으로 '무엇'이 아닌, 즉 절대무의 세계로 들어가는 과정을 말한다. 보이는 존재자의 형식과 의미는 오직 절대적으로 형식도 의미도 없는 실재와 인간 의식이 하나가 될 때 비로소 조명되고 발견된다. 그리스도교의 마이스터 엑카르트가 하느님의 아들이 되기 위한 전제조건(동시에 하느님이 내 영혼에 탄생하기 위한 조건)으로 모든 피조성, 즉 육체성, 다양성, 시간, 규정성, 우연성, 차이 등과 결별해야 한다고 말한다거나 불교에서 만법무아론을 가르치는 것은 인식주체인 에고의 죽음을 의미한다. 내(에고)가 죽어야 실재 자체, 즉 신과의 일치 또는 니르바나(절대무)로의 통합은 가능하다. 여기서의 절대무는 사르트르가 그의 무신론적 실존주의에서 말하는 인간 실존의 근거로 삼는 무와는 다르다. 사르트르의 인간 실존에게는 신이나 절대무와 같은 근거가 없기 때문에 인간 스스로, 즉 데카르트의 에고ego가 자기 자신의 주인이 되어 절대적 진리가 되어야 한다. 실존주의의 무는 실존과 반대되는 개념쌍으로서의 무이나 불교에서의 무는 실재로서 실존과 존재를 초월하면서도 그 안에 현존하는 절대지평을 말한다.

둘째는 선험적인 길인데 인간이 의식 안에서 선험적으로 주어진 절대자의 관념을 발견한다는 사실에서 출발한다. 이 절대자는 다른 지칭어로 말하자면 신, 무조건자, 절대지평, 선 혹은 거룩함으로 표현되기도 한다. 절대적 관념은 자기 안에 모든 가능성과 인식의 최종 원인과 조건이자, 동일성과 동일성의 부정을 동시에 성립시키는 모순을 내포한다. 칸트에 따르면 이 관념은 인식 이전에, 그리고 인식 밖에 있으며 경험과 무관하게 주어져 있고, 인식과 성찰 그리고 의미 부여를 하는 행위에 조건과 규정적 사고를 가능하게 한다고 말한다. 바로 이런 선험적 이념에 의해 모든 도덕과 인간의 자기실현의 가능성이 열린다. 왜냐하면 이 관념이 양심을 자극하여 올바른 의미와 그에 상응하는 행동으로 나아가도록 선의지를 이끈다. 윤리의식이 보편타당하고 정당한 행위를 지향하는 데에도 이 관념은 필연적으로 작용한다. 그러나 포이에르바하의 종교적 투사와 절대 관념을 혼돈해서는 안 된다. 신 또는 절대자는 결코 실존적 존재와 분리되어 독립적으로 존재하는 어떤 다른 존재로 파악되거나 그런 존재로 투사해서 생성되는 것이 아니다. 선험론자들이 주장하는 절대관념은 인간 실존 안에 진정성과 진실성, 그리고 진리성을 지향하는 실재로 내재한다.

셋째는 신앙의 길인데 이는 우리의 경험은 우리로 하여금 실존의 의미를 존재(눈에 보이는)의 세계에서 찾을 것이 아니라 다른 곳에서 찾아야 함을 인정하게 한다는 사실에서 출발한다. 인간실존의 의미를 분열된 자기 자신 안에서도, 한계 지워진 인간성 일반에서도, 그 밖의 우주만물에서도 찾을 수 없다. '피조물'로 불리는, 보이는 가시적 현상과 존재들의 한계를 체험할수록 보이지 않는 세계, 그리고 마침내 절대지평으로 눈을 돌린다. 인간이 우선 존재우유성의 절대성에 눈을 떠야만 하는 사실은 존재란 인간에게 세상에서 가장 중요하고 수월한 것이 아니며, 따라서 존재를 초월하는 실재의 가능성을 다른 곳에서나마 도출해야 한다는 것을 지시하고 있다. 즉, 모든 존재를 초월하면서도, 즉 자기 자신은 더 이상 존재도 존재자도 아니면서 모든 존재에 현존하는 실재를 인정하고 이 실재를 통해서 의미를 찾아 나가는 태도, 이것이 신앙의 길이다. 그리스도교에서 하느님을 신앙한다는 것은 절대지평에 계신 분의 입장에서 세계를 바라보고 그분의 뜻에 따라 살기 위해서 자신의 실존을 개방한다는 것을 의미한다. 신앙이라는 독특한 진리인식은 역사 안에서 계시된 보편적 가치를 진리로 여기면서 그러나 그 진리성을 공동체 안에서 확인하고 객관적 세계에 문의하는 가운데 역사적 진보를 전제한다. 즉 인간 이성에 계시된 것도 있지만 그러나 여전히 드러나지 않고 있으며 그럼에도 불구하고 그 실재의 가능성을 인정하는 것이 신앙의 길이다. 신앙이 곧 그 실재에게로 나아가게 하는 원동력이 된다. 많은 종교와 그리스도교에서도 명시적으로 신앙을 실재와의 합일로 나아가는 데 필요한 방법이라고 생각한다.

우리는 위에서 인간의 실존의 문제를 의미 있는 이해와 이를 극복하기 위한 가능성으로 이끄는 세 가지의 길, 즉 신비주의적, 선험주의적, 신앙적 길을 성찰해 보았다. 그런데 이 세 가지의 길의 이름(개념)에 메이지 않고 내용적으로 검토한다면 우리는 이 삼자가 서로 모순되거나 방해하는 것이 아니라 서로를 지지하고 보충한다는 사실을 파악할 수 있다. 신비주의적인(불교) 길은 이기적인 주체, 즉 에고의 죽음을 강조하는데 이는 존재에 대한 집착에서 해방됨을 의미한다. 자아가 존재하지 않는다거나 자아는 허상이라는 주장은 굶주림과 같은 생명본능이 작동하거나 고통과 죽음에 직면해서 즉각적인 육체적, 심리적 반응이 일어나는 순간에도 자아가 없다고 말하기 어려울 것이다. 자아가 있기도 하고 없기도 하는 불이不二의 관점에서 볼 때 '만법무아萬法無我'의 깨달음은 결국 '나'에 대한 집착에서 벗어나는 것을 목표로 삼는 것으로 본다. 이에 반해 선험주의의 길은 절대지평의 현존 앞에서 특히 다른 동료인간과 다른 존재자들과의 관계 안에서 양심의 의무와 책임을 강조한다. 칸트는 '도덕적 형이상학의 기초 놓기'에서 선의지와 도덕적 의무감을 실천이성의 부인할 수 없는 '사실'(Faktum der praktische Vernunft)로 파악하고 있다. 선험주의의 길 역시 자신 양심, 또는 실천이성 안에 반추되는 선험적 절대성을 통해 자신에 대한 집착을 버리고 보편타당한 초개인적 입장에 설 수 있음을 말하고 있는 것이다. 에고가 죽어야 한다는 것을 강조하는 것이나, 자기 실천이성 안에 절대지평(선의지)을 주시하고 본능을 극복하라고 강조하는 것은 결국 자기 안에 답이 없고 오히려 자기 자신을 극복해야 비로소 문제를 해결할 수 있다는 점을 강조한다는 면에서 신비주의의 길과 선험주의의 길은 동일한 목표지향을 가지고 있다. 또한 신비주의의 길이 강조하는 순수체험이 깊어질수록 실천이성 안의 절대관념이 더욱 분명하게 작동할 것이고 절대관념이 분명하게 작용하여 의무감과 같은 순수의지가 고양될수록 에고의 죽음을 두려워하지 않을 것이다. 신앙의 길은 어떤 면에서 신비주의의 길과 선험주의의 길을 종합하는 길이라 할 수 있는데, 역사의 진보를 믿고 한편으로 절대지평에서 드러난 진리를 자기의 것으로 삼고 실천하며, 다른 한편 여전히 완전히 드러나지 않은 진리를 향해 개방적인 자세로 나아간다. 그리스도교 같은 종교의 신에 대한 인격적 신앙의 길에 따르자면 신은 존재의 세계를 초월하지만 동시에 존재의 세계, 그 진리성은 한 번도 완전히 파악되지 않은 채, 항상 성장하고 계속해서 발전하는 인간성의 개념과 인간의 가치와 문화 속에서 자신을 드러낸다. 따라서 이 길은 신비주의나 선험주의처럼 이 세상에서 문제가 완전히 해결되었다고 보는 것이 아니고 죽음에 직면한 마지막 순간에도 신앙행위는 요구된다. 즉 죽음의 순간이야말로 자신의 고통과 죽음을 넘어 신과 합일되리라는 희망을 가지고 죽음을 도상의 관문을 여기고 지나가겠다는 의지의 지향행위가 일어난다. 죽음 이후의 세계가 믿음과 희망으로 선취될 수 있는 것은 살아가는 동안 '영적 죽음'과 '작은 부활체험'을 통해 죽음이 끝이 아니라는 체험이 있기 때문이다. 죽음과 부활은 생명의 원리로 작동하여 자아를 인정하면서도 초월하고 절대적 지평을 완전히 체득하지 못한 상태지만 희망할 수 있게 되어 일반적인 사람들이 쉽게 접근할 수 있는 길이다. 신앙의 길 역시 선험의 길에서 발견한 신의 관념이 절대적일수록 그 희망과 지향도 절대화할 수 있기에 도움을 받을 수 있다. 또한 신앙의 길의 실존이 신비체험으로 자아로부터 해방될수록 미지에 대한 개방성이 커진다는 것도 당연하다. 따라서 신비의 길과 선험주의 길, 그리고 신앙의 길이 서로 내적으로 연결되어 있고, 서로 지지하고 있기에 영성적으로 상호보충이 가능하다고 생각된다.

2.3. 문제 해결의 힘: 초자연적 은총과 책임의식

우리가 위에서 보았듯이, 무엇보다 인간은 자기 스스로부터는 분열을 극복할 수 없는 실존적 한계를 가지고 있지만, 초월적 실재(사실)와의 인격적 관계를 통해서 이 문제의 해결 가능성을 가지고 있다는 자각으로부터 인간실존의 종교성은 발생한다. 따라서 인간은 인식과 의지 작용 안에서 발생하는 절대자의 이끄는 힘을 통해서 자기를 초월해 나가고, 진리와 자유를 향하여 자신을 계발하며, 바로 이 안에서 실재와 – 존재 세계의 의미를 인간 이성의 빛 안에서가 아니라, 실재의 빛 안에서 완전히 실현해 간다는 의미로 – 하나가 된다. 실존적 한계체험을 하기 전이라도 인생에 대해 첫 순간부터 성찰한다면 인간은 '인간으로 되어감'이라는 지속적인 초대를 받고 있음을 인지할 수 있다. 인간은 필연적으로 존재하는 것이 아닌데도 삶으로 초대받았다. 인간은 홀로 스스로의 힘만으로가 아니라, 자기 밖에서 선사된 힘으로 성장되고 풍요로워진다. 낙관주의도 비관주의도 아니며 있는 그대로의 실상을 보고자 하는 자연종교 불교를 앞에서 보았지만, '어떤 것도 참으로 실재하고 있는 것이 아니며 모든 사물은 겉모양뿐인 현상에 지나지 않는다'는 무아론은 존재의 세계에 인간완성이 결코 있지 않음을 지시한다. 모든 중생의 최후의 목적은 자아도 탐욕도 스러진 열반, 니르바나, 무의 세계로 본다. 모든 존재하는 것은 존재로 있는 한 중생이고 아직 완성된 것이 아니다. 그러나 세상의 있는 그대로의 이치, 곧 법法(dharma)을 깨치면 열반에 이르게 된다. 보이지 않지만 실재하는 다르마는 미명의 중생을 깨달음으로 초대하고 있다. 또 다른 자연종교 동학은 가족, 사회 그리고 자연이 한 인간 존재를 여러 방식의 조화를 통해 탄생시키고 유지하고 인정하고 지지한다. 인간의 존재와 활동, 진화와 역사 안에서 인간에게 스스로 보여 주고 선사하는 "초월적 실재"는 성性으로, 기氣로 모든 생명 에너지 안에 현존한다. 존재와 인간으로 되어감으로의 부름은 그 자체가 초대이며 동시에 절대적 실재의 선물이다. 인간이 실존적 물음을 해결하는 데 필요한 힘, 즉 창조주와 피조물과의 관계성(그리스도교), 불성(불교), 시천주성(천도교)은 인간성 안에 이미 내포하고 있다고 말한다. 그러나 엄밀히 말하자면 그것은 현실태적으로 그런 것이 아니고, 또한 인간본성을 이루는 형상적 구성요소로서 그러한 것이 아니고, 되어 가는 존재인 인간이 존재 자체와 소통할 가능성으로 초대받고 있다는 의미에서 그렇다. 실재 자체의 존재의 우월성 때문에 인간은 어느 날 갑자기 실재로부터 선물을 받는다. 다른 표현으로 말하자면 은총을 받거나, 깨달음을 얻는다거나, 자각하게 된다.

초월적 실재는 인간뿐만 아니라 더 나아가 모든 생명체와 비생명체까지도 자기 자신을 준다. 인간만이 자각된 경험을 통해 자기의 구원은 자기 안에 있지 않고 단지 초월적 사실과의 관계 안에서 찾을 수 있다는 것을 인정한다. 그는 실재가 자기 안에서 작용하는 분여(partizipatio)의 종류와 방식을 인식한다: 실재는 인간을 지배하기보다는 영감을 준다; 그를 강제하기보다는 부양한다; 그를 규정적으로 조종하지 않고 그에게 맡김으로써 그가 실재와의 일치 안에서 존재의 의미를 찾고 거기에 맞갖게 자기 창조적으로 행위할 수 있도록 한다. 즉 인간은 모든 사물에 현존하는 실재의 빛 안에서 모든 존재자의 의미와 모든 사회와 제도의 가치를 찾고, 설립하고, 그 규정에 따라 자유롭고 진실되게 행위를 하도록 초대를 받았으며, 이를 통해서 그는 자기 자신을 이기적 자아로부터 해방시키고 실존적 의미문제를 해소하며 마침내 자기 자신을 완성시킨다. 여기서 인간의 자유는 처음부터 전제되어 있다. 인간의 자유를 전제하지 않고서는 실재가 스스로 선사한다는 사실을 말할 수 없다.

초월적 실재의 부름을 자기 생활 안에서 받아들이고 자유로이 그것에 응답하는 사람은 절대자를 인격적으로 경험한다. "너는 신이 타인과 이야기 하는 것을 들을 수 없고, 단지 네가 말을 건네진 자가 될 때만 들을 수 있다."[612] 왜냐하면 신, 절대 실재는 인식의 대상으로 이해되어질 수 없고, 존재가 아니지만 모든 존재에 현존하고 있고(계시되어 있고), 모든 존재자를 일치적으로 작용하는 의식의 실재로서 이해되어야 한다. 절대적

612 L. Wittgenstein, Schriften, Bd. 5, 429.

실재는 자기 자신을 통해서 자기를 직접 제공하고 관찰되는 객체로 이해되어서는 안 되고, 인식하는 정신과 자유 의지 안에서 하나의 무한한 역동성으로 주어진, 자기 안에서 점점 더 열리는 경험의 궁극으로서 이해되어야 한다. 정신 주체의 역동성은 자율적으로가 아니고, 그것의 궁극방향에 의해 개방되고 지지되는 것, 즉 "은혜를 입은 것"으로 경험되어진다.[613]

인간이 절대적 실재로부터 존재로, 모든 존재자와의 조화로 그리고 자기완성으로 불림을 받았고 이 불림의 성취로 향하는 도상에서 이미 은혜를 입고 있음을 경험한다면 그는 이 경험을 넘어서 자기 자신으로부터 성장하는 실천적 과제를 감사롭고 기꺼운(자유로운) 마음으로 투신할 수 있으며 또 투신하려 한다. 이 과제, 존재의 의무란, 절대자의 부름에 상응해서 이기주의적 자아에서 벗어나 모든 순간에, 한계 상황에서조차도 희망과 신뢰 가득히 절대적 실재와 관계를 맺고자 노력하는 데에 있다. 인간존엄성은, 의식하고 행동하는 존재로 실존하는 인간의 이 과제와 의무를 부여하는 부르심과 이를 통한 완성이라는 가능성에만 놓여 있는 것이 아니라 훨씬 더 그것의 성취에 있다.

위에서 성찰한 것을 요약한다면 인간존엄성은, 인간이 모든 실재와 소통한다는 의미에서는 관계적 실존에 근거를, 소통의 대상 중 근원적인 것 또는 절대 실재와의 관계를 강조한다면 종교적 실존에 근거를 두고 있다고 말하는 것이 적절할 것이다. 그러나 소통과 관계를 잘 하기 위한 자아측면에서 바라본다면 자기초월적 실존에 그 근거가 있다고 말할 수도 있다. 따라서 종교적 실존, 관계적 실존, 자기초월적 실존은 같은 내용

---

613 K. Rahner, "Gott im menschlichen Geist als das absolute Geheimnis", in Schrift IX, 165.

을 어떤 관점에서 보느냐의 차이만을 드러낸다고 생각한다. 종교를 가지고 있지 않지만 이미 종교에 버금가는 깊이 있는 사유를 통해 실재를 파악하려는 사람들에게는 '관계적 실존', 내지 '초월적 실존'이라는 표현이 더 어울릴 것이다. 관계를 맺고 소통해야 하는 대상들은 자기 자신뿐 아니라 타자, 더 나아가 궁극적 존재에게로 확대되며, 현재와 과거뿐 아니라 미래의 실재에까지 확장되어 관계를 맺을 수 있는 모든 것들이다. 인간은 한편으로 점점 더 자기를 의식하는 존재로 불림을 받았고, 자기 안에서 실존적 운명, 즉 절대적 자기 우연성과 자기 불합리성을 감내하면서 동시에 이 실존적 문제를, 실재(사실) 자체와 관계를 맺고 이로써 모든 존재자를 고려하면서 존재 세계의 의미와 진리를 찾아 가는 것을 통해 해소할 수 있다는 것을 자각한다. 실존적인 짐과 존엄성은 인간의 되어감이라는 과정 안에서 서로를 지지한다. 자신의 실존적 운명을 한계로 지니지만 그것에 대한 자각과 더 큰 세계로 향한 탐색이 인간을 인간답게, 즉 존엄하게 만든다. 그런 의미로 인간은 인간으로 되어감의 과정에 살고 있다.

모든 인간 존재에게 해당하는 인간의 되어감이라는 부름에 근거하여 인간은 처음부터, 출생 전이든 출생 후든, 어린이든 성인이든 가리지 않고 동등한 존엄성을 갖는다. 다른 한편 인간은 이 부름에 따라 자신의 이기적 자아를 버리고 모든 존재자를 하나로 작용하는 절대자의 내적 부름에 자기 삶을 맡김으로써, 파악한 의미와 진리에 상응하여 신실하게 행동하고 자신을 마침내 완성하는 데에 최선을 다해 노력할 의무를 갖는다. 이 노력의 정도와 성공으로 인하여 인간존엄성의 계발에 서로 상이한 지위가 올 수 있다. 이는 각자가 자기초월의 서로 다른 과정에 놓여 있다는 뜻인데 이 과정은 사회의 기준에 따라, 즉 상대적 의미로 다소 인식되고 측정될 수 있지만, 본질적으로는 각자의 절대 실재와의 관계가 숨겨져 있기 때문에 완전히 평가될 수 있는 성질의 것이 아니다. 절대 실재의 존재와 인간이 상호 교감하여 '되어감으로의 부름'으로 확신할 수 있다는 것은 하나의 선물, 은총이다. 인간 스스로 창출할 수 없다는 의미로 주어지는 은총이다. 그러나 이것은 또한 결핍된 실존의 과제이기도 하다. 크고 작고 간에 인간은 자신의 '지성'과 '의지작용' 안에서 되어감의 실존을 사는 것이다. 그 정도는 타인에 의해 완전히 인식될 수도 인정될 수도 없지만, 인간이 이 신비(또는 삶의 비밀)에 자신을 더 깊이 개방하면 할수록, 그가 더 진실되게 그 신비에 직면하게 된다.

따라서 인간이 존재자로 자신의 한계와 자신의 문제를 자각하고 절대 실재와의 합일을 통해 – 절대 실재와 끊임없는 교감과 소통을 통해 그 관계에 맞갖은 태도와 결단으로–, 절대 실재가 자신을 드러내는 두 개의 영역, 한편으로 과거로부터의 인류의 유산과, 다른 한편 미래로 향한 창조적 개방성을 고려하면서 자기의 의미와 가치를 파악하고 계속 발전시키는 것을 자기 삶의 목적으로 삼아 자신을 실현시키려 노력하는, '자기초월적 실존'에 인간존엄성이 근거하고 있음을 알 수 있다.

3. 인간존엄성: 실존적 의무와 인권의 자각

인간존엄성은 절대적 실재, 또는 전실재全實在와의 관계에서부터 연원하기 때문에 자기 밖의 어떤 존재자, 어떤 다른 인간에게로부터 존엄성을 박탈당할 수 없고, 다만 손상당할 수는 있을 것이다. 아무도 타인으로 하여금 자기존엄성을 탈취당할 수 없지만 자기 스스로 자기존엄에 반하게 행동할 수 있고, 따라서 잠정적이기는 하지만 존엄을 잃을 수도 있다. 예컨대 자기 고유한 존재의 존엄성을 스스로 존중하지 않거나 양심의 내적 소리를 따르지 않고 그에 반해서 행동을 하는 한, 인간은 스스로 자기 자신의 존엄성을 잃는다. 그리하여 그는 분열되고 자기 자신 그리고 절대적 실재로부터 소외된다. 이 사실은 실존적 의무라는 차원을 지시한다. 절대적 실재에 대한 의무감 내지 경외감 없이, 즉 존재 일반에 대한 인간적 도리나 예의, 자기 자신에 대한 진실성 그리고 다른 존재와 관계 속에서의 정의감과 공정심을 무시하고 인간은 자기 고유한 존엄성을 의식하기란 어려울 뿐 아니라, 유지할 수도, 성취할 수도 없다. 인간이 자기 자신을 절대적 실재와 관계를 맺는다는 것은 결국 절대적 실재가 스스로를 계시하는 다른 존재자들에 대한 관계까지도 경외의 마음으로 개방하는 것을 뜻한다. 바로 이것이 인간의 실존적 의무이다. 앞에서 우리는 관계적 실존이 인간성의 기반이라고 보았거니와, 그런 맥락에서 '관계없음'이야말로 곧 죄와 비도덕성의 본질이다.[614] 이 실존적 의무는 인권과 관련하여 나의 인권을 보장받기 위해 타인의 그것도 인정해야 할 규범적 의무를 포함하지만 엄밀히 말하자면 그것만이 아니다. '실존적 의무'는 절대적 실재와의 관계 안에서 발생하고 근거 지어진다면, '규범적 의무'는 정의 관념에서 근거 지어진다.

3.1. 절대적 실재와 실존적 의무

'실존적 의무'라는 개념을 종교문화사적 사례를 가지고 이해해 보자. 모든 원시사회의 의례는 자연이 인간에게 풍요를 제공한 것에 대한 감사의 표시로서 시작하였고, 그 다음에는 그러한 복의 지속을 기원하는 것으로, 더 나아가 인간 공동체의 죄를 고백하고 속죄하는 유형으로 발전한다.

나는 다른 인간이든 자연의 다른 개체이든 나의 생명을 유지하기 위해

614 Dewart, 위의 책, 266쪽.

많은 도움과 먹을거리를 얻고 있는데, 나의 지나친 소유욕으로 인해 다른 동료 인간이나 다른 자연 안의 개체가 죽어 간다는 사실은 생명의 유기적 관계에서 나로 하여금 어떤 단절, 비도덕성, 즉 죄를 체험하게 한다. 여기서 '실존의 의무'가 성립한다.

실존적 의무란 절대적 실재와의 관계, 즉 인간의 종교적 실존 안에서 발생하는 종교적 계명과 다름 아니다. 신앙하는 이들이 종교적 목적을 도달하도록 하기 위해 계명과 가르침들이 순명의 성격을 갖는 것과 같이, 존재자의 세계에 있는 역사 안의 인간에게도, 이미 포함되고 있는 양심, 가치와 진리와 같은 -그것들이 단지 상대적 의미에서 주장되어 질 수밖에 없다 하더라도- 절대적 실재, 의식의 사실에 대하여 순명이 요구된다. 이기주의적 자아를 초월하여 점점 더 성장하는, 실재와 진리로 정향되어 있는 실존적 의무는 인간의 구원과 완성을 위한 조건이다.

실존적 의무의 예로 우선 불교와 가톨릭 수도자나 종교 지도자 혹은 성직자들의 수계예절, 수품예절에서의 서원을 들 수 있는데 이는 종교 공동체 안에서 자신의 지위에 상응한 의무와 책임을 자기 자신에게 스스로 자유로이 부과한다. 이것은 그들의 특권 내지 특별한 지위에 대한 선포라기보다는 그들의 자발적 의무 상태를 의미한다. 유대 그리스도교 전통에서 야훼 하느님과 이스라엘 민족 간의 계약의 의무를 들 수 있는데 이집트에서 유목 족속으로 종살이 하던 이들을 선택하여 억압에서 해방시켜 민족으로 키워 준 야훼 하느님께 대한 감사와 자발적인 수계가 이 의미의 사회심리적 배경이다. 야훼 하느님만이 유일한 신으로 인정하고 그의 계명을 지키는 것은 신이 출애굽 사건과 똑같은 은총을 세세대대로 보증하고 유지하고 더 많이 보장할 것이라는 믿음이 있다. 루터의 "그리스도인의 자유"에서 주인 됨의 자유와 종 됨의 자유의 통합을 강조했는데 전자는 신의 은총, 신의 의화를 통해 죄에서 해방되어 새로이 주어진 자유를 말하고 후자는 이 구원에 대한 감사로운 마음에서 신에 대한 자발적 "의무로" 여겨 타인에게 향하는 자유이다. 불교에서 말하는 해탈은 인간이 무명, 대상의 실재화, 분별의식을 제거하여 윤회의 속박을 벗어나 고통과 번뇌에서 해방된 상태로서 고요와 평화롭다. 이런 열반의 상태에 있는 부처는 그 자체로 중생들을 자비로 대하고 정진토록 격려한다. 완전한 열반 상태는 '의무'의 발로로 행하기보다 대자 대비한 상태이겠지만 어느 정도의 깨달음과 수행을 계속해야 하는 일반적 인간은 집착적 본성에 저항하고 견디어야 하며 무명에 빠진 이들을 구해 내야 하는 보시의 의무를 회피할 수 없다. 또한 이러한 의무는 동학 천도교에서도 찾아 볼 수 있다. 천지부모에 대한 감사, 동귀일체적 지기의 조화에 대한 감사에서부터 타인은 물론 모든 사건과 물건에 이르기까지 한울님 대하듯이 할 때 비로소 시천주에 그치지 않고 양천주가 이루어진다고 한다. 예수는 최후의 만찬에서 제자들에게 "내가 너희를 사랑하듯이, 너희도 서로 사랑하여라"는 계명을 주었는데, 이는 사랑을 받은 이가 이제 그 사랑으로 타인을 향해 행해야 할 자각으로서의 실존적 의무라고 할 수 있다.

이 실존적 의무는 타인에게 인정해야 할, 상호적 인정의 필요 때문에 오는 법률 당사자로서의 규범적 의무와는 구별된다. 실존적 의무는 신적인 은총에 대한 감사로움에서 절대적 실재와 의식의 실재와의 관계 안에서, 즉 종교적 실존에서 발생하고 근거 지어진 반면, 법적 의무는 자기 권리뿐만 아니라 타인의 권리도 고려해야 하는 정의 요청에서 근거 지어진다. 절대적 실재와의 관계에서 우리는 하나의 원리, 그것이 윤리적 원리이든, 종교적 원리이든 세울 수 있다. 누구든지 의무, 경외심에 자신을 개방하면 절대자의 힘과 은총을 받는다. 이 테제These의 반대도 성립한다. 절대자의 은총을 자각하면 인간은 무한한 경외심과 의무감으로 나아간다. "인간의 자아는 단지 자기 안으로 들어오는 것을 통해, 즉 자기 자신보다 더 큰 존재와, 마음에서 솟아나는 상호관계에 들어오는 것을 통해 더 확장된다."615

3.2. 실존적 의무의 내용

실존적 의무를 특정한 영역에서 구체화하고 이를 인권의 요청 근거로 삼기 위해서는 인간의 실존적 문제를 해결하는 세 가지의 길을 검토하면서 그 길에서 신의와 성실을 필요로 하는 실천과 수행을 관찰해야 한다.

첫째로, 주객의 분리와 자아와 절대적 실재 그리고 생물체와 비생물체와의 존재적 차이를 인정하지 않는 신비주의적 길에서의 수행의 방식은 만법무아(불교), 동귀일체와 무위이화(동학 천도교)와 같은 사상으로 구체화 된다. 이 사상이 환경위기 시대에 가르치는 실존적 인간의 의무들은 자연, 환경을 더 이상 인간의 연구와 조작, 착취의 대상이자 수단으로 생각하지 말고 인간과 상호작용하는 우주적 생명 공동체의 부분 주체로서 내적 가치와 존재의 고유한 이유를 존중해야 한다는 당위성에서 나타난다. 인간과 자연의 일치와 조화를 이루려는 사고로의 전환이 절실하다. 인간과 자연의 관계를 에너지, 먹이, 작용의 상호 주체적 관점에서 보아야 한다. 이 관점은 인간의 자기 주체성만을 강조하여 우선적으로 자연을, 그러고 나서 타 인간을 지배하고 정복하는 제국주의적 문화와는 반대적 입장에 서 있다. 주객 대립에서 모든 것이 일체조화로 보아야 하는 패러다임의 전환이 중요하다. 인간중심적 종 우월주의와 자아중심적 가치관을 버리고 우주적 생명공동체의 맥락에서 삶의 의미와 가치를 찾아야 하며, 인간 사회 안에서는 지배 없는 정치문화를 만들어야 한다. 인간뿐만 아니

615 W. Solowjw, "Die Rechtfertigung des Guten", in: *Deutsche Gesamtausgabe, Bd. 5*, Freiburg 1976, 35쪽.

라, 동물, 식물, 미생물의 존재에 대한 경외심을 가져야 하고 인간 사이의 갈등과 긴장을 폭력 없는 문명적 방법으로 해소할 수 있는 제도와 규정을 마련해야 한다. 공동선과 미래세대에 대한 배려로 자원의 무한한 착취와 생물과 무기물 권역의 무책임한 파괴를 중단해야 한다. 이와 같은 의무들은 개인의 회심만으로는 부족하고 국가적, 국제적인 법령과 제도를 통해 가능할 것이다. 경제와 학문 영역에서 자유화 세계화의 물결이 거세지는 것을 감안하여 기술, 생태적 합리성과 학문의 윤리적 제어와 감독이 세계적 차원에서 절실하다.

둘째로, 절대적 실재에 상응하고 그를 통해서 자신을 완성시켜 가는 선험적 길을 통해서도 실존적 의무를 추론해 낼 수 있다. 여기서는 양심의 자유가 우선 전제되어 있다. 양심에 따라 진실하게 말하고, 투명하게(신실하게) 행동하고, 충실하게 일하는 것이 중요하다. 양심은 절대적 관념의 요구에 항상 개방적이어야 하고, 다른 이와 다른 것과 관련하여 항상 더 좋고 더 큰 길을 따를 수 있도록 해야 한다. 자기 자아의 관심과 이익을 위해 양심을 억압하면 결국 자신의 실존적 문제를 해결하는 데 방해가 된다는 것을 자각해야 한다. 거짓말을 통해 눈앞의 이익을 얻을지 모르나 거짓말의 이면에 있는 실존적 두려움은 진실을 통해 극복될 기회를 놓치고 두려움의 사슬에 깊이 빠지고 만다. 신실하게 행동하는 것은 타인의 물질적 · 정신적 자산, 정보, 아이디어를 훔치지 않을 뿐만 아니라 자신에게 주어진 시간, 재능과 힘을 허비하고 낭비함으로써 자신의 가능적 재원을 또한 훔치지 말아야 하는 것을 뜻한다. 충실하게 일하는 것은 자신의 힘과 타인의 도움을 받으면서 타인을 착취하지 않고 창조적으로 일하는 것을 말한다. 보고 말하고 행동하는 데에서 신실성과 투명성이 있지 않는다면 인간이 존재의 세계에서 절대적 실재의 자기계시를 인식할 수도 그것과 일치될 수도 없다는 것은 분명하다.

셋째, 우리는 신앙의 길에서도 존재의 세계와 절대적 실재 사이의 긴장으로부터 구체적인 실존적 의무를 도출할 수 있다. 이 신앙의 길에서 도출되는 출발점은, '인간은 자신의 절대적 허무와 무상 속에서 살아가지만 절대적 실재의 자기전달의 빛 속에서 자기 존재의 의미와 가치를 발견하고 건설해야 한다.'는 것이다. 절대 신비, 즉 지성과 의지 작용으로 점증적으로 고양되는 방향에서 점차로 파악되는 궁극의 현존 앞에서 존재의 의미와 인간의 문화는 근본적으로 무無이고 무의미無意味에 가깝다. 그럼에도 불구하고 이 신앙의 길 위에 있는 인간 의식은 존재와 삶의 의미와 가치를 찾고, 거기에 맞갖게 자신을 계발해 갈 것을 요구한다. 인간은 이런 시도를 다만 잠정적일 수밖에 없고 간혹 시행착오적일 수밖에 없는 그런 인식으로 행할 수 있다는 이유 때문에 이 신앙의 길에서 강하게 요구되는 것은 개별적인 인간은 사상, 양심, 국적, 문화 그리고 종교의 차이를 넘어서 타인에게 개방적이고 상호 소통적이며 관대하게 연대할 준비가 되어 있어야 한다. 이런 점에서 늘 정의롭게 사태를 대면해야 한다는 점이 중요하다. 우리가 앞에서 보았듯이 신앙의 길에서는, 인간이 자기 자신의 경험을, 그것이 사적이든 집단적이든지 마음에 간직하고, 그러면서도 존재의 참 의미를 찾고 전적으로 실현하기 위해서 절대적 실재와 관계 안에서 희망을 갖고 자신을 개방해야 하는 것이 핵심사항이다. 다른 두 가지 길, 신비주의와 선험의 길에서 우리가 보았듯이 인간은 절대자의 요구 안에서 완성의 상태, 절대 실재와의 순수 합일, 그리고 절대적으로 명령하는 의무를 향해 가는 도상에 있는 존재이다. 그러므로 도상에서 연대하여 서로 돕고 인류의 목적에 도달하기 위해서, 각 민족은 다른 민족을, 각 인종은 다른 인종을, 각 종교는 다른 종교를 존중하고, 포용해야 한다.

이를 위해서는 폭력과 지배의 문화를 청산하고 가능한 한 서로 간의 합의를 도출하려는 문화를 만들어야 한다. "더 많은 합의가 있을수록 더 적은 폭력을 만난다."[616] 정의와 인간의 자기실현을 고려하여 소수자를 보호하고 도와야 한다. 연대, 정의, 관용의 의무 그리고 남녀, 노소, 다수자와 소수자의 정당한 파트너십의 의무는 단지 부담해야 할 과제로서만이 아니라 동시에 이를 통해 자신이 실현될 수 있는 초대이자 은총이다.

실존적 의무에 따른 행동 안에서 인간은 자기의 존엄성을 점점 더 깊이 의식한다. 인간은 자신을 점진적으로 여는 실재와의 일치를 향해, 절대자의 명령에 맞갖은 의무의 수행을 향해 그리고 연대하며 진리를 찾아가는 신앙을 향해 나아감을 통해서 도상에서 자신을 실현한다.

4. 실존적 의무를 실행하는 능력으로서의 인권

인간이 실존적 의무와 이로부터 파생되는, 완성으로부터 오는 전취前取를 의식하면-동시에 양심의 깊은 곳에서 절대자로부터 소명을 받는데-그는 그의 존엄성에 근원을 두는 실존적 과제에 투신하는 데에 이미 준비되어 있음을 의미하고, 또한 실행할 능력을 갖추고 있다. 이 실존적 과제는 인간존엄성으로부터 발생하는 것이지 그 반대는 아니다. 이 준비성으로부터 자기 자신에 대한 요구뿐만 아니라 타인과 사회의 지배적 기관, 특히 국가와 국제기구들에 대한 요구가 발생한다. 자기 자신에 대한 요구에서는 앞에서 '실존적 의무'라는 개념을 가지고 보았듯이 자기의 이기적 자

616 Vitorio, Hoesle, *Philosophie der oekologischen Krise*, Muenchen, 1994, 59쪽.

아를 넘어 개방하고, 실재에 직면하여 진실하고, 가치와 존재 추구의 긴장 안에서의 의무를 양심에 따라 이행해야 하는, 각 개인들에게 요청되는 구체적 의무들이 문제가 된다. 이 요청들은 특별히 윤리와 종교의 영역에 속한다. 그러나 실존적 의무를 실행하기 위해서는 한 인간이 속한 공동체, 즉 국가와 사회에 요청되는 것도 존재한다. 사회와 국가에 대한 요구에서는 국가가 어떻게 각 국민들에게 자신의 타고난 권리, 즉 소위 기본권과 인권 등을 보장해야 할지, 국가가 이 권리들을 위해서 자신의 행동 가능성을 얼마나 제한해야 할지가 중요하다. 국가에 대한 요구들은 국제법과 여러 형태로 헌법에 편입된 기본법에서 수용되어 있고, 각 개인 상호간의 인권적 요구들은 각각의 국가의 기본법과 형법에서 인간의 의무 형태로 다루어진다. 이 질서로부터 인간은 한편으로 '인권'이라는 이름으로 자신의 존엄을 선언하고 요구할 수 있다. 그러나 다른 한편 실존적 의무의 성실한 실행 없이 그저 인권에 대한 요구만을 통해서는 그의 존엄과 실존적 완성을 발전시킬 수 없다는 것이 도출된다. 요컨대 인간의 존엄성은 실존적 의무에 놓여 있기 때문에 인간에게 인권은 이 의무를 위한 최소한의 전제 조건으로 이해할 수 있다. 인권은 따라서 인간존엄성을 위한 필요조건이며 충분조건은 아니다.

4.1. 인권을 근거 짓는 작업의 필요성

한 인간이 법률관계의 주체로서 실제 삶에 있어서는 인권을 국적에 따라 서로 다르게 주장하고 실현할 수밖에 없다. 많은 국가 중에는 인권이 아직 국가법 체계로서 어떤 법적 구속력을 갖지 않거나 아주 낮은 정도로만 보장되기도 하고, 법은 정비되어 있다고 하더라도 전통과 문화가 뒷받침되지 않은 현실도 있기 때문이다. 그럼에도 불구하고 인권은 그것의 자연법적 성격에 따라 자신의 유효성이 국가의 법체계나 헌법에 상응한 법전화를 반드시 필요로 하는 것은 아니다. 왜냐하면 인권은 인간의 존엄성에서 파생하며, 이 존엄성은 인간존재의 본성과 밀접하게 관계되어 있기 때문에 하나의 법체계 안에서 그 기능이 문장으로 고정되어 있거나 그렇지 않거나와 상관이 없기 때문이다.

이제까지 인권과 기본권은 그 근거에 있어 문제 없이 보였고, 인간의 존엄성 혹은 인간 본성에서 비롯되었다는 신념만 가지고 충분히 기능할 수 있었고, 더 깊이 놓여 있을 인권의 근거를 묻지 않았다. 그러나 오늘날 세속화 되고 복잡한 다원주의적 사회에서는 전통사회에서 당연한 진리로서 오랜 시간 동안 문제시 삼지 않았던 것들, 즉 인권과 인간존엄성의 발견과 서술을 이끌어 낼 근거가 의문시되고 있다. 이 의문의 근거는 다음과 같다.

첫째, 복잡다단하고 합리적이며 행정본위적 사회에서는 각 개인을 더 이상 그 자체로 목적으로 대하지 않고, 사회 기능뿐만 아니라 경제 정치적 전략의 대상으로 다루어지는 것이 결코 낯설지 않다. 더군다나 신자유주의적 자유시장 체제에서는 인간을 목적으로 대하는 정책이나 문화가 점점 설자리를 잃고 있다.

둘째, 다원주의적 사회에서 인간의 존엄과 본성은 일의적으로가 아니라 다중적으로 이해되고 자주 그것에 대해 격렬한 논쟁이 일어난다. 한 사회 안에서 타문화에서 온 이주민들이 살게 되어 이슬람과 그리스도교, 힌두교와 그리스도교 등의 신념과 전통의 차이에 의해 다툼과 충돌이 증대되고 있다.

셋째, 민주주의화된 사회에서 인권은 상이한 세계관에 따라 상이하게 해석될 수 있고, 그러한 해석이 허용된다. 인권이 처음부터 보편타당한 것으로 간주되었지만 그것의 오늘날의 형태는 여러 맥락의 역사적 발전과 세부적 발전에서 탄생되었음을 간과해서는 안 된다.

넷째, 셋째 이유에서 상이한 해석과 강조를 무시해서는 안 되는데, 예컨대 서구의 자유주의적 인권의 전통, 맑스에 기원을 둔 사회주의적 인권이념, 이슬람세계의 신정주의적 문화, 동아시아의 공동체 중심의 유교 문화와 탈식민지화를 목표로 하는 아프리카의 인권 운동이 바로 그것이다.

다섯째, 단체와 기관뿐만 아니라 개인도 스스로 인권에 상응하여 자신의 사회적 · 실존적 의무에 노력하지 않는 채, 인권의 도그마를 오용하거나 과장하여 인권을 이용할 수 있다.

여섯째, 종교적 권위로부터 독립된 세속화된 사회에서 정치적 행위와 헌법의 원리에 대한 유효성과 정당성이 더 이상 자동적으로 인정되는 것이 아니고 담론윤리적 합의에 의해 검증을 받아야 한다.

이러한 이유로 인권은 법철학적 담론 장에서뿐만 아니라 규범적인 법체계에서도 가능한 한 심도 있게 그 근거 짓는 작업을 필요로 한다.

4.2. 인간의 존엄성 안에 인권을 근거 지음

위에서 우리는 현대세계에서 인권이 근거 지어져야 한다는 것을 이해하게 되었다. 인권은 전실재全實在, 즉 인간의 전 자연성질, 자기 자신의 것뿐만 아니라 인간의 절대자(신神) 및 환경세계와의 관계에서 철학적으로 근거 지어져야 한다. 이 실재는 종교와 문화 간의 민주적이고 정의로운 의사소통을 통해 발견되어져야 하고 가능한 한 보편타당하게 기술되어야 한다.

인간은 그의 존엄성과 인격성을 거기에 상응하는 실존적 의무의 수행을 통해 계발하기 위해서 인권을 필수적인 사회적 · 규범적 조건으로 요구한다. 그러므로 인간존엄성이 인권보다 더 높은 가치이며 더 광범위한 내용을 가지고 있다. 또한 인권은 인간존엄성에 근거를 두고 있음이 명백하다. 앞에서 보았듯이 인간은 본성적으로 길을 열면서 길을 걸어가는 형식으로 실재와의 관계를 맺고 상호소통하면서 자기의 존엄성과 그 관계로부터 기인하는 실존적 의무를 인지한다. 그는 이 관계맺음과 거기에 맞갖은 행동을 통해서 자신을 완성해야 하며 또한 완성하고자 한다. 의무가 있는 곳에는 그것을 실행할 능력이 뒷받침되어야 한다. 인간은 자신이 자각하는 의무에 실제적으로 다가갈 수 있는 능력이 있는 한도 내에서 의무 지워져 있다. 다시 말하자면 그는 자기의 의식에서 실재로부터 오는 부름이 의무 지워진 사실로 인식한다면 그는 본성적으로 자기 생명의 조건에서, 즉 그의 생명의 불가침해성과 생각과 말과 행위의 자유 안에서 절대적인 실재에 맞갖은 의무와 과제를 이행할 능력이 있음이 분명하다.

독일 기본법의 첫 부분에 인간존엄성에 관한 조항(기본법 1장 1절)이 인권을 위한 토대요 보장으로 설치되어 있다. 기본법은 이 인간존엄성에 관한 조항이 변경 불가능하게 확정 기술되어 있고 국가의 민주의의 원칙보다 더 우선하는 것으로 본래 자연법적 근본원리이면서도 제정된 것으로 인정한다. "인간존엄성을 존중하고 보호해야 하는 것은 모든 국가 권력의 의무이다." 이 기본법 정신에 볼 때 인권은 인간의 불가침적 존엄성에 근거 지워진다. 대한민국 헌법 10조에서도 "모든 인간은 인간으로서의 존엄과 가치를 가지며, 행복을 추구할 권리를 갖는다."라고 선언하고 그 다음 문장에서 "국가는 개개인이 가지는 불가침의 기본적 인권을 확인하고 이를 보장할 의무를 지닌다."고 규정함으로써 인권이 인간존엄성에 근거하고 있음을 시사한다.

생물심리학적, 정신문화적 사실들로부터 우리는 인권을 위한 배아들, 즉 한편으로 자연적인 경향성에서 도출되는 생존전략Ueberlebensstrategie과 다른 한편 자유와 함께 주어진 의도성Intentionalitaet을 발견할 수 있다. 인간의 관계적 실존, 소통적 실존은 따라서 한사람이 한 종교에 어떤 형태로 소속되어 있는가에 있지 않고, 그가 생명본능, 자기를 초월하는 의식,

절대지평에 의해 불림을 받은 도덕성 그리고 생명의 놀라운 선물 안에 내재하고 있는, 전실재全實在와 관계를 맺는 데에 있다. 인권은 바로 이 실존적 부름의 실행을 위한 가능성의 조건으로 자연법적으로 주어졌다고 말해야 옳을 것이다.

또한 이 점이 강조되어야 한다. 즉 인권은 법이 일반적으로 그러하듯이 사회적 삶의 안정화와 국가 기관에 대하여 한 인간의 자유를 위해 봉사할 뿐만 아니라 건강, 교육, 사회보장 그리고 인간존엄성이 유지되는 환경과 관련하여 삶의 조건을 개선하고 사회의 변화에도 봉사할 수 있고, 봉사해야 한다. 왜냐하면 삶의 질을 위한 고양시키기 위해 투신하려는 의지성과 정향성이 인간 실존의 중요한 특질이기 때문이다. 여기서 미래 세대와 연결되는 정의와 관련하여 인권의 세부적 내용들이 변경 가능할 것이라는 점이 도출된다.

이제까지 인간존엄성과 인권에 관해 논의한 것들을 종합하고 결론을 내려야 하는 시점에 와 있다. 인권의 보편성을 철학적으로 정당화하려면, 인권은 실재實在Realitaet, 즉 인간에게 인식되는 전사실alle Wirklichkeiten과의 관계를 고려하지 않을 수 없다. 이 실재는 종교와 문화 간의 민주적이고 정의로운 의사소통을 통해 발견되어져야 하고 가능한 한 보편타당하게 기술되어야 한다. 인간은 그의 존엄성과 인격성을 거기에 상응하는 실존적 의무의 수행을 통해 계발하기 위해서 인권을 필수적인 사회적, 규범적 조건으로 요구하는 것이다.

우리는 인간의 존엄성을 다시 관계적 실존, 다른 말로 표현하자면 자기초월적 실존에 근거 지었으며 이것은 종교 문화 간의 대화에서 최소한의 공통분모로 얻어진 것이다. 인간의 자기초월적 실존은 인간이 모든 존재자에 내재된 '사실'Wirklichkeit의 앎에서 그리고 실재 안에서 자기 자신의 극단적인 한계를 의식하고 동시에 '사실 자체'와 하나가 되는 것을 삶의 목적으로 삼아 이 '사실'에서 선사된 힘으로 최선을 다하는 데에 있다. 사실 자체와 하나가 된다는 것은 사실이 보여 주는 내용, 즉 인간 입장에서는 사실이 자신에게 던진 삶의 의미와 가치에 한치의 어긋남이 없이 산다는 것을 말한다.

인간의 관계적 실존이란 인간이 자기 존재의 우연성과 무상성 안에서 자각하는 무의미하고 허무한 실존에서 출발하여 해결불가능하게 보이는 이 실존의 문제를 궁극적 실재와의 관계 설정 및 관계회복을 통해 해결해 가는 실존을 말한다. 실재 자체와의 합일을 위해서 제시한 여러 종교들의 방식은 세 가지의 길, 즉 실비주의, 선험 그리고 신앙의 길로 제시할 수 있고, 이들은 내적으로 서로 연결되어 있고 상호작용한다. 세 가지 방식의 길을 통해 실재와 일치해 나가는 과정에서 각 개인은 한편으로 실재로부터 고유한 초대 내지 부르심을 받고, 다른 한편으로 자신의 편에서의 응답으로서 실존적 의무감을 체험한다. 초대와 의무감이라는 개념은 칸트가 말한 자유와 도덕법칙의 관계 쌍과 유사하다고 할 수 있다. 자유는 도덕의 존재 근거이고 도덕은 자유의 인식 근거이다. 마찬가지로 인간존엄성으로서의 초대는 실존 의무의 존재 근거이고, 실존 의무는 인간존엄성의 인식 근거라 할 수 있다. 즉 인간이 존엄한 이유는 바로 실재 자체로부터 초대와 분유를 받고 있음을 깨닫고 동시에 이것은 피할 수 없는 실존적 의무로 응답하고자 하는 갈망 때문이다. 따라서 인간존엄성의 근거는 인간의 관계적 실존, 즉 실재와의 관계에서 부르심과 의무를 자각하고 이를 실현하려는 실존에 있다. 인권은 다름 아닌 이 실존적 의무를 실행하기 위한 최소한의 전제조건이다. 따라서 인권은 인간의 존엄성 실현의 필요조건이고 충분조건은 아니다. 실존적 의무를 실행하는 인간이라야 자신의 존엄성을 실현하고 자신을 실현시켜 가고 있다고 말할 수 있다. 현실 종교에 귀의하지 않고나 종교를 부정하는 인간이라도 관계적 실존을 부인할 수 없다. 그는 자기 존재의 무의성과 허무함을 깨닫고 현실 종교의 신자들과는 달리 이를 극복하기보다는 그 무의미성을 견디어 내고 받아들여야 한다고 주장할 수도 있다. 그러나 그에게도 그렇게 주장할 만한 어떤 가치지향이 있기 때문에 현실 종교의 방식을 부정하고 그렇게 주장하는 것이다. 그 가치지향은 역시 결국 존재의 무의미성을 극복하려는 노력에 다름 아니다. 우리는 이와 같이 종교에 귀의해 있든, 현실 종교의 생활양식을 부정하든 가치 지향적 삶의 태도 안에서 관계적 실존을 발견한다. 따라서 우리는 인간존엄성의 근거를 결국 이 궁극 가치로 지향하고, 이를 기반으로 자기 삶을 영위하며 자기존재의 한계를 극복하려는 관계적 실존, 소통적 실존에서 찾을 수 있다.

인간은 본성적으로 시작하여 계속되는 실재Realitaet에 대한 관계 때문에 존엄성과 여기서 도출된 실존적 의무를 진지하게 인지한다. 그는 이 관계 맺음과 거기에 상응한 행동을 통해서 자기 자신을 완성시켜야 하고 완성시키고 싶어 한다. 이것을 위한 필수적인 조건들이 따라서 그에게 주어진다. 의무가 있는 곳에 그것을 수행할 능력도 있어야 한다. 인간은 그가 의무를 실제적으로 이행할 능력이 있는 그 만큼 의무 지어진다. 이는 인간이 자기의식 속에서 사실에 의한 부름을 의무 지어진 사건으로 인식한다면 그는 자기 생명의 조건, 즉 자기 생명의 불가침해성 안에서와 사유, 의사소통 그리고 행동의 자유 안에서 절대적 사실에 대해 의무와 과제를 이행하도록 능력이 갖추어져 있음을 뜻이다. 인간존엄성에서 비롯된 의무 완수를 위한 필연적 조건들을 사회와 통치자들에게 주어진 의무로 주장할 때 우리는 그것을 인권이라고 부르는 것이다. 인간의 실존에 정초되어 있는 인간존엄성에 인권 이념이 근거하는 한, 인권의 보편성은 논증된다.

참고문헌

잡지 및 사전류:

글로벌세계대백과사전, 2010.

철학사전, 중원문화 2009.

Europäische Enzyklopädie zu Philosophie und Wissenschaften, hrg. v. H.J Sandkühler, Hamburg 1990.

Historisches Wörterbuch der Philosophie, hrg. v. J. Ritter, G. Gabriel m.a., 1971ff.

Lexikon der Religionen, Freiburg: Herder 21995.

Lexikon des Mittelalters, München und Zürich 1980-1998.

Lexikon für Theologie und Kirche, 2. Aufl. hrg. v. J.Höfer u. K.Rahner, Freiburg 1957-1967.

Lutherische Theologie und Kirche, hrg. v. der Fakultät der LuThH, Oberursel.

Schriften zur Theologie, v. Karl Rahner, Einsiedeln 1954-1984.

Theologie und Philosophie, hrg. v. den Prof. der Phil. - Theol. Hochschule St. Georgen in Frankfurt und der Hochschule für Philosophie SJ in München, Frankfurt a. M. 1926ff.

Theologische Realenzyklopädie, hrg. v. G.Krause u.a., Berlin/New York 1976ff.

Zeitschrift für die katholische Theologie, Innsbruck 1887ff.

한국어 참고서:

고명섭, 『불교와 생명』, 불교춘추사, 2008.

금강수우 편, 『대승불교 총설』(안중철 역), 불교 시대사, 1992.

김지하, 『동학이야기』, 솔출판사, 1996.

나카무라 하지메 中村 元 저, 『용수의 삶과 사상』(이재호 역), 불교시대사, 1993.

노사광, 『중국철학사』 송명편 (정인재 역), 민족문화사, 1988.

동국대학교 역경원, 『장아함경』, 동국대학교역경원, 1985-2003.
동학혁명100주년기념사업회, 『동학혁명100주년기념논총』, 1994.
루터 마틴, 『그리스도인의 자유』(한인수 역), 경건 1996.
류경덕(편집), 『동학천도교』, 서울 1987(2판).
삼기충진三枝充眞 편, 『인간론 심리학』(김진무 역), 불교시대사, 1996.
손규태, 『마르틴 루터의 신학 사상과 윤리』, 대한기독교서회, 2004.
신일철, 『동학사상의 이해』, 사회비평사, 1995.
아리스토텔레스, 『니코마코스 윤리학』(강상진 외 2인 역), 길, 2011.
_____, 『정치학』(천병희 역), 숲, 2009.
이기백, 『한국사신론』, 일조각, 1992.
이돈화, 『수운심법 강의』, 화봉문고, 1969.
_____, 『인내천요의』, 천도교 중앙본부, 1968.
_____, 『천도교 창건사』, 경인문화사, 1970.
이연숙 편역, 『精選아함경』, 시공사, 1999.
이영자, 『법화천태사상연구』, 동국대학교 출판부 2001.
이희익, 『무문관』, 상아, 2000.
일아 역편, 『빠알리 경전』, 민족사, 2008.
장익, 『불교 유식학 강의』, 정유서적, 2012.
정성본, 『선의 역사와 사상』, 불교시대사 1992.
정의채, 『존재의 근거문제』, 열린, 2000.
중촌원 외, 『화엄사상론』(선원욱 역), 운주사, 1990.
최동희, 『동학의 사상과 운동』, 성균관대학교출판부, 1980.
최제우, 『동경대전』(윤석산 주해), 동학사, 1996.
_____, 『천도교 경전』, 천도교 중앙총부, 1984.
최준식, 『한국의 종교, 문화로 읽는다 - 1. 무교 유교 불교』.
토마스 아퀴나스, 『신학대전』(정의채 역), 바오로딸, 2000f.
한국사목연구소, 『인간관의 토착화』, 한국천주교중앙협의회, 1995.
한국사상연구회, 『한국사상』, 23권(1996), 24권(1998).
한국천주교200주년 기념사업회, 『한국 103위 성인의 삶』, 1984.
한국천주교중앙협의회, 『신학의 토착화』, 1995.
한영우, 『우리 역사』, 서울 1980.
후라오봘르너. E, 『원시불교』(이태섭 역주), 고려원. 1991.

한국어 논문:

김경재, 「동학의 신관」, 『동학혁명100주년 기념논총』, 1994.

김용해, 「그리스도교 사상 안에서의 인간존엄성의 근거 - 토마스 아퀴나스와 마르틴 루터를 중심으로-」: 『철학연구』 96집, 2005.

_____, 「인간존엄성과 인권을 근거 짓는 작업에서의 문제들」, 수록: 『사회와 철학』 6호, 사회와 철학 연구회, 2003.

_____, 「동아시아에서의 인권의 보편성 논쟁과 인간존엄성」, 수록: 『신학전망』 145호, 광주가톨릭대학교 출판부, 2004.

_____, 「동학 천도교의 인간존엄성의 근거」, 수록: 『동학학회』 20호, 2010.

김재성, 「불교철학의 생명사상」, 『생명연구』 제22집, 생명문화연구소, 2011.

메타난도(Mettanando), 「부처님은 성차별주의자였나?」, 『방콕 포스트 Bangkok Post』, 2006년 5월 9일자, 번역 이병도.

문을식, <밀린다 왕과 나가세나 비구와의 대론> - <밀린다팡하>에서 윤회설을 둘러싼 무아설과 그리스 영혼관을 중심으로 -, 불교평론 11호, 2002.

서병창, 「토마스 아퀴나스 관계개념 연구」, 『철학』 70호, 2002.

심영희, 「서구적 인권체제에 대한 동아시아의 도전」, 『계간 사상』, 1996, 겨울호.

오문환, 「의암 손병희의 성심관: 무체법경을 중심으로」(동학학회 2006년 4월 학술발표회).

요한 갈퉁, 「인권: 보편적인가 서구적인가」, 수록: 한국사회학편, 『세계화 시대의 인권과 사회운동』, 나남 1998.

이동희, 「동아시아적 컨텍스트와 인권 그리고 보편윤리」, 수록: 사회와 철학 연구회편, 『동아시아 사상과 민주주의』, 2003년.

이승환, 「'아시아적 가치'의 담론학적 분석」, 수록: 『열린지성』 제4호, 1998.

_____, 「누가 감히 전통을 욕되게 하는가」, 수록: 『전통과 현대』 창간호, 1997 여름호.

이용주, 「인권 개념의 보편성과 아시아적 가치」, 수록: 『계간사상』, 1996, 겨울호.

이제민, 「신관의 토착화」, 수록: 『사목』 1992 1월.

임홍빈, 「인권 개념의 철학적 정당화와 문화다원주의」, 수록: 『철학연구』 제54집, 2001년 가을.

장은주, 「문화적 차이와 인권 - 동아시아의 맥락에서 -」, 수록: 『철학연구』, 49집 2000 여름.

정광조(외), 「천도교 청년당 소사」, 수록: 한국학문헌연구소(편), 『동학사상자료집』, 서울 1979.

최종석, 「생태불교의 필요성과 가능성」, 수록: 불교학보 제42집, 2005.

표영삼, 「해월신사의 생애」, 수록: 한국사상연구회, 『한국사상』 24권, 1998.

함재봉, 「아시아적 가치와 민주주의: 유교 민주주의는 가능한가?'」, 수록: 『철학연구』 제44집, 1999년.

외국어 서적:

Bernhard von Clairvaux; *In festo annuntiationis beatae virginis sermo*; Ansprachen auf die kirchlichen Zeiten, Wittlich 1935.

Bonaventura; *Colationes in hexaemeron*, Lat.u.dt. (übers.v. W. Nyssen), München 1964.

Brieskorn, N.; *Menschenrechte*, Stuttgart 1997.

_________ , *Rechtsphilosophie*, Stuttgart 1990.

_________ , u.a. (Hg.); *Suche nach Frieden: Politische Ethik in der Frühen Neuzeit I*, Stuttgart 2000.

Brose, T. u.a.(Hg.); *Umstrittene Menschenwürde*, Berlin 1994.

Brown, R.E. u.a.(Hg.); *The New Jerome Biblical Commentary*, New Jersey 1990.

Castillo, F. u.a. (Hg.); *Herausforderung - Die Dritte Welt und die Christen Europas*, Pustet 1980.

Ch´oe, Che-U; *Das Große Buch des Tonghak - Tonggyung Daechon*, übs. von Dr. Sung-Soo Kim, Frankfurt 1997.

Cicero; *De officiis. I*, lat./det., übers. Von H.Gunermann, Stuttgart ^{2}1984.

_____ ; *De re publica. Vom Gemeinwesen*. Lat./dt. Übers. v. K. Büchner, Stuttgart 1979.

_____ ; *De finibus bonorum et malorum*, Lat./dt. Übers. v. H. Merklin, Stuttgart 1989.

Copleston; *A History of Philosophy*, London 1950.

Delgado, M.; *Gott in Lateinamerika*, Düsseldorf 1991.

Dewart, L.; *Die Grundlagen des Glaubens*, übs. von Karlhermann Bergner, Zürich 1971.

Ebeling, G.; *Luther - Einführung in sein Denken*, Tübingen 1964.

Ehlen, P. (Hg.), *Der Mensch und seine Frage nach dem Absoluten*, München 1994.

Eliade, M.; *Cosmos and History*, NY 1955.

Epiktet; *Ausgewählte Schriften*, R. Nickel (Hg. u. Übers.), Darmstadt 1994.

Faung, Yu-lan; *History of Chinese Philosophy*, Bd. I , Taipeh 1948.

Ficino, M.; Theologia Platonica, Lat./ital. v. M. Schiavone, Bologna 1965.

Gilson, E.; *Introduction de Saint Augustin*, Paris 1929.

Giovanni Pico della Mirandola; *Oratio [De hominis dignitate]* (1486), übers. von N. Baumgarten, hg. u. eing. v. A. Buck, Hamburg 1990.

Gregor von Nyssa; De hominis opificio, Migne, PG, t. 44, Paris 1863.

Habermas, J.; *Theorie des kommunikativen Handelns*, Bd.1, 2, Frankfurt a.M. 1981.

Hegel; *Sämtliche Werke. Wissenschaft der Logik*, Bd.4, Stuttgart 1938.

_____ ; *Hegel an Schelling, 16.4.1795*, Br. v.u. an Hegel, hg. v. Johannes Hoffmeister, Bd.1, Hamburg 1952.

Heinzmann, R.; *Philosophie des Mittelalters*, Stuttgart 1992.

Hobbes; *Leviathan oder Wesen, Form und Gewalt des kirchlichen und bürgerlichen Staates*, hg. v. P.C. Mayer-Tasch (1965); ND Stuttgart: Reclam 1987.

Höffner, J.; Christentum und Menschenwürde, Trier 1947.

Honefelder, L.; *Handbuch der christlichen Ethik*, Freiburg i. Br. 1993.

Hösle, V.; *Philosophie der ökologischen Krise*, München 1994.

Jaspers, K.; *Der philosophische Glaube angesichts der Offenbarung*, München 1962.

_____ ; *Der philosophische Glaube*, München 1948.

_____ ; *Von der Wahrheit*, München 1947.

Joest, W.; *Ontologie der Person bei Luther*, Göttingen 1967.

Kant, I.; Kants gesammelte Schriften, Akad. d. Wissens. (Hg.), Göttingen 1902-

_____ ; *Grundlegung zur Metaphysik der Sitten* (1785), hrsg. v. T. Valentiner, Stuttgart 2000.

Kasper W.; *Jesus der Christus,* Mainz ^{2}1975.

Kasten, H.; *Taufe und Rechtfertigung bei Thomas von Aquin und Martin Luther*, München 1970.

Kerber, W. (Hg.); *Menschenrechte und kulturelle Identität*, München 1991.

_____ ; *Der Begriff der Religion*, München 1993.

_____ ; *Die Wahrheit der Religionen*, München 1994.

_____ ; *Religion: Grundlage oder Hindernis des Friedens?,* München 1995.

Kilian, R.; *Die Verheißung Immanuels Jes 7, 14*, Stuttgarter Bibel-Studien Bd. 35, Stuttgart 1968.

Kim, Chongsuh; *Religious pluralism and the concept of religious revalorization*, Dissertationsarbeit, Uni. Santa Barbara 1983.

Klauck, H.J.; *1. Korintherbrief*, Würzburg 1984.

Kleinknecht, H. (Hg.); *Martin Luther, Der Galaterbrief - Vorlesung von 1531*, Göttingen 1980.

Kobusch, T.; *Die Entdeckung der Person*, Freiburg i. Br. 1993.

Korsch, D.; *Martin Luther zur Einführung*, Hamburg 1997.

_____ (m.a.),; *Natur als Kulturprodukt. Kulturökologie und Umweltethik*, Basel 1997.

_____ ; *Einführung in die allgemeine Systemtheorie*, München ^{2}1998.

Krieger, D.J.(ua.); Natur und Kulturprodukt, Meggen, 1997.

Krawietz u.a. (Hg.); *Kritik der Theorie sozialer Systeme. Auseinandersetzungen mit Luhmanns Hauptwerk*, Frankfurt a. M. 1992.

Küng, H. (Mitarb.); *Erklärung zum Weltethos*, München 1993.

_________ ; *Weltethos für Weltpolitik und Weltwirtschaft*, München u.a. 1997.

Lao-tse; *Tao Te King*, Reclam, übers. v. G. Debon, Stuttgart 1983.

Leo der Große; Sermo 27 (in nativitate Domini 7), c. 6. Migne, PL, t. 54, Paris 1865.

Levinas, E.; *Entre nous, Essais sur le penser-à-l'autre*, Paris 1991.

Lipsius, J.; De constantia libri duo, Frankfurt [4]1591.

Luhmann, N.; *Grundrechte als Institution*, Berlin [2]1974.

_____ ; *Die Wissenschaft der Gesellschaft*, Frankfurt a.M. 1990.

_____ ; *Funktion der Religion*, Frankfurt a.M. 1977.

_____ ; *Ökologische Kommunikation*, Opladen 1986.

_____ ; *Soziale Systeme. Grundriß einer allgemeinen Theorie*, Frankfurt a.M. 1984.

_____ ; *Wissenschaft der Gesellschaft*, Frankfurt a.M. 1990.

Luther, M.; *Werke. Kritische Gesamtausgabe. Weimar (WA)*, Böhlau 1928f.

_____ ; *Ausgewählte Schriften*, hr. von Karin Bornkamm u.a., Insel-Luther(=IL) (1982), IV.

Maier, H.; *Wie universal sind die Menschenrechte*, Freiburg u.a. 1997.

Maihofer, W.; *Die Würde des Menschen*, Hannover 1967.

Mall, R.A.; *Philosophie im Vergleich der Kulturen - Interkulturelle Philosophie- eine neue Orientierung*, Darmstadt 1996.

_____ ; *Die drei Geburtsorte der Philosophie - China, Indien, Europa*, Bonn 1989.

Manetti, G.; *de dignitate et excellentia hominis* (1451), ed. Elizabeth R. Leonhard, Padua 1975.

Marcel, G.; *Die Erniedrigung des Menschen*, Frankfurt a.M. 1957.

Marcuse, H.; *Ideen zu einer kritischen Theorie der Gesellschaft*, Frankfurt [2]1969.

Maritain, J.; *La personne et le Bien Commun*, trans. von John J. Fitzgerald, New York 1947.

Marmy, E. (Hg.); La communauté humaine : selon l'esprit chrétien, Fribourg e.S. 1944.

Meyer, H.; Thomas von Aquin, Paderborn [2]1960.

Moltmann, J.; *Menschenwürde, Rechte und Freiheit*, Stuttgart 1979.

Mussner, F.; Der Galaterbrief, Herders Theologischer Kommentar zum Neuen Testament,

Bd. IX, Freiburg i. Br. 1974.

Nell-Breuning, O. u. Schasching, J.; *Texte zur Katholischen Soziallehre*, Bornheim [8]1992.

Nischitani, K.; *Was ist Religion?,* übers. von Dora Fischer-Barnicol, Frankfurt a.M. [2]1996.

Ockham; *Super quattuor libros sententiarum quaestiones*, Lyon 1495.

Odersky, Walter (Hg.); *Die Menschenrechte, Herkunft - Geltung - Gefährdung*, Düsseldorf 1994.

Panikkar, R.; *Religionen und die Religion*, München 1965.

_____ ; *The God of Being and the Being of God: An exploration*, in: Harvard Divinity Bulletin, Frühjahr 1968.

_____ ; *Der neue religiöse Weg*, München 1990.

Pascal, B.; *Pensées*. ed. L. Brunschvicg u.a., 14 Bde., Paris 1904-1914; ND Vaduz 1962.

Platon; *Phaidon, in: Sämtliche Dialoge Bd. II*, Hamburg 1998.

Plotin; *I Enneade*; in Schriften. übers. v. R. Harden, Hamburg 1956-1971.

Pufendorf; *De iure naturae et gentium*, 1672.

Rahner, K.; *Grundkurs des Glaubens*, Freiburg [3]1976.

Ratzinger, J.; *Einführung in das Christentum*, München 1968.

Riesenhuber, K.; *Existenzerfahrung und Religion*, Mainz 1968.

_____ , *Die Transzendenz der Freiheit zum Guten*, München 1971.

Ruperti R.D.D., Drs. I, in: J.-P. Migne (Hg.), *Patrologiae Latinae cursus completus*, t. 167, Paris 1854.

Sartre, J. P.; *Drei Essays*, Frankfurt u.a. 1977.

Schadel, E. / Voigt U. (Hg.), *Sein-Erkennen-Handeln*, Frankfurt/M. 1994.

Schlier, H.; *Der Brief an die Galater*, Göttingen 1962.

Schmaus, M.; *Die psychologische Trinitätslehre des hl. Augustinus,* München 1927.

_____ ; *Die Denkform Augustins in seinem Werk de trinitate*, München 1962.

Schmid, J.; *Das Evangelium nach Matthäus*, Regensburger Neues Testament Bd. 1, Regensburg [4]1958.

Schmidt, J.; *Philosophie des 19. Jahrhunderts*, Stuttgart [2]1989.

Schnackenburg, R.; *Die Sittliche Botschaft des Neuen Testaments*, Bd. 1, München 1986.

Schneider, E.; *Person und Charakter*, Leipzig [2]1943.

Schneider, R.; *Das wandelbare Sein*, Frankfurt a.M. 1938.

Schopenhauer, A.; *Über die vierfache Wurzel des Satzes vom zureichenden Grunde*, in: Ders.,

Kritische Gesamtausgabe, Hg. v. P. Deussen, 14 Bde., München 1911ff.

Schütz, L.; *Thomas-Lexikon*, Paderborn ²1895.

Singer, P.; *Practical Ethics*, Cambridge ²1993.

Solowjew, W.; *Die Rechtfertigung des Guten, in: Deutsche Gesamtausgabe*, Bd.5, hrsg. v. W. Szylkarski, Freiburg 1976.

Spaemann, R.; *Das Natürliche und das Vernünftige*, München 1987.

_____ ; *Glück und Wohlwollen*, Stuttgart 1989.

_____ ; *Personen*, Stuttgart 1996.

Stosiek, A.; *Menschliche Würde und ihr transzendenter Grund*, Koblenz 1993.

Thomas von Aquin; *Summe der Theologie*, Bd. I, II, III, Ef. von Joseph Bernhardt, Leipzig 1935.

_____ ; *Die Seele. Erklärung zu den drei Büchern des Aristoteles „Über die Seele"*. Übertr. u. Einl. v. A. Mager, Wien 1937.

_____ ; *Summa contra gentiles,* übers. m. Anm. v. H. Fahsel, Zürich 1942-1960.

Trigg, J.D.; *Baptism in the Theology of Martin Luther*, Potland 1997.

Truyol, A.(Hg.); *Die Grundsätze des Staats- und Völkerrechts bei Francisco de Vitoria*, Deutsche Übers. von Carl J. Keller-Senn, Zürich 1947.

Vitoria, Francisco de; *Relectio de Indis*, trad. v. L. Peren a u.a., Madrid 1967.

_________ ; *Vorlessungen* (U. Horst/ H.G. Justenhoven/ J. Stüben [eds.]), Stuttgart m.a. 1995.

Waldenfels, H.; *Absolutes Nichts - Zur Grundlegung des Dialogs zwischen Buddhismus und Christentum*, Freiburg 1976.

_____ (Hg.); *Begegnung der Religionen*, Borengässer u.a. 1990.

Werner, S.; *Religion und Recht*, Stuttgart 1957.

Westermann, C.; *Biblischer Kommentar*, *Genesis 1-11*, Bd. 1, Neukirchen-Vlnyn 1974.

Wittgenstein, L.; Eine philosophische Betrachtung, in: R. Rhees (Hg.), *Schriften*, Bd. 5, Frankfurt a.M. 1970.

_____ ; *Philosophische Untersuchungen*, in: Werkausgabe Bd. 1, Tractatus logico-philosophicus (u.a.), Frankfurt a.M. ¹¹1997.

Won-Cha, Ok soong; *Der Einfluss der Tonghak-Bewegung auf die Ausbildung der Minjung-Theologie in Korea* (Diss.), Frankfurt a. M. 1986.

외국어 논문:

Austeda, F.; „Existentialismus“, in: *Lexikon der Philosophie*, Wien [6]1989, 104-105

Balthasar, H.U.; „Gott begegnen in der heutigen Welt“, in: Ders., *Spiritus creator.* Einsiedeln 1967

Berner, U.; „Religion“, in: *Lexikon der Religionen*, Freiburg: Herder [2]1995, 531-532

Bernhart, J.; „Gott die schöpferische Ursache der Dinge“, in: Thomas von Aquino, *s.th.* I, Anhang,15-18

_____ ; „Der selbsttreue unwandelbare Gott“, in: Thomas von Aquino, *s.th.* I, Anhang, S. 9

Blüher, K.A.; „Neustoizismus“, in: Joachim Ritter (Hg.), *Historisches Wörterbuch der Philosophie*, Bd. 6, Darmstadt 1984, S. 777-779

Brugger, W.; „Person“, in: *Philosophisches Wörterbuch*, Freiburg i. Br. [14]1976, 285-287

Brunner, E.; „Das Menschenbild und die Menschenrechte“, in: *Universitas*, 2. Jahrg. Bd.1, C.Rotta (Hg.), Stuttgart 1947

Bürkle, H.; „Naturreligionen“, in: *LThk* Bd. 7, Freiburg: Herder 1998, S. 691-696

Clark, M.T.; „Augustinian Freedom“, in: *Augustus 39* (1994)

Delgado, M.; „Kolonialismus und Menschenwürde“ in: T. Brose u.a. (Hg.), *Umstrittene Menschenwürde*, Berlin 1994, S. 35-44

Dreier, H., „Große Würde, kleine Münze“, in *F.A.Z.*(5.Juli 01)

Dürig, W.; „Dignitas“, in: *Reallexikon für Antike und Christentum*, Bd.3. München 1977, 1024-1035

Elert, W.; „Deutschrechtliche Züge in Luthers Rechtfertigungslehre“, in: Max Keller-Hüschmenger (Hg.), *Eine Lehre der Kirch*, Berlin 1967.

Fabry, H.J.; „Messianismus“ in: *Lexikon der Religionen*, Freiburg: Herder [2]1987, S. 416-422.

Forschner, M.; „Marktpreis und Würde“, in: H. Kössler (Hg.), *Die Würde des Menschen*, Erlangen 1998, 33-59.

Ganoczy, A.; „Weltschöpfung: jüdisch - christlich.“, in: H. Waldenfels (Hg), *Lexikon der Religionen,* Freiburg: Herder [2]1995, 698-707.

Gründel, J.; „Christliche Moral und Menschenrecht“, in: W. Odersky (Hg.) *Die Menschenrechte*, Düsseldorf 1994, 90-144.

Haeffner, G.; „Die Würde einer Person“, in: P. Ehlen (Hg.), *Der Mensch und seine Frage nach dem Absoluten*, München 1994, 79-107.

_____ ; „Die Einheit des Menschen: Person und Natur", in: L. Honnefelder (Hg.), *Die Einheit des Menschen*, Paderborn 1994, 25-40.

Hattrup, D.; „Die Philosophie in der Theologie Luthers", in: *ThGl* 84 (1994)

Helmut W.M.; „Embryonenschutzgesetz", in: *Microsoft Encarta* (Professional 2002)

Hilpert, K.; „Gewissen", in: *LThK* Bd. 4, Freiburg: Herder 1995

Hödl, L.; „Ebenbild Gottes", in: *Lexikon des Mittelalters*, Bd. III, München Artemis 1986, S. 1508-1511.

Hoffmann, F.; „Nominalismus", in: *Hwp* Bd.6, Darmstadt 1984, S. 874-888.

Holm, B.K.; „Wechsel ohnegleichen", in: *Neue Zeitschrift für systematische Theologie und Religionsphilosophie* Bd.40, 1998 Hft. 2.

Honnefelder, L.; „Menschenwürde und Menschenrechte", in: K.W. Hempfer u.a. (Hg.), *Grundlagen der politischen Kultur des Westens*, Walter de Gruyter, Berlin 1987, 239-264.

_____ ; „Die Begründbarkeit des Ethischen und die Einheit der Menschheit", in: G.W.Hunold, u.a. (Hg.), *Die Welt für Morgen*, München 1986, 315-327.

Huber, W.; „Menschenrechte/ Menschenwürde", in: *Theologische Realenzyklopädie(TRE)* Bd. 22 Walter de Gruyter, Berlin 1992, S. 577-602.

Johannes Paul II. ; „Laborem exercens" (LE), 14.9.1981.

_____ ; „Sollicitudo rei socialis" (SRS), 30.12.1987.

_____ ;, „Centesimus annus" (CA), 1.5.1991.

Johannes XXIII. ; „Mater et magistra" (MM), 15.5.1961.

_____ ; „Pacem in Terris" (PT), 11.4.1963.

Kasper, W.; „Die theologische Begründung der Menschenrechte", in: D. Schwab u.a. (Hg.), *Staat, Kirche, Wissenschaft in einer pluralistischen Gesellschaft*, Berlin 1989, 99-118.

Kluxen, W.; „Anmerkung zur thomistischen Naturrechtslehre" in: D. Schwab u.a.(Hg.), *Staat, Kirche, Wissenschaft in einer pluralistischen Gesellschaft*, Berlin 1989.

Kolb, R.; „Gott tötet, um lebendig zu machen", in: *LuThK* 1996, J.20, N. 4.

Kondylis, P.; „Würde", in: *Geschichtliche Grundbegriffe - Historisches Lexikon zur politisch-sozialen Sprache in Deutschland*, Bd. 7. 1992.

Krieger, D.J.; „Arbeitspapiere zur interreligiösen Umweltethik", *Nr.1 Methodologie*, Meggen 1993.

Lumer, C.; „Begründung“, in: *Europäische Enzyklopädie zu Philosophie und Wissenschaften*, Hamburg 1990.

Maag, V.; „Sumerische und babylonische Mythen von der Erschaffung der Menschen“, in: *AsSt* 8 (1954).

Merkel, R.; „Rechte für Embryonen?“, in: *Die Zeit*, Nr.5 (25. 01, 01).

Mittelstraß, J.; „Forschung, Begründung, Rekonstruktion: Wege aus dem Begründungsstreit“, in: H. Schnädelbach (Hg.), *Rationalität*, Frankfurt a.M. 1984.

Mocek, R.;„Wissenschaftstheorie“, in: *Europäische Enzyklopädie zu Philosophie und Wissenschaften*, Bd.4, Hamburg 1990, S. 951-965.

Mostert, W.; „Luthers Verhältnis zur theologischen und philosophischen Überlieferung“, in: *Leben und Werk Martin Luthers von 1526 bis 1546*, Bd. 1., Göttingen 1983.

Muzaffar, Chandra; “Asian Economics: Development, Democracy and Human Rights”(Paper presented at a conference an 'Development and Democracy' at the Southeast Asia Center, Bochum, Germany, 1994)

_____ ; “From Human Rights to Human Dignity”(Paper presendted at JUST International Conference, 'Rethinking Human Rights', Kuala Lumpur, 1994).

Neufeld, K.H.; „Gegenseitigkeit“, in: *ZKTh* Band 113, Innsbruck 1991.

Ott, H.; „Konfessionelles oder universelles Christentum?“, in: *Theologische Zeitschrift*, Jg. 54 (1998, Heft 2), 151-161.

Pannenberg W.; „Civil Religion?“, in: *Die religiöse Dimension der Gesellschaft*, hg. v. P. Koslowski, Tübingen 1985.

Parusel, P.; „Schuld/Sünde“, in: *Lexikon der Religionen*, Freiburg: Herder 1987, 584-594

Pastoral Konstitution „Gaudium et spes“ (GS), in: *Dokumente des Zweiten Vatikan Konzils* 1965.

Paul VI.; „Evangelii nuntiandi“ (EN), 8.12.1975.

_____ ; „Populorum progressio“ (PP), 26.3.1967.

Perters, A.; *Kommentar zu Luthers Katechismen*, Göttingen 1990.

Pius XI.; „Divini Redemptoris“ (DR),19.3.1937.

_____ ; „Quadragesimo anno“ (QA), 15.5.1931.

Pius XII.; „Brief an KAB Westdeutschlands“, 9.5.1956.

_____ ; „Weihnachts-Rundfunkbotschaft“, 1944.

Pöschl, V.; „Würde im antiken Rom“, in: *Geschichtliche Grundbegriffe*, Bd. 7, Stuttgart:

Klett-Cotta 1992.

Rahner, K.; „Anomymer und Expliziter Glaube“, in: *SzTh* XII.

_____ ; „Gott im menschlichen Geist als das absolute Geheimnis“, in: *SzTh* IX.

Reuter, H.R.; „Martin Luther und das Friedensproblem“, in: N. Brieskorn u.a. (Hr..), *Suche nach Frieden: Politische Ethik in der Frühen Neuzeit I*, Stuttgart 2000.

Römische Bischofssynode; „de justitia in mundo“, Rom 1971

Santucho, M.J.; „Sein - Wissen - Lieben. Ontologische Erläuterungen zur Augustinischen Konzeption menschlicher Geistinnerlichkeit“, in: Erwin Schadel u.a. (Hg.), *Sein - Erkennen - Handeln*, Frankfurt a. M. 1994, 439-446.

Schaeffler, R.; „Wahrheit, Dialog und Entscheidung“, in: A. Bsteh (Hg.), *Dialog aus der Mitte christlicher Theologie*, Mödling 1987, 13-42.

Schillebeeckx, E.; “Faith functioning in human selfunderstanding”, in: T.P. Burke (Hg.), *The Word in History*, New York 1966.

Schilling, K.; „Unantastbare Menschenwürde - zur praktischen Ethik von Singer“, in: *Jugendwohl* 71. Jg. (1990)

Schockenhoff, E.; „Personsein und Menschenwürde bei Thomas von Aquin und Martin Luther“, in: *Thph* 65 (1990).

Schüller, B.; „Die Personwürde des Menschen als Beweisgrund in der normativen Ethik“, in: *Thph*. 53 Jg. 1979, 539f - 550.

Singer, P.; „All Animals are Equal“, in: T. Regan/ P. Singer, *Animal Right and Human Obligations*, Engelwood Cliffs 1978.

Spaemann, R.; „Funktionale Religionsbegründung und Religion“, in: Peter Koslowski (Hg.), *Die religiöse Dimension der Gesellschaft*, Tübingen1985.

_____ ; „Gezeugt, nicht gemacht“, in: *Die Zeit*, Nr.4 (18.01.01) 37-38.

Specht, R.; „Naturrecht“ in: Peter Sternschulte (Hg.), *Historisches Wörterbuch der Philosophie*, B.6, Darmstadt: Wissensch. Buchgesellschaft 1984, 560-623.

Taylor, Charles; "Conditions of an unforced consensus of Human Rights", transl. in Korean: 「인권에 대한 비강제적 합의」, 『계간사상』, 1996 겨울호.

Theissen, G.; „Mythos und Aufklärung“, in: *NZZFoli*, Dez. 1999.

Tonndorf, U.; „Menschenrechte in Afrika“, in: H. Weber (Hg.), *Die - Unsere Verantwortung*, Bonn 1991, 55-69.

Waldenfels, H.; „Weltreligionen, viele Kulturen, Sprachen und Systeme - und die eine Welt des Menschen“, in: G.W. Hunold u.a. (Hg.), *Die Welt der Morgen*, München 1986, 357-366.

Wenzler, L.; „Das Unendliche im Endlichen“, in: P. Ehlen (Hg.), *Der Mensch und seine Frage nach dem Absoluten*, München 1994, 193-204.

Wieland, G.; „Anthropologie“, in: *Lexikon des Mittelalters* Bd. I, München 1977.

Wils, J.P.; „Zur Typologie und Verwendung der Kategorie ‘Menschenwürde’“, in: Ders.(Hg.), *Ethik ohne Chance?*, Tübingen 1991, 130-157.

Zakaria, Fareed; "Culture is Destiny - A Conversation with Lee Kuan Yew", in: *Foreign Affairs*, Vol. 73 No.2(1994).

찾아보기

ㄱ

ㄴ

ㅅ

ㅇ

ㅈ

ㅊ